KB071338

지급결제의 주역들

고대 메소포타미아 창고업자부터
포스트 금융기관까지

고대 메소포타미아 창고업자부터 빅스트 금융기관까지

지급결제의 주역들

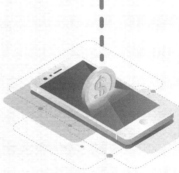

안예홍 지음

한울
아카데미

차례

들어가며

이 책은 많은 사람들이 지나간 발자국을 따라 만들어진 지급결제라는 길에 관한 책이다. 지급결제는 간편결제를 위해 스마트폰을 쓰는 현대인들만 활용하는 것이 아니다. 알려진 기록만으로 볼 때도 이미 4000년 이전에 보리와 같은 곡물이나 은 등의 실물화폐 또는 상품화폐를 사용하던 시대의 인류도 활용한 것에서 볼 수 있듯이, 지급결제는 완전한 자급자족경제가 아닌 교환경제에서의 상거래의 발전과 함께 진화해 왔다고 할 수 있다. 문명의 발생지 중 하나로 알려진 메소포타미아에 살던 수메르인들은 곡물창고에 보관하고 있던 보리 등 곡물을 이용하여 채무를 갚는 지급결제를 했다. 인류는 물물교환의 불편함을 알기에 일정한 가치를 지닌 금 또는 은과 같은 귀금속이나 보리와 같은 곡물을 결제수단으로 지정하여 사용하기도 했고, 보다 더 편리성을 높이기 위해 주화, 나아가 은행권과 같은 화폐를 만들어 사용했다.

그러나 화폐를 이용한 지급결제 역시 불편함이 많았기 때문에 우리의 선조들은 화폐를 대신하여 화폐적 가치를 이전시키는 지급결제제도를 발전시켜 왔다. 여기에서 살펴보고자 하는 지급결제는, 은행권이 탄생하게 된 때를 제외하고는, 화폐 이외의 지급수단을 이용하는 경우로 한정하고자 한다. 사실 지급결제는 돈과 무척 관계가 깊은 영역이기는 하지만 돈을 대체하는 어음이나 수표, 플라스틱 카드, 전자 이체 등과 같은 편리한 지급수단이 없으면 발달하기가 어려운 영역이기도 한 특징이 있다.

이런 점에서 어찌 보면 지급결제는 화폐의 그림자라고 할 수도 있다. 화폐

없이는 존재할 수 없으나 화폐만 있어도 존재할 수 없는 것이 지급결제이다. 그래서 지급결제는 화려할 수가 없으며 지급결제의 주인공들도 화폐 또는 화폐적 가치라는 물이 잘 흘러가도록 배수관을 설치하는 배관공과 같은 역할을 한 것에 만족할 수밖에 없다. 사람들이 안심하고 편하게 물건을 사면서 결제하거나 자금을 이체할 수 있는 것은 그 뒤에 청산과 결제가 제대로 이루어지도록 시스템화하고 지원해 주는 조직들이 있기 때문이다. 지급결제제도는 결코 앞에 나서서 자랑하듯이 보여주는 시스템이 아니라, 마치 사람들이 목마를 때 필요하면 아무데서나 깨끗한 물을 안심하고 쉽게 마실 수 있도록 상수 공급시스템을 만들어놓았듯이, 금융시스템의 인프라로서 보이지 않는 곳에서 작동해 왔다.

화폐는 누군가에 의해 만들어진 것이다. 시대에 따라 종교적 특성이 강했던 시기에는 신전에서 화폐를 탄생시켰고, 왕과 같은 통치자의 힘이 강했던 시기에는 왕궁이 화폐와 관련된 권력을 행사했으며, 국가 권력이 막강해진 뒤에는 국가 또는 이들로부터 권한을 위임받은 기관이 화폐를 만들었는데, 현대에 화폐와 관련하여 가장 상위에 있는 기관은 중앙은행이다. 중앙은행은 정부로부터 독점적인 발권력을 부여받았으며 독점적 발권력을 이용하여 법정통화를 발행하기 때문이다.

화폐적 가치 역시 누군가에 의해 만들어지기는 하지만 화폐와는 조금 다르다. 어느 시대든 그 시대의 주된 권력을 쥐고 있던 집단이 화폐를 만들어내고 공급하는 권한과 책임을 갖고 있었다면, 상인이나 화폐보관소 역할을 한 상거래 관련 집단들은 상거래의 불편함을 줄이기 위해 화폐보다는 화폐적 가치를 이용했고 이를 발달시켰다.

예를 들어, 낙타를 타고 장거리 무역을 하던 캐러밴caravan은 금이나 은 덩어리를 지니고 장거리를 이동할 때의 위험과 불편함을 줄이기 위해 거래처를 통해 결제할 수 있는 환어음과 유사한 지급수단을 고안했다. 그리고 주화의 교환을 주업으로 삼았던 고대 그리스·로마 시대의 환전상은 단골 고객의 주화를 보관하고 있다가 고객의 지급지시에 따라 다른 사람에게 주화를 지급하거나 이체를 통해 결제했으며, 17세기 런던의 금세공업자는 고객이 맡긴 금의 보관증을 지급수단으로 하여 결제의 편의성을 도모했다. 나아가 환전상과 금세공업자로부터 발달한 은행은 고객이 맡긴 예금을 이용하여 계좌이체라는 방법을 통해 결제의 편리성을 제공하는 대신 고객이 맡긴 저렴한 예금을 운용하여 이익을 꾀했다.

이 캐러밴들이나 환전상, 금세공업자, 은행은 실질가치를 지닌 정화 대신 실질가치가 전혀 없는 지급수단에 자신들에 대한 믿음과 신뢰를 체화시키는 데 성공했을 때에만 지급수단을 계속 사용하게 할 수 있었고, 그렇지 못했을 때 이러한 지급수단은 지급결제와 관련한 역사에서 사라질 수밖에 없었다. 이들은 지급결제에서 중요한 역할을 하는 지급결제서비스업체들이며, 화폐적 가치를 지닌 지급수단을 만들어낸 주인공들이다. 이들은 돈을 만들어내는 권력자가 아니라 상거래에서 편의를 제공하고 상업적 이익을 취한 사람들이다.

화폐적 가치를 이전시키는 지급결제는, 안전하고 편리하게 거래를 종결시키고자 하는 그 본질적인 특성에서는 변하지 않았지만, 기술의 발달에도 크게 영향을 받으며 진화해 왔다. 현대의 지급결제에서는 은행권이나 수표와 어음과 같은 실물이 있는 지급수단은 점점 사라져가고 있는 반면 전자적으로 메시지만 주고받는 형태가 대세로 자리 잡고 있으며, 그 와중에 새롭게 나타난 다양한 지급결제서비스업체들이 고객에게 안전성과 편리성을 동시에 제공하면서 이익을 남기기 위해 치열하게 경쟁하는 모습을 보이고 있다.

지급결제에서 중앙은행의 위치는 조금 특이하다. 지급결제가 화폐를 대신하는 지급수단과 관련이 있는 분야라고 했는데, 그렇다면 화폐를 찍어내는 중앙은행이 지급결제와 관련하여 설 자리가 없어야 하는데도 지급결제라는 피라미드에서 가장 상위에 자리 잡고 있다. 그 이유는 중앙은행이 발행하는 은행권과 중앙은행이 금융기관에 개설해 준 계좌에 있는 중앙은행예금이 가장 안전한 결제자산이기 때문이다. 안전한 결제자산으로 상거래가 종결되어야만 사람들이 믿고 편안하게 상거래를 할 수 있게 된다. 이러한 이유로 중앙은행은 어느 나라에서든 지급결제시스템의 안정화에 의한 금융안정에 대해 책임을 진다.

그동안 화폐와 관련해서는 '화폐금융', '통화정책', '금리', '환율', '외환관리', '금융제도와 금융산업', '금융안정' 등이 일반적으로 많이 언급되어 왔다. 그만큼 화폐가 중요했고 앞으로도 중요한 주제라고 여겨지고 있기 때문이다. 반면, 화폐의 탄생 이후 화폐 사용에 따른 불편과 위험을 줄이기 위해 은행과 중앙은행의 탄생과 함께 지급결제제도가 금융산업의 인프라로서 발달해 왔음에도, 특히 우리나라에서 지급결제는 크게 주목받지 못하고, 공기나 물과 같은 무상재 내지 공공재로 취급되어 별도의 연구가 진행되지 못한 측면이 있다. 최근 들어 핀테크fintech라는 단어와 결합하여 각종 페이pay로 대별되는 간편결제가 일상생활의 결제 편의를 위해 사용되면서 일반인의 관심이 조금 집중되는 모습을 보일 따름이다. 따라서 그동안 주목받지 못한 위치에서 배관공과 같은 역할을 해온 지급결제의 주인공들이 누구이고 그동안 이들이 어떻게 지급결제를 제도화해 나갔는지를 소개하고자 하는 것이 이 책을 쓰게 된 동기이다.

이 책을 집필하는 데 있어서 지급결제뿐 아니라 지급결제와 관련하여 그 언저리에 있는 역사적 사실을 언급한 문헌들이 필요했고, 그러한 문헌들 가운데 가급적 상세하게 설명된 자료를 찾아 참고했다. 한편, 이 자료들 역시 더 이전의 문헌을 참고하여 작성된 경우가 많아서 원자료를 찾아 직접 인용해야 하는 당위에도 불구하고 그렇게 하지 못한 경우가 많았다. 왜냐하면 첫째는 오래된 문헌을 한국에서 직접 접하기가 어려웠고, 둘째는 언어상의 제약으로 접근할 수 없는 문헌들도 많았기 때문이다.

이러한 제약이 있음에도, 지급결제의 역사를 소개한 책이 우리나라에는 아직 없었던 것으로 알고 있기 때문에 부족한 점이 많은 줄 알고 있지만 책을 발간하고자 한다. 지급결제 측면에서 금융을 연구하거나 관련 분야에 종사하는 사람들에게 지급결제가 어떠한 과정을 거쳐 지금과 같은 모습으로 진화했는지, 그리고 지급결제의 주역들이 당시의 기술과 지식의 제약하에서 어떻게 이용자들의 신뢰를 얻으면서 국가나 개인의 이익을 취하기 위해 노력했는지를 알아가는 입문서로 이 책이 활용되었으면 하는 바람이 있다. 또한 이 책이 지급결제의 역사이기도 하지만 은행과 중앙은행의 역사를 일부 다루고 있고 이들도 지급결제의 중요한 주역들로 등장하기 때문에 기존의 관점과는 다른 관점에서 살펴보고자 하는 독자들에게도 도움이 되었으면 한다.

제1부

지급결제

1. 지급결제 발전의 주체

지급결제는 "채무자가 채권자 또는 채권자가 허용한 자에게 채무를 갚는 절차"[1]이며, 지급결제제도는 지급결제가 안전하면서도 편리하게 이루어질 수 있도록 만들어진 제도이다. 그렇지만 현대에 지급결제를 언급할 때에는 보통 화폐 이외의 지급수단에 의한 지급결제를 연상하게 된다. 왜냐하면 화폐 이용 시의 불편을 최소화하기 위해 여러 가지 지급수단이 발전해 왔고 사용되어 왔기 때문이다.

따라서 필자는 앞에서 내린 정의에 수식어를 조금 더하여 지급결제를 "화폐 이외에 화폐적 가치를 지닌 지급수단을 이용하여 채무자가 채권자 또는 채권자가 허용한 자에게 채무를 갚는 절차"라고 정의하고자 한다.

고대부터 현대까지 지급결제에 큰 영향을 미친 집단을 손꼽는다면 정부와 상인 집단, 그리고 제3자로서 참여하는 지급결제서비스업체를 들 수 있다. 고대 사원의 경우도 귀금속과 같은 원시적인 화폐를 안전하게 보관하는 장소로 사용되었기 때문에 이론적으로는 이를 이용한 지급결제가 이루어졌을 개연성이 있다. 그러나 사원에서 지급결제가 행해졌다는 의미 있는 기록이 발견되지 않고 있으므로[2] 지급결제 발전의 주체에서 사원은 제외하기로 한다.

우선 정부는 그 형태가 왕정이든 군주정이든 공화정이든 주화나 지폐를 제조하여 유통시키고, 지급결제서비스를 제공하는 주체에 가장 크게 영향을 미치기도 하며, 때로는 이러한 서비스를 직접 제공하기도 했다. 왜냐하면 지급결제는 정부를 운영하는 데 필요한 자금을 공급하고 수취할 수 있는 제도와 연결되어 있기 때문이다.

상인들은 상거래에 필연적으로 따르는 지급결제가 안전하고 편리하게 이루어질 수 있는 시스템을 원한다. 이들은 스스로 지급수단을 만들어내기도 하고, 정부처럼 지급결제서비스를 제공하는 조직을 구성하기도 한다. 그러나 정부와 상인들의 이해관계가 항상 일치하는 것은 아니기 때문에 양자 간에는 갈등이 존재하기도 한다.

지급결제서비스를 제공하는 집단은 정부 조직의 하부 조직인 경우도 있고 별도로 독립적인 영업을 하는 조직인 경우도 있으며, 지급결제서비스만을 전담하기도 하지만 보관 업무와 신용 제공 등의 서비스를 함께 제공하기도 한다. 지급결제서비스를 제공한 최초의 집단으로는 메소포타미아에서 상품화폐로 사용된 은이나 곡물의 보관업자를 들 수 있다. 다음으로 상품화폐에 이어 주화가 지급수단으로 활용되면서 나타난 집단이 환전상과 금세공업자인데, 환전상의 경우에는 은행권이 지급수단으로 자리 잡기 전 주화가 사용되었던 고대부터 근대까지 은행으로 발전하면서 상당히 오랜 기간 지급결제 업무를 담당했다.

지급결제가 네트워크를 이루면서 시스템으로 자리 잡게 된 것은 17세기 영국 런던에서 은행으로 발전한 금세공업자들이 다른 금세공업자가 발행한 예금증서와 약속어음 또는 수표를 받아주면서 은행 간에 청산과 결제가 필요해진 이후부터이다. 환전상과 금세공업자로부터 발달한 은행이 상거래의 직접적인 당사자가 아닌 제3자에 불과한데도 지급결제의 핵심적 위치에 놓이게 된 이유는 아무런 제약을 받지 않고 필요시에 언제든 지급결제에 쓰일 수 있는 요구불예금, 다른 말로 이체가 가능한 예금을 상거래 당사자들로부터 수취하기 때문이다. 요구불예금은 고객이 상거래 시에 결제의 편의를 위해 은행에 맡긴 예금으로서 이자 수입을 기꺼이 포기하면서까지 자발적으로 맡긴 자금이다. 은행의 입장에서는 거의 제로에 가까운 비용을 지급하면서 대출이나 투자 등 수익사업에 활용할 수 있는 유용한 자금이므로, 고객에게 지급결제의 편의를 적극적으로 제공하면서 요구불예금을 예치하고자 한다. 특히 금세공업자로부터 발달한 은행은 은행권을 발행한 점에서 중앙은행의 탄생과 연관되며, 수표의 사용을 정착시킴으로써 은행 간 청산과 결제 시스템을 발전시키는 계기를 제공했다.

또한 우리가 지금은 중앙은행이 발행하는 은행권을 아무 거리낌 없이 사용하고 있지만, 엄밀히 따져 보면 중앙은행권은 종잇조각에 불과할 뿐 그 안에 실질적인 가치는 전혀 없다. 중앙은행권을 중앙은행에 제시하더라도 이제는 더 이상 미리 정해놓은 일정한 양의 금으로 바꾸어주지 않는다. 그럼에도 우리가 크게 불안해하지 않고 중앙은행권을 돈이라고 칭하면서 사용할 수 있는 이유는 300년이 조금 넘는 이전 시기에 정부로부터 화폐 발행 관련 권한을 부여받은 중앙은행이 시간이 경과하면서 믿을 만한 공적 조직으로 발전했기 때문이다. 지금은 중앙은행이 통화 관리를 통한 물가안정과 금융안정을 주목적으로 하는 기관으로 인식되고 있지만, 중앙은행 설립 초기에는 전쟁에 필요한 자금을 정부에 지원하는 그 대가로 지급결제를 원활하게 할 수 있는 권한을 정부로부터 부여받아 안정적이고 효율적인 지급결제서비스를 제공하는 것이 주목적이었다.

은행이나 중앙은행이 화폐를 발행하는 권한을 지닌 조직으로 탄생했음에도 왜 비화폐 지급결제시스템의 중추 역할을 하게 되었나? 여기에 지급결제제도의 핵심이 숨어 있다. 바로 은행이 고객들에게 열어준 예금계좌와 중앙은행이 은행들에 열어준 결제계좌가 비화폐 지급결제의 핵심이다. 예금계좌에 입금되어 있는 예금을 이용하여 자금이체를 할 수 있고, 수표나 어음 등의 지급수단을 결제할 수 있도록 해주는 것이 은행예금과 중앙은행예금인 것이다.

현재도 진행되고 있는 지급결제의 진화 과정에서 은행이 다른 지급결제서비스업체들에게 자리를 빼앗기지 않고 여전히 확고한 우위를 점할 수 있는지는 좀 더 두고 보아야 할 것 같다. 지급결제를 달리 정의해 보면 '채무자(A)의 채무자(B)가 당초 채무자(A)의 지급지시에 의해 채무를 당초 채무의 채권자(C)에게 변제하는 절차'라고 할 수 있다. 은행의 예를 들어보면, 은행은 고객으로부터 예금을 받아 고객 명의의 예금계좌에 그 금액을 표시한다. 고객과 은행 간의 관계는 채권자와 채무자의 관계가 된다. 은행에 대해 채권자인 고객이 이 예금을 이용하여 상인으로부터 물건을 사고 물건 대금을 은행이 지급하도록 했다고 하자. 이때 물건을 판 상인과 물건을 산 사람의 관계는 물건을 산 사람이 물건 대금을 현금으로 지급하기 전까지는 채권자와 채무자의 관계가 된다. 그러면 물건을 판 사람에 대해 은행은 어떤 관계에 있을까? 바로 '채무자의 채무자'이다. 채무자의 채무자인 은행은 최초 채무자인 은행 고객의 지급지시에 따라 물건을 판 사람인 채권자에게 물건 대금을 지급하는 것이다.

얼마 전까지만 해도 은행들만을 참가기관으로 삼는 지급결제망을 이용해 지급결제시스템을 독점하고 있던 은행만이 이 채무자의 채무자 역할을 수행했다. 그러나 채무자의 채무자가 될 수 있는 경쟁자들이 나타났다. 경쟁자들은 은행이 아니면서도 자신의 계좌에 고객의 자금을 예치하여 은행과 동일한 서비스를 할 수 있게 되었다. 대표적인 경쟁자가 정보통신회사나 온라인 쇼핑몰 운영자, 플랫폼 사업자들이다. 고객으로부터 돈을 미리 받고 그 돈을 안전하게 보관만 할 수 있으면 이 서비스업체들은 채무자의 채무자가 될 수 있고, 자신의 네트워크를 지급결제망으로 활용해 지급뿐 아니라 결제까지 완벽하게 처리할 수 있다. 이제 은행들은 그동안 혼자만 누려왔던 달콤한 수익을 다른 사업자들에게 나누어 주어야 할 형편이 되었다.

은행이 중앙은행에 개설한 결제계좌 또는 지급준비계좌를 근거로 은행제도의 정점에 엄숙하게 앉아 있던 중앙은행 역시 위기를 느끼게 되었다. 은행을 통하지 않고도 지급결제가 완벽하게 이루어진다면 중앙은행의 기능 중 하나인 지급결제에 대한 감시나 감독 기능도 포기해야 하지 않을까? 중앙은행이 금융안정을 위해 법적으로 지급결제제도에 대한 포괄적인 감시나 감독 기능을 부여받기 전에는 은행 이외의 민간회사인 지급결제서비스업체에 이래라저래라 할 수는 없는 것이다.

은행의 독점적 지위의 붕괴는 여기에서 그치지 않는다. 채무자의 채무자는 은행만이 아니라 은행 이외의 지급결제서비스업체까지 포함하여 결국 일반 상거래의 제3자일 뿐이다. 왜 양 당사자 간 상거래에 제3자가 끼어드느냐는 주장이 등장하면서 은행을 포함하여 모든 제3자는 빠지라는 주장이 나타난 것이다.

이러한 도전에도 불구하고 은행제도가 지금까지 누리고 있던 우위를 하루아침에 상실할 것 같지는 않다. 왜냐하면 지급결제서비스업체들이 은행을 배제하고 단독으로 지급결제서비스를 제공하기보다는 은행과 협력하면서 서비스를 제공하는 편이 비용과 수익 측면에서 유리한 점이 있기 때문이다. 그리고 제3자를 모두 배제하고 당사자들끼리 지급결제를 하는 시스템은 아직 여러 가지 기술적 한계와 수용성의 부족과 같은 제약이 있어서 부분적으로만 도입될 가능성이 높다. 어찌 되었든, 지급결제에 대해 그동안 은행이 쥐고 있던 우위권을 상당 부분 다른 지급결제서비스업체들과 공유하게 될 가능성은 높아졌다.

2. 화폐와 지급결제

　일반적으로 화폐의 기능 또는 속성을 말할 때 교환의 매개수단, 회계의 단위, 가치의 저장수단을 일컫는다. 지급결제는 화폐의 이러한 기능 가운데 교환의 매개수단과 관련이 있다. 실제 교환되는 것은 화폐로 이용된 귀금속, 곡물에서 소재가치와 액면가치가 일치하는 금화와 은화 등 본위화폐로서의 정화specie, 그리고 지폐 등으로부터 수표나 어음과 같은 종이 지급수단을 거쳐, 기술의 발달로 인해 점차 화폐적 가치를 지닌 정보로 변천하고 있다. 따라서 지급결제시스템이 발달하면 할수록 물리적인 실체를 지닌 지급수단은 사라지고 화폐적 가치를 지닌 정보가 지급수단으로 이용된다. 이를 뒤집어 보면 화폐의 유통이 활발한 곳에서는 화폐보다 가치 면에서 열위에 있는 지급수단을 사용할 이유가 줄어들게 되어 지급결제의 발달이 뒤처지는 반면, 화폐의 유통이 활발하지 못하여 화폐를 대신하는 지급수단이 사용될 수밖에 없는 지역에서는 오히려 지급결제가 발달했다고 할 수 있다.

　여기서 언급할 사항이 하나 있는데, 교환의 매개수단으로 화폐 또는 화폐를 대용하는 지급수단이 사용될 때 거래의 당사자가 이를 받아들일 수 있는가이다. 화폐가 내재가치를 지닌 경우에는 크게 문제될 것이 없겠지만, 그렇지 않은 경우에는 화폐 또는 화폐를 대용하는 지급수단을 발행하는 주체에 대한 믿음이 있어야만 한다. 액면금액이 내재가치에 미치지 못하는 토큰화된 주화나 지폐와 같은 화폐가 교환의 매개수단으로 정착되기까지 법정통화의 발행주체로서 정부가 국민의 신뢰를 얻는 데도 많은 시간이 걸렸지만, 지급결제와 관련하여 화폐를 대신하는 여러 종류의 지급수단이 교환의 매개수단으로 자리 잡는 데는, 사용자가 원하면 어느 때라도 동일한 가치를 지닌 법정통화로 교환할 수 있다는 믿음이 제도적으로 뒷받침되어야 했으므로 긴 시간 속의 시행착오와 제도적인 안전장치가 필요했다. 지급결제의 발달과정은 곧 지급수단의 발달과정이라고 할 만큼 지급수단이 화폐를 대신하여 교환의 매개수단으로 자리 잡게 되는 과정이 바로 지급결제의 발달과정이라고 할 수 있다.

어느 한 지급수단이 화폐를 대신하여 상거래나 일상생활에 사용될 수 있는지는 일차적으로 지급수단의 발행주체가 얼마나 믿을 만한가에 좌우된다. 왜냐하면 지급수단의 실제 가치는 거의 제로에 가깝기 때문이다. 가장 먼저 이용된 계좌이체를 보더라도 계좌를 개설해 준 조직에 대한 믿음이 없으면 가능하지 않고 어음이나 수표 역시 발행주체에 대한 믿음이 전제되지 않으면 종잇조각에 불과하다. 화폐가 화폐로서 가치를 인정받는 것이 화폐를 구성하고 있는 금속이나 종이가 아니라 그 안에 내재한 믿음 때문인 것을 고려하면, 화폐보다 더 신용력이 낮은 지급수단이 어떻게 교환의 매개수단으로 자리 잡을 수 있었는지 살펴볼 필요가 있다. 캐러밴이 사용한 유사 환어음의 경우, 캐러밴에게 물건을 팔려는 상인이 먼 곳에서 온 캐러밴에 대한 신뢰가 적은 상태에서 귀금속으로 이루어진 정화 대신 캐러밴이 제시하는 환어음을 수취하고 물건을 내줄 만큼 충분히 안전한 장치가 없었으므로 지급수단으로 제대로 활용되지 못했다.[3] 캐러밴이 사용한 유사 환어음은 발행인의 신뢰가 지급수단에 체화되지 못한 예이다.

1100년경 발행되어 세계 최초의 지폐로 인정받는 중국 송나라 시대의 지폐역시 발행주체의 신뢰성 결여로 단명한 지급수단의 하나로밖에 볼 수 없다.[4] 당시 발행된 '교자交子'라는 지폐는 남발됨으로써 신용력을 잃어 사용된 기간이 몇십 년에 불과했으며, 중국의 금융제도와 지급결제제도에 미친 영향이 적고 일회성 이벤트로 끝나버렸다. 따라서 송나라 시대의 교자에 최초의 지폐라는 찬사와 같은 수식어가 붙어 있음에도, 지급결제제도의 진화 과정에 기여한 바가 많지 않기 때문에 더 이상 언급할 필요는 없다고 하겠다.

현대의 지급결제는 지급결제의 초기 발달단계와는 다르게 지급결제에 참가하는 당사자들 간의 신뢰를 바탕으로 이루어지지 않는다. 오히려 기본적으로 거래상대방을 믿지 못한다는 불신이 기반이 된다. 그래야만 거래와 지급결제를 안전하게 할 수 있는 장치를 도입하게 되는 것이다. 현대의 지급결제는 불신을 기반으로 하고 그 불신을 리스크 관리라는 장치로 제거한다. 사소하게 보일 수도 있는 리스크까지 없애려고 노력하는 현대의 리스크 관리장치를 전자자금이체의 청산과 결제과정을 예로 들어보고자 한다.

갑돌이는 을순이가 거래하는 을순은행에 돈을 보내려고 자신의 거래은행인 갑돌은행에 인터넷을 이용해 접속하여 지급지시를 입력했다. 그러면 지급지시 메시지가 지급결제망을 통해 중개기관을 거쳐 을순은행에 전달되고 을순이는 즉시 갑돌이가 보낸 돈을 사용할 수 있다. 그런데 실제로는 돈은 이동하지 않고 지급지시라는 정보만 전달되었기 때문에 을순은행은 자신의 자금으로 을순이에게 돈을 지급한 셈이 된다. 이때 을순은행이 갑돌은행으로부터 돈을 받지도 않은 상태에서 미리 을순이가 돈을 찾아갈 수 있도록 해준 것은 을순은행이 갑돌은행을 믿어서가 아니라 별도의 안전장치가 있기 때문에 가능하다. 지급결제망에 참가하고 있는 은행들이 시간을 정해놓고 서로 주고받을 금액을 확정하는 단계가 청산이고, 청산 결과에 의해 실제 자금이 결제기관에서 최종 결제되는데, 청산과 결제까지 길지는 않지만 시간 차이가 발생한다. 만약 청산이 이루어진 직후 갑돌은행이 파산해 버리면 을순은행은 본의 아니게 손실을 볼 위험에 노출된다. 이러한 길지 않은 청산과 결제 간의 시간 차이에서 발생하는 위험을 없애기 위해 지급결제제도를 감시하는 기관과 지급결제망 운영기관은 여러 가지 리스크 제거장치를 도입하여 운영하고 있다.

한편, 지급결제의 발달과정을 살펴보면 화폐가 지닌 속성 가운데 회계단위로서의 기능도 지급결제와 관련을 맺고 있음을 알게 된다. 즉, 지급수단이 정말 애당초 매겨진 가치와 동일한 가치를 지니고 있는가, 그렇지 않다면 어떻게 손해를 보지 않고 거래를 끝마칠 수 있는가 하는 점에서 지급결제는 회계단위로서의 화폐와도 밀접히 관계된다.

3. 지급지시와 지급수단

지급결제의 시발점은 제3자에 대한 지급지시에 있다. 지급지시가 제대로 시행되기 위해서는 누가 누구에게 누구를 위하여 무엇을 언제 어떻게 하라는 내용이 담겨 있어야 한다.

인터넷을 이용한 물건 구입대금을 은행 간 계좌이체를 통해 결제하는 거래를 예로 들어보자. 물건 구매자는 자신의 거래은행 웹사이트를 컴퓨터나 모바일폰을 이용하여 열고 물건 판매자의 은행계좌번호와 금액을 입력한다. 그이후에는 시스템이 자동으로 모든 메시지를 전송해 주고 처리해 준다. 물론이 과정에서 이 시스템에 참가한 사람이나 기관이 정당한 자격이 있는지 확인하는 절차가 있어야만 하며, 지급지시와 지급수단도 정당한지를 시스템은 확인해야만 한다. 그래야지만 물건 구매자는 이 시스템을 믿고 자신의 돈이 빠져 나가는 데 동의할 수 있는 것이다. 만약 구매자의 신분이 노출되어 누군가가 구매자의 정보를 도용하여 구매자의 은행계좌에서 돈을 빼간다면 구매자는 이 시스템을 믿을 수 없어서 쓰지 않을 것이다. 물건 판매자 역시 제때에 물건 판매대금을 받을 수 없다면 마찬가지로 이 시스템을 외면할 것이고, 아무리 이 시스템이 효율적이라 하더라도 안전성이 보장되지 않기 때문에 이시스템의 참가기관인 금융기관들도 이 시스템에서 탈퇴할 것이다. 그러므로이 시스템을 운영하고 관리하는 운영기관은 시스템의 참가기관이나 고객들에게 안전성과 효율성을 제공하여 시스템의 신뢰성을 높이고자 한다.

우리가 많이 쓰고 있는 신용카드 역시 그 메커니즘은 동일하다. 신용카드라는 지급수단을 이용하여 구매자는 음식값이나 물건 구입대금을 지급하라는 지시를 내린다. 그 후에는 이 지급지시를 처리하는 지급결제시스템에 의해 대금을 받을 상인의 계좌에 정확하게 돈이 입금된다. 만약 구매자의 신용카드 정보가 새어나가 구매자도 모르게 구매자의 돈이 사라져버린다면 구매자는 이 시스템을 더 이상 사용하지 않을 것이다. 따라서 이 시스템을 운영·관리하는 운영기관은 이 시스템의 신뢰성을 높이기 위해 노력해야 한다.

지금 우리가 사용하고 있는 지급결제시스템은 인간이 경제활동을 해온 긴 역사를 놓고 볼 때는 굉장히 최근에 만들어진 시스템이다. 이러한 시스템이 만들어지기 전이라고 경제활동이 없었던 것은 아니므로 상거래에 따른 경제활동이 있는 경우에는 어떤 식으로든 지급지시에 의해 지급결제가 이루어져야만 했다. 화폐가 만들어지기 전인 물물교환 시기에는 거래당사자 간에 거래와 동시에 결제가 되었으므로 제3자에 대한 지급지시가 필요하지 않았다. 그렇지만 곡물창고에 저장한 보리, 밀 등의 곡물을 이용하여 대금을 지급하고자 할 때는 곡물창고업자에게 지급지시를 하여 지급결제가 이루어지도록 했다. 그러나 여기에도 문제는 있었다. 곡물창고업자는 지급지시를 하는 사람과 수취인을 모두 확인할 수 있을 때에만 안전하게 지급결제를 할 수 있기 때문에 지급인과 수취인 모두 곡물창고에 가서 자신의 얼굴을 보여주어야만 했다. 그래도 이전보다는 훨씬 간편하게 결제를 할 수 있었기 때문에 아마도 지급인이나 수취인 모두가 만족했을 것이다.

지급결제에서 빼놓을 수 없는 것이 지급수단이다. 내가 필요한 물건이나 서비스를 구입할 때 지급해야 할 상응하는 가치 있는 것이 무엇일까? 물물교환의 불편함을 조금이라도 줄이기 위해 공통의 지급수단으로 소가 이용되기도 했고, 금이나 은과 같은 귀금속, 보리와 같은 곡물이 이용되기도 했다. 그러나 아직 불편하다. 다른 것은 없을까? 믿을 수 있는 제3자의 장부를 이용하여 그 장부에서 거래의 결제를 하면 어떨까? '제3자한테 주화를 맡기고 물건을 살 때 물건 파는 사람을 제3자에게 데려가서 받아가게 하면 쉽게 썩거나 죽지 않고 닳아서 없어지지도 않고 참 편리하겠다' 해서 나온 것이 계좌이체이고, 상대방을 데려오는 것이 불편하니 지정한 곳에서 지정한 시기에 물건값을 받아가라고 종이쪽지에 써준 것이 어음이나 수표이다. 지급수단은 이렇게 발전해 왔다. 즉, 거래를 편리하게 끝내고 안전하게 종결시키기 위한 수단이 지급수단이다. 우리는 인터넷뱅킹이나 모바일폰을 이용하여 결제를 한다.

왜일까? 편하고 싸기 때문이다. 그리고 우리뿐 아니라 상대방도 이 시스템을 믿을 수 있기 때문이다. 이것이 지급결제시스템이며 지급결제시스템이 추구하는 최종 목표는 보다 안전하고 편리하게 낮은 비용으로 거래를 종결하는 것이다.

지급인과 수취인 간에 현금을 이용하지 않은 지급결제 거래에는 어떠한 지급수단을 이용하든 제3자가 개입한다. 은행이 만들어지기 전까지는 제3자가 곡물이나 은을 보관하고 있는 창고업자인 경우도 있었고, 고객들이 안전을 위해서나 거래의 편리성을 위해 자신이 보유하고 있는 금이나 은, 또는 주화를 맡기는 환전상이 제3자가 되기도 했다. 그리고 지급지시를 전달하는 수단으로는 처음에는 사람의 입을 통한 말이, 그다음에는 문서가, 정보통신 기술이 보다 발달한 사회로 진입하면서부터는 전자적인 방법이 사용되었다. 최초의 지급지시가 문서의 형태가 아니고 말에 의해서였던 이유는 말에 의한 지급지시가 가장 믿을 만했기 때문이다. 말로 제3자에게 지급지시를 했을 때 지급인이 자신의 채무를 이행하는 방법으로는 제3자가 수취인에게 지급인이 맡긴 화폐를 주는 방법이 있고, 지급인과 수취인이 같은 제3자에게 계좌를 개설하고 있다면 지급인의 계좌에서 수취인의 계좌로 이체할 수도 있다. 그리고 수취인이 다른 제3자에게 계좌를 개설하고 있다면 지급인의 계좌에서 해당 제3자에게 개설한 수취인의 계좌로 이체하는 방법을 이용할 수도 있다. 이때 이용된 지급수단은 무엇일까? 지급인의 말일까? 엄밀하게 따지면 그렇다고 해야 할 것이다. 그러나 말을 지급수단이라고 하기에는 무언가 쩝쩝한 점이 있다. 그래서 수취인이 직접 화폐를 받아가는 경우를 제외하고 계좌를 이용한 경우에는 지급수단을 계좌이체 또는 자금이체라고 부른다. 고대에는 지급인이 자신의 계좌에서 수취인의 계좌로 화폐적 가치를 이전시키는 형태가 주된 계좌이체 방법이었다. 즉, 지급인의 지급지시가 있어야만 제3자의 행동이 유발되어 지급인의 계좌에서 차감해 수취인의 계좌에 더해주는 형태였다. 반면, 지급인이 제3자에게 이렇게 말할 수도 있다. '내가 수취인과 계약을 하였는데 앞으로는 내 지시 없어도 특정 수취인이 지급지시를 하면 내 계좌에서 돈을 빼어 그의 계좌에 넣으라.' 이는 지급인과 수취인의 사전 계약이 있고 그 계약에 따라 수취인이 지급지시를 하여 채무의 이행을 하는 방법이다. 앞의 계좌이체를 입금이체라고 하고, 뒤의 계좌이체를 출금이체라고 한다.

그러나 말에 의한 지급지시는 지급인과 수취인 모두 제3자 앞에 직접 나타나야 하는 불편이 있었다. 그러한 불편을 줄이기 위해 문서를 이용한 지급지시가 사용되었는데, 화폐 이외에 종이로 된 지급수단이 사용되기 시작한 것은 이때부터이다. 문서를 이용한 지급지시가 사용될 수 있었던 것은 지급인이든 제3자이든 간에 수취인에게 신뢰를 줄 수 있는 어떤 안전성이 보장되는 장치가 있었기 때문이다. 그리고 지급수단이 문서의 형태에서 전자적인 형태로 바뀔 수 있었던 것도 전자적인 정보의 움직임에 지급인과 수취인 모두에게 믿음을 줄 수 있는 안전성이 보강되었기 때문이다.

또한 지급인의 지급지시를 받는 제3자와 수취인이 돈을 찾아가야 하는 제3자가 다른 경우에는 돈을 내어주는 제3자가 자신의 자금으로 먼저 수취인에게 돈을 주고 나중에 지급지시를 받은 다른 제3자로부터 돈을 받아야 하기 때문에 제3자 간에 주고받아야 할 돈을 청산하는 조직이 있어야 하는데 청산소가 설립되기 전까지는 청산이 체계적으로 이루어지지 못했다. 제3자 간에 충분한 신뢰가 없는 경우에는 결제가 완료될 때까지 수취인이 돈을 찾아가지 못하던 시기도 상당 기간 지속되었다. 그리고 최종 결제를 무엇으로 하는 것이 안전한지를 비롯해 결제안전성과 관련한 문제가 대두되었고, 결국에는 독점적인 발권력을 부여받은 중앙은행을 설립해 가장 안전한 법정통화와 중앙은행예금으로 결제하는 형태로 발전했다.

지급결제는 거래가 지급수단의 지급에 의해 이루어지고 그 지급수단을 제3자가 결제하는 형태로 발전했다. 거래당사자들 간에는 서로 상대방을 전적으로 믿을 수 있는 신뢰관계가 형성되어 있지 않기 때문에 양 거래당사자가 모두 믿을 수 있는 제3자가 개입하여 최종적으로 결제를 완결시켜 준다. 제3자는 거래 이후에 처리해야 할 지급수단의 청산과 결제를 믿을 수 있게 처리하고 완결하는 책임을 저야만 한다. 거래당사자들이 제3자를 믿지 못할 때는 거래 이후의 청산과 결제과정이 원활히 이루어지지 못하기 때문에 거래 즉시 결제가 완결되도록 해야만 한다. 어떻게 하면 거래 즉시 결제가 완결될까?

가장 확실한 방법이 물물교환이다. 내가 소유한 물건을 내주고 필요한 물건을 사는 형태의 거래이다. 여기에는 거래 이후의 과정이 필요 없다. 소를 내주고 쌀을 샀으면, 끌고 온 소를 상대방에게 주고 쌀가마를 메고 가면 거래는 끝이다. 그런데 문제는 불편함이다. 그래서 주화를 만들어냈는데 최초의 주화는 액면가와 그 주화의 내재가치가 같아야만 했다. 예를 들어, 금 1온스는 주화로 만들어도 금 1온스여야 한다. 이제 금 1온스를 내주고 그에 상응하는 쌀을 사서 가져오면 거래는 끝난다. 그런데 주화를 받고 쌀을 내준 사람은 불안하다. 이 주화에 과연 금 1온스만큼의 가치가 완벽하게 들어 있을까? 자신이 없다. 말로는 금 1온스라고 하는데 실제 금은 표면에만 있고 속은 쇳덩어리일 수도 있고 순도가 낮은 금일 수도 있다. 또 진짜 금이라고 하더라도 제대로 된 저울로 달아보지 않고는 금 1온스라는 보장도 없다. 그러면 어떻게 할까? 금을 제대로 평가할 수 있는 감정사에게 가서 주화를 내보이고 감정을 맡길 수밖에 없다. 나와 상대방의 거래에 제3자가 개입한다. 나에게 주화 감정능력이 없다면 어쩔 수 없이 제3자를 찾아가 의뢰해야 한다. 이러한 제3자가 바로 지급결제 업무를 담당하게 될 환전상이고, 금세공업자이고, 예금은행이고, 청산소이고, 또 중앙은행이다. 지급결제는 이렇게 편리성과 안전성을 추구하면서 발전해 왔고 하나의 시스템으로 완성되어 갔다.

제2부에서는 지급결제를 발전시킨 주인공들을 중심으로 지급결제가 어떻게 발전해 왔는지를 시대순으로 살펴보고자 한다. 여기서 고대와 중세, 근대와 현대의 구분은 엄밀한 시대 구분이라기보다는 지급결제의 주인공들과 지

급수단이 특징적으로 달라진 정도에 따라 임의로 구분한 것이므로 크게 의미를 부여할 필요는 없다. 다음으로 제3부에서는 이 주인공들이 어떠한 지급수단을 이용하여 지급결제의 안전성과 편리성을 도모해 왔는지를 지급수단의 측면에서 살펴보고자 한다.

제 2 부

지급결제의
주 역 들

제1장

고대

1. 메소포타미아 곡물창고업자

지급결제와 관련하여 고대 메소포타미아를 언급하는 이유는 메소포타미아에 남겨져 있는 많은 자료에서 지급결제의 주요 개념과 메커니즘을 찾아볼 수 있기 때문이다. 메소포타미아는 은행업의 요람[1]이라고 불릴 정도로, 은행이 없었음에도 은행이 제공하는 예금이나 대출과 유사한 서비스가 궁전이나 사원에서 이루어진 경제체제를 유지했고, 공식적인 화폐가 없었음에도 곡물을 저장하는 창고업자가 지급결제서비스를 제공했던 지역이므로 고대 메소포타미아로부터 지급결제의 역사를 추적해 볼 수 있다.

1) 메소포타미아

메소포타미아는 잘 알려진 바와 같이 티그리스강과 유프라테스강 사이에 있는 지역을 말하는데, 사막에 둘러싸여 '비옥한 초승달'의 동쪽 지역을 형성하고 있으며 문명이 발생한 곳 가운데 하나이다. 메소포타미아 문명이 꽃피기 시작한 시점은 기원전 3500년경이라고 할 수 있는데, 왜냐하면 이 무렵에 메소포타미아 남부 지방, 지금의 이라크 남부 지역에 정착한 수메르인들이 구축한 도시 가운데 하나인 우루크Uruk에서 최초로 문자가 사용되었기 때문이다.[2] 티그리스·유프라테스 두 강 유역은 지리적으로 개방된 환경이라 이민족의 침입이 잦아서 국가의 흥망과 민족의 교체가 여러 번 있었다. 수메르인들이 세운 도시국가는 아카드왕조 시대와 우르 제3왕조 시대를 거쳐 기원전 2000년경 유프라테스강의 서쪽, 즉 아라비아에서 온 셈족 계통의 고대 바빌로니아 제국에 점령당하여 국가 형태는 사멸했다. 그렇지만 수메르인이 이룩한 문명은 고대 중동세계의 여러 제국에 영향을 미쳤다.[3]

메소포타미아는 강 주변의 땅이 비옥하여 밀과 보리가 풍부하게 생산되는 곳이었다. 따라서 경제활동의 상당 부분이 곡물과 관련이 있을 수밖에 없었다. 그러나 이 지역에서 생산할 수 있는 생산품은 다소 제한되어 있었다. 왜냐하면 이 지역은 하천의 범람이 잦아서 점토와 갈대가 많고 관개시설이 되어 있는 곳에서 밀과 보리 등의 곡식을 생산할 수 있을 뿐이었고, 건축에 필요한 석재나 광석, 금과 은과 같은 귀금속, 주변 도시국가들과 전쟁할 때 필요한 무기를 만들 수 있는 철이나 주석 등은 생산되지 않았기 때문이다. 그래서 그곳에 정주하는 인구를 먹여 살리고도 남을 정도로 풍부한 농산물과 수공예품을 다른 지역에 팔고 필요한 물품을 사들이는 교역이 일찍부터 시작되었다. 이 지역의 도시국가들이 강을 따라 지금의 터키인 아나톨리아, 육로를 이용하여 이란과 아프가니스탄, 해로를 따라 인도와 파키스탄 지역과도 무역을 활발하게 할 수 있었던 것은 메소포타미아가 사방으로 트인 교통의 요지여서 하천이나 육로 또는 해로를 통한 물품의 이동이 가능했기 때문이다.

이처럼 상업활동이 활발하게 이루어진 이 지역에서는 상업활동을 지원할 여러 가지 인프라를 발달시킬 필요가 있었다. 그중 중요한 것을 살펴보면 첫째가 바퀴의 발명이다. 1930년대에 윌 로저스Will Rogers라는 미국의 한 유명한 희극배우는 "인류 역사가 시작된 이래 위대한 발명품은 불, 바퀴, 중앙은행 등 세 가지이다"라고 했는데, 그 위대한 발명품 중 하나인 바퀴를 발명한 곳이 바로 메소포타미아라고 한다. 이 희극배우가 위대한 발명에 중앙은행을 포함시킨 것은 당시 미국을 휩쓴 대공황을 중앙은행인 미 연방준비제도가 제대로 처리하지 못해서 조롱의 뜻으로 포함시킨 것이라고 한다.[4]

다음으로, 어쩌면 바퀴보다 더 중요하다고 할 수 있을지도 모르는 중요한 인프라가 바로 문자이다. 이곳에 살고 있던 수메르인들은 거래가 제대로 이루어졌는지 기록하기 위해서 쐐기문자를 발명했다. 이들이 점토에 남겨놓은 많은 쐐기문자로 인해 후대의 학자들은 그들의 문명을 연구하고 당시의 사회상을 추론해 볼 수 있게 되었다. 문자의 발명은 학문을 중시하는 분위기를 형성했고 계층을 분화시켰다.[5] 왕권이 확립되기 이전에는 신에 의존하는 신정정치가 일반적인 정치체제라고 할 수 있기 때문에 제사장의 역할과 권한이 강했고, 정치·경제·교육을 포함한 제반 사회활동이 신전을 중심으로 이루어졌다. 그래서 도시의 중심부에는 그 도시의 수호신을 모시는 신전이 있었고 제사장들은 신도들이 가져오는 봉헌물을 받아서 저장하고 처분해야 했다. 신전이 은행과 유사한 역할을 한 기록이 메소포타미아에서 발견되었는데, 이를 번역하면 다음과 같다.[6] "한 농부가 깨를 사기 위하여 신전에 있는 여사제로부터 상당량의 은을 대출받았다. 그는 대출받은 은에 해당하는 깨를 추수 시점의 시세대로 신용증서의 소지인에게 지급하기로 했다." 이 기록에서 유추해 볼 수 있는 사실은 첫째, 신전이 은행과 같은 역할을 했다는 것이다. 당시 사람들에게 신전이 지닌 성스러움에 대한 믿음과 사제들이 속이지 않을 것이라는 믿음, 그리고 거룩한 신전에서 도둑질해 가지는 않을 것이므로 다른 어느 곳보다 안전할 것이라는 믿음이 있었기 때문에 이러한 역할이 가능했을 것이다. 둘째, 고객은 농부로서 소비를 위해서가 아니라 생산을 위해서 대출을 받은 것이다. 셋째, 차입자는 돈을 빌렸다는 증서를 작성했고, 이 증서는 이전이 가능했다. 넷째, 차입자는 빌린 은에 상응하는 깨를 시세대로 지급하면 되었으며 명시적으로 이자에 대한 언급은 없었다. 그렇지만 왕이나 민간인도 은행가 역할을 했는데, 이때는 20~33%의 이자를 받았고 채무를 상환하지 못했을 때는 노예로 전락했다고 한다.[7]

신전에서는 제사장뿐 아니라 금속제조업자, 도자기공, 직공, 목수와 같은 장인들과 많은 노역자들이 신전을 위해 일했다. 또한 무역업자들도 있었는데 장거리 무역 캐러밴이 신전에 의해 조직되었고 신전을 위해 교역을 담당했다. 이러한 가운데 신전의 창고에 들어오고 나가는 물품들을 기록하기 위해 서기와 회계원이 필요했고, 이들은 점토판에 수많은 기록을 남겼으며 새로운 관료 계층을 형성했다. 해독 가능한 문서 가운데 가장 오래된 것이 신전의 수입을 기록한 문서라고 한다.[8] 이들뿐 아니라 관개농업으로 부를 축적하여 여유가 생긴 농부들 역시 곡물창고를 지어 곡물의 유통을 담당하는 새로운 지배계층으로 자리 잡았다.

2) 상품화폐: 은과 곡물

은

메소포타미아가 지급결제와 관련하여 최초로 언급될 수 있는 이유는 이 지역이 강의 범람으로 점토질의 흙이 많았고 농산물이 풍부했기 때문이다. 농산물이 풍부했기 때문에 다른 일을 할 수 있는 시간적인 여유가 있었고, 부싯돌, 절삭 도구 또는 무기로 사용할 수 있는 흑요석, 그 외에 역청, 목재, 금속, 천 등 일상생활에 필요한 물품들을 다른 지역으로부터 수입하는 교역이 가능했다. 수입된 물품 가운데 은은 상거래를 위한 지급수단으로 이용되었다. 그러나 은은 메소포타미아 지역에서 생산되는 물품이 아니었고 아나톨리아 등과의 교역을 통해 수입해야만 했다. 은이 중요했던 이유는 이웃한 도시국가들뿐 아니라 먼 곳에 있는 지역과 교역을 할 때 화폐처럼 통용되었기 때문이다.

기원전 3500년경부터 이 지역에 살고 있던 수메르인들은 은으로 주화를 만들지는 않았으나 은 덩어리의 무게로 상품이나 서비스의 가격을 정하고 은을 결제에 사용했다. 그러나 얼마나 많은 양의 은이 수입되어 상거래에 이용되었는지를 알 수 있는 단서는 거의 없으며, 실제로 빵과 같은 일상품을 사는 데 사용되지는 않았을 것이므로 일상생활에서의 사용가능성에 대해서는 의문을 가지게 된다.[9]

여기서 생각해 볼 문제는 상품이나 서비스의 가격을 누가 어떻게 정했을까이다. 가격이 전적으로 시장에서 결정되었는지는 알 수 없지만 거래되는 상품이나 서비스의 가격을 법전에 정해놓은 기록이 남아 있어서 당시의 실상을 어렴풋이나마 추측해 볼 수 있다. 이는 지급결제를 포함하여 상거래가 안전하게 이루어지도록 하기 위한 법적인 인프라가 갖추어져 있었음을 의미한다. 함무라비 법전이 만들어지기 이전인 기원전 1900년경에 이미 메소포타미아의 에슈눈나Eshnunna라는 도시국가에서 법전이 발견되었고, 발견된 지역의 이름을 딴 에슈눈나 법전에는 은 덩어리를 무게를 달아 사용했다는 기록이 있다.[10] 이 법전에는 "다른 사람의 코를 물었을 때 은 1미나의 벌금이 부과되고, 뺨을 때렸을 때는 10세켈의 벌금을 내야 한다"라는 식으로 기록되어 있다. 그리고 그 이후에 나온 법전에는 보리 300리터는 은 1세켈과 동일하다는 등의 기록이 나와 있다. 기원전 7세기에 리디아에서 주화가 주조되기 이전에도 주화가 사용되었는지에 대해서는 논란이 있지만, 메소포타미아에서는 주화가 아닌 은 덩어리의 무게를 달아 지급결제에 사용했음을 법전 기록에서 확인할 수 있다. 또 메소포타미아에서는 60진법이 주로 활용되었는데 60진법의 장점은 교환단위를 잘게 자를 수 있다는 점이었다. 예를 들어 1달란트는 60미나, 1미나는 60세켈, 1세켈은 360세로 이루어져 큰 단위부터 아주 작은 단위까지 거래할 수 있는 장점이 있었다. 그렇지만 이것이 주화는 아니었으므로 미나와 세켈 등은 무게를 나타내는 단위이지 화폐단위는 아니었다. 따라서 거래 시에는 무게를 달아 사용해야 하는 한계가 있었다.

은 덩어리가 상거래에 교환수단으로 화폐처럼 사용되었던 예는 『구약성서』에도 잘 나와 있다. 기원전 2100년경 메소포타미아의 우르^{Ur}에 살고 있던 아브라함은 그곳을 떠나 지금의 팔레스타인 서쪽 해안지역인 가나안으로 이동해 살았는데, 그의 아내 사라가 죽자 팔레스타인 원주민에게 은 400세켈을 주고 매장할 동굴을 구입했다. 은 400세켈의 무게는 약 4.4킬로그램이라고 하니 아주 무거운 양은 아니었을 것이나, 아브라함은 유사시를 대비하여 항상 은 덩어리를 지니고 있어야 했을 것이며 안전하게 은 덩어리를 보관하기 위해서는 상당한 노력을 기울여야 하지 않았을까 하고 추측해 볼 수 있다.

곡물

은과 더불어, 아니 은보다 더 경제적인 면에서 중요한 역할을 한 것이 메소포타미아에서 풍부하게 생산된 밀과 보리와 같은 곡물이었다. 곡물은 왕이었다. 보다 정확하게 표현하면 "곡물은 왕을 만들었으며 곡물을 다스릴 수 있는 자가 사람들을 지배하고 통치했다"[11]라는 문장이 쐐기문자로 기록되어 있을 정도로 곡물은 중요했다. 곡물은 메소포타미아에서 풍부하게 생산되는 상품이었기 때문에 식생활의 중심이었을 뿐 아니라 교환수단으로도 유용하게 이용되었다. 교환수단으로서 은은 비록 적은 양일지라도 일상생활에 필요한 물품을 사고파는 데는 가치가 너무 커서 잘 이용되기가 어려운 문제가 있었다. 그러나 곡물은 상대적으로 저렴하고 수요와 공급 모든 면에서 풍부했기 때문에 소액거래에 사용하기 편리하다는 장점이 있었다. 실제로 기원전 2500년경부터 은과 함께 보리가 중요한 교환수단으로 부상했다. 은이 부동산이나 노예, 가축과 같은 고액 거래에 이용된 반면, 생필품 거래에는 보리가 보다 편리하게 이용되었다. 또한 곡물은 가치척도를 나타내는 단위로서도 그 기능을 했다. 곡물의 양을 정해놓은 법조문 덕분에 특정 음식물, 원자재, 노동시간 등이 그에 상응하는 보리의 양으로 환산될 수 있었다. 따라서 왕궁이나 신전 또는 대규모 곡물창고에서 일하는 서기들이 복잡했을 기록이나 셈을 쉽고 간단하게 기록할 수 있었다.

자연스럽게 곡물은 생산과 분배에 대한 통제력을 지닌 상위계층인 왕이나 사제가 머무는 왕궁과 신전의 권한 및 권력을 확장할 수 있는 핵심적인 전략 자원으로 부상했다. 왕족과 사제들은 농산물의 생산과 분배에 대한 통제력을 확립하는 데 점점 성공했으며, 곡물 저장시설은 효과적인 제도적 통제수단이 되었고, 경제적 힘뿐 아니라 정치적 권위와 제재의 상징이 되었다.[12]

그러나 은과 함께 사용된 곡물은 소액결제에 유용하게 쓸 수 있다는 장점이 있는 반면, 품질이 고르지 않은 데다 오래 보관하기 어렵다는 문제를 안고 있었다.

3) 지급결제[13]

고대 메소포타미아의 경제를 언급할 때 빼놓을 수 없는 것이 곡물창고이다. 메소포타미아의 곡물창고는 잉여농산물을 집중시키고 다시 분산시키는 기능을 했고 그 규모는 세금 납부, 부채의 변제, 종사자와 주민들에 대한 배급량 등에 의해 결정되었다. 지급결제와 관련하여 곡물창고가 중요한 이유는 이곳에서 계좌이체와 유사한 지급수단이 이용되었기 때문이다.

은이나 곡물 그 자체, 즉 상품화폐를 지급수단으로 이용하는 것은 지급결제의 발달에 큰 도움을 주지 못한다. 왜냐하면 지급결제는 화폐 이외에 사용할 수 있는 보다 안전하고 편리한 지급수단을 찾아 발전해 왔으며, 무게를 달아 사용해야 하는 지급수단은 보다 편리한 다른 형태의 지급수단으로 대체되어야만 했기 때문이다. 즉, 지급결제는 상품화폐가 되었든 아니면 정화가 되었든 돈을 대신하는 어떠한 형태의 지급수단을 이용하여 타인에게 지급지시를 함으로써 채권·채무 관계를 종결하는 행위여야 한다. 이런 점에서 지급결제서비스를 제공한 최초의 업자가 메소포타미아의 곡물창고업자라고 할 수는 있지만, 화폐를 대신하는 지급수단을 사용하지는 못했다는 한계가 있었다.

곡물창고업자의 지급결제 업무는 기원전 2000~1500년대까지 거슬러 올라
간다. 고대 메소포타미아는 은행은 없었지만 은행업이 행해진 곳이다. 왜냐
하면 예금수취와 대출, 지급결제서비스라는 은행의 핵심적인 활동을 모두 제
공하는 조직이 탄생한 곳이기 때문이다. 그렇지만 당시에는 상품화폐가 경제
활동에 주로 사용되었기 때문에 예금수취라고 하더라도 화폐의 기능을 일부
지닌 물품을 보관하는 정도여서 현대적인 의미에서 말하는 은행의 예금수취
와는 상이하며, 대출 역시 대출재원이 고객이 예탁한 상품화폐에서가 아니라
자신의 자본이었다는 점에서 지금과는 성격이 다르다. 따라서 엄격한 의미의
은행업과는 다르다고 할 수 있다.

또한 예금수취나 대출, 지급결제서비스가 본연의 고유 업무라기보다는 신
전, 왕궁, 상인, 토지소유자의 부차적인 업무로 수행되었다는 점에서도 다르
다. 메소포타미아에서는 신전이나 왕궁이 개인을 위해 예탁활동을 하는 경우
는 제한적이었고, 이러한 활동 대부분은 민간 창고나 공적인 성격을 지닌 조
직이 담당했다. 이 가운데 민간 창고는 부유한 상인이나 토지소유자가 운영
했으며, 공적인 조직은 지금의 상공회의소처럼 상인들에게 지시를 할 수 있
는 중앙조직이었다. 민간이 운영하는 창고는 주로 보리 등의 곡물을 저장하
는 용도로 사용되었으며, 공적 성격을 지닌 창고로는 정부가 사용할 곡물을
보관하고 처분하는 곡물창고와 은, 기타 물품을 보관하는 창고가 있었다. 당
시의 실상을 기록한 에슈눈나 법전이나 함무라비 법전의 조문을 보면 어느
경우이든 보관된 자산의 도난이나 손실에 대한 책임은 창고업자에게 있었다.
그러므로 고대 메소포타미아에서 지금의 은행에서 제공하는 서비스가 이루
어졌다고 하더라도 이것이 별도로 구분된 조직으로서의 은행의 탄생을 의미
하지는 않는다.

그 당시 지급수단으로서만 이용되는 가치를 지닌 상품이 있었는지에 대해
서는 논쟁의 여지가 있는 듯하지만, 어찌 되었든 표준화된 금속 조각에 지배

자의 도장으로 가치가 보장된 돈의 등장보다 은행업을 영위하는 형태가 앞섰다는 점에는 학자들 간에 일치된 의견을 보이고 있다. 이 당시에는 곡물이나 은과 같은 상품이 회계의 단위이면서 교환의 매개수단으로서의 역할을 맡아 했다. 이러한 상품화폐의 특징은 실제 사용가치가 있거나 내재적인 효용을 가지고 있다는 점과, 다른 상품의 가치를 측정하고 그 상품의 대가로 지급할 때 표준화된 수단을 제공할 수 있다는 점에서 편리한 경제적 가치를 지니고 있다는 점이다. 그래서 이들은 "원시적인 형태의 화폐"[14]라고 할 수 있다. 상품화폐의 예치는 주로 예탁자가 필요시에 곡물이나 은으로 지급하게 될 것을 대비하여 예치하는 경우뿐 아니라 도난이나 분실을 방지하기 위해서도 이루어졌다.

예탁자는 창고업자에게 예탁한 곡물이나 은의 인출을 지시하거나 지정된 제3자에게 인도하라는 지시를 할 수 있었는데, 제3자에 대한 인도지시는 실질적으로 지급지시에 해당했다. 창고업자는 은이나 곡물을 예탁한 각 고객별로 계정을 운영했고, 예탁자의 계정은 예탁자 자신이나 제3자가 예탁하거나 인출하는 데 이용되었다. 그렇지만 예탁된 물품은 곡물이나 은 등의 물품이었기 때문에 하나로 섞어 보관하기에는 적당치 않았다. 그래서 창고업자는 각 예탁자별로 예탁한 물품을 구분하여 보관해야만 했다. 심지어 다른 예탁자로부터 곡물이나 은을 받았을 경우 물품을 받은 수취인은 수령한 물품을 기존에 있던 자신의 물품과 섞이지 않게 별도로 보관할 것을 요구하기도 했다. 지급인의 지급지시에 의해 창고업자가 곡물을 이전시킬 때는 수취인이 참석한 가운데 지급인의 계좌에서 곡물을 꺼내어 수취인의 계좌에 넣는 것을 확인해야 했다. 이때도 수취인이 창고업자에게 요구하면 자신의 계좌로 이전된 은이나 보리를 기존에 있던 물품들과 구분하여 별도로 보관시킬 수 있었다.

저장 또는 보관된 보리나 은의 가치가 보리나 은의 종류에 관계없이 동질적인 가치가 있다면 예탁자에 관계없이 함께 섞어서 저장하거나 보관해도 아무런 문제가 되지 않지만, 메소포타미아에서는 그렇지 않았다는 점에서 당시의 지급결제를 엄밀한 의미에서 '현금 이외의 지급수단에 의한 지급결제 non-cash payment'라고 하기는 어려운 점이 있다. 왜냐하면 '현금 이외의 지급수단에 의한 지급결제'는 지급수단이 내포하고 있는 일정한 화폐가치를 지급인의 계정에서 차감함과 함께 수취인의 계정에 동일한 화폐가치를 입금하는 것을 의미하는데, 이것이 가능하기 위해서는 지급수단이 표상하는 화폐가치가 화폐로 이용되는 물질의 가치에 관계없이 동일하다고 인정되어야만 한다. 즉, 어느 은이나 보리의 가치가 다른 은이나 보리의 가치와 동질적이어서 서로 대체 가능하며, 창고업자는 이를 뒤섞어 보관하고 지급할 수 있어야만 한다. 그러나 당시에는 은이나 보리의 가치가 동질적이지 못하여 함께 섞어서 보관하거나 지급할 수 없었기 때문에 지급결제는 지급인이 지시한 현물로 이루어져야만 했다.

지급인은 수취인에게 지급하라는 지급지시를 창고업자에게 할 수 있었는데 이 지급지시는 말이나 문서로 이루어졌다. 문서로 지급지시가 이루어졌을 경우에는 창고업자가 수취인을 사전에 알고 있어야 가능했다. 다시 말해, 지급지시는 지급지시를 받는 창고업자가 알고 있거나 정당한 수취인으로 신분이 확인된 수취인에게 지급을 하라는 지시이며, 지급지시를 받은 창고업자는 지급지시의 수취인에게 통지하여 처리했다.

지급지시의 법적 효력은 채무의 양도에 관한 법에 의해 결정되었다. 원칙적으로 채무의 양도 또는 이전이 인정되었기 때문에 한 채권자가 수취한 채무를 나타내는 증서를 다른 채권자에게 이전하는 것이 가능했다. 여기서 양도 또는 이전은 지급인이 지급인의 채무자인 창고업자(지급지시 수령인)로 하여금 지급인이 채무를 지고 있는 수취인에게 지급인이 예치한 은이나 곡물을 이전시키는 것을 말한다. 그러나 실제로 그 과정이 어떠했고 법적 근거가 어떠했는지를 구체적으로 알 수 있는 자료가 없는 한계가 있다.

지급인(양도인)은 자신의 곡물이나 은을 보관하고 있는 창고업자(지급인의 채무자, 양도의무자, 지급지시 수령인)에게 수취인(양수인)을 지정하여 그에게 자신의 곡물이나 은을 양도하도록 지급지시를 하고, 창고업자는 그 지급지시에 따라서 수취인에게 곡물이나 은을 양도했다. 양도가 효력을 발휘하는 것은 지급인이 창고업자에게 예치한 은이나 곡물을 창고업자가 어떻게 인정할 것인가에 따라 달라질 수 있는데, 창고업자는 자신이 보관하고 있는 은이나 곡물을 예탁자인 지급인에 대한 자신의 부채로 인정했기 때문에 큰 문제 없이 지급지시의 수취인에게 이전시킬 수 있었다.

4) 의미와 한계

고대 메소포타미아가 지급결제에서 중요한 의미가 있는 것은 상품화폐로 쓰이던 은이나 보리를 맡긴 예탁자의 지급지시에 따라 예탁기관인 창고업자가 예탁자의 계정에서 수취인의 계정으로 옮겨놓는 형태로 지급결제 서비스를 제공했다는 데 있다. 그러나 계정 간 이체가 실물인 상품화폐로 인도되었다는 점에서 현물의 이동 없이 장부상으로만 이전하는 현금 이외의 지급수단에 의한 지급결제가 실행되었다는 증거는 찾을 수 없는 한계가 있다. 이러한 현상이 나타날 수밖에 없었던 가장 근본적인 이유는 상품화폐에서 찾을 수 있다.

상품화폐의 문제점 가운데 하나는 상품화폐가 동질적인 가치가 있는가 하는 것이다. 내가 맡긴 보리 1리터가 다른 사람이 맡긴 보리 1리터와 동일한 가치가 있는가라는 문제는 지급수단으로서 상품화폐가 가진 가장 큰 문젯거리였다. 보리뿐 아니라 은 역시 마찬가지 문제를 지니고 있었다. 그래서 이러한 상품화폐는 개인별로 소유자를 구분하지 않고 보관할 수가 없었고, 맡긴 사람이 찾을 때도 동일한 상품화폐를 지급해야 했기 때문에 상품화폐의 인도 없이 순수하게 계정만 이체하여 지급결제를 끝내는 방식은 도입할 수가 없었다.

고대 메소포타미아의 수메르인들은 기원전 24세기에 기록된 『길가메시 서사시』로 유명하다. 수메르인들은 축축한 진흙을 빚어서 만든 점토판을 나뭇조각이나 굵은 갈대펜으로 긁어서 문자를 기록한 다음 이것을 말려서 보관했다. 초기의 문자는 사제 계급이 가축이나 공물의 숫자를 기록하기 위해 사용한 단순한 부호였으며, 당시 문자의 용도는 역사를 기록하거나 시 또는 철학을 논하기 위한 것이 아니라 상거래를 기록하기 위해서였다. 보리 등의 농산품이나 양털, 은과 같은 금속의 거래를 기록하기 위해 점토로 만든 토큰에 문자를 새겨 넣었다.

괴츠만W. Goetzmann에 의하면 기원전 1800년대에 메소포타미아의 도시국가인 우르에 이미 돈을 대신하는 신용이 존재했고, 장단기 금리 차이를 이용한 금융업자가 있었을 뿐 아니라 개인이 발행한 약속어음이 거래되는 유통시장도 있었다고 한다.[15]

우르에 살고 있던 두무지가밀Dumuzi-gamil이라는 사업가 겸 금융업자는 연 3.78%의 저리로 5년간 장기 차입을 하여 어부와 농부에게 월 20%의 높은 이자를 받고 1~3개월간 단기대출을 했다고 한다. 그가 남긴 기록에는 개인에게 외상을 주었다는 내용도 있다. 외상으로 물건을 판매했다는 사실은 은과 같은 경화를 대신하여 신용대출이 있었음을 말해주는 것이고, 그로 인해 상거래 시에 경화를 절약할 수 있었다고 유추할 수 있을 것이다.

여기에서 더 나아가 우르 문서에는 두무지가밀에게 돈을 빌려준 채권자가 두무지가밀이 작성한 약속어음을 다른 투자자에게 팔았다는 기록도 있다고 한다. 이는 개인이 발행한 약속어음이 양도 가능했으며 양도 가능한 약속어음을 거래하는 유통시장이 있었음을 의미한다.

괴츠만은 자신의 저서에 약속어음personal promissory note이라는 단어를 사용하고 있는데, 현대의 약속어음과 같은 의미로 사용했는지는 모르겠으나 개인의 채무증서를 의미한다는 점에서 그대로 받아들일 수 있을 것으로 보인다.

2. 아테네 환전상

1) 아테네

메소포타미아 지역을 제패한 페르시아는 기원전 546년 현재 터키 지역인 리디아를 정복했고, 기원전 492년부터 448년까지 에게해의 해상권을 두고 아테네와 전쟁을 벌였다. 이 전쟁에서 승리한 아테네는 경제가 안정되고 인구도 증가하여 경제 규모가 커짐에 따라 이들을 먹여 살릴 곡물이 필요했으나, 자체 생산만으로는 충분히 충당할 수가 없어서 곡물이 풍부한 이집트, 시칠리아, 현재의 우크라이나 지역에 해당하는 흑해 북부 지역으로부터 곡물을 수입해야 했다. 아테네가 위치한 아티카 반도는 식량 작물을 재배하기에는 불리한 지역이었다. 여름은 건조한 데다 덥고 강수량은 적었으며 땅은 석회암 지대에 대부분의 지역이 험한 산악지대라 키울 수 있는 작물이 제한되었던 것이다. 반대로 이 기후와 토양은 포도와 올리브를 키우기에 좋은 조건이어서 포도주와 올리브유는 과거부터 현재까지 이 지역의 중요 생산물이라 할 수 있다. 또한 아테네는 바다를 통해 지중해 곳곳으로 뻗어나갈 수 있는 조건을 갖추고 있었기 때문에 해상무역이 활발했다.

아테네의 경제환경은 고대 메소포타미아 도시들이 인근에서 생산한 곡물을 재분배하는 데 중점을 두고 이를 장거리 교역으로 보조했던 것과는 상당히 달랐다. 해상무역의 발달은 이를 뒷받침해 줄 금융 역시 발달하게 했는데, 금융이 발달할 수 있었던 여건 가운데 하나가 멀지 않은 곳에 채굴량이 풍부한 은광이 있었고, 이 은을 이용하여 주화를 생산할 수 있었다는 점이다.

한편, 아테네를 부유하게 만든 이 해상무역은 아테네의 취약점이기도 하여 식량의 수입로가 막히면 극심한 식량 부족을 겪을 수밖에 없었고, 실제로 기원전 431년부터 404년까지 세 차례에 걸쳐 일어난 아테네와 스파르타 간의 펠로폰네소스 전쟁으로 에게해를 이용한 상선의 통행이 제한되면서 아테네

는 상업활동이 위축되고 식량 공급도 크게 줄어들어 군사력에 심각한 타격을
입었다. 펠로폰네소스 전쟁에서 패배한 아테네는 쇠락의 길을 걷다가 기원전
338년 마케도니아에 의해 멸망했다.

2) 주화

리디아 주화

주화는 기원전 7세기 소아시아에 위치한 도시국가인 리디아에서 최초로
주조되었다고 알려져 있다. 리디아는 현재 터키에 해당하는 지역인데 리디아
의 수도 사르디스를 거쳐 에게해로 흘러들어 가는 팍톨로스강에서는 금과 은
이 섞인 금속이 많이 생산되어 이를 가공해 주화를 제조했다. 팍톨로스강은
그리스 신화에 등장하는 미다스Midas 왕이 무엇이든 황금으로 만드는 손을 씻
었다고 알려진 강이다.

리디아의 주화는 금과 은이 자연 상태에서 합금된 일렉트럼Electrum으로 한
쪽 면에는 문양이 새겨져 있으며 그 반대쪽에는 펀치 마크가 있다. 일렉트럼
이란 자연 상태에서 금의 비율이 70% 이상이고, 은이 30% 미만으로 섞여 있
는 금속을 말한다. 일렉트럼 주화를 처음 만들 당시의 기술로는 일렉트럼에
서 금과 은을 분리해 내는 것이 어려웠다고 한다.[16] 그래서 일렉트럼의 순도
가 일정하지 않았기 때문에 과연 상거래에 일렉트럼 주화가 활발하게 사용되
었는지에 대해 의문이 있어, 화폐연구가들은 다양한 주장을 개진하고 있다.
따라서 리디아 주화는 무게로 거래에 사용되었고 원시적인 화폐와 고전적인
화폐의 경계선 정도에 있었다고 여기는 것이 안전할 것으로 보인다.[17] 실제로
리디아 주화는 주조된 지역 내에서만 주로 이용되었고 국제교역에서 교환수
단으로 자주 사용되지는 않았다.[18] 심지어 리디아 주화가 상거래에서 교환수
단으로 사용된 것이 아니라 신전에서 제사로 드리는 음식의 대용물로 사용되
었다는 주장도 있다.[19]

일렉트럼 주화가 처음 주조된 지 1세기가 조금 지나 제련 기술이 발달하기 시작한 기원전 550년경 이후로는 일렉트럼 주화는 생산되지 않았으며, 그 대신에 금화와 은화가 생산되기 시작했다.

아테네 주화

주화의 주조와 유통은 기원전 546년 리디아가 페르시아 제국에 흡수되면서 다른 지역으로 확장되었으며, 아테네 역시 리디아 주화의 영향을 받은 도시국가 중 하나였다. 페르시아 전쟁 이후 아테네는 주화의 주조기술을 보다 정교화하고 리디아 주화의 펀치 마크를 적극적으로 수용하여 국가가 주화의 무게와 순도를 보증하는 마크로 발전시켰다. 이로써 아테네는 금속의 내용물의 가치, 즉 내재가치를 표시하는 주화를 주조하게 되었다. 상거래 시에 물건 값에 해당하는 귀금속이나 곡물의 무게를 재어 지급하지 않고 주화의 개수로 지급했다는 점에서 아테네 주화는 메소포타미아에서 사용된 은 덩어리나 리디아에서 사용된 주화보다 진일보한 화폐라고 할 수 있다. 또한 주화의 펀치 마크는 주화의 가장자리를 잘라내는 부정을 어렵게 하는 데에도 기여했다.

아테네에서 은으로 만든 주화가 활발하게 사용될 수 있었던 이유는 아테네에서 60킬로미터밖에 떨어져 있지 않은 라우리온Laurion 은광에서 은을 생산할 수 있었던 데 있다. 생산량이 절정에 달했던 기원전 5세기에는 매년 20톤의 은이 채굴되었다고 한다.[20] 은화는 국제교역 시에도 유용하게 쓰일 수 있는 장점이 있어서 아테네의 경제발전에 한 요인으로 작용했으며, 주변국들도 아테네의 은화를 널리 사용했다. 특히 지혜의 상징으로 여겨진 부엉이를 새긴 은화는 기원전 5세기부터 기원전 1세기까지 아테네에서 주조된 주화인데, 표시된 액면금액과 실제 가치에 대한 신뢰가 높아 페르가몬 같은 소아시아 터키의 도시에서뿐 아니라 이집트·아랍·바빌로니아에서까지 복제되어 주조될 정도로 인기가 있었다.

그러나 주화의 가치는 주화를 이루고 있는 금속의 내재가치에 의존하고 있는데, 마모나 파손 등에 의해 내재가치가 손상되면서 액면금액을 밑도는 문제가 발생했다. 그뿐 아니라 당시에는 수작업으로 주화를 제조해야만 했기 때문에 소액 주화를 생산하는 데 들어가는 비용이 액면금액이 큰 주화를 생산하는 데 들어가는 비용보다 많이 들어서 실제 거래에 필요한 양만큼 소액 주화를 공급하지 못하는 문제도 있었다.[21] 예를 들어 2드라크마 주화 5개를 만드는 데 소요되는 제조 비용이 10드라크마 주화 1개를 제조하는 데 소요되는 비용보다 크기 때문에 도시국가 정부는 소액 주화를 충분히 생산하지 않는 경향이 있었다. 지금이라면 내재가치에 크게 미치지 못하는 토큰을 만들어 사용함으로써 문제를 해결할 수 있었겠지만, 당시에는 이러한 토큰을 믿게 할 만한 공신력 있는 기관이 없었기 때문에 이 문제는 이 시기의 아테네 이후에도 내재가치에 의한 주화를 사용하는 수 세기 동안 해결되지 못한 채 지속되었다. 이것은 화폐로서 이용되는 주화가 귀금속이었던 시기에 통화당국을 괴롭혔던 문제 중 하나이기도 했다. 아테네 이외에도 그리스 고전기의 도시국가들은 국가의 상징으로 자신만의 주화를 만들었다.

3) 트라페자와 트라페지테스[22]

(1) 트라페지테스

트라페자Trapeza는 이탈리아어의 banco와 마찬가지로 환전업자들이 영업을 위해 펼쳐놓은 테이블을 의미하며 은행업을 지칭하는 데 쓰였고, 트라페지테스Trapezites는 고대 그리스의 환전상을 의미한다. 기원전 4세기 그리스의 웅변가이자 정치가 데모스테네스Demosthenes는 트라페자를 "다른 사람들의 돈을 가지고 위험을 안고 있는 수입을 얻는 영업활동"이라고 정의했는데[23] 이 정의대로 판단한다면 트라페지테스는 은행가이다. 다만 당시에 트라페지테스의 주업무 가운데 환전 업무의 비중이 상당히 높았던 점에서 환전상으로 칭하는 것이 바람직하다고 본다. 아테네 법에서는 트라페자에 특별한 법적 지위를 부여하지 않았고 아무런 제한을 가하지도 않았기 때문에 은행가와 그의 은행은 동일시되어 은행가가 은행이었다.[24] 이런 점에서 그리스는 "예금은행의 창조자"[25]라고 불릴 수 있을 것이다.

환전상이 등장하기 이전에는 신전이 예금을 받고 대출해 주는 유사은행업을 영위했다. 그러나 메소포타미아와 다른 점은 아테네에서는 은이나 곡물뿐 아니라 주화도 예금으로 받았으며, 받은 주화를 예탁자별로 구분하지 않고 모두 합쳐서 보관했다는 점이다. 물론 예금·대출의 은행 업무는 신전의 부수적인 일일 뿐이었으며, 예금한 사람이 자신의 채권자에게 돈을 지급하라고 지급지시를 내려 자금이 오고 가는 업무 역시 신전에서는 이루어지지 않았다. 더구나 신전은 다수로부터 받은 예금을 재원으로 대출하지 않았고, 봉헌금 등으로 형성된 신전의 자본을 대출 재원으로 사용했다는 점에서 지금의 은행과는 많이 달랐다.

직업으로서 환전상은 상거래의 교환수단으로서 주화가 등장한 지 얼마 지나지 않은 기원전 6세기에 나타났다. 환전상이 환전 시에 받는 수수료는 협상에 의해 정해졌지만 조금 과한 수준이었다고 한다.[26] 이들은 환전 이외에도 점차 예금과 대출, 지급결제 등으로 업무를 확대했다. 환전상이라는 직업은 주화의 사용과 함께 생겨났기 때문에 환전상의 역사는 매우 길 수밖에 없고, 은행권이 본격적으로 사용되기 시작할 때까지 '환전상-은행'이라는 명칭으로 불렸다. 따라서 그 역사는 기원전 6세기부터 시작하여 중앙은행이 태동하기 시작한 17세기 말까지 지속적으로 이어진다. 아테네의 환전상들은 두세 개의 버팀대 위에 덮개판을 얹은 탁자를 놓고 작은 가게에서나 또는 문 밖에서 영업을 했는데, 아테네 이외의 공동체에서 만든 주화들은 규격이 통일되지 않아 아테네에서 바로 사용되기에 적합하지 않았기 때문에, 주로 시장이나 항구처럼 상거래나 교역이 활발하게 이루어지는 곳에서 영업을 했다.[27] 환전상이 상거래에서 점차 중요한 위치를 차지하게 된 이유 가운데 하나가 환전상이 기록한 거래장부가 거래를 나타내는 증빙으로 활용되어 그 자체가 공증의 기능을 지녔을 뿐 아니라 소송 시에도 유용한 증거물로 이용되었기 때문이다.

민간이 운영하는 환전상 이외에 공공 이익을 위한 도시국가 소유의 은행도 있었는데 이러한 은행은 도시가 필요로 하는 재정활동과 국제활동의 관리를 위해 국가 조직의 한 부서로서 활동했다.

(2) 트라페자

환전

주화는 금이나 은 덩어리처럼 무게로 상거래에 이용되는 것이 아니라 물품 가격에 상응하는 주화의 개수에 의해 지급된다. 이때 거래가 원활하게 이루어지려면 파는 물품 가격에 상응하는 대가를 주고받아야만 하는데, 주화가 지급수단으로 이용되기 위해서는 주화를 제대로 평가하는 절차가 필요했으며 이 업무를 하기 위한 전문가가 환전상이었다. 환전 업무는 다른 도시국가에서 주조된 주화의 가치를 평가하는 것만이 아니라 액면금액이 큰 주화를 소액 주화로 바꾸어주는 데도 필요했고, 주화의 마모나 손상의 정도 그리고 질과 순도를 평가하는 데도 필요했다. 따라서 상인들은 거래가 안전하게 이루어질 수 있도록 하기 위해 믿을 만한 환전상 앞에서 거래를 하는 경향이 있었다. 환전상은 고객들에게 신뢰를 주기 위해서 주화 질과 순도를 정확히 측정할 수 있는 능력을 갖추어야 했고 돈을 다루고 보관하는 데도 전문가가 되어야만 했다. 당시의 주화는 주화 주조소에서 수작업으로 만들었기 때문에 무게나 품질이 높은 수준으로 표준화되지 못했고, 사용으로 인하여 마모된 정도가 주화마다 다르고 위조 주화도 있었기 때문에 환전 업무는 상당한 정도의 숙달을 요했다.

한편, 상인들은 상거래를 할 때마다 환전상에게 주화의 진위를 평가하게 하고 필요한 주화를 환전하도록 하는 것이 불편하다고 느껴 지속적으로 거래하는 환전상에게 주화를 맡기고 필요시에 지급하도록 했는데, 이는 환전상이 점진적으로 개인 은행가로 변신하는 계기가 되었다.

예금

상인을 포함하여 환전상을 상대하는 사람들이 환전상에게 맡기는 주화는 예금과 같은 성격을 띠었는데, 이들의 사용 용도에 따라 예금을 두 가지로 분류할 수 있다.[28]

첫째는 보관 목적으로 봉인된 예금인데 귀중품의 보호예수와 유사하다. 이 예금은 이를 예금으로 받아들인 환전상일지라도 함부로 손을 댈 수 없었으며, 처음 예금된 상태대로 예금자에게 되돌려 주어야 했기 때문에 대출이나 투자에 사용될 수 없었다.

둘째는 봉인되지 않은 예금이다. 이 예금은 물건을 사고 그 대가를 지급할 때 매번 주화를 환전상에게 주어 평가받고 지급하는 대신 미리 환전상에게 주화를 예탁해 가치를 평가받도록 하고 필요할 때마다 결제할 수 있도록 맡긴 예금이다. 한편, 이 예금은 고객이 환전상에게 빌려준 자금으로 볼 수도 있으므로, 환전상은 지급결제 수요를 충족시키고 남는 잉여 예금을 재원으로 하여 대출이나 투자를 하기도 했다.

환전상은 고객이 맡긴 예금을 안전하게 보관할 수 있는 안전시설을 갖추어 절도나 화재 등으로부터 보호하는 기능을 하기도 하고, 고객이 맡긴 예금을 수익이 있는 곳에 대출하기도 했다. 또한 당시에는 토지와 같은 재산에 대해서는 과세한 반면 소득이나 부동산 이외의 재산에는 세금을 부과하지 않았기 때문에 환전상에게 예금하여 재산을 은폐하려는 자산가들도 있었는데, 이들의 예금도 봉인된 예금에 해당된다. 환전상은 절도나 화재 등의 위험으로부터 예금된 돈을 보호하는 장치를 마련함으로써 그들의 서비스에 대한 신뢰를 높일 수 있었다. 이들은 명성이 높아지면서 더 많은 예금을 끌어들일 수 있었고, 이로 인하여 개인의 부를 효과적으로 숨길 수도 있게 되었다. 기원전 392

년 당시 희극 작가 아리스토파네스Aristophanes가 쓴 희극 〈여인들의 민회〉에 다음과 같은 대사가 있다. "토지를 소유하지 않고 있지만 금화나 은화 같은 재산을 몰래 소유하고 있는 남자를 어떻게 처리할 것인가?"[29]

환전상은 보관 목적의 봉인된 예금에는 이자를 지급하지 않고 오히려 보관 수수료를 받았으며, 봉인되지 않은 예금은 자유롭게 이용할 수 있었으므로 이자를 지급했다.

대출

환전상이 고객의 예금을 재원으로 하여 대출하게 된 것은 그 사회에 신용을 공급했다는 의미에서 큰 변화를 초래했다.[30] 예를 들어보자.

어느 한 환전상이 고객으로부터 1000드라크마의 은화를 예금으로 받았다고 가정하자. 이때 이 환전상의 대차대조표는 다음과 같을 것이다.

은화 1000드라크마	예금채무 1000드라크마

만약 이 환전상이 200드라크마를 대출했다면 대차대조표는 다음과 같이 변할 것이다.

은화 800드라크마 대출 200드라크마	예금채무 1000드라크마

이는 부채의 변화 없이 시중에 200드라크마의 은화가 추가로 공급되었음을 의미한다. 만약 대출받은 고객이 상거래를 위해 대출금 가운데 100드라크마를 다시 환전상에 예치한다면 대차대조표는 다음과 같이 된다.

| 은화 900드라크마 | 예금채무 1100드라크마 |
| 대출 200드라크마 | |

이는 주화를 추가로 주조하지 않더라도 사회 전체적으로 100드라크마의 주화가 늘어난 것과 같다. 이처럼 환전상이 고객에게 대출하게 되면서 사회 전체적으로는 주화를 추가로 주조하여 공급하지 않더라도 유통되는 주화의 양이 증가하는 효과를 거두었고, 유통주화의 부족 현상으로 발생할 수 있는 경제발전의 제약을 완화할 수 있었다.[31]

환전상의 대출 범위는 다양하여 채굴권 매입, 제분업, 의류 제조, 토지 매입, 정치지도자 지원, 군사자금 지원, 몸값 지급, 채권자의 선박에 대한 집행 방지를 위한 자금 지원 등에 사용되었다. 그뿐 아니라 해상무역에 대한 신용을 공급하는 역할도 하여 아테네의 대외교역을 지원했는데, 이는 곡물을 수입에 의존해야 하는 아테네의 사회 안정에 기여하는 요인이 되었다.

지급결제

환전상은 고객이 예금을 하러 주화를 가져올 때 그 주화에 대한 평가를 했기 때문에 액면금액에 관계없이 주화의 실질가치를 알고 있었고, 실질가치에 의해 고객의 예금계정에 금액을 기록했다. 그렇기 때문에 더는 주화를 고객별로 구분해 보관할 필요가 없었고, 인출 시에도 봉인된 예금을 제외하고는 고객이 맡긴 주화를 지급할 필요 없이 동일 금액으로 반환하면 되었다. 즉, 예금자가 예금한 돈은 다른 사람의 예금과 섞이게 되었고, 환전상은 동일한 주화를 반환할 필요 없이, 단지 예금액에 해당하는 주화를 예금자에게 반환할 의무만을 지게 되었다. 또한 대출 시에도 어느 주화로 지급하든 관계없이 대출금에 해당하는 금액을 지급하면 되었다.

한편, 환전상은 계정 간 이체를 통해 상거래에 따른 지급결제를 보다 편리하게 끝낼 수 있는 수단을 제공했다. 즉, 어느 예금자가 지급인이 되어 상거래 상대인 수취인에게 지급하라는 지급지시를 환전상에게 하면 환전상이 정당한 수취인에게 지급함으로써 지급결제는 종결된다. 초기에는 지급지시가 정당한 지급인에 의해 내려졌는지를 환전상이 알 수 없고, 정당한 수취인인지도 확인할 수 없었기 때문에 지급인과 수취인이 모두 환전상 앞에 나타나야만 했다. 그러면 지급인은 구두로 환전상에게 지급지시를 하고 환전상은 그 지급지시에 따라 수취인에게 주화를 지급하거나, 지급인의 계좌에서 차감해 수취인의 계좌에 그만큼 더해줌으로써 실물 주화의 이동 없이 자금을 이체시켜 주었다. 지급지시는 지급인이 직접 환전상에게 말로 했기 때문에 문서로 이루어진 경우는 드물었는데, 그 이유는 문서가 위조될 가능성이 있으므로 환전상이 문서에 의한 지급지시를 선호하지 않았기 때문이다.

예금자인 지급인과 수취인이 동일한 환전상이 운영하는 계좌를 가지고 있을 때는 현금을 이용하지 않고 지급인의 계좌에서 차감하여 수취인의 계좌에 입금시킴으로써 계좌이체가 큰 문제없이 이루어질 수 있었다. 그러나 수취인이 계좌를 가지고 있지 않을 때는 환전상은 수취인의 처분대로 자금을 지급할 수 있음을 알리는 통지서를 수취인에게 보냈다. 이때 수취인이 취할 수 있는 시나리오는 다음과 같다.

첫째, 가장 일반적인 경우로서 수취인은 직접 환전상에게 가서 자신이 정당 수취인임을 증명하고 돈을 받아가거나 계좌를 새로 개설하여 그 계좌에 입금시킨다.

둘째, 통지서를 받은 수취인은 자신이 거래하는 환전상 가운데 통지서를 보낸 환전상을 알고 있는 이를 대리인으로 지정하고, 대리인이 환전상에게 가서 수취인을 대신하여 돈을 받아 수취인에게 전달하거나 수취인의 계좌에 입금시킨다.

셋째, 지급인의 환전상은 수취인에게 통지서를 발급하고 수취인은 이 통지서를 자신이 거래하는 환전상에게 제시한다. 그러면 수취인의 환전상은 수취인 계좌에 돈을 먼저 입금시키고 나중에 지급인의 환전상으로부터 그 대금을 받는다.

어느 경우든 지급지시는 구두로 하는 것이 일반적이었고 통지서는 문서 형태로 전달되었는데, 수취인의 대리인을 제외하고는 수취인이 자신의 채무를 변제하기 위해 다른 사람에게 양도할 수 없었다. 수취인 또는 수취인의 대리인에게 자금을 지급하면서 지급인의 환전상이 수령한 통지서는 결제를 완료했다는 영수증으로만 활용되었다는 점에서, 지급인이 환전상에게 맡긴 예금을 기반으로 하여 수취인에게 발행하는 수표와는 성격이 달랐다. 지급인의 환전상은 장부에 정확하게 기입할 책임과 함께, 수취인에게 통지서를 발급하고 돈의 지급 또는 계정 간 이체 등의 방법으로 결제할 의무를 부담했다.

이처럼 지급결제 업무는 고객들에게는 자신의 예금에서 지급이 쉽게 이루어지는 편리성을 제공하는 한편, 환전상에게는 예금을 늘려 대출을 위한 자금으로 활용함으로써 수익을 증가시킬 수 있는 기회를 제공했다. 환전상이 제공한 지급결제서비스는 도시국가 내에서는 유통주화를 절약하게 하고, 대외적으로는 주화의 해외 유출을 방지하는 효과도 거두었다. 해외교역 대금을 아테네에서 주조된 주화로 지급하면 아테네에서 유통되는 은의 양은 감소하게 된다. 그러나 환전상이 주화의 이전 없이 이를 결제할 수 있다면 은 유출을 줄일 수 있고, 아울러 고객은 많은 양의 주화나 은 덩어리를 운송할 때 발생하는 위험과 불편을 피할 수 있다.

이러한 결제가 실제로 이루어진 기록이 있다.[32] 기원전 325년경 아테네의 정치가 스트라토클레스Stratokles는 흑해 먼 지역으로 여행하고자 했다. 그런데 그는 그곳에서 쓸 돈을 가지고 가는 대신 당시 아테네에서 가장 유명한 환전상이던 파시온Pasion에게 자금을 예치시켜 놓고 환전상이 지급을 보증한다는 약정서를 발급받아 그 약정서를 돈 대신 지니고 출발했다. 스트라토클레스는 도착지에 도착한 후 자신이 예금을 맡겨놓은 환전상의 거래처를 찾아가서 약정서를 제시하고 필요한 자금을 인출할 수 있었다. 환전상과 그 거래처 간 정산은 협약에 의해 사후적으로 이루어졌다. 이러한 거래가 매우 일상적이었기

때문에 표준화된 절차가 만들어지기까지 했다고 한다.[33]

4) 은행화폐

앞에 언급한 트라페지테스의 업무 가운데 대출과 지급결제 업무는 모두 환전상에 예치된 고객의 예금으로부터 발생했다. 여기에서 이전의 화폐와는 다른, 새로운 유형의 화폐가 등장하는데 바로 은행화폐bank money라고 불리는 은행예금이다.[34] 환전상이 실질적으로는 은행의 기능을 했다는 점에서 '환전상예금'보다는 일반적인 용어인 '은행예금'이라는 단어를 사용하고자 한다. 금속화폐인 주화를 포함하여 이전에 화폐로 사용되던 귀금속 덩어리나 곡물과 같은 상품화폐처럼 재화의 사용가치에 기반을 둔 화폐는 '실물화폐'라고 불린다. 실물화폐는 화폐가 지닌 물리적인 실체의 내재가치에 의해 화폐로 유통된 반면, 고객이 환전상에 예치한 예금은 물리적인 실체가 없는 대신 추상적인 화폐적 가치만을 표상한다. 즉, 지금 즉시 주화를 결제수단으로 받지 않더라도 필요한 어느 때든지 해당 금액을 청구할 수 있는 권리를 뜻한다. 은행예금은 고객들이 환전상에게 예금을 하고, 이를 기반으로 계정 간 자금이체라는 지급수단을 이용하여 마치 예금을 화폐처럼 사용하는 것이 가능할 때 화폐로서 존재하게 된다. 은행예금의 사용은 실물화폐의 이용을 줄여주어 주화의 공급이 충분하지 않더라도 상거래를 원활히 마칠 수 있게 하는 기능을 했다는 면에서 중요한 의미가 있다. 또한 은행예금이 그 의미를 지닐 수 있는 것은, 환전상이 고객 계정 간 이체를 통해 상거래의 지급결제를 종료한다는 점에서 계정 간 이체 또는 계좌이체라는 지급수단이 경제와 금융의 중요한 인프라로 작동하게 됨으로써이다.

5) 안전성과 효율성

안전성

지급결제에서 핵심적인 요소는 안전성과 효율성인데 이 중에서도 더욱 중요한 것이 안전성이다.[35] 왜냐하면 어느 지급수단을 아무리 편리하고 적은 비용으로 사용할 수 있다고 하더라도 신뢰할 수 없다면 사용하지 않을 것이며, 신뢰성은 바로 안전성에서 비롯된다고 할 수 있기 때문이다. 따라서 아테네의 지급결제에 안전성을 확보해 주는 어떠한 장치가 있었는지를 살펴보고자한다.

안전성은 상거래의 시작부터 지급결제가 완료될 때까지 여러 단계에서 찾아볼 수 있다. 먼저 상거래 시이다. 지급결제는 상거래 시에 동일한 가치의 교환이 이루어져야 거래당사자의 필요를 만족시킬 수 있는데, 환전상은 거래의 대가로 지급하는 주화의 가치를 정확하게 평가해 줌으로써 거래의 안전성을 도모한다. 다음으로 환전상은 정당한 지급인의 지급지시가 있었는지를 확인하고, 정당한 수취인에게 돈이 지급되는지를 확인하기 위해 지급인과 수취인이 자신의 앞에 함께 등장했을 때 결제하도록 했다. 그리고 지급지시는 당시로서는 다른 방법보다 안전한 지급인의 구두지시로 이루어지게 했고, 문서에 의한 지급지시는 예외적으로 불가피한 경우에만 할 수 있도록 했다. 시간이 경과하고 거래가 반복되면서 수취인이 직접 환전상을 방문하지 않고 대리인을 보내기도 했는데, 이럴 경우 지급인의 환전상과 잘 알고 있는 환전상을 대리인으로 지정해 결제의 안전성을 확보했다. 지급지시를 알리는 통지서는 단지 정보를 전달해 주는 역할만 하도록 함으로서 그 기능을 제한했다. 지급인과 수취인의 계정 간 이체를 통한 지급결제는 그 기록이 환전상의 장부에 남기 때문에 공증 기능을 했으며 법적인 문제가 발생했을 때 중요한 증거자료로 활용될 수 있었다.

이러한 안전장치는 효율성이나 편리성과 상충되기도 했다. 그러나 안전성이 보장되지 않는 효율성이나 편리성은 상거래와 지급결제에 혼란을 초래하기 때문에 당시로서는 여러 가지 불편을 감수하더라도 안전성에 치중했다고 말할 수 있다.

효율성

정보통신기술의 발달에 힘입어 전자적인 정보의 전달만으로 거래부터 결제까지 모두 이루어지고 있는 지금과 비교해 볼 때 아테네의 환전상이 제공하는 서비스는 굉장히 낙후한 것으로 보일 수도 있겠지만, 우리는 이러한 단계적인 과정을 통해 지급결제가 당시의 기술적·제도적 한계 속에서 효율성을 찾아가면서 발전해 왔다는 점을 생각해야 할 것이다.

우선 주화의 유통이다. 이전처럼 무게를 달아 결제해야 했던 불편함은 일정한 개수를 지급함으로써 상당 부분 감소했을 것이다. 무게를 달아 결제해야 했을 때는 결제수단의 운반도 문제였지만 무게를 다는 저울에 대한 신뢰성도 문제가 되었을 것이다. 그리고 환전상의 주화 감식 능력 덕분에 손상되거나 마모된 주화 또는 이종 주화라 하더라도 결제에 이용할 수 있었기에 환전상은 상거래가 보다 활발하게 이루어지는 데 기여했다.

다음으로 은행예금의 이용으로 인해 주화 주조의 부담을 줄이고 유통주화의 수를 감소시키는 효과를 얻을 수 있었다. 아테네 인근에 은광이 있었다고 할지라도 주화의 주조에는 비용이 들어갔을 것이고, 모든 상거래 시에 주화가 이용되어야만 했다면 생산해야 할 주화의 양은 크게 증가했을 것이다. 또한 다른 도시국가로의 주화 유출을 줄여준 것도 환전상의 업무 확대가 가져온 효율성이라고 할 수 있다.

지급결제만을 놓고 볼 때 효율성 증대에 가장 큰 영향을 미친 것은 고객의 계좌를 이용한 자금이체이다. 지급인과 수취인이 동일한 환전상이 운영하는 계좌를 가지고 있을 때는 주화를 주고받거나 환전할 필요 없이 계정 간 차기借記와 대기貸記에 의해 결제를 끝낼 수 있었다. 지급인과 수취인이 동일한 환전상의 계좌를 가지고 있지 않을 때는 지급인의 환전상이 잘 알고 있는 다른 환전상의 계좌를 이용할 수 있도록 했다.

환전상을 이용한 지급결제는 모든 당사자들에게 유익했다. 지급인은 환전상의 장부에 기록되는 지급에 대한 명확한 증거와 통지서라는 영수증의 증거능력을 통해 거래와 결제를 증거할 증인을 불러들일 필요가 없게 되었다. 그리고 수취인은 발급된 통지서를 받은 후 환전상이 지니고 있는 자신의 계정에 자금이 입금되었음을 확인하면 그 자금을 이용할 수가 있게 되었다. 환전상의 입장에서는 지급인이 지급지시를 하기 전에 미리 예금을 해야 하기 때문에 예금과 지급지시 사이의 기간에, 그리고 수취인이 받은 자금을 즉시 인출하지 않을 때는 자금의 입금과 인출 사이의 기간에 자금을 활용할 수 있는 혜택을 누렸다. 이러한 혜택을 누릴 수 있게 됨에 따라 환전상은 예금이자를 지급하면서도 지급결제의 과정에 참여하게 되는 경제적 유인을 지니게 되었다.

6) 의미와 한계

환전상은 내재가치가 서로 다른 주화들을 정확하게 평가하여 고객별로 주화를 분리하여 보관하지 않고 혼합하여 보관하고, 예금의 인출과 대출 시에도 주화의 액면가치와는 상관없이 평가된 가치에 따라 지급함으로써 지급수단의 대체가능성fungibility을 크게 높이는 데 기여했다. 그리고 은행예금의 계좌 간 이체라는 지급수단을 사용하여 지급결제의 안전성과 편리성을 제고시켰으며, 주화의 유통을 줄여줌으로써 상거래의 활성화에도 기여했다.

한편, 주화의 이용과 환전상에 개설된 계좌 간 자금이체를 통한 지급결제 등 새로운 지급수단이 등장하기는 했지만, 이러한 지급수단이 얼마나 보편적으로 활용되었는지는 정확하게 알 수 없는 한계가 있다. 이와 더불어 아테네에서 화폐와 금융의 역할에 대해서 학자들 간에도 다양한 의견이 있다.[36] 일부 학자는 대출과 연관된 신용화폐가 고대에도 존재하기는 했으나 그 규모는 크지 않다는 전통적인 견해를 지지하고 있고, 반대로 대출과 차입이 기원전 4세기 아테네에서 이미 광범위하게 일어난 금융현상이라는 주장도 있다. 이런 점에서 화폐나 금융보다 더 좁은 범위의 금융활동과 관련된 지급결제와 지급수단에 대해서는, 주화와 계정 간 이체가 아테네의 일상생활이나 상거래에서 물물교환을 제치고 보편적인 지급수단으로 활용되었는지를 확인하려고 하기보다는, 이전의 시대와 비교해 볼 때 진전된 방법을 사용했다는 기록이 이 시기의 문헌에 있다는 점에 의미를 두며 지급결제의 발자취를 더듬어가는 것이 바람직한 자세일 듯하다.

같은 의미에서 당시의 어떤 문헌에도 환전상 간의 자금정산은 언급되어 있지 않은 점으로 미루어볼 때 도시 내 또는 도시 간에 양자 간이나 다자간 청산시스템은 없었던 것으로 보인다.[37] 이는 또한 지급지시의 양도성이 실행되지 않았음을 의미하기도 한다.

아테네 환전상을 언급하면서 파시온을 빼놓을 수는 없을 것 같다. 그는 기원전 430년에 태어났는데 노예 신분에서 성공적인 은행가가 되었고 아테네의 시민권도 획득했다. 그는 아테네 인근 항구에서 영업을 하는 환전상에 소유되어 있는 노예였다. 그렇지만 뛰어난 성실성과 신중함으로 환전 테이블을 책임지는 수석 점원으로 성장했고, 그의 주인이 은퇴하게 되자 환전 업무를 물려받게 되었다. 그는 방패를 만드는 공장도 세웠는데 아테네에 1000개의 방패와 군용선 1척을 헌납하기도 했다. 그는 부동산업도 겸하면서 큰 부를 얻게 되었다.[38]

당시 환전상의 규모를 가늠해 볼 수 있는 기록이 있다. 파시온의 대출금이 50달란트에 달했다고 하고, 그가 죽을 때 유산으로 남긴 부동산은 80달란트에 달했다고 한다. 그리고 파시온의 점원 노예 가운데 키토스^{Kittos}라는 점원이 고객의 꾐에 빠져 부정하게 지급한 돈이 3만 6000드라크마였다고 한다. 1드라크마는 숙달된 장인의 하루치 급여라고 하고, 1달란트는 6000드라크마에 해당한다고 하니 파시온이 관리한 대출액은 총 30만 드라크마로서 800명이 넘는 장인에게 1년 동안이나 줄 수 있는 급여에 해당한다. 그리고 남아 있는 기록 가운데 환전상이 대출해 준 가장 작은 액수가 100드라크마라고 한다.

당시 환전상의 특이한 점은 노예인 점원에게 상당한 정도의 재량권이 주어졌다는 것이다. 한 예로 키토스가 거액의 지출을 할 때 그는 파시온에게 보고하고 결정을 내린 것이 아니라 자신의 판단으로 내린 것이었다고 한다. 파시온이 많은 부를 지닌 환전상으로 성장할 수 있었던 것도 그에게 주어진 재량권을 성실하게 사용했기 때문이라고 할 수 있다.[39]

3. 로마 환전상

1) 고대 로마

기원전 500년부터 기원전 30년 사이에 로마 공화정은 이탈리아를 시작으로 하여 지중해 전역을 지배하는 국가로 지배력을 키워가면서 여러 가지 변화를 겪은 후 마침내 로마 제정이 되었다. 로마 제정 시기 가운데 기원후 180년까지에 해당하는 팍스 로마나Pax Romana 시기에는 속주에서 들어오는 수입에 의존하여 경제적으로도 안정이 되었으나, 자연재해와 전염병으로 인한 인구 감소와 병력의 약화, 이민족의 침입 등으로 점차 쇠퇴하기 시작하여 마침내 로마 제국은 394년 동서로 분열되고 476년 서로마 제국은 멸망했다.

로마의 금융은 그리스로부터 영향을 받으면서 자신만의 은행업을 하는 조직과 행위를 발달시켰다. 그러나 여러 도시국가에서 발행한 주화를 환전해 주던 환전상이 예금과 대출 그리고 지급결제 업무를 행하는 은행으로 발달한 고대 그리스와는 달리 로마에서는 제국 주화라는 단일한 형태의 주화가 사용됨으로써 다른 형태의 은행 모습이 나타나게 되었다. 특히 국가가 엄격하고 정교하게 주화를 관리하는 시스템이 나타남에 따라 주화의 사용이 일반화되었는데, 이는 은행의 발달과 비화폐 지급결제시스템의 발달을 저해하는 요인이 되었다. 로마에서의 주화는 이전의 주화보다 정교하여 믿고 사용할 만했을 뿐 아니라 주화에 새겨진 형상과 문구가 지닌 권위로 인해 사용이 촉진되었다. 주화에 새겨진 형상과 문구는 통치자의 신성과 통치력을 표현하기 위해 마련된 것이었고, 이러한 주화의 통용이 통치자의 선전수단으로도 이용되었다.[40]

다른 한편으로는 광대한 로마 제국이 격지와의 교역을 확대하게 되자 금융에 대한 수요가 증가했다. 격지와의 교역에 따른 결제의 불편을 해결하기 위해 금융중개의 범위가 넓어지고 이전과는 상이한 지급수단이 사용되는 등 다른 측면에서의 발달이 있었다.

고대 로마의 은행제도가 쇠퇴하기 시작한 것은 주화의 질이 하락하면서 인플레이션이 심화된 기원후 3세기 중반 이후로 알려져 있다. 그러나 은행이 실제로 어려운 시기를 겪기 시작한 것은 2세기 초반을 지나면서 이미 로마를 제외한 이탈리아와 주요 항구에서 환전상-은행이 보이지 않게 된 때부터이다. 쇠퇴 원인 가운데 첫 번째가 로마법에 의한 대출금리 상한제이다.[41] 2세기 말 로마는 차입자를 보호하기 위해 은행의 대출금리를 연 12%로 제한하는 법을 제정했다. 두 번째 원인이 된 인플레이션까지 덮치면서 은행으로서는 예상수익을 기대할 수 없는 사태에 직면하게 되었다. 그래서 수수료로 위장한 금리를 추가로 받기도 하고 장기대출보다는 단기대출 위주의 영업을 하는 등의 전략을 세우기도 했으나, 수익의 저하를 버틸 수 없어 점차 사라져버렸다. 두 번째 원인은, 언급한 바와 같이, 주화 질의 저하와 질이 저하된 주화의 공급량 증가로 인한 극심한 인플레이션이다. 주화의 질 저하는 고대 로마의 금융제도와 신뢰를 붕괴시켰고, 주화가 내재가치를 지닌 화폐로서 더 이상 기능을 하지 못하고 토큰으로서 신용을 잃은 법화로 활용되게 했다.[42]

로마 제국이 동서로 나뉘기 전에 고대 로마의 금융제도와 은행은 이미 쇠퇴의 길에 들어서 있었고, 비잔틴 제국을 제외한 유럽대륙에서는 은행이 중세 이탈리아에서 다시 부활할 때까지 사라져버렸다.

2) 로마 주화

고대 로마의 대표적인 주화는 기원전 3세기부터 기원후 3세기까지 사용된 은화인 데나리우스이다. 로마에서 은화가 주된 통화로 이용된 배경에는 기원전 202년에 로마가 카르타고의 한니발Hannibal을 패배시킨 이후 이베리아 반도에 있던 금광과 은광을 소유하게 된 것과, 기원전 167년 은광이 있는 마케도니아를 점령하면서 은의 공급이 원활해진 것이 있다. 데나리우스는 집권하고 있던 황제가 자신의 권위를 알리는 수단으로 이용된 측면도 있지만, 경제적으로는 유용한 결제수단으로 인식되어서 기원전 1세기가 되어서는 지중해 전역에서 이 주화를 사용하게 되었다.[43] 데나리우스 은화가 광범위하게 사용되기는 했으나 시간이 경과하면서 로마 제국 내의 여러 도시에서는 각자 주화를 주조하기 시작했다. 이러한 주화는 일반적으로 제한된 지역 내에서만 사용되었지만 로마 주화와의 환전은 가능했다.

그러나 황제를 포함한 집권 세력의 사치가 심해지는 가운데 로마의 군사력도 약화되면서 새로운 은화를 충분히 공급할 수 없게 됨에 따라, 순도가 낮은 불량주화뿐 아니라 심지어는 도금된 가짜 주화도 유통되었다. 데나리우스는 기원전 20년경 아우구스투스Augustus 황제 때까지만 해도 순도 100%에 가까운 양질의 주화였으나, 기원후 64년 네로Nero 황제가 순도를 낮추면서 지속적으로 순도가 낮아지기 시작했다.[44] 기원후 235년 직후에는 게르만족이 북유럽 광산지역부터 시작하여 제국 안으로 침범해 들어왔고 무어족이 이베리아의 광업을 방해함에 따라 군인들에게 줄 급료인 은으로 만든 주화의 양이 급속하게 줄어들었다. 이 문제를 해결하기 위해 로마는 화폐가치를 떨어뜨렸고, 결과적으로 추상적 회계단위와 실물 주화의 상대가치가 변하게 되었다. 광산을 잃은 로마는 화폐에 대한 신뢰와 경제력을 유지할 능력도 모두 잃었다. 3세기 중반 이후 예금은행이 소멸한 것도 로마 제국 후기에 벌어진 화폐가치 하락으로 설명할 수 있다. 3세기에는 은의 함량이 5%까지 떨어지면서 상인들이 상거래 시에 은화의 사용을 기피하게 됨에 따라 은화를 이용한 화폐제도는 서로마 제국의 멸망과 함께 붕괴되었다.[45]

3) 아르겐타리우스, 코악토르[46]

고대 로마는 그리스로부터 영향을 받아 그리스와 비슷한 점이 있으면서도 자신만의 독특한 은행제도와 관행을 발전시켰다. 고대 그리스와 마찬가지로 로마에서도 주화가 환전상을 예금은행으로 변화시키기는 했으나 은행의 발달에 크게 기여하지는 못했다. 왜냐하면 제국 주화라는 단일한 주화 시스템이 형성됨으로써 외국 통화와의 교환 필요성이 많지 않았기 때문이다. 그리고 보다 정교하고 믿을 만한 주화시스템의 탄생으로 현금에 의한 지급을 선호하게 되었고, 그 결과 특히 비현금 지급결제시스템의 발달이 방해를 받았다. 주화의 제조가 보다 정교화되었을 뿐 아니라 유통주화에 새겨져 있는 통치자의 형상과 문구가 신뢰성을 높이는 효과가 있어서 주화는 선전수단으로 로마 제국 전역에서 사용되었다.

그럼에도 불구하고 로마 제국의 다른 지역과의 교역과 경제활동이 확산됨에 따라 은행업에 대한 필요성이 커진 면은 있었다. 즉, 멀리 위치해 있는 지역과 상거래를 할 때는 현금보다는 은행을 이용하여 결제가 이루어지는 경우가 발생했다.

고대 로마의 초기 은행은 환전과 주화 감식, 예금수취, 대출, 고객의 지급지시에 의해 시작되는 자금의 이전 등이 결합된 업무를 수행했다. 그런데 대출 형태 가운데 이전과는 다른 특이한 방식의 대출도 있었는데, 이것은 경매 시에 지급을 편리하게 하고 신용을 공여하는 형태로 이루어졌다.

고대 로마의 은행은 수행하는 업무 유형과 지역에 따라 크게 네 가지 형태로 분류할 수 있는데 그중 가장 대표적인 은행 형태가 아르겐타리우스argentarius이다. '은'을 뜻하는 아르겐툼argentum이라는 단어에서 유래한 아르겐타리우스는 그리스 환전상의 후예라고 할 수 있는데, 기원전 318년경부터 이탈리아 로마 구도심 한가운데에 위치한 로마 포룸Forum에서 다양한 업무를 수행했다. 비록 강력한 주화가 통용되기는 했지만 환전에 대한 수요가 모두 사라진 것은 아니었기 때문에 환전상은 주화가 화폐로서 통용되는 한 필요했다. 실제로 기원후 1~2세기 로마에는 아르겐타리우스를 포함하여 59명의 환전상이 있었다는 기록도 있다.[47] 환전과 관련해서는 수수료를 받고 외국 돈과 로마 주화를 바꾸어주는 일과 외국 돈의 가치를 평가하고 순도를 측정하는 일 등을 했다. 그리고 새로 발행된 주화를 주조소로부터 가져와 유통하는 업무도 수행했다. 은행과 마찬가지로 예금과 대출 업무를 수행했고 고객을 대신한 지급결제나 격지 간 송금 등의 업무도 수행했다. 그러다가 기원전 2세기 후반이 되면 이들은 경매에 참여하는 방식의 대출 업무도 수행하게 되는데 경매를 이용한 대출은 그 이전에는 없었던 영업방식이었다. 또한 이들은 지중해 무역과 관련한 은행 업무도 수행했다. 이들에 대한 기록은 기원후 260년경 사라졌다가 330~340년경 은세공업자를 설명하는 데 다시 나타난다.

경매와 관련하여 언급할 또 다른 은행 형태는 기원전 150년경부터 기원후 2세기 중반까지 활발히 활동했던 코악토르coactor이다. 이들은 보관을 위한 예금은 받지 않고, 경매에 참가하기 위한 자금을 받아서 경매에 참가하고 그 과정과 결과를 기록한 후 경매 물품을 인도하는 역할을 주로 담당했기 때문에 엄밀한 의미에서 은행이라고 하기보다는 특정인의 재산관리인이라고 하는 편이 더 나을 것이다. 그렇지만 아르겐타리우스를 포함하여 로마에 있던 여러 유형의 은행들은 4세기 이후 로마 경제가 붕괴되면서 비잔틴의 영향을 받은 변방지역을 제외하고는 6~7세기에 걸쳐 모두 사라졌다.

금융활동을 한 집단은 이러한 민간의 은행가 집단만이 아니었다.[48] 고대 로마는 엄격한 계급사회로서 최하층에는 노예가 있었고, 그 위 계급으로 해방노예, 그리고 자유시민이 있었다. 자유시민은 다시 귀족과 평민으로 나누어졌는데 자유시민을 분류하는 데 중요한 기준은 그들이 지닌 재산이었다. 그리하여 가장 부유한 집단으로는 원로원 계급이 있었고, 그 아래로는 기사 계급이 있었으며, 시민 중 가장 낮은 계급으로 무산자, 즉 프롤레타리아가 있었다. 로마를 통치하는 원로원 의원이 되려면 25만 데나리우스가 넘는 재산을 보유해야 했고, 기사 계급에 소속되려면 재산이 10만 데나리우스 이상 있어야 했다. 1데나리우스의 가치는 노동자 1명의 하루 일당이었다고 한다. 아르겐타리우스 등의 은행가들은 신분이 주로 해방노예나 평민에 속해 있었고 도제 형식에 의해 필요한 기술과 지식을 익혔다. 이들과는 신분이 다른 귀족 계급도 금융과 관련한 활동을 했는데, 이들은 사회적·정치적 영향력을 지닌 소수의 엘리트 집단으로서 부동산의 형태로 세습재산을 지니고 있었다. 전문 은행가와 귀족 엘리트 양자 간의 가장 큰 차이는 은행가는 오직 자신의 직업만으로 생계를 유지한 반면 귀족 계급은 상속받은 막대한 토지에서 수익을 얻고 필요시에 부분적으로 금융과 관련한 활동을 한 점이다. 또한 아테네의 환전상이 정부의 간섭 없이 자유롭게 영업을 한 것과는 달리, 로마의 은행가들은 법에 명시된 조항들을 준수해야 하는 의무를 지고 있었으며 자신의 금융활동에 대한 책임을 전적으로 져야만 했다. 그리고 로마법에 의해 계좌를 개설할 수 있는 권리를 지닌 사람들은 은행가들만이었으며, 그 외의 사람들은 그러한 권리를 지니지 못했다. 따라서 은행가와 유사한 활동을 한 귀족 계급은 은행가라고 불리지 않았을 뿐 아니라 신분상의 격차로 인해 그렇게 불리기를 원하지도 않았을 것이다.

예금

고대 로마의 은행도 그리스 아테네와 마찬가지로 결제를 위한 예금과 보관 목적의 예금을 모두 취급했다. 결제를 위한 예금은 예금자가 예금을 인출하거나 지급결제에 사용하도록 지급지시를 할 때 예금자가 처음에 맡긴 주화와 같은 주화를 사용할 필요가 없었다. 다시 말해, 대체가능성이 보장되었다. 은행은 예금자의 예금을 구분하지 않고 합쳐서 보관하고 지급 요청이 있을 때는 요청 금액에 해당하는 주화를 지급하면 되었다. 또한 이 예금은 대출재원으로 활용될 수 있었고 따라서 이자를 지급했다. 예금된 자금을 제3자에게 제공하는 대출은 은행의 이름과 권한으로 하는 것이었기 때문에, 예금자는 은행이 대출하는 것에 대해 아무런 법적 부담을 지지 않고 오로지 은행만이 대출에 따른 리스크를 모두 부담했다.

반면, 보관 목적의 예금은 봉인된 상태로 보관되며 예금자의 인출 요구가 있을 때에는 동일한 주화로 예금자에게 주어야 했다. 따라서 대출재원으로 사용하기에는 적당하지 않았으며 당연히 이자도 지급하지 않았다.

대출과 경매

고대 로마에서는 곡물, 재산, 심지어 노예 등이 항구나 정기시장, 도매시장과 소매시장 등에서 팔렸는데 방식이 조금 특이했다. 바로 경매에 의한 판매였다. 경매는 특히 어떤 사람이 사망하여 상속자가 공동소유물인 세습재산을 처분할 때 유용하게 쓰인 방법이었다. 또한 채무자가 돈을 빌리는 경우 채무자는 채권자에게 담보물을 제공했는데 자신의 채무를 변제할 수 없게 되었을 때 채권자의 요구에 의해 경매가 이루어지기도 했다.

코악토르는 수수료를 받고 지급인으로부터 수취인에게 돈을 전해주었으며 특히 경매와 관련하여 이러한 일을 했다. 경매가 진행되면 코악토르는 입찰에 성공한 매수자로부터 매입자금과 수수료를 받고 매도자에게 대금을 지급하며 경매와 관련한 상세한 기록을 남겨야 할 책임을 졌다. 이때 매수자의 계좌에서 자금을 차감하고 매도자의 계좌에 입금하는 형태로 장부에 기록했다. 코악토르는 단지 재산관리인으로만 역할을 하여 입찰자에게 자금을 대출해주지는 않았고 때로는 이들로부터 선수금을 받아 입찰대금을 지급하기도 했다. 로마 시대에는 주화의 대체가능성이 인정되었기 때문에 코악토르는 경매로부터 받은 자금을 개별적으로 구분하여 보관하는 대신 섞어서 관리했고, 낙찰이 있기 전에 먼저 낙찰 가능자로부터 선수금을 받은 예금도 섞어서 보관했다. 한편, 아르겐타리우스도 경매에 참가했는데 코악토르와 다른 점은 물품의 매수자에게 단기대출을 해주는 경우도 있었다는 점이다.

고대 로마가 특이한 형태의 대출 형태를 가지게 된 원인 가운데 하나가 대출을 받으려고 할 때 담보로 제공할 유동성 있는 자산이 없었다는 점을 지적하는 문헌도 있다.[49] 로마 제국은 전쟁 등 많은 자금이 필요할 때도 채권 발행 등으로 차입하지 않고 현금에 의존하여 통치했다. 따라서 로마에는 정부채권이 거래될 수 있는 시장이 없었으며, 로마 시민들이 환전상으로부터 대출을 받으려고 할 때 담보로 제공할 적절한 자산이 없었다는 것이다.

지급결제

고대 로마의 지급결제는 공적인 영역에서는 세금징수원이 관여하여 이루어졌고, 사적인 영역에서는 은행을 이용하지 않고도 자금의 이체와 상계가 결합된 형태로도 이루어졌다. 예를 들어, 기원전 45년 키케로Cicero는 아테네에서 공부하고 있는 아들에게 필요한 돈을 보내줄 것을 친구인 아티쿠스Atticus에게 부탁했다. 아티쿠스는 자신에게 빚을 지고 있는 아테네에 있는 지인을 찾아내어 키케로의 아들에게 돈을 주도록 하고 자신에게 진 채무에서 상계하도록 했다. 키케로는 아티쿠스가 아들에게 준 돈을 아티쿠스가 자신에게 지급해야 할 집의 임차대금으로 상계시켰다.[50] 이와 같은 방법이 주화의 이전을 줄여주기는 했으나 서로 상계할 채무가 없는 경우에는 사용할 수 없는 방법이어서 제도적인 발전에 크게 기여한 바는 없다고 해도 좋을 듯하다.

지역 내 지급결제

은행업과 유사한 업무를 하는 이들 가운데 특히 아르겐타리우스가 예금은행으로서의 의미를 지녔다. 예금된 자금을 제3자에게 대출하는 것은 예금은 행의 명의와 권리하에 이루어졌기 때문에 대출에 따른 위험은 전적으로 예금 은행이 부담했고 예금주는 법적으로 이와 아무런 관련이 없었으며 예금에 대해서도 예금은행이 전적으로 책임을 져야 했다.

예금은행은 엄격한 장부기장 의무를 지켜야 했고 영업활동을 기록할 의무가 있었다. 예금자는 현금을 인출할 수도 있었고 지급인으로서 수취인에게 지급하라는 지급지시를 은행에 구두 또는 문서로 할 수도 있었다. 수취인은 자신이 정당 수취인임을 은행이 알 수 있는 표식을 지니고 은행에 나타나야 했다. 그리고 은행은 예금주가 지시한 지급지시에 근거하여 행동해야 했다. 당시 로마 지역에서는 지금의 수표와 같이 지급인이 수취인에게 발행하여 수취인이 이를 소지하고 은행에 가서 지급요청을 하는 지급지시는 없었다. 고객의 계정 간 자금이 이체되는 비현금 지급결제의 증거는 찾아보기 힘들고 지급은 은행에 의해 수취인에게 현금으로 이루어졌다. 은행은 수취인에게 통지를 해줄 수는 있었을 것이나 고대 그리스와는 달리 정형화된 통지서가 발달하지는 않았다.

한마디로 말하여 고대 로마에서는 로마법 체계에 의해 지급지시의 법적 성격을 규정하는 연구는 발달했지만, 이전의 그리스 시대나 이집트를 중심으로 발달한 헬레니즘 세계와 견주어볼 때 지역 내 지급결제에서는 제도적인 측면에서 새로운 진전이 이루어진 것이 거의 없었다.

격지 간 지급결제

지역 내 지급결제와 관련해서는 그리스 시대보다 로마 시대가 크게 진전된 점이 없지만, 지역 간 결제에서는 로마 제국의 영토가 넓어짐에 따라 진전이 없었던 것은 아니었다. 한 은행이 상대 은행의 계좌를 개설해 주고 그 계좌에 입금된 돈을 이용하여 은행 간 환거래계약을 체결하여 격지 간 지급결제를 하는 형태가 나타났다.

예를 들어, 로마에 있는 채무자가 카르타고에 있는 채권자에게 자금을 보내려고 한다면 다음과 같은 단계를 거쳐 지급결제가 이루어졌다.

1단계로 로마의 채무자는 자신이 거래하고 있는 로마은행에 개설되어 있는 카르타고은행의 계좌에 주화를 입금한다.

2단계로 로마의 채무자는 카르타고에 있는 채권자에게 돈을 보내겠다는 내용을 로마은행에 통지한다. 이 통지는 지급지시임과 동시에 위임지시로서 역할을 한다. 이때 로마의 채무자가 로마은행으로부터 카르타고에 있는 채권자에게 지급하겠다는 약정의무서를 받는 경우도 있다.

3단계로 로마은행은 카르타고은행을 자신을 대신해서 일할 대리인으로 지정한다. 로마의 채무자가 통보한 지급지시에 의해서 로마은행은 카르타고은행에 다시 지급지시를 발행한다. 카르타고에 있는 채권자는 로마은행이 카르타고은행에 지급을 지시하고 카르타고은행이 이를 동의하는 기간 사이에 카르타고은행으로부터 통지를 받는다.

4단계로 카르타고은행은 카르타고에 있는 채권자에게 카르타고은행에 개설되어 있는 로마은행 계좌로부터 또는 자신의 자금으로 지급한다. 은행 간에 서로 정산할 금액은 정기적으로 결제한다.

이러한 과정을 살펴보면 채무자는 로마은행에 지급지시를 하고 이 지급지시에 의해 다시 로마은행이 카르타고은행에 지급지시를 한다는 점에서 중세에 발달하기 시작한 환어음이나 수표와는 다르다고 할 수 있다. 앞의 예에서 로마의 채무자는 로마은행에 지급지시를 하고 이에 따라 다시 로마은행이 카르타고에 있는 채권자에게 지급하라는 지급지시를 카르타고은행에 한다는 점에서 여기에 사용된 지급지시는 위임과 유사한 반면, 중세의 환어음이나 수표는 채무자가 채권자에게 지급지시서를 발행하고 채권자는 이를 은행에 제시한다는 점에서 양도와 유사하다. 또한 환어음이나 수표가 배서에 의해 유통될 수 있었던 반면, 로마 시대에는 신용의 유통을 구체화한 지급수단이 있었다는 증거는 찾을 수가 없다.

4) 의미와 한계

고대 로마는 정화의 발달이 지급결제에 그리 큰 긍정적인 영향을 주지 못한 결과를 보여주는 예라고 할 수 있다. 이와 함께 국가가 화폐제도를 제대로 관리하지 못할 때 지급결제뿐 아니라 금융과 은행제도가 어떠한 과정을 거쳐 쇠퇴하는지를 잘 보여주는 사례이기도 하다. 정교한 주화가 황제의 위엄을 배경으로 하여 국가 전체에서 일상적으로 통용되거나, 가치가 형편없이 저하된 주화가 남발되는 경우 모두 지급결제에 그리 좋은 영향을 주지 못함을 고대 로마는 보여주고 있다. 따라서 고대 로마의 환전상-은행은, 통일된 주화가 사용되었다는 이유 등으로, 지급결제의 발전에 크게 기여하지는 못했다.

그러나 로마 제국의 영토가 확장되면서 격지 간 송금의 필요성이 늘어남에 따라 다른 방향의 발전이 진행되었는데 바로 격지 간 지급결제이다. 격지 간 지급결제에서는 한 은행이 격지에 있는 다른 은행의 계좌를 개설하고 자금을 이체해 주는 초기 단계의 은행 간 환거래계약이 활용되었다는 점에서 고대 로마가 지급결제의 발전과 관련하여 전혀 의미가 없었던 시대는 아니었다.

환전상을 소재로 한 중세 그림들에서 환전상은 대체로 좋은 인상으로 그려지지는 않았다. 환전상이 필요한 직업이면서도 환대를 받지 못하는 직업으로 인식된 데는 중세의 성스러움과 속됨의 이분법 속에서 속됨을 대변하는 직업이 돈을 만지는 환전상이었기 때문일 것이다.

환전상에 대한 부정적인 인식이 형성된 데는 『성경』도 일정 부분 기여했다. 예수 생존 당시 유대인들은 1년에 한 번 성전세를 내야만 했고 성전 앞에는 다양한 주화를 바꾸어주는 환전상이 영업을 하고 있었다. 왜냐하면 예루살렘 성전에 오는 사람들은 그곳에 사는 사람들만 있는 것이 아니라 로마나 다른 지역에서 오는 사람들도 많았고, 이들이 가져온 주화에는 우상숭배라고 할 수 있는 왕의 얼굴이 새겨져 있어서 성전에 바칠 수 없었기 때문이다. 『성경』에는 가난한 자들에게까지 폭리를 취한다는 이유로 예수가 환전상을 꾸짖었다는 설명은 나오지 않는다. 실제로 그런 환전상들이 있었다고 할지라도 예수가 문제 삼은 것은 그들 행동의 잘잘못이 아니었다. 성스러운 장소이어야 할 성전 앞이 시장 바닥이 되었기 때문에 환전상을 성전에서 내쫓고 환전에 쓰이는 테이블을 뒤집은 것이지, 환전 자체를 부당한 거래로 보거나 환전상의 세속적인 부정을 꾸짖었다는 기록은 『성경』에 쓰여 있지 않다.

당시의 제사장들은 성전에 바치는 주화를 특정한 주화로 제한하여 환전을 하지 않고는 성전세를 바칠 수 없도록 했고, 또 환전상들에게 자리를 내주면서 사적인 이익을 부당하게 챙겼다. 예수는 이들의 부당함을 알고 있었기 때문에 환전 테이블을 치워버리고 야단을 친 것이었다. 즉, 성스러움을 빙자하여 부당함이 개입되어 있었기 때문이다.[51] 그러나 이러한 배경이 『성경』에 자세하게 쓰여 있지 않다 보니 환전상이 부당한 이익을 취하는 직업인으로 인식된 위험이 있었다고 보인다.

이러한 『성경』의 기록에 근거하여 프랭클린 루스벨트Franklin D. Roosevelt 미국 대통령은 대통령 취임 연설에서 탐욕스러운 금융인을 환전상에 빗대어 비난했다. 루스벨트 대통령은 1933년 경제 대공황 한복판의 시기에 미국 대통령으로 취임했다. 그래서 그의 취임 연설에는 "우리가 두려워해야 할 단 한 가지는 바로 두려움 그 자체입니다"라는 유명한 문구처럼 국민들에게 희망을 주려는 메시지와 함께 대공황을 초래한 사람들에 대한 비난이 섞여 있었다. 그의 비난은 탐욕스러운 금융인들을 향했고 이들을 "문명이라는 성전에서 도망친 환전상"으로 묘사했다.[52]

4. 그레코로만 이집트 은행[53]

1) 그레코로만 이집트

그레코로만Greco-Roman 이집트는 기원전 332년부터 기원후 642년까지 지속되었으며 일반적으로 다음과 같은 세 시기로 구분된다. 알렉산더Alexander 대왕이 이집트에서 페르시아를 몰아낸 때부터 로마가 프톨레마이오스^{Ptolemaios} 왕조를 멸망시킬 때까지의 프톨레마이오스왕조 시대(B.C.332~B.C.30, 이 시기는 헬레니즘의 영향을 많이 받은 시기로서 헬레니즘 시대라고도 불린다), 이집트가 로마의 속국이 된 로마지배시대(B.C.30~A.D.380), 이집트가 동서로 나누어진 로마 제국 가운데 동로마인 비잔틴 제국의 식량창고 역할을 한 비잔틴 시대(A.D.380~642).

이집트는 아프리카 북부 사막 국가 중에서 농업이 가장 발달한 나라 가운데 하나이다. 사막의 면적이 넓지만 나일강을 중심으로 형성된 비옥한 토지도 적지 않아 고대부터 농사짓는 일이 가능했다. 특히 나일강이 자주 범람하면서 양질의 흙이 쌓여 나일강 일대의 토질은 상당히 양호한 것으로 알려져 있다. 이로 인해 그리스로부터 주화가 유입되기 전뿐 아니라 주화가 들어온 이후에도 곡물이 화폐의 역할을 했다. 여기에는 이집트에 살고 있던 사람들이 금속화폐에 익숙하지 않은 데다가 이집트 내 거래에 필요한 귀금속이 부족했던 이유도 있었다.[54] 그레코로만 이집트의 금융시스템은 헬레니즘 시대에 상당히 광범위하게 갖추어졌으며, 환전상에서 발전한 민간은행뿐 아니라 다양한 형태의 공공은행들이 네트워크를 형성한 시스템도 있었다. 로마 제국이 3세기 초부터 정치적·경제적 위기를 맞자 로마 제국의 다른 지역에서는 은행이 점진적으로 사라진 것과는 대조적으로, 이집트는 농업이 계속 번성할 수 있었고 이민족 침략의 영향도 적게 받아서 이 지역에서의 은행 활동은 지속될 수 있었다.

그레코로만 이집트를 별도로 언급하는 이유로 두 가지가 있는데, 메소포타미아에서보다 진전된 자금이체시스템이 발달한 점이 하나이고, 당시에 사용되던 지급수단이 수표의 전신으로서 기능을 하여 지급결제에서 진일보한 면모를 지니고 있었다는 것이 다른 하나이다.

2) 그레코로만 이집트의 은행

이집트의 은행은 고대 아테네의 트라페자와 유사한 점이 많이 있으나 특기할 만한 사항은 정부가 국고 관리를 위해 국가은행망을 구축했다는 점이다. 그리스와 로마에도 빈민들을 지원하기 위한 유사은행 조직이 있기는 했으나 이 은행들은 그 기능이 상당히 제약되어 있던 점에서 이집트와는 달랐다. 국가가 관여하고 있는 만큼 규모가 크고 네트워크도 갖추어져 있었으며 국가 재정의 수입과 지출을 위한 지급결제 업무가 핵심을 이루었다. 그리고 이집트 지역이 곡창지대인 만큼 곡물관리를 위한 곡물창고가 상당히 오랜 기간 네트워크를 갖춘 은행 역할을 했다는 점도 특기할 만한 사항이다. 이집트의 곡물창고가 국가 전체를 대상으로 한 네트워크 체계를 갖추었다는 점에서 그러한 네트워크를 갖추지 못했던 메소포타미아와는 다르다고 할 수 있다.

또 하나의 특징은 이집트 은행들이 은행 자신의 명의와 권한으로 대출하지 않았다는 점인데, 이런 면에서는 고대 그리스보다 퇴행한 모습을 보였다. 이 은행들은 예금자가 차입자에게 자금을 빌려줄 때 브로커처럼 행동했다. 비록 은행예금에 의해 대출이 일어나기는 했지만 대출은 은행이 한 것이 아니라 예금자가 한 것이어서 대출에 따른 이익이나 위험을 부담하는 주체도 은행이 아니라 예금자였다. 이러한 의미에서 그레코로만 이집트에서의 은행은 진정한 의미에서는 금융중개 업무를 수행한 은행이 아니었다고 할 수 있다.

곡물창고은행: 유사 지로

프톨레마이오스왕조 시기의 지급결제는 공적인 곡물창고가 주로 담당했다. 곡물창고 운영기관은 기름과 포도주 등의 농산물도 취급했지만 주된 취급품은 곡물이었으며 공공기관과 개인들을 위해 곡물은행으로서의 역할을 했다. 당시에는 전국에 흩어져 있는 정부의 곡물창고가 곡물예금의 네트워크를 형성했으며 곡물계정을 작성하고 곡물의 이전을 기록했다. 이때 저장된 곡물은 하나로 섞여서 단지 일정량의 지분 요청권이 계정에 기록된 것으로 볼 수 있다. 그러므로 물리적으로 분리되거나 별도의 예금으로 인식되지 않았다는 특징이 있다. 그러나 대출은 이러한 혼합계정으로부터는 이루어지지 않았다.

곡물의 이체는 같은 곡물창고, 같은 지역에 있는 다른 곡물창고, 또는 다른 지역에 있는 곡물창고의 계정 간에도 이루어질 수 있었으며 실물이 이전하는 것은 아니고 주로 장부상으로만 이루어졌다. 그러므로 곡물창고 간 이체의 경우 별도의 조정절차가 필요했으며, 이에 따라 각 창고 내, 지역 내, 그리고 당시 이집트의 수도였던 알렉산드리아 내에 있는 모든 곡물창고 간의 계정을 이용한 곡물의 이전을 관리하고 감시하는 시스템이 존재했다. 실물의 이전이 없었다는 점에서 메소포타미아의 곡물창고업자보다는 많이 진전된 시스템이라고 할 수 있다. 이 시스템은 국가적인 지로메커니즘의 전초 단계라고 할 수 있을 만큼 효과적이었으며, 시스템 내에서 실행되는 지급지시는 계정 간 차감을 통해 행해졌다.

그레코로만 이집트의 곡물창고은행을 소개하는 이유는 국가가 전국적인 네트워크를 갖추어 실물화폐의 이동 없이 지급지시에 의해 다른 곡물창고의 계좌로 이체되는 입금이체 방식으로 곡물을 이체시킨 것이 현대의 지로시스템과 유사한 점이 있기 때문이다. 입금이체란, 앞에서 언급했듯이, 지급인이 자신이 거래하는 은행에 지급지시를 하여 이체금액을 수취인의 계좌에 입금하는 형태를 말한다. 또한 곡물계정에 곡물이 맡겨져 있음을 증명하는 신용증서가 통용되었다는 것은 당시에 이미 별도의 지급결제수단이 있었음을 의미한다.

이집트의 곡물창고은행이 가동되고 있을 때 다른 형태의 은행들도 함께 운영되고 있었다. 그렇지만 이 은행들은 서로 배타적이기보다는 보완적이어서 전체적으로 볼 때 균형 잡히고 잘 작동하는 시스템이었다.[55]

곡물창고은행은 이집트가 본격적으로 로마의 지배를 받기 시작하면서 쇠퇴하기 시작했다. 그러나 주화 또는 은행의 결제계좌를 이용하는 관행은 헬레니즘 시대에 보편화되었다. 화폐경제에 관한 한, 그레코로만 이집트는 여러 가지의 은행 유형, 폭넓은 은행 네트워크, 다양한 은행 활동의 면에서 뛰어났다고 할 수 있다.

민간은행

알렉산더 대왕의 이집트 정복 이후 그리스의 영향을 받아 주화가 본격적으로 사용되면서 그레코로만 이집트에서도 민간이 운영하는 환전상-은행이 나타났다. 민간은행은 당초에는 예금을 받고 개인을 위해 지급결제 업무를 하는 환전상이었는데, 기원전 259년경 정부로부터 독점사업권을 지닌 업자들만이 환전 업무를 할 수 있게 되었다. 그러나 이들은 기원전 210년부터 표준화된 동전이 도입됨에 따라 쇠퇴했고, 이후에는 민간업자들이 나타나기 시작하여 비잔틴 시대까지 존속했다. 이들은 로마에서 행해지던 경매가 이집트에서도 실시되었을 때 경매에 참가하여 은행 겸 고객의 재산관리인으로서 역할을 했고, 비잔틴 시대에는 소규모 상인들에게 금융서비스를 제공했다. 그리고 상위계층을 위한 새로운 유형의 민간은행이 비잔틴 시대에 등장했는데, 이들은 주로 토지 소유자를 위해 자산관리업무를 했다.

앞서 언급한 것처럼 이들은 그리스와 로마에서와는 달리 대출과 관련해서는 자신의 명의와 책임하에 대출을 실행하는 경우가 드물었고, 예금과 지급결제 업무만 수행했으므로 엄밀한 의미에서의 은행은 아니었다.

국가은행

그레코로만 이집트에서는 국가은행들이 계층을 이루어 네트워크를 형성하고 중앙정부와 기타 공공기관을 위해 국고업무를 수행하는 데 특별한 역할을 했다. 이러한 배경하에서 그리스·로마에서는 은행이 쇠퇴한 시기인 기원후 3세기 이후에도 이집트에서는 은행업이 번성했다.

국가은행은 시대별로 정치적인 요인과 관리 차원에서 조금씩 다른 모습을 보이고 있으나, 큰 틀에서 보았을 때는 은행이라기보다는 국가의 재정활동을 위한 국가기관의 성격이 강했다. 프톨레마이오스왕조 시대에는 왕립은행royal bank과 마을은행village bank, 그리고 세금징수사무소가 국가은행으로 활동했다. 왕립은행들은 대도시에 위치하여 주로 국가를 위해 봉사했다. 이들의 주된 업무는 왕을 위해 지급결제를 하는 것이었지만 개인을 위한 계좌도 개설했으며, 마을은행의 네트워크와 연계하여 영업을 했다.

마을 주민들은 마을은행에 계좌를 개설할 수 있었고 자신의 예금 범위 내에서 돈을 인출할 수 있었다. 마을은행은 왕립은행의 지점인 것처럼 예치된 예금을 주기적으로 그 지역을 관할하는 왕립은행으로 운송하여 집중시켰으며, 왕립은행은 집중된 예금 가운데 일부를 다시 그 지역을 위한 공공자금으로 지급했다. 마을은행은 예금과 인출에 관련된 모든 정보도 관할 왕립은행에 통보했고, 관할 왕립은행은 이 정보에 의해 마을은행에 개인 계좌가 개설되면 동일한 명의의 계좌를 개설했다. 그리고 매월 말 마을은행에 남아 있는 예금잔액을 왕립은행에 개설된 동일 계좌로 이체하여 월말의 마을은행 예금 잔액을 제로가 되도록 했다. 또한 세금징수사무소는 도시에서는 왕립은행에 종속되어 있었고, 소규모 지역에서는 마을은행에 종속되어 세금징수업무를 수행했다.

한편, 왕립은행에 남아 있는 예금 가운데 왕의 예금잔액은 알렉산드리아에 있는 바실리콘basilicon이라고 불리는 국고로 운송되었다. 그렇다고 해서 바실리콘이 중앙은행 역할을 했던 것은 아니었다. 왜냐하면 바실리콘이 나라 전체의 모든 예금을 위한 계정을 지니고 있지도 않았고 왕의 계정 이외에는 예금잔액을 지니고 있지도 않았기 때문이다. 오로지 왕만이 왕립은행에 있는 자신의 계정에 남아 있는 잔액을 바실리콘으로 옮겨놓았다. 또한 바실리콘은 전체 네트워크의 운영을 감시하거나 지역 간 이전을 위한 조정에 필요한 계정을 유지하지도 않았다. 따라서 어느 한 왕립은행의 계정에서 다른 왕립은행의 계정으로 자금을 이전하는 지역 간 지급결제시스템을 용이하게 하는 인프라는 없었으며 왕립은행들은 각각 독립적인 은행인 것처럼 활동했다.

로마지배시대에 왕립은행은 그리스 당시의 명칭과 같은 공공은행으로 돌아갔으며 대부분 세금징수사무소의 업무도 함께 수행했다. 마을은행은 그대로 지속되었고 시은행municipal bank이 새로 등장했다. 그리고 비잔틴 시대에는 점차 세금의 수입과 지출, 군인과 정부에 고용된 시민들에 대한 임금 지급 등 정부재정을 담당하는 정부의 한 조직으로 흡수되었다.

3) 지급결제

프톨레마이오스왕조 시대의 지급결제는 주로 곡물과 같은 상품화폐와 주화에 의해 이루어졌다. 상품화폐가 이용되었을 때는 곡물창고은행 간 계좌이체가 가능했고, 주화가 이용되었을 때는 민간은행에 있는 계정 간 자금이체와 왕립은행에 있는 계정에서 세금 지급을 위한 자금이체가 있었다는 기록도 남아 있다. 그뿐 아니라 어느 한 민간은행이 다른 민간은행의 계정을 개설하여 결제하는 민간은행 양자 간 환거래계약이 있었음을 뒷받침해 주는 기록도 있다. 이는 은행 간에 비현금 자금이체가 있었음을 말해준다. 그러나 다자간 청산계약이 있었다는 증거는 발견되지 않고 있다.

지급결제의 집행은 프톨레마이오스왕조 시대에 은행들이 고객을 위해 제공한 명확한 서비스였다. 비록 이 시기의 은행들이 대출 업무는 하지 않았지만 상업적 측면에서 그리고 관리적 측면에서 지급결제를 용이하게 해주었던 것은 사실이다. 은행은 돈에 대한 신뢰를 높이고 자금이체를 안전하게 해주어 화폐적인 채권·채무 관계를 해소하는 데 있어 편리성을 증대시키는 데 크게 기여했다. 그러나 지급지시의 집행이 표준화되고 익명화된 시스템에 의해서 이루어지기보다는 개인적 친분관계에 의존하여 이루어지는 한계도 분명히 있었다. 그 뒤를 이은 로마지배시대에는 민간은행의 수와 기능이 늘면서 그 역할이 이전보다 중요해졌다. 왜냐하면 국가은행뿐 아니라 민간은행에 있는 계정에서도 세금을 지급할 수 있게 되었기 때문이다.

그레코로만 이집트의 전체 기간에 걸쳐 이집트에 있는 은행들은 지급결제와 관련하여 구두로서뿐 아니라 문서의 형태로도 지급지시를 했다. 그러나 문서에 의한 지급지시는 로마지배시대 중에서도 특히 1~2세기에 많이 발견되고 은행의 활동이 점차 축소되어 가던 3세기에서 6세기 사이에는 감소했다.

지급지시 중 특이한 것은 프톨레마이오스왕조 시대의 이중 문서였다. 이중 문서는 동일한 지급지시 문구가 위와 아래에 모두 적혀 있어서 그렇게 불리는데, 두 개의 문구 사이에는 2~3센티미터의 공간이 있고 위 문구는 말려서 봉인되어 있다. 이는 아마도 진본에 대한 다툼이나 지급지시 내용에 대한 다툼이 있을 경우 열어보기 위해서였을 것으로 추측된다. 지급지시에는 수취인의 신원, 지급해야 할 화폐의 종류, 합계액, 날짜 등이 기록되어 있다. 그러나 이러한 이중 지급지시는 기원전 3세기 중반 몇십 년간만 사용되었고, 그레코로만 이집트 전 기간에 사용된 지급지시는 단일 지급지시이다. 이 지급지시는 현금으로 지급할 것을 언급하고 있을 뿐 계정 간 이체에 의한 지급은 언급하고 있지 않다. 이 지급지시는 지급인이 수취인에게 발행했는데 특정인을 수취인으로 지정하고 자신의 거래은행으로 하여금 그에게 지급하라고 지시하고 있다.

4) 수표의 전신

수표의 역사를 어디까지 거슬러 올라갈 수 있을까 하는 측면에서 그레코로만 이집트에서 사용된 문서화된 지급지시가 현재 우리가 사용하고 있는 수표와 같은 것인가에 대해 언급할 필요가 있다.

현대의 수표 이용 메커니즘에서는 수표의 발행인인 지급인이 수취인에게 수표를 발행한다. 그러면 수취인이 자신의 거래은행에 추심을 의뢰하여 지급인 거래은행의 계좌로부터 이체금액을 출금하여 수취인 거래은행의 계좌에 입금하도록 하는 이체방식이 사용된다. 반면, 그레코로만 이집트 당시의 지급지시는 지급인이 수취인에게 지급지시를 발행하고 수취인이 지급인의 거래은행을 방문하여 지급인의 거래은행으로부터 돈을 받게 하는 방식이다. 즉, 수취인이 자신의 거래은행을 통해 지급지시에 적힌 대금을 회수하는 것이 아니라 지급인의 거래은행에서 대금을 회수하는 방식이 이용되었다. 수취인은 이 지급지시를 다른 사람에게 이전이나 양도할 수 없고 지급인의 거래은행에 제시하고 주화를 받아야만 했다. 이때 문제가 되는 것은 지급인의 거래은행이 수취인이 정당 수취인인지 아닌지를 알 수 없다는 점이다. 수취인이 제시한 지급지시가 정당한 지급인에게서 발행된 것인지, 지급지시의 위변조가 없었는지, 수취인이 정당 수취인인지를 제대로 확인할 수 없다면 지급인의 거래은행은 위험을 부담하지 않고는 수취인에게 돈을 내주기가 어려운 처지에 놓이게 된다.

이 문제를 해결하기 위해서는 지급인이 수취인과 함께 거래은행을 방문하여 수취인이 제시한 지급지시가 정당한 것인지를 확인해 주든지, 아니면 지급인이 지급지시를 발행할 때 수취인에게는 지급지시 진본을 발행해 주고 동시에 자신의 거래은행에는 이러한 사실을 통보하는 통지서를 발행해야 했다. 그러나 이 두 가지 문제해결 방법은 문서로 된 지급지시를 사용함으로써 얻을 수 있는 지급결제의 편리함을 전부 상쇄해 버리는 결과를 초래한다. 다시 말해 안전성을 확보하기 위해서는 효율성을 포기해야 하고, 효율성을 확보하기 위해서는 안전성을 포기해야 하는 딜레마에 봉착하는 것이다. 그레코로만 이집트에서는 이러한 딜레마를 제대로 해결하지 못했고 문서화된 지급지시가 활발하게 이용되지 못하고 사라질 운명의 씨앗을 내포하여 은행의 쇠퇴와 함께 사라져버렸다.

지급지시의 진본과 통지서가 활용되었던 사실을 확인해 주는 유물이 발굴된 적이 있다. 기원전 87년에서 84년 사이에 작성된 것으로 보이는 파피루스에 그리스어로 적힌 26개의 조각 모음이 미라 상자에서 발견되어 1974년에 공개되었다. 공개된 파피루스에는 지급인이 자신의 거래은행에 제3자에게 돈을 지급하라고 지시하는 문구가 씌어 있다. 그 파피루스에 적혀 있는 지급 금액은 동전으로 지급하도록 되어 있었다. 그리고 1980년에 16개의 지급지시 가 적힌 파피루스가 재차 공개되었는데, 여기에는 1974년에 공개된 것보다 지급과 관련하여 더 상세한 정보가 적혀 있다. 이 문서들은 왕립은행의 이사 들에게 보내진 것으로서 수취인의 성명과 가족과 직업 등이 상세하게 적혀 있고 지급사유와 지급 시 사용할 주화의 종류 등도 적혀 있다. 이런 점으로 볼 때 1980년에 공개된 문서가 수취인에게 발행한 지급지시 진본이고 1974년 공개된 문서는 거래은행에 발행한 통지서일 것으로 이 문서들을 공개한 학자 는 추정하고 있다.

5) 의미와 한계

그레코로만 이집트에서는 환전상에서 발전한 민간은행과 국가재정의 수입 과 지출을 담당하는 국가은행이 함께 존재하여 이전보다 은행의 종류와 활동 의 범위가 넓어졌다고 할 수 있다. 그러나 민간은행의 경우 자신의 명의와 책 임하에 대출을 실행하지 않고 브로커 역할만 했다는 점에서 진정한 은행이라 고 보기에는 한계가 있다. 그리고 국가은행뿐 아니라 민간은행도 지급결제를 원활히 하는 데 중점이 맞추어져서 기능 면에서는 다양성이 부족했다고 할 수 있다.

지급결제 면에서 지급지시의 수취인이 지급인의 거래은행에서 현금으로 인출하는 대신 지급인의 거래은행에게 자신의 거래은행계좌로 이체를 요구 하는 메커니즘이 당시에도 있었다는 기록이 있어서 이전보다는 진일보했다고 볼 수 있지만, 이것이 가능하기 위해서는 지급인 거래은행과 수취인 거래은 행 간에 환거래계약이 전제되어야 하는데 이를 뒷받침할 수 있는 증거자료는 아직 부족하다고 보인다. 어떠한 경우든 다자간 은행 간 청산계약은 없었다.

국가은행 체계는 크게 왕립은행과 마을은행으로 이루어진 전국적인 망을 갖추어 정부를 위해 집중화된 국고 역할을 수행했다. 그러나 비현금 지급결제를 수용하는 국가 전체의 지로시스템은 존재하지 않았고, 중앙화된 국고 역할에만 충실했다.

그레코로만 이집트는 수표의 발달에 기여를 했으나 역사적 중요성이 과장된 면이 없지 않다. 지급인이 직접 수취인에게 발행한 지급수단이라는 점에서 지급지시는 지급결제의 흐름을 개선하는 데 분명히 기여를 했지만, 이체나 양도가 불가능했고 수취인과 지급은행 간의 신뢰를 강화시킬 조치가 없었던 데다 자체에 내포된 불편함이 더해져서 로마지배시대에 수표와 유사한 지급지시는 쇠퇴하기 시작했다. 수표가 본격적으로 활용되기 시작한 것은 중세 후반, 특히 17세기의 유럽대륙에서였다.

중세

1. 유럽 민간 예금은행

1) 중세 유럽

인구가 감소하고 경제가 쇠퇴하면서 기울기 시작한 로마 제국은 394년 둘로 나뉘었고 서로마 제국이 476년 결국 멸망하면서 고대의 종말을 기하고 중세가 시작되었다. 중세의 시작기에는 서로마 제국의 멸망으로 유럽 경제가 붕괴되고 교역 규모도 크게 줄었으며 은행제도와 비현금 지급결제시스템도 사라졌다. 실제로 로마 은행들은 6~7세기에 걸쳐 사라졌다. 다만 비잔틴의 콘스탄티노플과 이슬람 지역에서는 은행과 비현금 지급결제가 상당 기간 지속되었다.[1]

중세 유럽대륙의 은행시스템은, 일부분에 있어서는 이전의 것을 답습한 점이 있기는 하지만, 종전과는 다른 새로운 모습을 띠면서 나타났다. 12세기 들어 교역이 증가하고 도시로 인구가 유입되면서 서유럽은 새로운 국면을 맞이하게 되었다. 특히 교역의 증가는 도시가 성장하는 데 큰 기여를 했는데, 이렇게 하여 성장한 도시들로 제노바, 피사, 밀라노, 베네치아, 피렌체 등을 들수 있다. 이러한 중세 유럽도시는 화폐경제의 발달과 함께 성장한 상공업 계층이 교역로를 중심으로 모여 거주하는 형태를 띠었다. 중세의 특징을 경제적인 측면에서 몇 가지 열거하면, 점점 커지는 시장을 위한 생산, 보다 먼 거리를 이동하는 새로운 방식의 교역, 그리고 최초 생산단계에서부터 최종 소비자의 구매단계에 이르는 보다 긴 시간의 생산유통과정 등 시장경제의 발달을 가져오는 환경이 만들어졌다는 점을 들 수 있다. 이러한 경제환경의 변화는 금융활동에도 큰 영향을 주어 은행의 발달뿐 아니라 자본시장과 단기금융시장, 외환시장이 형성되는 계기를 만들었다.

초기 도시의 상업활동 범위는 주변 농촌과의 거래, 도시국가 내에서의 상업활동에 국한되었으나 점차 도시들 간의 교역이 필요해짐에 따라 교통의 요지에 정기적으로 시장을 개설하는 정기시장fair으로 확대되었다. 유명한 정기시장의 예로는 프랑스의 라니, 바르, 트루아와 프로뱅 지방에서 열렸던 샹파뉴 정기시장이 유명하다. 샹파뉴 정기시장은 12세기 들어 유럽 최대의 상품과 화폐 교환시장이 되었으며 매년 6차례 네 지방을 돌며 개설되었다.[2] 정기시장의 형성은 상인들의 거래형태에도 변화를 가져와 매매할 상품과 이에 필요한 화폐를 지니고 교역지로 이동하는 여행형의 상인traveling merchant이 거래하는 형태에서, 상품만 배에 실어 교역지로 보내고 판매와 자금의 결제는 교역지에 있는 대리인 등을 통해 하게 하는 정주형 상인sedentary merchant의 거래로 변했다.[3]

시장의 발달과 성장에도 불구하고 당시 이를 억제하는 요인으로 작용한 것은 주화의 부족과 이용의 불편이었다. 주화의 문제는 고대 그리스와 로마에서도 마찬가지였지만 경제 규모가 이전보다 훨씬 커지고 시장경제가 나타나기 시작한 시기에는 성장을 억제하는 주된 제약요인으로 작용했다. 그렇기 때문에 주화 이용의 한계를 벗어나기 위한 지급수단의 도입이 중세를 관통하는 절실한 과제였다.

한편, 중세 유럽이 끝나는 시기는 크리스토퍼 콜럼버스Christopher Columbus가 신세계를 발견한 1492년으로 볼 수도 있으나, 여기에서는 17세기 영국에서 금세공업자가 출현하기 이전까지로 한다. 왜냐하면 금세공업자가 가져온 시스템이 근대 은행의 탄생을 알리는 계기가 되었고 새로운 지급결제시스템의 탄생을 알리는 신호탄이었기 때문이다.[4]

2) 예금은행과 머천트은행

은행서비스는 점증하는 대내외 교역의 필요성을 만족시키기 위해 12세기 유럽에 다시 나타났다. 주화의 발행과 유통이 다시 살아나면서 환전상이 은행으로 발전하게 된 첫 번째 도시가 제노바였는지를 명확히 밝히기는 어려우나, 당시 환전상이 무슨 일을 하고 있었는지를 상세하게 기록한 문서가 제노바에서 처음으로 발견되었다는 점에서 제노바는 특별대우를 받아도 될 것 같다. 제노바가 지금의 이탈리아에 속해 있는 점을 감안하여 "유럽대륙에서의 은행은 이탈리아에서 재탄생했고 12~13세기에 걸쳐 그 이외의 지역으로 수출되었다"라고 말해도 무방할 것이다.[5]

이 시기에 금융활동을 하던 집단을 크게 세 그룹으로 분류[6]할 수 있는데 첫 번째는 전당포이다. 그러나 전당포는 예금은 전혀 받지 않고 자신의 자본으로 대출했기 때문에 엄밀한 의미에서 은행이라고 볼 수 없었으며, 따라서 지급결제 업무도 전당포와는 전혀 관계가 없었다.

두 번째는 예금을 수취하는 환전상인데, 이들은 고객으로부터 상거래에 필요한 지급결제를 위해 예금을 받고, 당시 교회법에 의해 이자수취를 금지하는 이자수취금지법을 회피하면서 대출서비스를 제공했으며, 서비스에 대해 수수료라는 명목으로 실질적으로는 이자를 받았다.[7] 환전상에서 발달한 예금은행deposit bank은 현대적인 의미에서 금융중개 기능을 수행했다.

세 번째는 상인들이 자신의 상거래를 원활하게 하기 위해 설립한 머천트은
행merchant bank이다. 머천트은행은 기본적으로 격지 간 자금결제업무를 하기
위한 조직이며 이를 위해 예금을 받았다. 그리고 계약조건에 이자를 숨겨 이
자수취금지법에 위배되지 않도록 거래를 구조화하여 실질적인 대출 업무를
했다. 이 세 유형의 집단 가운데 은행으로 볼 수 있는 것은 예금과 대출, 지급
결제 업무를 모두 영위한다는 측면에서 예금수취 환전상(예금은행)과 머천트
은행이다. 은행권이 주화를 대신하기 시작한 17세기 말 이전까지는 기본적으
로 활용되는 화폐가 주화였고 환전상과 예금은행이 모두 주화와 관련된 업무
를 수행했기 때문에 이제부터는 환전상과 예금은행을 같은 의미로 사용하고
자 한다.

예금은행은 일반인들로부터 필요할 때 언제든지 인출할 수 있고 맡겨둔 돈
을 안전하게 보관할 것을 약속하면서 예금의 형태로 자금을 받거나 차입하는
방식으로 자금을 조달했고, 이 자금을 대출이나 투자로 운영하여 수익을 얻었
다. 또한 같은 예금은행에 개설한 고객의 계정을 이용하여 계정 간 이체를 용
이하게 하는 비현금 지급결제서비스를 제공했기 때문에 이체은행transfer bank
이라고도 불린다. 같은 은행을 이용해야 하는 제약이 있었기 때문에 예금은
행들은 주로 지역 내 지급결제서비스를 제공했다.

반면, 머천트은행은 대형 상인들이 유럽 전역에 지점망이나 환거래계약을
체결한 대리인들을 지니고 있는 은행으로서 격지 간 자금송금업무를 담당했
다. 이들은 한 지역에서 그 지역의 화폐를 받아 다른 지역에서 다른 화폐로
지급하는 업무를 수행했다. 이에 활용된 지급수단이 현대적인 의미에서 환어
음이다. 따라서 이 은행들은 환은행exchange bank으로도 불리며 환어음의 청산
과 결제를 원활히 할 수 있는 지급결제시스템을 구축했다. 그렇지만 예금은
행과 환은행이 서로 배타적이지는 않아서 환은행이 지역의 예금은행으로서
도 역할을 하고 지역 내 계정 간 이체서비스도 제공했으며, 예금은행 역시 제
한적으로 환은행의 역할을 수행하기도 했다.[8]

3) 생성과 성장[9]

고대 그리스와 로마 시대에 사용되던 주화는 로마 제국의 경제력이 약화되면서 순도가 매우 낮아져 일반인의 신뢰를 잃고 제대로 통용되지 못하여 사라졌고, 주화를 예금으로 받아 영업을 하던 환전상도 서유럽에서 사라졌다. 그렇지만 12세기 이후 교역이 증가하고 주화가 다시 유통되자 당시 교역의 중심지였던 이탈리아를 중심으로 환전상이 다시 등장하게 되었다. 환전상은 주화뿐 아니라 금괴와 은괴도 대량으로 취급했으므로 안전한 보관을 위한 시설을 갖추고 있어야 했다. 환전상뿐 아니라 금세공업자, 여관 주인, 종교시설, 정부 관청 등도 이러한 업무를 담당하기는 했지만, 이들과는 달리 환전상은 고객이 주화 자체를 이전하는 대신 주화의 소유권만 이전시킬 수 있도록 해줌으로써 순수한 보호예탁기관에서 예금은행으로 진화했다.

12세기 서유럽의 초기 은행을 설명해 주는 자료로 중요한 의미를 지니는 것이 1150년 제노바의 행정장관 격인 영사가 환전상과 맺은 계약서와 1155년부터 1164년에 걸쳐 기록된 제노바의 등기부이다.[10] 이 자료들에는 테이블에 앉아 있는 환전상이 묘사되어 있는데, 영사의 계약서에는 제노바의 환전상으로부터 나오는 수입을 29년간 부유한 시민들에게 판다는 기록이 있다. 환전상들은 대부분 거리에서 영업을 했고, 이들의 영업활동을 알 수 있는 기록이 남아 있는 경우는 없지만, 후에 이들이 신용계약을 체결하고 예금을 받는 은행활동을 할 때도 동일하게 환전상이라는 단어가 사용되고 있음을 볼 때 환전상이 은행으로 발전했다고 유추할 수 있다. 중세 유럽의 예금은행은 수작업에 의한 환전에서 자라난 결과물이라고 말할 수 있다.[11] 그러나 전문적으로 환전을 하는 환전상만이 예금은행으로 발전한 것은 아니었다. 1197년과 1198년의 기록에 의하면 제노바에 있는 포목상들이 제노바 이외 도시의 정기시장과 환거래를 했다. 다시 말해, 이 포목상들은 상인이면서 동시에 은행가였으며 이후 자신들의 금융거래를 머천트은행의 업무로 발전시키면서 지역 내 예금은행 업무도 함께 수행했다.

예금은행으로 진화한 환전상은 제노바뿐 아니라 샹파뉴 정기시장과 같은 시장에서도 활동했고 베네치아, 지금은 벨기에의 도시인 브루게, 스페인의 바르셀로나 등에서도 항구나 시장과 가까운 곳에 점포를 열고 좌판을 설치하여 영업했다. 제노바와 바르셀로나, 샹파뉴 정기시장은 유럽 각지에서 상인들이 모이는 곳이었기 때문에 예금은행과 머천트은행이 함께 발달한 곳이었던 반면, 베네치아와 브루게는 다른 도시에 점포망이나 대리인을 통한 네트워크를 지니고 있지 못하여 예금은행 위주로 발달했다. 그리고 피렌체에서는 페루치Peruzzi나 메디치 가문이 운영하는 머천트은행이 지역 예금은행 역할도 함께했다. 이런 점에서 볼 때 예금은행과 머천트은행의 구분이 항상 명확한 것은 아니었다.

상업 중심지에서는 그 지역 거주 상인뿐 아니라 외국에서 온 상인들도 최소한 한 개 이상의 예금은행에 예금계좌를 갖고 있었다. 예를 들어, 브루게에 있는 예금은행의 주요 예금자는 그 도시에 살고 있는 이탈리아 상인들이었고 무역을 위해 그 도시에 반복적으로 오는 외국 상인들도 무역거래를 용이하게 하고자 한 개 이상의 은행에 예금계좌를 개설했다. 예금은행이 존재하는 곳에서는 상인이 아닌 주민들도 혜택을 보았다. 14세기 브루게에서는 상인과 중개인뿐 아니라 여관 주인들도 은행계좌를 가지고 있었고, 귀족이나 사업에 전혀 종사하지 않는 사람들은 말할 것도 없고 금세공업자와 같은 고급 소매상들도 마찬가지였다고 한다. 이는 상업 중심지에서는 예금은행의 이용이 일반화되었음을 말해주는 증거이다. 14세기의 브루게에서는 8세대 가운데 하나, 1433년 바르셀로나에서는 3세대에 하나꼴로 은행계좌를 가지고 있었고 1500년 베네치아에서는 6~10세대 중 1명이 은행계좌를 지니고 있었다고 한다.

당시 예금은행을 통해 결제해야 할 필요가 있는 사람들은 거래상대방에 대한 정보를 잘 알 수 없는 외국인 또는 외국에서 온 이주자들이었고, 서로 잘 아는 지역 주민들은 적지 않은 수수료를 내면서까지 예금은행을 통해 결제할 필요 없이 거래상대방과 직접 결제를 했기 때문에, 다른 지역에서 온 상인들과의 거래가 활발한 곳을 중심으로 예금은행이 발달했다. 반면에 제조업이 발달한 지역에서는 당시 산업의 특성상 지역 주민들 간의 거래가 많았기 때문에 예금은행의 발달 속도가 더디거나 아예 존재하지 않았다. 그래서 외국인들이 많이 거주하는 제노바와 베네치아에서 예금은행은 필수불가결한 존재였던 데 비해, 제조업의 중심지였던 루카나 피렌체에서는 그 역할이 미미했다. 루카와 피렌체는 그 지역 생산업자들이 생산한 물품을 다른 지역에서 파는 과정에서 결제를 편리하게 하기 위해 머천트은행의 형태가 발달하기는 했지만, 도시 내에서는 제조업 종사자들이 서로 친숙한 사이였으므로 굳이 제3자인 예금은행을 통해 결제할 필요가 없었기 때문이다. 소규모 지역 사회에서 이루어지는 신용은 판매신용의 형태였다.[12] 이 도시들에도 예금은행이 있기는 했으나 규모가 작고 단지 현금출납의 기능만 수행했다.

영국 역시 예금은행이 없던 상태였다. 1494년 베네치아에서 출판된 루카 파치올리Luca Pacioli의 복식부기에 관한 유명한 책자는 1588년에 영어로 번역되었는데 은행으로 진화할 수 있는 민간 환전상이 제대로 형성되지 않았던 영국에서는 그 책자 가운데 은행과 관련된 부분이 빠져 있었다.

4) 규모

중세 도시의 규모는 크지 않았다. 14세기 중반에 발생한 흑사병으로 유럽의 인구가 줄어들기 이전인 14세기 초반 유럽 최대의 도시는 베네치아였는데 인구가 10만 명에 불과했고 제노바와 밀라노가 5만~10만 명이었다. 이탈리아 이외의 지역은 인구가 더욱 적어서 샹파뉴 정기시장이 열리던 트루아와 프로뱅의 인구는 1만 명이었고 브루게가 4만 명 정도였다. 은행들이 활동하던 지역의 경제규모가 작았기 때문에 은행의 규모도 큰 편은 아니었다.

은행의 규모는 기술에 의해서도 제한되어 있었다. 모든 거래를 수작업으로 처리해야 했기 때문에 처리 속도가 느리고 원시적인 회계방법 때문에 하루에 끝마칠 수 있는 거래량이 제한되었다. 한 거래를 처리하는 데 15분이 걸린다고 가정할 때, 하루 5~6시간 동안 처리할 수 있는 거래 건수는 20여 건에 불과하다. 기록이 남아 있는 14세기 중반 어느 한 브루게 예금은행의 경우 100명 미만의 예금자밖에 없었으며 예금은행의 구성 인력도 은행 소유자, 조수, 경리원, 한두 명의 메신저, 때로는 출납원 등 총 5~6명의 적은 인력으로 구성되어 있었다.[13] 이들이 일하는 가게나 좌판의 면적이 4평 남짓했다고 하니 그 규모를 짐작해 볼 수 있을 것이다.[14]

5) 주요 업무

중세 유럽 예금은행의 경제적 중요성은 외화와 현지 주화의 교환, 은행 내 계정 간 자금이체, 부분적으로 이루어진 격지 간 자금송금과 같은 지급결제 업무를 제공하는 기관으로서의 역할에 있다. 초기에는 다수로부터 예금을 받아서 자금이 필요한 사람이나 조직에 자금을 공급하는 자금중개기능이 주된 업무가 아니어서 당좌대월과 같은 단기 신용공여도 지급결제의 부수적인 업무활동으로서만 이루어졌다.

예금과 대출

중세 유럽의 예금 형태에는 여러 가지가 있다. 첫째는 상거래 시에 필요한 지급결제를 위해 당좌계정에 예치된 예금이다. 이는 고객의 현금 예치, 다른 계정으로부터의 이체 또는 은행의 신용공여에 의해 발생하는데 예금자별로 예탁한 주화를 구분하여 보관하지 않고 상환 시에도 동일한 주화를 주는 대신 화폐적 가치만 동일하면 되었다. 당좌예금은 보통 은행이 제공하는 지급결제서비스로 인해 예금자에게 암묵적으로 이익을 제공하기는 하지만 명시적으로 이자를 지급하지는 않는다.

두 번째는 일정한 조건이 충족되었을 때에 인출하는 조건으로 예치한 조건
부예금이다. 이 예금은 일반적으로 지급결제에 활용되기에는 적당하지 않고
상대적으로 오랜 기간 예치되기 때문에 장기적인 대출이나 은행의 투자를 위
한 기반으로 적합했다. 그러므로 은행은 수익을 높이기 위해 조건부예금의
유치에 힘썼고 이 예금에 대해서는 이자를 지급했다. 그러나 당시에는 이자
지급이 금지되어 있었기 때문에 고정된 금리보다는 은행의 이윤과 연계하여
지분투자 수익처럼 보이도록 변동금리 형태로 지급되었다. 이러한 예금 이외
에도 3개월에서 1년의 기한을 정해 예치하는 기한부 정기예금도 있었다. 보
관 목적으로 예치된 예금도 있었는데, 이 예금은 다른 예금과 혼합하여 보관
할 수 없고 인출 시에 처음과 동일한 물품으로 상환해야 했다.
　중세 예금은행의 예금은 예치된 주화의 대체가능성이 일반적으로 인정되
었다. 예금자가 은행에 예금할 때 예치하고자 하는 주화 등의 화폐적 가치를
평가하고 인출 시에는 동일한 화폐적 가치를 지닌 주화로 주면 되었다. 고대
그리스나 로마에서도 환전상에 맡겨진 주화예금의 대체가능성이 인정되었지
만 중세에 들어서면서 보다 일반화되었다고 할 수 있다.
　예금은행은 예금으로 확보한 자금을 다양한 용도에 사용했다. 12세기 상업
의 급속한 팽창으로 수익성 있는 투자기회가 많아지자, 예금자들은 자신의
돈이 안전하게 보관되는 데 그치지 않고 더 나아가 이익을 얻을 수 있기를 원
했고, 은행은 이 자금들을 그냥 금고에 놀려두기보다는 수익성 있는 곳에 투
자하고자 했다. 이러한 분위기에서 예금자는 점차 예금 원본에 일정 이익을
요구하는 예금계약을 하게 되었는데, 이러한 예금은 두 가지 형태로 운영되
었다. 첫 번째는 예금자가 은행과 동업 계약을 맺어 특정 사업에 투자하고 여
기서 나오는 수익을 분배하는 형태이다. 두 번째는 예금자는 단지 예금을 하
고 정해진 이자를 받기로 은행과 계약하고, 은행은 예금된 자금과 자신의 자
금을 합쳐서 투자를 하는 형태이다. 이때도 이자가 드러나지 않도록 조치를
한 것은 물론이다. 두 번째 형태의 예금은 예금자의 입장에서는 은행의 명성

과 투자사업 능력을 신뢰할 수 있는 경우에만 가능하고, 은행의 입장에서는 확고한 투자사업이 구축되어야만 사전에 정해진 이자를 지급할 수 있기 때문에 첫 번째의 예금보다 진보된 형태라고 할 수 있다.

이 외에 고객에게 지급결제 편의를 제공하기 위해 단기간 대출해 주는 당좌대월이 있었고, 투자 형태가 아닌 상업대출에까지 업무를 확장하여 그 지역의 왕족, 귀족, 지자체, 공예가, 소상인, 심지어 농민에게도 자금을 빌려주었다. 이 경우 예금은행은 대부분 담보를 요구했는데 당시 담보로 이용된 것은 주로 보석 등의 귀금속이었다. 1500년 베네치아의 은행 위기 시에 파산한 은행들의 금고에는 담보로 받아놓은 보석이 많았고 심지어는 왕관까지 있었다고 한다. 한편, 이자수취금지법 때문에 이자수취를 위한 대출이 어려워지자 예금은행은 지분투자를 하지 않을 수 없었고, 은행의 소유주가 이러한 사업에 무한책임을 지고 있었기 때문에 은행 소유주가 은행 그 자체이기도 했으며 또 한편으로는 사업가이기도 했다.

6) 지급결제

지급결제 업무도 예금은행 업무 가운데 하나이지만 여기에서는 지급결제의 역사를 살펴보고자 하는 의도 이외에, "초기 은행이 행한 구매자와 판매자 간의 지급결제 중개 역할이 예금자와 투자자 간의 금융중개 역할에 견줄 수 있다"[15]라고 할 정도로 중요했으므로, 별도로 구분하여 언급하도록 한다.

(1) 필요성

중세의 예금은행이 탄생하고 발전한 가장 큰 요인은 은행이 제공하는 지급결제서비스에 있었다. 예금은행으로 되어가는 과정에서 환전상은, 모든 지급결제를 정화로 해야 할 때 주화를 세는 데 소요되는 시간 낭비 등의 불편함을 없애기 위해, 장부상의 자금이체라는 지역 내 지급결제시스템을 발달시켰다. 유통되는 주화는 순도와 무게가 다양했기 때문에 제시된 주화의 품질을 확인하기 위해서는 전문적인 지식을 지닌 환전상에게 돈을 지급하고 확인해야만 했다. 그러나 매번 지급할 때마다 지루한 절차를 거치지 않고 주화를 한 번만 검사하고 보관하는 것이 더 효율적이었다. 그런 다음 주화를 옮기지 않고 주화의 소유권만 이전하면 훨씬 편리하게 지급할 수 있게 되어 환전상-은행은 실제 주화를 "움직이지 않게 하고"[16] 장부상의 화폐를 창조하여 화폐의 소유권만을 이전할 수 있도록 했다. 주화에 의한 지급은, 특히 거액 지급의 경우, 많은 비용과 시간이 소요되었다. 당시에 일반적인 상거래에 쓰이던 주화는 은으로 된 경우가 많았는데, 은화는 상인들 간의 거액 거래 시에는 상대적으로 낮은 가치만 지니고 있었기 때문에 사용하기에 적당하지 않았다.

주화를 대신하는 은행예금은 유통주화의 부족과 손상으로 인한 문제를 해결해 주었다. 상인들은 은행예금으로 인한 지급결제를 수용하여 자신이 다른 상인에게 지고 있는 채무를 변제하게 했다. 이러한 상계에 의한 지급결제의 특징은 은행이 양 거래당사자인 상인 사이에 위치하여 거래를 완결하는 중앙청산소와 같은 역할을 하게 했고, 이것이 은행예금이라는 지급수단을 은행에게 부여하게 되었다.[17]

예금은행은 지급수단으로서 자금이체서비스를 제공하는 것 외에 출납원으로서도 중요한 역할을 했다. 고객은 자신이 직접 현금을 보관하고 관리하는 대신 현금을 안전한 곳에 보관시키고, 지출이 필요할 때면 지급하도록 하고, 또한 다른 사람으로부터 돈을 받기 위해서도 은행을 이용했다. 은행을 출납원으로 사용하는 두 번째 이점은 은행의 장부가 거래기록을 제공하고, 필요한 경우 법적 증거를 제공할 수 있다는 점이었다.

은행은 상거래에서 직접 거래당사자는 아니지만 상거래의 안전성과 편리성을 제공하는 데 없어서는 안 될 중요한 제3자가 되었다. 모든 상거래가 은행을 통해 결제되었다고 할 수는 없지만 이제 은행은 정보를 가장 많이 지닌 제3자로서 당사자들을 위한 안전하고 편리한 지급결제서비스를 제공하는 조직이 되었다.

(2) 메커니즘

중세 유럽에서는 은행의 계좌를 이용한 자금이체가 지급결제수단으로 활발하게 쓰였다. 자금이체의 당사자들인 지급인과 수취인은 그리스 아테네에서처럼 은행을 함께 방문해야만 했고 구두지시에 의해 자금이체가 이루어졌다. 이때 수취인이 지급인 거래은행에 계좌를 개설해 놓았으면 동일한 은행 내의 자금이체로 지급결제가 끝나고, 계좌가 없을 때는 주화를 인출해 갈 수밖에 없었다. 그렇지만 상인들은 그 지역에 있는 여러 은행에 예금계정을 가지고 있는 것이 일반적이어서 은행에 예금을 맡기는 방법을 많이 택했다.

문서에 의한 지급지시는 초기에는 인정되지 않았다. 왜냐하면 거래상대방을 확인할 수 있는 시스템이 완벽하지 않았고 이러한 상태에서 문서는 위조나 변조의 위험이 있는 위험한 지급지시였기 때문이다. 물론 당시에는 상거래가 은행들이 밀집해 있는 곳으로부터 멀지 않은 지역 내에서 이루어졌기 때문에 양 당사자가 함께 은행에 가는 것이 큰 불편을 초래한 것은 아니었을 것이다. 예를 들어, 베네치아에서는 사람들의 왕래가 빈번하고 거래가 자주 일어나는 리알토 다리 근처, 브루게에서는 항구 근처, 샹파뉴는 정기시장 등에 은행들이 몰려 있었다.

은행 간 자금이체가 전혀 없었던 것은 아니지만 이 경우에는 두 은행의 직원이 어떠한 형태로든 만나서 처리해야 했을 것이다. 은행 간 자금이체가 어떻게 이루어졌는지에 대한 자세한 기록이 없기 때문에 추측에 의존해야 하는 한계가 있지만, 한 가지 상상해 볼 수 있는 방법은 거래의 양 당사자뿐 아니라 수취인의 은행직원도 지급인의 거래은행에 함께 가서 서로를 확인한 후에 이체하는 것이다. 그러다가 점차 양 은행 간에 신뢰가 형성되면서 은행직원

이 함께하는 것은 사라졌고 일정 기간마다 정산하게 되었을 것이다.[18]

문서에 의한 지급지시는 14~15세기 들어 이탈리아에서부터 다른 지역으로 확산되기 시작하면서 일반화되었다. 구두에 의한 지급지시가 문서에 의한 지급지시로 바뀌게 된 정확한 이유가 남아 있는 기록이 없기 때문에 이것도 추측에 의존할 수밖에 없는데, 중세를 연구하는 학자들은 어떠한 형태로든 문서의 신용력이 반복된 거래에서 비롯된 인적인 신뢰관계에 의해 보완되지 않았을까 추측하고 있다. 당시의 예금은행은 주로 한 지역 내에 거주하는 사람들을 위해 업무를 수행했기 때문에 지급인의 거래은행은 시간이 지나면서 거래가 반복됨에 따라 지급인으로부터 문서에 의한 지급지시를 받은 수취인을 알고 있었을 것이다.

초기에는 문서에 의한 지급지시가 단지 보완적인 메모나 대리인을 지정하는 수단으로 활용되었는데, 점차 발전하여 지급인의 동참 없이 수취인만 은행에 가서 지급지시서를 제시했을 때 현금에 의한 지급이나 자금이체를 할 수 있는 기능을 지니게 되었다. 문서에 의한 지급지시가 수표의 전신이 되었다고 볼 수도 있지만 신용력이 약했기 때문에 제3자에게 양도하는 것은 가능하지 않았다. 실제로 1526년 베네치아에서는 문서에 의한 지급지시를 금지하고 양 당사자가 은행에 올 것을 요구했고, 1527년 바르셀로나 역시 법령에 의해 문서에 의한 지급지시를 금지했다.[19]

(3) 효과

주화 부족 문제의 해결

자금이체에 의한 지급결제는 상거래에 필요한 주화의 양을 줄여주는 효과를 가져왔다. 상인들은 거래 시에 주화를 주고받아 결제할 필요 없이 상대방과 함께 거래은행으로 가서 계정 간 이체에 의해 상거래를 종료시킬 수 있게 되었다. 주화를 사용하는 경제생활권에서 항상 문제가 되는 것이 주화의 부족과 불량주화의 유통이었는데, 유통주화의 부족에도 상거래는 정상적으로 결제될 수 있게 됨에 따라 은행에서의 자금이체가 상거래의 활성화에 기여하게 되었다. 이와 더불어 계정 간 이체 시에는 현금이 필요하지 않기 때문에 은행들은 예치된 주화 가운데 인출에 필요한 일부를 제외하고는 더 많은 주화를 투자나 대출에 활용할 수 있게 되었다. 이로 인해 주화의 주조를 많이 하지 않더라도 '은행예금'이라는 화폐의 대용수단이 주화를 대신하여 활용될 수 있어서 당시 항상 문제가 되고 있던 주화 부족의 문제를 일정 부분 해소할 수 있었다. 이 점은 고대 아테네를 다루면서도 이미 언급한 바가 있다.

시중에 유통될 수 있는 화폐의 총량은 유통 중에 있는 주화에 은행예금을 합한 금액이 되었다. 즉, 은행예금이 화폐가 되었다는 것이다. 주화의 양이 당시 상거래에 필요한 화폐의 양에 턱없이 부족하여 애를 먹고 있던 제노바나 베네치아, 브루게, 바르셀로나 등의 도시지역에서 은행예금은 주화를 대신하여 대금결제에 꼭 필요한 화폐가 되었다.

그러나 이 과정에서 은행이 장부상으로만 계정잔액을 증액시켜 주고 주화의 인출을 늦추거나, 고객의 인출 요구에 바로 지급해 주지 않고 지급을 고의로 지연시킴으로써 고객이 실제 주화를 찾아가는 데 불편을 초래하는 부작용도 발생했다. 그래서 자금이체에 관한 엄격한 규제가 실시되었으며 규제의 일환으로 은행허가제가 도입되기도 했다.

자금이체라는 지급수단의 발달

중세 예금은행이 지급결제의 역사에서 크게 기여한 것은 지역 내의 상거래에서 은행장부에 의한 자금이체가 보편적인 지급수단으로 사용되도록 한 점이다. 초기의 자금이체는 지급인과 수취인이 함께 지급인의 거래은행에 나타나서 정당한 당사자인지를 확인한 후 수취인의 계좌에 자금을 이체시켜야 했지만, 문서에 의한 지급지시가 사용됨에 따라 지급인이 나타나지 않고도 이체가 가능하게 되어 편리성이 높아졌다.

그렇지만 이러한 자금이체는 한 은행 내에서만 이루어질 수 있었지 은행 간 이체는 가능하지 않았다. 다만 지급인의 거래은행이 수취인의 거래은행 계좌를 가지고 있을 때는 은행 간 비현금 지급결제가 가능했는데, 이 경우에는 수취인 거래은행의 직원이 지급인의 거래은행에 수취인과 함께 와서 확인해 주어야 한다는 제약이 따랐다.

수표의 전신

문서로 된 지급지시는 초기에는 배서에 의한 양도가 불가능했기 때문에 수표라고 할 수는 없지만, 지급인이 자신의 거래은행으로 하여금 제시된 지급지시에 따라서 수취인에게 돈을 지급하도록 한 점에서 수표의 전신이라고 할 수 있다. 수표는 17세기 암스테르담에서 배서와 관련한 법이 도입된 이후 유럽 전역에서 적극적으로 사용되기 시작했다.

채무의 양도

앞에서는 예금자의 입장에서 예금을 보았으나 시각을 달리하여 은행의 입장에서 은행예금을 보고자 한다. 예금은 예금자 입장에서는 은행에 맡겨놓은 자산인 반면, 예금은행 입장에서는 예금자에 대한 채무이다. 예금자는 자신의 자산인 예금을 상거래 시에 물품을 구입한 대가로 지급인의 자격에서 수취인에게 자금이체의 방법으로 양도한다. 예금은행에서 볼 때는 지급인에 대한 채무가 수취인에 대한 채무로 바뀌는 것으로 채무의 양도가 발생한다. 수취인이 현금으로 인출해 가지 않는 한 수취인은 자신의 계좌에 들어온 돈을 또 다른 상거래의 대금으로 제3자에게 양도할 수 있게 되어 현금의 인출 없이 연쇄적으로 채무의 양도가 이루어진다. 배서에 의한 수표제도가 아직 없었던 당시에 거래당사자는 현금 지급을 대체하는 유용한 지급수단으로 자금이체를 사용할 수 있었고, 은행으로서는 예금의 감소가 없기 때문에 인출에 대비하여 주화를 보유할 필요가 줄어들어 대출재원으로 쓸 수 있는 장점이 있었다.

채무양도 기능을 수행하는 예금은행이 제대로 쓰인 좋은 예가 샹파뉴 정기시장과 같은 정기시장에서의 결제였다. 샹파뉴에서의 거래는 두 시기로 나뉘어 있었다. 첫 번째 시기는 모직물의 판매가 집중되는 시기였는데, 판매자는 주로 플랑드르에서 온 상인들이었고 구매자는 이탈리아인이었다. 두 번째 시기는 주로 동양의 향료와 약품이 판매되는 시기였고, 이때에는 판매자와 구매자가 앞의 시기와는 반대로 되어 이탈리아인들이 판매자가 되고 플랑드르인들이 구매자가 되었다.

시장에 있는 은행들은 이러한 거래가 원활히 이루어질 수 있는 지급결제시스템을 제공했다. 첫 번째 시기에는 이탈리아인들이 은행계좌를 이용하여 플랑드르에서 온 상인들에게 신용을 이체함으로써 모직물 구입 대금을 지급했다. 은행이 결제를 보장한다는 점에서 이는 최종적인 지급이었다. 두 번째 시기에는 플랑드르의 상인들이 첫 번째 시기에 누적된 신용을 사용하여 향신료와 약품을 구매했다.

이탈리아인들은 첫 번째 시기에 모직물을 구입하기 위해 주화를 은행에 예치시켜 놓을 수도 있었으나 실제에서는 이보다 더 편리한 방법을 사용했다. 샹파뉴 정기시장에서 금융활동을 하는 은행들은 이미 이 시장을 이용하는 상인들을 알고 있었기 때문에 이들이 먼저 예금을 하지 않았더라도 신용을 제공했다. 실제로 예금을 한 경우에도 은행들은 첫 번째 시기에 이탈리아 상인들이 계정의 잔액을 초과하여 지급할 수 있도록 당좌대월을 제공했다. 은행은 거래당사자의 계좌에 차기나 대기만 하면 되었고 두 번째 거래 시기에 발생한 상거래에 따른 결제 역시 반대 방향으로 계좌에 차기나 대기를 하여 상쇄시켰다. 그리고 시장이 문을 닫아야 할 때가 되면 상계하고 남는 금액만 채무자가 채권자의 계정에 주화를 예금함으로써 채권·채무관계를 종결지었다. 상인들은 주화나 자금이체뿐 아니라 격지 간 지급수단인 환어음도 최종 결제를 위한 지급수단으로 활용했고, 때로는 상계하고 남아 있는 미지급금을 다음 장이 서는 때로 이월하기도 했다.

공증 기록

은행의 계정은 공증인의 등록부와 마찬가지로 공적인 기록장부로서의 지위를 누렸으며 은행 담당자는 정기적으로 자신의 장부가 정확하다는 것을 서약해야 했다. 따라서 은행에서의 지급은 채무자가 채무를 면제받을 수 있는 법적 증거가 되었고, 별도의 서류를 작성하는 데 드는 시간과 노력을 절약하게 했다. 은행은 정부의 세금을 받기도 하고, 토지 소유자를 대신하여 임대료를 받는 등의 징수대리인 역할을 수행하기도 했으며, 지급대리인의 역할도 수행했다. 지급대리인 역할과 관련해서는 서면의 지급지시가 이용된 것으로 보인다. 예를 들어, 피렌체에서는 고용주가 근로자들에게 서면의 지급지시서를 주고 근로자는 이를 은행에 가져가 현금으로 지급받을 수 있었다.

(4) 은행예금과 애지오

은행예금을 이용한 자금이체가 지급수단으로 널리 쓰이면서 주화를 가지고 있는 대신 은행에 주화를 맡기려는 유인이 높아졌다. 그런데 은행예금은 주화처럼 사용에 의해 마모가 발생하지 않고 상거래 시에도 편리하게 결제하는 데 쓰일 수 있기 때문에 은행예금의 가치와 주화의 가치가 일치하지 않는 현상이 발생했다. 은행이 공신력만 지니고 있으면 주화를 이용하는 것보다 은행예금이 안전하고 편리했기 때문에 동일한 액면금액의 주화의 가치보다 은행예금의 가치가 높게 형성되었다. 이와 같은 은행예금과 주화의 가치 차이를 '애지오agio'라고 하는데 은행의 신용상태가 양호할 때는 플러스의 애지오가 발생했으나, 부실대출로 인해 은행에 대한 소문이 좋지 않게 될 경우에는 마이너스의 애지오가 발생했다.

한편, 은행예금과 주화의 가치가 일치하지 않는 현상은 인플레이션이나 디플레이션에 의해서도 발생했다. 당시 주화는 마모나 변조가 있지 않았을 때는 액면가치가 내재가치와 동일한 반면, 은행예금은 인플레이션 때에는 주화보다 가치가 떨어지고 반대로 디플레이션 때에는 주화보다 가치가 올라간다. 왜냐하면 은행예금은 은행에게는 고정된 액수의 부채인 반면, 주화는 녹여서 사용할 수 있는 귀금속으로 인플레이션 때에는 그 가격이 상승하고 디플레이션 때에는 하락하기 때문이다. 이로 인해 애지오가 변동하는 경우도 발생했다.

또한 예금된 돈이 전부 동시에 인출되지는 않기 때문에 은행들은 대출을 늘리려는 유혹에 빠지기 쉬웠고 새로운 은행들이 이 기회를 얻기 위해 문을 열기도 했다. 그 결과는 은행예금의 인플레이션이었고 베네치아에 있는 은행의 경우 1526년에는 예금이 주화에 비해 20% 평가절하 되기도 했다.

(5) 한계

당시의 지급지시는 보통 한 은행 내의 계좌 간 자금이체가 이루어지도록한 것이었고, 은행 간 계좌이체는 다른 은행이 해당 은행에 계좌를 개설하는 방식으로 이루어졌기 때문에 지급결제의 편리성이 완전히 보장되지는 못했다. 그리고 문서에 의한 지급지시가 일반화하면서 편리성은 높아졌지만 사기나 부정 등의 부당한 거래 역시 많아져서 안전성이 훼손되는 경우도 있었다.

또한 당시의 예금은행은 외환과 송금 등의 국제은행 업무를 하는 경우도 있었지만, 국제은행 업무에 필요한 해외 지점이나 대리인을 둘 만한 네트워크가 부족했기 때문에 규모가 큰 환은행인 머천트은행과의 경쟁에서 밀려 점차 지역 내 지급결제에만 특화했다.

한편, 예금은행은 가급적 주화로 지급하는 것을 피하기 위해 여러 계략을 쓰기도 했다. 예를 들어, 예금을 인출하려는 고객에게 소액의 주화로만 지급하여 세거나 가져가는 데 불편하고 시간이 많이 걸리도록 하기도 하고, 영업시간을 단축하기도 했다. 그렇게 해도 고객이 자금을 인출하려는 경우에는 이런저런 핑계를 대면서 직접적으로 주화를 인출하지 못하도록 하고 은행 내 계좌이체만 허용하는 등의 방법도 사용했다.

7) 리스크

금융중개기관으로서의 역할이 커지면서 예금은행은 오늘날 은행과 마찬가지로 리스크 관리가 주요 관심사가 되었다. 예금은행은 필요할 때 예금을 현금으로 전환해 주어야 했고 잠재적인 손실에 직면해서도 지급할 수 있는 능력을 지녀야 했다. 그러나 당시의 예금은행은 오늘날의 은행보다 유동성을 관리하는 것이 훨씬 어려웠다. 왜냐하면 은행들이 대부분 규모가 크지 않았고, 안전하면서도 유동성을 갖춘 자산이나 사업을 찾아 투자하기가 어려웠으며, 특히 외부 충격을 회피하거나 완화시킬 수 있는 방법이 없어서 충격에 그대로 노출될 수밖에 없었기 때문이다. 또한 은행이 보유한 안전자산을 담보로 위기 시에 긴급 대출을 해줄 수 있는 최종대부자 기능을 지닌 중앙은행과 같은 조직도 없었다.

은행에 맡긴 예금은 소수의 예금주가 큰 금액을 예치해 놓은 경우가 많아서 은행들은 예금인출에 따른 유동성 부족 위험에 항상 노출되어 있었다. 반면, 예금주들은 은행이 파산하지 않을까 하는 두려움을 지니고 있어서 외부 충격이 있을 때 예금해 놓은 자금을 일시에 인출해 갈 가능성이 높았다. 이는 은행의 연쇄도산을 초래하게 되고 실제로도 은행의 파산이 자주 발생했다.

당시 전쟁은 은행영업을 불안정하게 만드는 주요 원인이었다. 전쟁이 실제 발발하거나 또는 전쟁 발발의 위협만 있어도 교역이 장기간 중단될 수 있었으며, 전비 조달 필요성으로 인해 주화가 고갈되는 현상도 발생했다. 주화의 부족 현상은 예금인출을 늘리고 은행의 준비금을 고갈시켰다.

또한 주화의 가치가 저하되거나 상승하게 되면 은행의 대차대조표에 영향을 미치게 된다. 주화의 가치 저하는 은행으로서는 유리한 현상이다. 왜냐하면 은행이 보유하고 있는 주화를 녹여서 보다 많은 주화를 만들어낼 수 있기 때문이다. 은행 자산의 대부분은 더 많은 주화를 만들어낼 수 있는 실물 주화이거나 대출 또는 지분투자인 반면, 은행의 부채는 대부분 명목상의 수치에 불과한 예금으로 변동이 없으므로, 은행의 자산이 부채보다 많게 되어 은행에게 유리하게 된다. 반대로 주화 가치의 상승은 반대의 현상을 초래하여 은행에 불리하게 된다.

계절적인 요인에 의해서도 주화의 양이 변동하게 된다. 제노바와 베네치아에서는 상인들이 7월과 8월에 갤리선에 채울 상품을 사기 위해 정화나 금괴의 형태로 현금을 인출했다. 이때 충분한 현금을 보유하고 있지 못한 예금은행은 유동성 위기에 직면했다. 실제로 이 지역 예금은행의 파산은 7월에서 10월 사이에 많이 발생했다. 반면, 브루게에서는 이탈리아 갤리선이 출발하기 전인 12월에서 1월에 유동성이 부족하게 되고 독일 상인들이 금괴를 가지고 오는 2월과 3월에는 유동성이 풍부해졌다.

정보의 부족으로 인해 예금은행이 위험에 처하는 경우도 있었다. 예금자들뿐 아니라 은행가 자신도 은행의 재무 상태에 대해 잘 모르는 경우가 있었는데, 왜냐하면 회계 기법이 초보적인 수준이었기 때문이다. 은행 장부의 주목적은 단지 개인 고객들과의 거래를 기록하는 것에 불과하여 은행 전반에 대한 재무 상태를 파악하는 데 이러한 장부가 크게 도움을 주지 못했고, 설사 제대로 이익을 반영하는 장부를 작성할 수 있었을지라도 이자수취금지법에 위배될 염려가 있었기 때문에 제대로 된 장부를 유지할 필요성이 크지 않았다. 결국 이는 정보의 부족을 초래했고 예금자는 은행 소유주 개인의 명망에 의존하는 수밖에 없는 처지에 놓였다. 당시의 예금은행은 어느 한 개인에 소유되어 있는 경우가 많았으므로 예금은행의 소유주는 은행의 채무에 대해 무제한의 책임을 져야 했다. 그래서 은행 소유주가 죽거나 병에 걸리면 예금인출 사태에 직면하는 경우도 있었다.

8) 규제

(1) 규제 필요성

상거래의 활성화로 예금은행을 이용한 지급결제가 증가하자 은행에 대한 국가나 정부 당국의 규제가 본격화되었다. 은행을 규제하는 첫 번째 이유는 주화 부족을 방지하기 위해서였다. 예금은행은 기본적으로 환전 업무를 하고 있었는데, 이들은 불법으로 금괴나 은괴를 외국의 주조소에 수출함으로써 주화부족 현상을 초래하고 있다는 혐의에 끊임없이 시달렸다. 예금은행을 규제하는 두 번째 이유는 은행의 파산으로 인해 상거래가 중단될 수 있다는 경제적인 우려 때문이었다. 일반적으로 한 도시에서 예금은행의 역할이 중요할수록 정부 개입의 정도도 커졌다. 연속된 은행 파산은 은행에 대한 정부의 관심을 집중시키고 새로운 규제를 만들게 했다.

은행이 파산했을 때, 은행은 당국에 의해 청산되었고 지급은 즉각 정지되었으며 기록된 장부는 압류되었다. 은행가의 책임은 무한정이었다. 고객의 예금을 전액 갚을 수 없는 경우 은행가는 투옥되고 그의 석방을 보장하기 위해 친척들에게 빚을 갚도록 하기도 했으며 바르셀로나에서는 1년 이내에 지급하지 못한 은행가가 처형되기도 했다.

(2) 규제 형태

자격 심사

은행업을 하기 위해서는 정부의 인가를 받아야 했고, 대부분의 도시에서 예금은행 소유주는 선서를 하고 보증인을 세워야 했다. 선서는 간단하게 넘길 단순한 문제가 아니었다. 선서를 위반하는 것은 그 사람의 영원불멸하는 영혼에 위협을 가하는 것일 뿐 아니라 위증은 죽음까지 포함된 엄중한 처벌을 받는 중대한 범죄였기 때문이다. 보증은 은행 소유주가 제시한 부동산의 형태이거나 제3자가 제공하는 형태였다. 은행이 실패하면 보증인은 채무를 미리 정해진 금액까지 지급해야 했다.

자산운용 관련 규제

당국은 때로 예금은행의 위험 노출을 제한하기 위해 은행이 운영하는 자산에 대한 규제를 실시했다. 1370년대에는 금괴를 포함한 대부분의 원자재에 대한 투자를 금지했고, 15세기 초에는 상업적 투자를 은행가 개인 재산의 1.5배로 제한하기도 했다. 플랑드르의 1477년 법은 은행이 국내든 해외든 관계없이 상품을 취급하거나 그러한 거래의 파트너가 되는 것을 금지했다. 그러나 이러한 규제가 효과적으로 시행되지는 않은 것 같다. 이 제한이 원칙대로 시행되었다면 은행가들에게 투자기회는 거의 없었을 것이다.

브루게와 같은 도시에서는 1309년 은행들의 연쇄도산이 일어나 외국 상인들이 분노하면서 이 도시를 떠나겠다고 위협하자, 시 당국이 예금보험과 같은 안전장치를 도입하기도 했다.[20]

지급결제 관련 규제

은행이 유동성 압박을 받고 있을 때 주화 지급을 회피하려고 하자 정부는 주화 지급을 의무화하는 법률을 제정했다. 바르셀로나는 1444년에 고객이 인출을 요구한 후 24시간 이내에 주화를 지급하도록 하는 법률을 통과시켰다. 베네치아는 1470년대에 3일 이내에 주화로 지급해야 하고 아침과 저녁에 각각 적어도 2시간을 영업해야 한다는 법을 통과시켰다. 더욱이 1526년에는 문서에 의한 지급지시를 금지했는데, 그 이유는 은행이 주화 지급을 회피하기 위해 이 수단을 사용하여 자금이체만 해주었기 때문이다. 피렌체는 1568년 고객의 요구가 있을 때 은행이 주화로만 지급하도록 하는 법안을 통과시켰다.

그러나 고객이 요구할 때 은행이 지체 없이 예금을 주화로 인출하도록 강제하는 법이 여러 가지 형태로 반복적으로 시행된 것은 자산운용 규제와 마찬가지로 이러한 법률이 거의 효과가 없었음을 시사한다.

9) 위기

15세기 유럽대륙에서는 반복된 은행 도산이 상인들의 신뢰를 잃게 했고 나아가 정부의 적대심을 유발하는 계기가 되어 민간 예금은행이 쇠퇴하기 시작했다. 예금은행의 반복된 도산의 주원인은 상업적인 모험자본에의 투자와 왕족에 대한 대출에 있었다. 베네치아에 있는 은행들은 이에 더하여 전쟁에서부터 비롯된 유동성 위기와 금과 은의 가격 변동에서 비롯되는 투기 활동에 의해서도 위험에 처했다.[21]

은행들이 위험에 처해 있음을 인지한 예금자들의 주화 인출 요구가 계속됨과 함께 은행 파산의 위험이 높아짐에 따라 주화에 대한 은행예금의 가치, 즉 애지오가 하락하게 되었다. 또한 예금은행이 정부의 조폐국과 통화제도를 위협하여 정부 권력에 위협이 된다고 인식한 정부가 민간 예금은행의 설립을 중지시키고 장부상 자금이체를 금하면서 더욱 쇠퇴하게 되었다. 이는 예금은행이 가치가 하락하거나 위조된 외국 주화를 유통시키는 불법을 저지르고, 귀금속이나 주화를 외국에 수출하는 것을 금하는 조치에 반하여 수출하기 위해 주화와 금괴, 은괴를 매입하는 데 개입했다는 주장에 의해 가속화되었다.

예금은행은 15세기 후반부터 위기를 겪은 것으로 보인다. 유럽 전역, 특히 베네치아, 피렌체, 브루게에서 은행이 연속적으로 파산하는 파도가 몰아쳤다. 주화의 부족으로 인해 은행의 유동성이 악화되고 은행예금의 인출 요구가 커짐에 따라 은행의 지급능력이 위협받게 되었다. 지급수단으로서 은행예금을 이용하던 고객들의 피해는 금괴와 주화의 부족으로 피해를 입은 은행들에서 더욱 심각했다.

은행의 붕괴는 주화 수요를 증가시켰고 주화 부족의 문제를 더욱 심화시켰다. 제노바에서는 조그만 은행의 파산이 너무 빈번하여 대중들은 작은 은행의 은행원을 '방케로토bancherotto'라고 불렀다. 이 단어의 어원이 파산을 뜻하는 '방카로타bancarotta'와 발음이 비슷한 방랑자를 뜻하는 '방케리우스bancherius'에서 왔기 때문에 단어를 이용한 조롱조의 말장난이었다.[22]

은행의 실패는 특히 네덜란드, 벨기에 등의 저지대에서 심각하여 정부 당국은 최선의 해결책이 은행 업무를 완전히 금지시키는 것이라고 결정했다. 1489년부터 이 정부 당국들은 예금의 수취와 은행을 이용한 지급을 금지하는 명령을 반복하여 내렸다. 예금자들은 은행의 건전성에 대한 우려 외에 당국이 은행에 내린 몰수 결정과 벌금 부과에 대해서도 걱정해야 하는 상황으로 몰렸다. 그 결과 예금은행은 15세기 말까지 저지대에서 완전히 사라졌다. 은행 실패가 계속되고 점점 더 심각한 문제가 되었던 또 다른 지역은 베네치아였다. 베네치아의 한 상원의원은 1584년까지 베네치아 공화국에 있었던 민간은행이 모두 103개였는데 그중 96개가 실패했고 성공한 은행은 7개밖에 되지 않았다고 했다.

당시 예금은행의 예금이 중요했던 이유는 예금이 지급결제 기능을 수행하는 데도 있었지만, 다른 한편으로는 수익을 내기 위해 다른 사람들에게 대출해 주는 비교적 안정적인 자금으로 이용되었던 데도 있다. 그렇지만 불행히도 왕족이나 귀족 등에 대한 대출이 부실화되면서 유동성과 청산의 문제에 직면했다.

예금은행의 잦은 실패로 인해 광범위한 규제가 시작되었고, 이는 대출 업무를 수행하지 않는 공공은행을 설립하는 계기가 되었다. 이러한 발전 과정에서 베네치아는 지로은행이라는 독특한 영업방식을 활용했는데, 이 은행의 주된 목적은 대출보다는 고객을 대신하여 지급결제를 하는 것이었다.

2. 유럽 민간 머천트은행

13세기 상업혁명은 상업자본주의를 가져왔다. 상인들이 더 이상 무장한 캐러밴들과 함께 여행하면서 물품을 운반할 필요가 없어짐에 따라 정주형 상인이 새롭게 등장했다. 물품은 운송에 특화한 운송회사에 맡겨 육로나 해로로 안전하게 운송되었으며, 장부기장 방법이 개선되고 원격지 교역이 발달함에 따라 다른 도시에 있는 대리인이나 환거래은행을 통해 결제하는 방법이 등장했는데 이탈리아인들이 이러한 방법을 가장 먼저 수용했다. 14세기 피렌체의 페루치, 15세기 메디치Medici 모두 대형 무역회사이면서 머천트은행으로서 대외교역과 국제금융을 함께 취급했다. 환전상에서 성장한 예금은행은 초기에 환어음도 취급했으나, 환어음 취급업무는 대형 상인들이 설립하여 자본화가 보다 더 잘된 머천트은행에 흡수되었다. 머천트은행은 18세기 말까지 존속했으며 현대적 의미의 환어음과 청산소가 발달하는 데 기여했다.

1) 생성과 성장[23]

머천트은행은 12세기 말 이탈리아 상인들이 중심이 되어 생겨났고 중세의 대부분 기간 동안 이탈리아인들이 주도했다. 머천트은행이 탄생하는 데 기여를 많이 한 것은 12세기 샹파뉴 정기시장이다. 샹파뉴 정기시장에서 상품을 팔고자 하는 이탈리아 상인들이 자신이 살고 있는 지역에서 자금을 빌리고 샹파뉴에서 상품을 판매한 대금으로 빌린 자금을 상환할 때, 또는 샹파뉴에서 물건을 구입하고 대금은 나중에 다른 지역에서 다른 통화로 지급할 때 이러한 거래를 주도했던 조직이 머천트은행이다. 13세기 이탈리아의 머천트은행들은 1년 가까이 먼저 선수금의 형태로 영국의 양모 무역상에게 자금을 지원해 줌으로써 다른 경쟁자들보다 유리한 위치에서 양모 무역거래를 했다. 그렇지만 머천트은행이 활발하게 활동한 시기는 14세기부터라고 할 수 있다.

14세기 상인들 가운데 다른 지역과의 교역을 주로 하는 상인들은 외국에 항구적인 지점이나 대리점을 두고 있었고, 이들을 이용하여 다른 상인들에게 자금을 이체하는 것이 편했기 때문에 자연스럽게 머천트은행으로 발전할 수 있었다. 머천트은행은 상인들의 격지 간 송금을 용이하게 해주는 역할뿐 아니라 한곳에서 자금을 대출해 주고 일정 기간 후에 다른 곳에서 자금을 회수하는 방식을 사용했기 때문에 신용을 공여하는 역할도 함께했다.

다른 한편으로 상거래에서 많은 이윤을 획득한 상인들은 자신의 부를 관리하고 더 나은 투자기회를 찾기 위해 금융활동을 하게 되면서 예금과 대출, 지급결제라는 은행 업무를 수행하는 은행이 되었다. 그렇지만 머천트은행의 소유주가 상인이었기 때문에 상업활동도 금융활동과 함께했다. 실제로 이탈리아의 대형 머천트은행이었던 바르디Bardi, 페루치나 메디치의 경우 제조업과 무역을 은행 업무와 함께했다. 이들이 이처럼 상업과 금융을 함께한 이유는 두 가지 분야가 서로 보완적이었기 때문이다. 해외의 지점과 대리점으로부터 정보를 입수하기 쉬운 이들은 상업활동을 통해 이윤을 늘릴 수 있었고, 대외송금으로 시작한 금융활동에서도 유리한 위치에 있어서 자신들이 보유한 자산을 이익이 발생하는 쪽에 쉽게 투자할 수 있었다.

한편, 당시에는 곡물이나 귀금속, 양모 등 수익성이 좋은 상품에 대한 통제권이 왕을 비롯한 지배계층에게 있었기 때문에 머천트은행들은 이들에게 신용을 제공하면서 이권을 얻으려고 했다. 상품의 공급자와 수요자 모두에게 신용을 제공할 수 있는 능력을 보유하고 있는 것은 머천트은행의 큰 장점이었다.

2) 규모

머천트은행은 은행별로 그 규모가 다양했다. 14세기 이탈리아의 바르디, 페루치, 아치아이우올리Acciaiuoli, 16세기 독일의 푸거Fugger가 등은 당대에 매우 큰 회사였다. 페루치의 경우 서유럽에 15개의 지점이 있었고 120명가량의 동업자와 지점 관리인을 고용했다. 당시 가장 큰 공공조직이었던 교황청의 직원이 250명이었던 것과 비교할 때 그 규모를 짐작할 수 있을 것이다. 15세기 메디치은행의 경우 11개 지점을 운영하고 있었는데, 직접 지점을 운영하기보다는 동업 형태의 파트너십을 맺어 영업을 했기 때문에 명성에 비해 규모가 아주 크지는 않았지만 당시 피렌체에 있던 140여 개의 머천트은행 가운데에서는 선두였다. 이들과는 달리 환업무에만 종사하는 소규모 머천트은행들은 규모는 작았지만 그 숫자는 많았다. 일반적으로 머천트은행의 규모는 양 극단의 사이에 있었는데 예금은행과 비교해서는 평균적으로 큰 규모였다. 머천트은행이 예금은행보다 규모가 컸던 이유는 국제적인 점포망을 갖추고 있어야 했기 때문이다.

머천트은행의 영업 규모와 복잡한 처리과정은 조직 운영상 심각한 문제를 야기하기도 했지만, 다른 한편으로는 이를 극복하는 과정에서 관리와 회계처리 방법의 개선이 이루어지는 긍정적인 효과를 거두기도 했다. 우선 소유구조 면에서 파트너십의 형태가 대부분이어서 많은 자본을 끌어들이고 위험을 분산시킬 수 있는 장점이 있었던 반면, 동업자들에게 상당한 독립성이 주어졌기 때문에 조직 전체의 이익에 부합하도록 관리능력을 가져야 했다. 그리고 회계도 복잡한 거래를 처리할 수 있도록 개발되어야 했다.

3) 자금 조달과 운영

머천트은행의 동업자들은 각자 투자자금을 자본금으로 납입했고 잉여이익이 발생하는 경우 다시 투자하여 자본금을 늘리기도 했다. 그렇지만 외부로부터 조달한 자금이 대체로 자본금보다 더 큰 규모였는데, 그 첫 번째는 다른 상인이나 종교인 등이 송금을 위해 맡긴 예금이었다. 둘째로는 송금 목적 이외의 정기예금이 있는데 이는 이체가 가능하지 않았고 조기 인출도 불가능했다. 다음으로 해외에 있는 지점의 예금도 있었고 샹파뉴 정기시장에서 발달하기 시작한 단기금융시장으로부터 차입하는 자금도 있었다. 16세기 이후에는 상업어음을 다른 상인이나 투자자들에 판매하여 자금을 조달하기도 했다.

머천트은행의 가장 기본적인 영업활동은 상인들의 상거래를 위한 환업무였기 때문에 이와 관련한 활동에 자금을 주로 사용했다. 여기에는 환거래와 외환거래가 포함되고 때로는 거래하는 상품과 외환의 가격 변동을 이용하여 수익을 얻기 위한 투기거래도 포함된다. 머천트은행은 정기시장에서의 자금 수요와 공급을 예측하고 금리 변동을 고려하여 투자했는데, 이들의 투자활동은 가격과 환율, 금리를 안정화하는 순기능을 하는 경우도 있었고 의도적으로 교란을 야기하여 이익을 취하는 역기능도 있었다.

다음으로 머천트은행은 상인들을 대상으로 상업적인 대출을 했는데 서로 간에 잘 알고 있는 상인들의 어음을 인수하거나 선급금을 주는 형태로 신용을 공급했다. 이들의 신축적인 신용공급은 상품시장을 안정시키는 데 기여하기도 했고 단기금융시장에 자금을 공급하는 역할도 했다. 이로 인해 단기금융시장에서 신용거래와 무역거래가 분리되는 현상이 나타남에 따라 상인이 아닌 계층도 신용을 이용할 수 있는 효과를 가져왔다.

대형 머천트은행은 정부에 대한 대출도 담당했는데 정부에 대한 대출은 위험이 높은 반면 수익도 큰 사업이었기 때문이다. 머천트은행의 신용이 정부보다 나은 경우 좋은 사업기회나 독점권을 정부로부터 얻을 수 있었다. 또한 대출한 자금을 세금으로 회수하는 조세징수권을 확보하기도 했다. 때로는 전쟁이 발발하여 다른 양호한 사업기회가 없어지는 경우 정부에 직접 대출하기도 했는데, 대부분의 정부대출은 미래수익을 담보로 하여 이루어졌다. 그렇지만 이 사업은 돈을 빌려간 왕족이 사망하거나 정부가 전쟁에서 지는 경우 회수가 불가능하게 되는 채무불이행의 가능성이 높아서 은행의 파산으로 이어지는 경우도 발생했다.

4) 지급결제

(1) 교환계약서와 지급어음

머천트은행이 고객에게 제공한 지급결제 관련 서비스는 단순송금 서비스와 무역금융 서비스로 대별할 수 있다. 단순송금 서비스는 고객이 예치한 돈을 격지에서 다른 통화로 인출할 수 있도록 해주는 서비스로서 신용이 제공되지 않는 반면, 무역금융 서비스는 격지에서 상거래를 하는 상인들에게 필요한 자금을 대출해 주고 안전하고 편리하게 결제할 수 있도록 해주는 서비스이다. 머천트은행의 전형적인 지급결제 메커니즘의 예를 들면 다음과 같다.[24]

첫째, 단순송금 서비스의 예이다. 제노바에 있는 상인은 제노바에 있는 머천트은행에 돈을 예치하면서 이 돈을 샹파뉴 정기시장에서 그 지역 통화로 인출할 수 있도록 요구한다. 머천트은행은 샹파뉴 정기시장에 있는 자신의 대리인을 지급인으로 하는 증서를 예금을 한 상인에게 발행한다. 상인은 이 증서를 소지하고 샹파뉴에 가서 지급인에게 증서를 제시하고 돈을 받는다. 이 경우 머천트은행은 상인의 예금을 받은 채무자이면서 증서의 발행인이 된다.

둘째, 무역금융 서비스의 예이다. 제노바에 있는 상인이 샹파뉴 정기시장에서 팔 물건을 사기 위해 제노바에 있는 머천트은행을 대상으로 지급을 약속하는 증서를 발행하고 머천트은행으로부터 돈을 빌린다. 빌린 돈은 샹파뉴 정기시장에서 물건을 팔아서 갚도록 한다. 상인은 자신이 직접 샹파뉴 정기시장에 가서 물건을 파는 경우도 있고 물건만 운송회사 편으로 보내고 난 다음 샹파뉴에 있는 자신의 대리인이 물건을 수령하여 팔도록 하기도 하는데, 여기에서는 상인의 대리인이 샹파뉴에서 물건을 파는 것으로 가정한다. 머천트은행은 상인이 발행한 증서를 샹파뉴에 있는 동업자에게 보내어 자금을 회수하도록 한다. 머천트은행의 동업자는 상인의 대리인에게 증서를 제시하고 머천트은행이 상인에게 빌려준 자금을 회수한다. 머천트은행의 동업자는 머천트은행과 사전에 약정된 방식으로 회수한 자금을 처분한다. 그리고 상인의 대리인은 증서에 기재되어 있는 금액과 자신의 수수료를 제외한 돈을 상인과 사전에 약정된 방식으로 처분한다. 이 경우 머천트은행은 상인에게 돈을 대출해 준 채권자이면서 상인이 발행한 증서를 받아 전달하는 전달자이다.

이때 사용되는 지급수단이 일반적으로 환어음이라고 알려진 증서이다. 그렇지만 현재의 무역금융 시에 사용되는 환어음과 같은 형태의 증서는 아니어서 처음에는 공증인이 공식적으로 작성한 교환계약서cambium contract가 지급을 약속하는 증서로 사용되었고, 여기에서 발전한 양도가 불가능한 지급어음letter or bill of payment, 그리고 양도가 가능한 환어음negotiable bill of exchange의 순서로 발달했다.[25]

교환계약서가 의미를 지닌 것은, 이전에도 문서에 의한 지급지시가 없었던 것은 아니었지만, 공증인의 공증이 보강되어 종이를 이용한 지급수단이 보편적으로 활용되도록 했다는 데 있다. 그리고 이는 단순히 이종 통화의 교환에 그치는 것이 아니라 물리적인 화폐의 이동 없이 지역 간 송금을 가능하게 했다는 점과 당시의 이자수취금지법을 회피하여 신용공여 기능까지 했다는 데 의의가 있다.

교환계약서가 작성되기까지는 거래의 안전을 보증하는 장치가 필요했다. 그래서 상인과 머천트은행은 함께 공증사무소에 가서 공증인이 작성하고 날인한 문서를 사용해야 하는 불편을 감수해야 했다. 시간이 지나면서 교환계약서가 지니고 있던 불편을 해소하기 위해 사용된 증서가 지급어음이다. 상인과 머천트은행 간의 거래가 지속됨에 따라 신뢰관계가 형성되어 공증사무소에 함께 가서 서류를 작성하는 번거로움을 줄이기 위해 발행된 증서가 지급어음이다. 지급어음의 발행인은 상인이며 공증인 대신 직접 자신이 어음을 작성하고 날인하여 머천트은행에게 주고 돈을 받는다. 지급어음은 실제로는 환어음과 동일한 성격을 지니고 있다. 단지 배서에 의해 양도가 가능해진 환어음과 구분하기 위해 양도가 가능하지 않은 어음을 지급어음으로 구분하여 부른다.[26] 왜냐하면 양도가능 환어음은 이전과는 다른 금융환경을 만드는 데 기여했고 은행권을 탄생하게 하는 간접적인 계기도 마련했기 때문이다.

지급어음이 사용되는 메커니즘에서 가장 중심적인 역할을 한 조직은 머천 트은행이다. 머천트은행은 자금이 필요한 상인에게 신용을 공여하는 기능을 했을 뿐 아니라 멀리 떨어져 있는 자신의 대리인이나 지점, 또는 환거래계약 자에게 지시하여 신용을 회수하도록 하는 등 주도적인 역할을 했다.

(2) 양도가능 환어음

16세기 들어 배서에 의해 지급어음을 다른 사람에게 양도하는 경우가 발생 했으며, 이렇게 양도가 가능한 어음을 이전의 지급어음과 구분하여 환어음으 로 부르기로 한다.[27] 최초 지급어음의 수취인이 어음의 뒷면에 서명 날인을 함으로써 어음 수취인의 어음상 모든 권리가 어음을 수취하는 제3자에게 이 전된다. 초기의 환어음은 배서가 한 번만 가능했고 지급인과 이전 수취인이 배서에 참석해야만 했으며 법적으로 완전히 보호받지 못했기 때문에 한 도시 나 지역 내에서만 유효했다.

배서에 의한 양도가능 환어음이 활발하게 이용되기 위해 넘어야 할 과제가 있었는데 이는 바로 지급인의 동의였다. 은행계정을 이용한 자금이체는 은행 의 공신력을 믿고 고객 계정 간에 가능했지만, 배서의 경우에는 은행과 같은 공신력을 지닌 조직이 직접 개입하지 않기 때문에 지급인이 수취인에게 돈을 지급할 때 수취인이 정당한 자격을 지니고 있는지를 알 수 있어야 했다.

이 문제를 해결하기 위해 환어음에 새로운 문구가 삽입되었는데 바로 수취 인뿐 아니라 수취인이 지시한 자 또는 어음의 소지인에게 돈을 지급한다는 문구이다. 이러한 문구의 삽입과 함께 시간이 지나면서 연이은 배서가 가능 해지고 지급인의 입회 없이도 양도가 가능해짐에 따라 이제 환어음은 지폐처 럼 자유롭게 양도될 수 있게 되었다. 환어음의 소지인은 지급인에게 자금의 지급을 청구할 수 있을 뿐 아니라 지급인이 지급을 거절하는 경우 이전 소지인에게 청구할 수 있는 권리도 지니게 되었다.

배서의 효과는 단순히 환어음에 새로운 채무 당사자가 더해지고 배서된 환어음을 수취함으로써 수취인의 자격이 대체되는 것에 한정된 것은 아니다. 그보다는 오히려 수취인이 피배서인으로 대체됨으로써 지급어음이 전제하고 있던 상거래의 체계에 새로운 변혁이 일어났다는 데 더 큰 효과가 있다고 할 수 있다.[28] 배서로 인해 이제는 환어음을 발행할 때 근거가 되었던 당사자들 간의 관계나 또는 대리인, 동업자 등의 관계로 서로 알고 지내던 관계와는 전혀 무관한 새로운 당사자가 개입하게 된 것이다. 지급어음의 지급결제 메커니즘에서 핵심적인 역할을 하는 당사자는 어음발행인에게 돈을 주고 어음을 취득하여 수취인에게 어음을 인도하는, 어음의 인도자 역할을 하는 머천트은행이다. 수취인은 지급인에게 어음을 제시하고 돈을 받을 자격을 취득하기는 했지만, 이는 어음 인도자인 머천트은행과 체결한 계약에 의한 것일 뿐이며 받은 돈은 최종적으로 머천트은행으로 전달해야 하는 전달자 역할만을 수행한다.

그렇지만 배서라는 제도의 도입으로 이러한 관계에 변화가 발생했다. 최초 수취인의 배서에 의한 어음의 양도로 인해 새로운 수취인의 자격을 얻게 된 양수인은 이제는 더 이상 발행지에 있는 머천트은행과는 아무런 관계를 갖지 않고 어음에 내재된 권한을 행사할 수 있게 되었다. 지급어음을 이용할 때 주된 수혜자가 어음발행인에 자금을 빌려주고 어음을 취득하여 수취인이 자금을 회수하도록 하게 한 어음 인도자인 머천트은행인 반면, 배서에 의한 양도 가능한 환어음을 이용할 때 주된 수혜자는 어음 소지자인 수취인이 되었다. 배서에 의한 환어음의 양도는 어음의 만기일 이전에 어음을 할인하여 매각하는 것과 같은 효과를 지녀서 새로운 환시장을 형성하는 계기가 되기도 했다.

환어음의 양도는 정기시장에서 영업을 하고 있던 은행들의 거센 저항을 불러일으켰다.[29] 왜냐하면 이전에는 오로지 자신들만이 환어음의 인수와 결제를 위해 환어음을 제시할 수 있었는데, 이제는 자신들의 독점적 지위를 누릴 수 없게 되었기 때문이다. 양도 가능한 환어음이 지닌 또 다른 중요한 의미는 은행을 이용하지 않고도 자금의 이전이 가능하게 되었다는 점이다. 환어음이 양도성을 갖추기 전까지는 은행예금을 다른 계좌로 이체하는 방법 외에는 연속적으로 자금을 양도할 수 있는 수단이 없었으나 이제는 은행을 이용하지 않고도 가능하게 되었다.

(3) 정기시장

중세 유럽의 정기시장은 격지 간 상거래와 더불어 민간은행과 지급결제시스템의 발전에 기여했다. 정기시장 가운데 샹파뉴 정기시장이 가장 많이 알려진 시장이다. 샹파뉴 정기시장은 12세기 중반 이후 성장하기 시작했다. 이탈리아 상인들은 아시아로부터 수입한 후추 등의 향신료와 사치품을 가지고 네덜란드의 플랑드르에서 생산하는 모직물을 구하기 위해 이동했는데 양쪽 상인들이 만나는 곳이 샹파뉴 지방이었다. 샹파뉴는 지리적인 장점만으로 정기시장으로 발전한 것은 아니었고, 샹파뉴 지방을 통치하던 백작이 상인들의 신변과 재산권 보호, 상거래의 법적 안전성 보장, 지역 상인들과 차별 금지, 이자수취 금지의 예외 허가, 숙박시설 제공 등 다른 지역에서 온 무역상들이 안심하고 편리하게 영업을 할 수 있는 인프라를 제공함으로써 가능했다.[30]

그러나 샹파뉴 정기시장은 13세기 중반 최고로 활성화된 후 14세기 초반부터 급속히 쇠퇴했다. 샹파뉴가 정기시장으로서의 명성과 기능을 잃게 된 원인은 먼저 프랑스 국왕의 왕령지로 병합되면서 그동안 누리고 있던 특혜들이 상실되었다는 점과 대서양을 거쳐 북해로 이어지는 해로가 개척됨에 따라 육로가 지닌 이점이 사라진 데 있다. 그 외에 샹파뉴에서의 성공 요인을 다른 도시들에서도 학습하여 정기시장이 확산되면서 독점적인 지위를 상실한 데도 원인이 있다. 정기시장의 주도권은 브루게, 제네바, 리옹, 벨기에의 안트

베르펜 등으로 이동했다.[31]

샹파뉴에서 시작된 정기시장에서의 자금결제 방식은 리옹과 제노바 정기시장에서 더욱 발전했다. 리옹에서는 상인들의 예금을 받고 당좌계정을 열어 준 정기시장 은행들의 청산과 결제를 한곳으로 집중하여 처리함으로써 청산과 결제의 편리성을 높였다. 이러한 시장에서는 상거래를 수반하지 않고도 지급어음이 발행되기도 했는데, 이는 정기시장이 상품거래에서 분리되어 단기신용을 제공하는 시장으로 발전하는 계기가 되었다.

정기시장에서 상거래가 이루어진 후 결제가 되는 과정을 알 수 있는 기록이 15세기 리옹 정기시장을 언급한 자료에 있는데, 이를 소개하면 다음과 같다.[32]

지급결제 절차는 수락과 교환, 결제의 3단계로 이루어졌다. 첫 번째 수락단계에서는 정기시장의 참가자들이 모인 후에 어음의 수취인이 자신이 갖고 있는 어음을 각 지급인에게 제시한다. 지급인이 제시된 어음의 지급을 승낙하면 모든 참가자들은 받을 어음과 지급어음의 리스트를 작성한다. 다음으로 교환단계에서는 통화 간 교환비율을 정한다. 최종 결제단계에서는 만기가 된 어음들이 결제된다. 이때 각 참가자는 상호 부채를 상계하든지 아니면 다른 참가자에게 채무를 인수받게 하든지 하여 자신의 채무를 최소화하려고 노력한다. 상계나 채무인수에도 불구하고 남아 있는 채무는 정화로 결제해야 한다. 만약 정화가 부족하거나 채권자와 합의가 이루어지면 다음 정기시장이 열릴 때까지 새로운 지급어음을 발행하여 신용을 제공받고 결제를 이연할 수도 있다. 이러한 메커니즘이 작동할 수 있었던 것은 상인과 은행 간의 신뢰를 바탕으로 한 네트워크가 형성되어 작동한 데 기인한다. 정기시장의 은행은 "걸어 다니는 은행"[33]이라고 일컬어질 만큼 한 개인에 의존한 조직 형태였기 때문에 인적인 신뢰가 청산과 결제가 원활하게 이루어지는 데 중요한 역할을 했을 것이다.

환어음은 단순히 돈의 운송과 통화의 전환을 위한 수단에 그치지 않고 새로운 지급수단으로 활용되었고, 신용공여 역시 돈의 운송에 부수적이기보다는 단기금융시장으로서 자리매김하는 데 기여했다. 이러한 지급결제 절차는 기본적으로 양자 간 상계를 전제로 한 것이었지만, 조직적인 다자간, 은행 간 청산시스템으로 발전할 수 있는 전 단계라는 점에서 중요한 진전이라고 할 수 있다.[34]

(4) 효과

화폐 이전이 불필요한 송금

머천트은행은 환어음 등을 인수함으로써 고객들로 하여금 주화를 한 지역에서 다른 지역으로 이동시키지 않고 필요한 지역으로 송금할 수 있도록 해주었다. 이로 인해 머천트은행의 주 고객인 상인들은 정기시장이 열리는 먼 곳까지 상품과 주화를 가지고 여행하는 번거로움을 피할 수 있게 되어, 상품은 상품 운송을 전문적으로 하는 회사에 위탁하여 보내고 결제에 필요한 자금은 머천트은행의 지점이나 대리인 또는 환거래계약자로부터 찾아서 사용하면 되었다. 또한 정기시장에서 상품을 팔고 받은 대금이 있을 때도 마찬가지로 머천트은행을 이용하여 자신이 살고 있는 지역으로 송금하면 되었다.

은행 간 청산시스템

정기시장에는 상인들뿐 아니라 예금은행과 머천트은행이 상인들을 위해 함께 존재했고, 상인들은 이러한 민간은행들을 이용하여 상거래에 수반하는 자금을 양자 간에 상계하거나 자신의 채무를 다른 사람에게 인수시키는 등의 방법으로 결제했다. 이는 비록 양자 간 청산을 전제로 이루어진 방법이었고 별도의 청산소에서 다자간에 청산하는 시스템은 아니었지만 다자간 청산시스템으로 발전하는 데 기여했다.

증권의 유통

어음 소지자에게 수취인의 자격을 부여한다는 문구를 어음에 삽입시키고 어음의 뒷면에 배서를 함으로써 환어음을 양도할 수 있게 됨에 따라, 이제는 수취인이 머천트은행이나 지급인과 개인적인 친분이나 안면이 없어도 자신의 채무를 갚기 위한 수단으로 제3자에게 환어음을 양도할 수 있게 되었다. 이는 환어음이 현금이나 마찬가지로 자유롭게 쓰일 수 있음을 의미했다. 따라서 예금은행의 계정을 이용한 자금이체와 더불어 환어음이 화폐를 대신하는 지급수단으로서의 지위를 얻게 되었다.

이러한 배서에 의한 환어음의 유통은 16세기에도 있었지만 활발해진 것은 17세기부터인데, 배서된 환어음을 할인하여 만기 전에 매매하는 방식이 활용되었다. 환어음의 유통이 활발해진 원인 가운데 하나는 이자수취금지법이 점차 느슨하게 적용되었던 데 있었다. 「이자수취금지법」의 약화 내지 무용화로 미래에 지급할 채무의 매매가 가능하게 되었다.[35] 따라서 어음의 수취인은 자신이 지고 있는 채무를 갚기 위해서뿐 아니라 자금을 확보하기 위한 수단으로서도 이 어음을 사용할 수 있게 되었다.

환어음의 배서로 인해 환어음을 자유롭게 매매할 수 있게 됨에 따라 격지간 자금의 이동뿐 아니라 한 지역 내 또는 한 국가 내에서의 자금이동을 위해서도 환어음이 이용되게 되었다. 지역 내 자금이동을 위한 환어음의 발행은 영국에서 처음으로 사용되었는데, 시골에 있는 의류제조업체가 런던에 있는 대리점을 이용하기 위한 수단으로 역내 환어음을 발행했다.

단기금융시장의 발달에 기여

한 정기시장이 끝나고 청산과 결제가 이루어지는 과정에서 남아 있는 채무를 다음 정기시장으로 이월하는 것은 단기간의 신용공여를 의미했다. 따라서 지급어음이 상거래를 수반하지 않고도 발행될 수 있는 단기신용상품으로 활용되었고, 이는 융통어음dry exchange이 거래될 수 있는 단기금융시장의 발달을 가져왔다. 특히 정기시장은 이자수취금지법의 적용을 면제받는 혜택을 누리고 있었기 때문에 다음 시장이 열릴 때까지 단기대출 하는 데 큰 문제가 없었다. 그리하여 단기신용을 원하는 상인 또는 단기로 대출해 줄 자금을 지닌 상인들이 시장에 모이게 되었고, 결제의 편리성과 자금의 재투자 또는 차입의 편리성으로 인해 런던으로부터 제노바에 이르기까지 다른 곳에서 체결된 채무를 결제하기 위한 최적의 장소로 정기시장이 이용되었으며, 이는 점진적으로 단기금융시장으로 발전했다.

5) 리스크 관리

머천트은행은 예금은행보다 정부 규제가 심하지 않았는데 여기에는 몇 가지 이유가 있다.[36] 첫째, 머천트은행은 환전 업무에 집중하지 않아서 정부의 주화 발행이나 통화정책에 악영향을 끼칠 염려가 예금은행보다 적었다. 둘째, 머천트은행이 주로 행하는 환업무는 국제적인 성격을 띠고 있었기 때문에 어느 한 지역에서 규제하기가 어려운 면이 있었다. 셋째, 당시 정부는 전쟁이나 통치에 필요한 자금을 대형 머천트은행으로부터의 대출에 의존하고 있었기 때문에 이들에 대한 효과적인 규제를 기대하기는 어려운 점이 있었다.

머천트은행이 환업무만을 담당했더라면 유동성위험을 포함하여 리스크에 크게 노출되지는 않았을 것이다. 그렇지만 머천트은행은 투자사업에도 관여했고 파산이나 채무불이행 위험이 큰 정부에 대한 대출도 하고 있었기 때문에 유동성위험과 함께 신용위험에도 노출되어 있었다.

유동성 관리를 위해서는 단기예금으로 장기대출하는 만기불일치를 가급적 회피하는 방법을 사용했다. 상업대출에는 상대적으로 큰 문제가 없었으나 정부대출이 문제였고, 결국 대형 머천트은행들은 과도한 정부대출로 인해 유동성 문제에서 더 나아가 채무불이행으로 인한 신용위험에까지 노출되는 경우가 많아졌다.

유동성 문제는 머천트은행의 상업적 운영에도 영향을 미쳤다. 14세기 페루치는 곡물 무역에 깊숙이 관여하고 있었는데, 자본금이 고정화되는 것을 최소화하기 위해 필요한 배를 구입하는 대신 빌리고 창고를 임차하는 등의 조치를 취했다. 또한 신용위험을 줄이기 위해 대출 시 담보를 요구하기도 하고 정부대출을 회피하려고 노력하기도 했으나, 다른 한편으로는 수익성을 높이기 위해 과도하게 정부대출을 하게 됨에 따라 신용위험 관리에 실패한 은행들이 나오게 되었다. 이는 민간은행이 정부재정에 빠져들어 표류하는 소위 "정주형 상인의 금융 형태"의 약점이 되기도 했다.[37]

머천트은행은 중앙집권적인 단일 체제보다는 동업 체제를 유지하는 경우가 많았기 때문에 조직관리 역시 필요했다. 특히 머천트은행은 동업자뿐 아니라 대리인이나 지점, 그리고 환거래계약을 맺은 조직들이 여러 지역에 흩어져 있었으므로 이들까지 포함하여 시장에서 좋은 평판을 얻는 것이 중요했기 때문에 이들이 유동성 부족 문제를 겪게 되면 지원하지 않을 수 없는 처지에 있었다.

6) 위기

머천트은행의 위기는 14세기 피렌체에 있는 대형 머천트은행의 대출, 특히 정부에 대한 대출에서 비롯되었다. 1342년 피렌체 정부의 도산으로 머천트은행이 행한 정부대출의 시장가치가 2/3나 사라지면서 머천트은행은 유동성 위기에 직면하게 되었다.[38] 당시 머천트은행은 예금은행 업무도 함께하는 경우가 많았기 때문에 피렌체 주민들은 정부의 도산으로 인해 자신의 예금이 불안해지자 예금을 인출하기 시작했다. 또한 피렌체와 나폴리 간의 정치적 관계 악화로 나폴리에 있는 지점에서 예금자들의 예금인출이 발생했다. 이에 더하여 1343년 영국의 에드워드 3세$^{Edward\ III}$가 피렌체의 머천트은행에 대한 채무를 이행할 수 없게 되면서 1343년 페루치, 1346년 바르디가 파산했다.

르네상스 시기에 피렌체에서 문화예술의 진흥에 크게 기여한 메디치 가문은 은행 업무도 함께 영위했다. 메디치은행은 1397년에 설립되어 로마, 브루게, 제네바 등에 동업관계의 지점을 설치하는 등 사업을 확장했으나 통치자에 대한 무절제한 대출과 정치에 대한 깊숙한 개입, 부실한 지점 관리, 예금인출에 대비한 지급준비금의 부족 등 복합적인 이유로 인해 1494년 파산했다.

또한 16세기 남부 독일에서도 정부대출의 부실화와 미 대륙으로부터 은의 대량 유입으로, 남부 독일의 머천트은행들이 많이 투자하고 있던 중부유럽 광산의 채산성이 악화됨에 따라 머천트은행들이 도산했다.

중세 유럽을 관통하면서 금융활동과 은행의 영업에 영향을 미친 것은 이자수취 금지법이었다. 17세기 중반 이전까지 중세 유럽에서 이자수취는 엄격하게 금지되었으며 메디치은행의 기록 등에서도 이를 확인할 수 있다. 이자수취를 죄악시한 것은 단지 교회만 그랬던 것은 아니었다. 중세 상인이나 은행가들이 교회의 규범을 무시하거나 공공연히 거역했다고 생각하는 것은 잘못된 것이다. 그들은 교회의 규범을 받아들였다. 그래서 메디치 가문의 사람들 역시 자신들이 고리대금업자란 것을 강력하게 부정했다. 다만 다양한 회피수단을 만들어냈을 뿐이다. 이러한 특징은 머천트은행의 영업행위 전반에 걸쳐 나타났다.

1446년 피렌체의 대주교로 임명된 산 안토니노Sant'Antonino는 은행으로부터 이자를 받는 것은 고리대금으로 비난받아야 한다고 강하게 비판했다. 그는 일하지 않고 아무런 위험도 떠안지 않으면서 무역업자나 은행가로부터 이익을 기대하고 돈을 맡기는 귀족들을 비난했다.

그렇다면 은행예금에 대한 이자지급이 어떻게 이자수취 금지와 조화를 이룰 수 있었을까? 이 질문에 대해서는 명확한 답을 내리기가 어렵기 때문에 한 예를 들어 설명하는 것이 좋을 듯하다.

메디치은행에 예금을 한 고객의 장부에는 예금으로부터 8~12%의 고정수익을 받았다고 기록되어 있다. 반면, 메디치은행과 맺은 계약서에는 고정된 수익률이 언급되어 있지 않고 예금액이 법에서 허용한 거래에 사용될 것이고 그에 따른 이익은 계약 당사자들 간에 공평하게 분배될 것이라고만 적혀 있다. 그렇지만 이 계약서의 문구를 액면 그대로 받아들이기는 어려운 것이 메디치은행이 이익을 예금자와 나누었을 가능성이 그리 높지는 않기 때문이다. 아마 그 계약서의 문구는 예금자가 연도마다 조금씩 다른 이자를 받게 될 것임을 뜻했을 것이다. 이를 현대적인 의미로 해석한다면 기업의 수익에 따라 이자를 지급하는 수익채권income bonds과 유사하다고 할 수 있을 것이다.

이자수취 금지의 효력은 채권자를 채무자의 처분대로 휘둘리는 위치에 두는 것이었다. 왜냐하면 채권자는 채무자로부터 정당하게 이자를 받기가 어려웠기 때문이다. 그리고 또 다른 효력은 은행과 상인들이 이자를 숨기는 다양한 속임수에 의존하게 했다는 점이다. 문서는 교묘하게 모호한 단어들로 작성되었기 때문에 나중에 소송에 휘말리는 결과를 야기하기도 했다. 심지어 은행에 예금하는 사람이 채권자인지 동업자인지가 명확하지 않은 경우도 있었다.

메디치은행을 포함하여 머천트은행의 영업 문서에는 환어음을 할인하여 매입했다는 기록은 없고, 단지 환어음이 환율에 의해 결정되는 가격으로 매매되었다는 기록만이 있다. 이렇게 기록된 이유는 환어음의 매입자가 차입자에게 돈을 주면서 미래의 특정 시점에 다른 장소에서 다른 통화로 지급할 것이라는 어음을 받게 되는데 그 안에는 환거래와 신용거래가 함께 포함되어 있어 이자가 명확하게 드러나지 않기 때문이다. 거래 시에 이자수취액이 확연하게 드러나는 환어음의 할인과 같은 업무는 할 수가 없었다. 원금이 줄어들 부담을 지지 않는 단순한 대출로 인해 이익을 얻는 것은 고리대금이었기 때문이다. 실제로 환어음 매입자의 수익은 환율의 예측할 수 없는 변동으로 인해 확정할 수 없었고 그로 인하여 이자수취금지법을 피해갈 수 있었다.

1571년 교황 비오 5세Pio V는 융통어음에 대해서 이것이 단순대출과 마찬가지로 간주되므로 여기에서 이익을 얻는 것은 고리대금이라고 선포하기도 했다.[39]

3. 유럽 공공은행

중세 유럽의 공공은행은 은행이 부담하는 채무의 성격에 의해 두 가지로 구분할 수 있다.[40] 첫 번째는 15세기부터 바르셀로나, 제노바, 베네치아, 암스테르담 등의 상업도시에서 탄생한 공공은행으로서, 이들은 고객이 맡긴 예금과 같은 채무나 정부채무를 자본화하고 은행계좌를 기반으로 한 지급결제서비스를 제공했다. 두 번째는 17세기 후반 스웨덴과 영국, 그리고 그 이후 오스트리아, 프랑스 등에서 탄생한 공공은행인데 이들은 은행권이라는 부채를 발행하여 지급결제서비스를 제공했다.

여기에서는 은행계좌를 기반으로 지급결제서비스를 제공한 은행들만을 공공은행으로 한정하고, 은행권을 발행한 은행들은 중앙은행으로 분류하여 별도로 언급하고자 한다. 왜냐하면 비록 같은 공공은행이라 할지라도 공공은행이 은행권 발행의 독점권을 획득하게 되면서 중앙은행으로서의 특징이 보다 명확해졌고, 은행권 발행 역시 역사적인 산물로서 이와 관련한 공공은행의 발달과정을 은행계좌를 기반으로 지급결제서비스를 한 공공은행의 발달과정과 구분하여 살펴보는 것이 좋을 듯하기 때문이다.

중세 유럽의 공공은행은, 국제무역에 종사하거나 상업 중심지에서 영업을 하고 있던 예금은행이나 머천트은행 등의 민간은행이 리스크가 큰 대출과 투자로 인해 신용위험과 유동성위험의 어려움을 겪거나 정치적인 소용돌이 속에서 파산이 이어지는 와중에 탄생했다. 그렇기 때문에 공공은행이 설립된 지역도 국제무역이나 상업이 발달한 이탈리아의 도시국가들과 북부 유럽의 저지대 국가들이 중심이 될 수밖에 없어서, 민간은행이 영업을 하던 지역과 상당 부분 겹친다.

당시 민간은행 중심으로 형성된 금융시스템의 문제점으로 크게 두 가지를 들 수 있는데, 첫 번째는 민간은행의 빈번한 도산으로 인해 상인들이 안심하고 상거래 결제를 할 수가 없었다는 점이고, 두 번째는 민간은행뿐 아니라 정부도 주화의 가치 저하로 인해 야기되는 금융시스템의 불안정에 대해 해결책을 제시하지 못했다는 점이다. 실제 유통되는 주화와 은행예금의 가치가 상이하여 하나의 회계단위가 제시되지 못했고 주화와 예금은행 간, 국내 주화 간, 국내 주화와 외국 주화 간의 교환비율이 고정되어 있지 못했다.

각 도시국가들은 민간은행으로서는 이러한 문제점을 해결할 수 없다고 판단하여 공공은행을 설립하기 시작했는데, 공통적인 설립 목적으로 제시된 것은 안정적인 지급결제서비스를 제공하는 것과 주화의 가치변동을 안정화하는 것이었다. 당시 도시국가의 지배계층은 국제무역과 상업활동이 도시국가의 성장과 부를 가져왔다는 사실을 잘 알고 있었고, 화폐제도와 지급결제제도가 안전하게 운영되지 않으면 상인들이 다른 도시나 국가에서 상거래를 하게 되어 경제적으로 쇠퇴하게 될 것을 우려했다.

공공은행들이 설립 목적을 달성하기 위한 수단으로 이용한 방법은 은행별로 상이하다. 고객의 예금인출 요구에 언제든지 대응할 수 있도록 지급준비자산을 100% 보유하도록 하여 대출을 금지한 은행도 있었고, 예금의 몰수를 금지시켜 안정적인 자금을 확보하려는 은행도 있었다. 지급결제의 안정화와 주화의 변동성 조절을 위해서 은행예금이 화폐와 같은 역할을 할 수 있도록 제도적인 뒷받침을 해주기도 했다.

공공은행 가운데 정부에 대한 과도한 신용공여로 인해 어려움을 겪은 은행들도 있었지만, 전반적으로는 대부분의 공공은행이 도시국가가 전쟁에 패해 망하게 될 때까지 상당히 오랜 기간 활동하면서 주어진 목적을 충실히 달성했다고 평가할 수 있다.[41] 중세의 공공은행이 금융제도와 지급결제제도의 발달에 기여한 면이 적지 않았다고 할 수 있는 이유는 상당히 오랜 기간 활동을 하면서 중앙은행과 은행권이라는 중요한 개념의 태동에 일조했다는 데 있다.

공공은행과 민간은행을 구분할 때 은행의 소유권이 정부 조직에 있는가 아니면 민간부문에 있는가에 의해서 구분하는 것은 적절하지 않고, 설립된 주목적이 사적 이익을 추구하는 데 있는가 아니면 공공의 서비스를 제공하는

데 있는가에 의해 구분하는 것이 적절하다. 바르셀로나와 암스테르담의 공공은행은 정부 소유였던 반면 제노바와 베네치아의 공공은행은 민간 소유였다. 그리고 바르셀로나와 제노바의 공공은행은 이윤을 추구했던 반면 베네치아와 암스테르담의 공공은행은 이윤을 추구하지 않았다. 그렇지만 이윤 추구를 하는 경우에도 공익을 달성하기 위해 필요한 자금을 조달하는 수단으로 한정되어 있었고, 이윤만을 위해 설립되지 않았다는 면에서 민간은행과는 성격이 다르다.

한 지역에서 탄생한 공공은행이 다른 지역의 공공은행에도 영향을 주기는 했지만, 조직의 형태나 업무의 성격과 운영의 결과가 다르고 성공하거나 실패한 이유도 서로 다르기 때문에 여러 은행들을 묶어서 보기보다는 특징적인 공공은행들을 각각 하나씩 살펴보기로 한다.

1) 바르셀로나 타울라은행(1401~1641)

1401년 바르셀로나에 설립된 Taula de Canvi는 중세 유럽 최초의 공공은행이라고 일컬어지기는 하지만, 은행의 발달과정이나 지급결제 면에서 기여한 바는 크지 않다. 참고로 Taula는 카탈루냐어로서 테이블table이라는 뜻이고 Canvi는 교환change이라는 뜻이라고 한다. 여기서는 타울라은행이라고 칭하고자 한다.

14세기 바르셀로나에는 민간은행들이 상당한 자율성을 확보하고 영업을 하고 있었다. 그러나 1400년경 민간은행들이 과도한 채무부담을 지면서 파산이 이어짐에 따라 시 정부는 믿을 만한 금융서비스를 제공하는 공공은행을 설립하여 민간은행의 예금수취를 제한함으로써 민간은행의 파산과 주화 부족 문제를 해결하고자 했다.

타울라은행은 예치한 자금을 안전하게 보관하기 위한 목적으로 설립되었다고는 하지만, 실제로는 시 정부에 자금을 대출해 주고 낮은 비용으로 정부

채무를 상환해 줌으로써 안정적으로 재정을 운용할 수 있도록 지원해 주는 것이 주된 목적이었다. 타울라은행의 시 정부 관련 업무를 살펴보면 세금 수납, 채권 발행과 지급 보증, 이자 지급 등으로서 정부의 재정대리인으로서 역할을 했음을 알 수 있다.

한편, 시 정부는 타울라은행에 다양한 특혜를 주었다. 몇 가지 주요 특혜를 열거해 보면, 예금에 대한 완전한 지급 보장과 예금 몰수 금지, 독점적인 주화 교환과 계정 간 이체업무 허용, 환어음의 독점적인 청산 권한, 민간은행의 타울라은행 계좌 개설 금지, 민간은행의 인가 제한 등을 들 수 있다. 이러한 특혜에도 불구하고 민간은행과의 경쟁에서 크게 우위를 점하지는 못했는데, 그 이유는 민간은행과는 달리 예금에 이자를 지급하지 않았고 개인 예금자들에게 당좌대월을 포함하여 대출을 금지했기 때문이다. 그러나 시 정부 등에 대한 대출을 제외하고 공식적으로는 대출을 허용하지 않았음에도 실제로는 대출 가운데 단지 15%만이 시 정부에 대한 대출이고 나머지는 당좌대월 방식으로 민간에 신용을 공급하여, 예금에 대한 완전한 지급 보장과 민간대출 금지라는 규제는 제대로 지켜지지 않았다.

타울라은행의 가장 큰 문제점은 시 정부가 손쉬운 신용에 대한 유혹에 저항하지 못하고 타울라은행에 손을 벌린 데 있었다. 시 정부는 곡물의 비상구매를 위한 자금을 조달하고 군비를 충당하기 위해 타울라은행에서 막대한 자금을 빌렸다. 대출이 늘어남에 따라 은행에 대한 신뢰도가 저하되면서 은행예금이 주화에 비해 가치가 낮아져 할인된 가격으로 유통되는 현상이 나타났고, 1460년대에 이르러서는 은행예금을 주화로 상환하는 것을 중지해야 하는 정도까지 상황이 악화되었다. 은행예금의 가치가 계속해서 하락하자, 시 정부는 1468년 남아 있는 예금을 주화로 지급하는 대신 장기채로 전환하거나 아니면 이익이 발생할 때까지 주화 인출을 제한하는 조건으로 예금을 자금이체 수단으로 그냥 두는 두 개의 안 가운데 예금주가 선택하도록 함과 함께 시 정부에 대한 대출을 금지시켰다. 그러나 이익이 발생하기까지는 수십 년이 걸렸다.

타울라은행은 시 정부에 대한 대출을 금지하는 조치를 준수하면서 영업을 지속했으며 1641년 카스티야와의 전쟁이 발발한 이후 영업을 종료했다.

2) 제노바 산조르조은행(1408~1444, 1530~1797)

12세기 제노바 정부는 지중해 지역에서의 상업적 팽창을 유지하고 이에 필요한 전쟁을 하기 위해 많은 자금을 확보해야만 했다. 그러나 해안지대에서만 규칙적인 세금을 확보할 수 있었고 도시국가 전체적으로는 안정적으로 세금을 거두어들일 수 없는 문제가 있었다. 이러한 세금 수입과 지출의 불균형을 해결하기 위해서 민간으로부터 차입할 수밖에 없었는데, 차입의 대가로 세금징수 권리를 채권자에게 팔았다. 이로써 정부는 확정적인 수입을 보장받았고 세금징수권을 부여받은 채권자들은 불규칙하기는 하지만 예측 가능한 간접세, 관세 등의 세금을 징수하게 되었다. 시간이 지나면서 정부채무의 규모가 커져 관리하기가 어려워지자, 채권자들은 세금 수입을 보다 합리적으로 관리하기 위한 신디케이트를 형성했는데, 이것이 1404년 설립된 카사 디 산조르조^{Casa di San Giorgio}(이하 카사)였다. 카사^{Casa}는 이탈리아어로 '집'이란 뜻인데,[42] 채권자의 이익을 보호하기 위한 조직으로 "국가 안의 국가"[43]로 불릴 만큼 막강한 힘을 지니고 있었으며, 카사의 관리자는 정부의 공식적인 지원을 받으면서 채권자들의 이익을 위해 조직을 관리했다. 카사는 정부채무를 자본금화하여 주식회사의 주식과 유사한 지분증서를 발행하여 유통시켰다. 이러한 조치는 비유동적이고 거래가 어려운 정부채무를 증권화함으로써 유동성을 부여하여 거래가 될 수 있도록 했다는 평가를 받았다.

당시 제노바는 유명한 상업도시 가운데 하나였으며 다양한 종류의 주화가 통용되고 있었고, 제노바 정부는 주화 간의 교환비율을 일정하게 유지시켜 통화제도의 안정을 도모하고자 했다. 제노바에서 발행되고 있던 주화에는 금화와 은화, 그리고 낮은 가격의 데나리오가 있었고 주화의 가치가 상당히 오랜 기간 안정되어 있었으나, 15세기 들어 금화와 은화의 교환비율에 큰 변동이 일어나기 시작했다. 주화 간 교환비율이 불안정해지자 제노바 정부는 이러한 불안정이 욕심 많은 민간은행들 때문이라고 여겨, 정부의 감독하에 영업을 하는 공공은행의 설립을 카사에게 허용했으며 그 결과 1408년 산조르조은행Banco di San Giorgio이 카사의 자회사로 탄생했다.

산조르조은행의 설립 목적은 정부채무를 관리하여 감소시킴과 함께 주화의 교환비율을 악용한다고 비판받는 민간은행들의 나쁜 관행을 종식시키기 위한 것이었다. 그리고 은행의 업무를 예금수취와 계좌이체에 의한 지급결제로 제한하는 한편 대출은 조세징수권자와 정부에게만 가능하도록 했는데, 이러한 조치는 결국 이 은행이 조기에 문을 닫도록 만들었다.

산조르조은행의 설립 목적은 처음부터 달성하기 어려웠던 것이, 첫 번째 목적인 정부채무의 감소는, 비록 산조르조은행이 정부와 밀접하게 연관되어 있었고 정부채무를 관리하고는 있었지만, 산조르조은행의 대주주가 정부가 아니고 카사였으며 카사가 정부의 채권자들을 위한 조직이었기 때문에 가능할 수가 없었다. 그리고 두 번째 목적은, 주화의 교환비율이 산조르조은행의 설립 이후에도 계속 변동되었고 산조르조은행으로 하여금 손해를 보면서까지 고정된 교환비율을 적용하도록 하여 은행의 적자가 지속되는 상태였기 때문에 달성이 가능하지 않았다.

제노바 정부는 산조르조은행의 설립 이전부터 자금을 차입하고 정부채무에 대한 이자를 지급하기 위해 민간은행을 이용하고 있었는데, 산조르조은행을 설립함에 따라 정부와 관련한 모든 거래를 산조르조은행으로 집중시켰고, 제노바에 있는 다른 민간은행들도 산조르조은행에 계좌를 개설하도록 의무화하여 예금 수입이 1417년에서 1444년 사이에 3배가량 늘어날 정도로 예금은 순조롭게 증가했다. 예금은 계정 간 자금이체를 위한 지급결제와 정부채무에 대한 이자 지급과 정부대출에 사용되었는데, 정부에 대한 대출은 조세징수권을 담보로 하여 이루어졌다.

1444년 은행은 어려움에 직면했다. 은행의 주주인 카사의 채권자들에게 정기적으로 이자를 지급해야 했으나 조세징수원들로부터의 수입은 지체되고 정부의 대출 상환도 제때에 이루어지지 않았기 때문이다. 여기에 더해 주화의 교환비율이 상승하는 가운데 종전 비율을 적용하여 영업을 하거나 아니면 은행업을 그만두라는 선택을 제안받자 산조르조은행은 후자를 선택하여 1444년 영업을 중단했다.[44] 그렇지만 고객들을 위한 지급결제 업무는 카사의 다른 조직으로 이관하여 지속시켜 고객의 편의를 제공했다.

1530년 산조르조은행은 다시 예금을 받으면서 영업을 재개했다. 산조르조은행은 정부채를 할인하여 매입하는 형태로 공공기관에 대출해 주었고 민간에게도 대출을 했으며, 환어음을 독점적으로 결제하는 권한을 부여받기도 했다. 특징적인 점은 1610년부터 예금자의 잔액을 알려주는 증서를 발행했다는 것이다. 예금자는 이 증서를 가지고 현금을 인출할 수도 있고 배서에 의해 양도할 수도 있었다. 양수인은 최초 예금자의 개입 없이 은행으로부터 현금을 인출할 수 있었다. 산조르조은행의 예금은 공공은행으로서의 안전성과 예금의 양도가능성으로 인해 주화보다 더 높은 평가를 받아서 1741년에는 예금이 주화보다 18.5% 높게 평가되기까지 했다. 그러나 제노바가 전쟁에 휘말리면서 1748년에는 마이너스 평가로 전환되었고 1750년에는 16.7%나 낮게 평가되었다.

당시 은행들은 서로 이체를 요구할 수 있는 환거래 계정을 개설하고 이 계정을 이용하여 자금을 이체하기도 했는데 산조르조은행도 그런 은행 가운데 하나였다. 산조르조은행이 공공은행으로서 지급결제의 발전에 기여한 점은 은행예금이 주화에 비해 시장의 변동성으로부터 안정적이어서 회계단위로서 활용되었다는 것과, 은행예금을 이용한 은행 간 자금이체와 지폐의 성격을 일부 지닌 예금증서가 지급수단으로 활용되었다는 점이다. 그러나 산조르조은행이 발행한 예금증서는 고객이 요구할 때에만 발행되었고 액면금액이 정해져 있지 않았다는 점, 그리고 법적인 근거가 취약하여 법화로 인정받을 수 없었다는 점에서 한계가 있었다.

제노바가 1797년 프랑스에 점령당하면서 산조르조은행은 사라졌고 1815년에는 카사도 문을 닫았다.

3) 베네치아 리알토은행(1587~1638)과 지로은행(1619~1800)

베네치아와 제노바는 지금은 모두 이탈리아의 한 도시이지만, 중세에는 별개의 도시국가인 데다 지중해의 해상권을 두고 경쟁관계에 놓여 있었다. 제노바와 경쟁관계에 있던 베네치아에서 공공은행이 설립된 것은 제노바의 산조르조은행이 설립된 지 거의 2세기가 지난 후였다. 그러나 그동안 공공은행의 설립에 대한 논의가 없었던 것은 아니었다.

베네치아에서 민간은행은 14세기 중반부터 16세기 말에 이르기까지 활발히 활동하면서 은행계정을 이용한 자금이체서비스도 해왔다. 공공은행이 설립되기 이전의 민간은행들은 은행계정을 이용하여 자금이체가 가능해짐에 따라 마치 발권은행처럼 행동하고자 하는 유혹에 빠졌다. 이러한 유혹은 민간은행이 예금자의 예금인출 요구를 제대로 들어주지 않고 고객이 원하는 주화 대신 불량주화를 지급하거나 지급을 지연시키는 등의 행동을 하게끔 했다. 또한 당시 민간은행들은 다른 은행에 서로 계좌를 개설하고 있었는데, 일부 민간은행들이 현금 인출을 요구하는 고객에게 현금을 지급하는 대신 자신의 은행에 개설되어 있는 다른 은행의 계좌에 서류상으로 이체를 시킨 후 다른 은행에서 현금을 찾아가도록 하는 부당한 조치가 빈번하게 발생했다. 그러자 시 정부는 민간은행에 대한 규제로서 예금인출 요구가 있을 때는 3일 이내에 지급하도록 했으며 다른 은행에 대한 청구권 형태, 즉 타 은행계좌로의 이체가 아니라 현금으로 지급하도록 했다. 1467년에는 은행들이 장부를 보고자 요구하는 고객에게 계좌와 잔고를 보여주도록 했다. 1523년까지 현금인출을 회피하지 못하도록 하는 법령이 계속 발표된 것으로 미루어볼 때, 민간은행은 계속 현금 지급을 회피했고 이로 인해 은행예금이 주화보다 낮게 평가되는 것은 당연한 결과였다. 은행으로부터 현금을 쉽게 인출할 수 없게 되자 은행 밖에서 예금을 거래하는 행동이 나타나면서 1526년에는 은행예금이 현금보다 20% 할인되어 거래되기도 했다.

이러한 민간은행의 지급 지연 이외에 근본적인 문제가 있었는데, 파산 가능성이 높다는 점이었다. 그래서 정부는 은행의 투자 규모를 은행 자산의 150% 이내로 제한하기도 하고, 원자재 등의 상품 거래를 제한하거나 은 매입을 위한 대출을 제한하는 등의 조치를 취했으나 실효성 있는 성과를 거두지는 못했다. 그렇지만 베네치아에서는 외국인을 포함하여 많은 상인들이 국제무역과 상업활동에 종사하고 있었기 때문에, 은행업을 금지시키기에는 이미 상업적인 활동이 은행을 중심으로 이루어지고 있었고 이들의 지급결제 필요성을 충족시켜 주어야 할 지급결제시스템은 필수 불가결했다. 실제로 은행업이 너무 중요하여 민간부문에 맡길 수 없다는 인식이 확산됨에 따라, 민간기업으로서 이익을 취하고자 하는 은행의 동기가 안정적인 은행 시스템에 대한 국민의 요구를 충족시킬 수 없다는 주장도 등장했다. 민간은행은 단순히 위탁받은 돈의 관리인 역할만 할 수는 없고 이익을 내기 위해 투자와 대출을 해야 하며, 이러한 투자와 대출은 위험할 뿐 아니라 예금인출 사태가 발생하면 즉시 이용할 수 없는 부동화된 자금이라는 것이었다. 시 정부는 주화의 교환비율이 수시로 변동되는 것도 민간은행의 잘못으로 돌렸다.

이러한 상황에서 공공은행의 설립과 관련한 구체적인 제안이 대형 민간은행의 파산과 그로 인한 유동성 위기의 발생 및 금리 상승을 겪은 후인 1356년에 처음으로 나왔다. 제안의 주요 내용은 공공은행을 설립하고, 공공은행의 주된 기능을 이체에 의해 지급하기 위한 예금수취와 자금이체로 한정하고, 직원의 급여는 이체 수수료로 충당하자는 것이었다. 두 번째 제안은 첫 번째 제안 이후 거의 20년 후에 나왔는데 상품가격의 변동과 금과 은 가격의 변동으로 2개의 민간은행이 파산한 다음이었다. 여러 제안들의 핵심 내용은 지급결제 전문은행을 설립하여 대출을 금지하고, 은행의 소유주가 사망하더라도 예금의 지급이 지속될 수 있도록 은행의 연속성을 유지하자는 것이었다. 그러나 논의만 진전되었을 뿐 실제 공공은행의 설립은 이루어지지 못했다.

베네치아에는 민간은행의 숫자가 그리 많지는 않은 편이어서 14세기에는 8~10개, 1500년경에는 3~4개밖에 민간은행이 없었다. 그런 가운데 1488~1489년 2개 은행이 파산하고 그 여파로 예금인출이 심화되면서 1584년 마지막으로 남아 있던 민간은행마저 파산하자 베네치아에는 민간은행이 하나도 없게 되었다. 정부가 상인들의 돈을 관리하는 일까지 해야 하느냐며 공공은행의 설립에 대한 반대가 심해진 까닭에 1584년 민간은행의 파산 이후 공공은행의 설립 시까지 3년이나 걸리는 등 설립 과정이 순탄하지는 않았으나, 종전에 민간은행이 영위하던 업무 일부를 공공기관에 독점적으로 주는 방식으로 1587년 리알토은행Banco di Rialto이 설립되었다.

당시 민간은행의 설립을 금하고 있지 않았음에도 민간은행이 새로 설립되지 않았기 때문에 리알토은행만이 영업을 하게 되었다. 그런데 리알토은행의 설립과 운영방식은 조금 독특했다. 리알토은행은 공공은행임에도 민간이 소유주였으며 은행의 현금은 인출 요구에 대응하기 위해 일부만 은행에 남겨두고는 모두 주조소에 맡기도록 했다. 은행은 상태가 좋고 현재 통용되는 주화를 고객이 예치하고자 희망하면 예금으로 받아야 하며, 현금은 예금자의 요구에 응할 수 있도록 전액 은행이나 주조소가 보관하고 있어야 했다. 다시 말해, 민간에 대한 대출은 물론이고 정부에 대한 대출도 일절 하지 못하도록 하는 100% 지급준비를 하도록 하여 보관기능에만 충실하도록 했기 때문에 은행이 부실화할 가능성은 없었다. 예금자가 현금의 인출을 요구하면 지체 없이 현금으로 지급하도록 했다.

이체는 예금주 또는 그의 대리인이 직접 은행을 방문하지 않고는 할 수 없도록 했으며, 당연한 조치이기는 하지만 계정 간 대차 기록은 동시에 하도록

했다. 총재는 베네치아 정부의 원로원에 의해 선임되며 매년 은행의 대차대
조표를 원로원에 제시하도록 했다. 설립 후 3년이 경과하면 은행은 청산하는
데 손실이 발생했을 경우 총재가 개인적으로 모두 부담하도록 했다. 청산 후
은행이 새로 문을 열면 다른 총재가 선임되며 은행에 예금 등 신용을 공여한
자는 자신의 선택하에 새 은행이 신용을 승계하여 이전시킬 수 있도록 했다.
은행의 경비는 은행의 수수료 수입을 포함하여 세금 수입으로 충당하며 은행
의 예금과 자산에 대해서는 압류되지 않는 법적 특권을 부여했다.

민간은행의 설립이 금지되지는 않았지만 실제로 수년 동안 설립된 민간은
행은 없었으며 정부 소유는 아니었지만 공공은행으로서 리알토은행은 큰 성
공을 거두었다. 현금 인출은 거의 없었고, 은행의 계좌를 이용하여 지급결제
하는 것이 현금을 사용하는 것보다 안전하다고 인식되어 수수료를 은행에 지
급하면서도 은행에서 결제할 정도로 인기가 있었다. 첫 번째 총재는 1587년
은행 설립과 동시에 선임되었고 1년 후 상당한 규모의 예금수입을 원로원에
보고하는 등 성공적으로 은행을 운영했다. 1593년에는 은행에 남겨두어야 할
현금을 1/3로 줄였는데 이는 인출이 예상보다 적었음을 보여준다.

그러나 1593년까지만 해도 환어음이 현금으로 결제될 때까지 15~20차례
양도됨으로써 채권자가 현금을 쉽게 인출할 수 없는 사태가 발생하는 부작용
이 있기도 했다. 정부는 이러한 폐단을 줄이기 위해 채무의 양도를 금지하고
외국에서 발행된 환어음은 리알토은행에서 결제되도록 의무화했다. 그 결과
리알토은행에서 결제된 환어음의 금액이 베네치아 전체 환어음 결제금액의
80%에 달하게 되었다.

베네치아에서 두 번째로 설립된 공공은행은 지로은행Banco del Giro이다. 1619
년 설립된 지로은행은 리알토은행과는 달리 정부가 설립한 은행인데 정부의
단기채무를 인수하여 이를 화폐처럼 지급결제수단으로 사용할 수 있도록 했
다. 이를 간단하게 설명하면, 정부가 어느 개인에게 채무를 지고 있는데 정부
가 채무를 갚는 대신 지로은행에 채권자 명의의 계좌를 개설하여 예금시키고

채권자는 필요시에 자신의 계좌에서 현금을 인출하거나 다른 사람의 계좌로 자금을 이체시킬 수 있도록 했다는 것이다. 그리고 매달 정부는 지로은행에 일정액의 주화를 주어 은행의 현금 수요를 충족시켜 주었다. 지로은행은 은행권을 발행하는 대신 계정을 개설해 준 발권은행이었다.[45] 이와 비슷한 방식으로 영업이 이루어진 경우로는 15세기 소금사무소가 예치된 소금을 이용하여 이체서비스를 한 전례가 있었고, 1608년부터 1614년까지 곡물사무소가 6명의 상인으로부터 돈을 지급하지 않고 곡물을 사들이고 장부기록만으로 상인들의 채권자에게 곡물의 소유권을 양도한 예가 있었다. 그런데 원로원은 회계처리에 대한 통제가 제대로 이루어지지 않는 것을 우려하여 1614년 곡물사무소의 남아 있는 채무를 리알토은행으로 이전시키고 일부는 현금으로 상환시켰다.

지로은행의 운영은 국가 주조소가 했는데 1638년까지 리알토은행과 지로은행이 함께 영업을 해왔으나 1638년 리알토은행은 지로은행에 흡수되었다. 지로은행과 리알토은행은 지급결제서비스와 주화가치의 안정을 추구했다는 점에서는 동일했지만, 이를 실현하는 방법에 있어서는 차이가 있었다. 먼저 리알토은행은 정부의 채무를 인수하는 방식으로가 아니라 고객들로부터 예금을 받아서 이 예금을 이용하여 자금이체서비스를 제공한 데 비해, 지로은행은 정부채무를 인수하고 이를 자본화 내지 예금화하여 서비스를 제공했다. 그리고 리알토은행은 정부에 대한 대출도 하지 않아서 예금인출을 대비하여 100% 지급준비자산을 보유하고 있었던 반면, 지로은행은 정부채무를 인수함으로써 정부에 대한 대출을 실시하고 정기적으로 정부로부터 대출을 상환받는 형태로 은행 운영에 필요한 자금을 확보했기 때문에 100% 지급준비자산을 보유하지 않았다.

지로은행이 리알토은행보다 운영방식이 나았던 이유는 지로은행의 소유자인 주조소가 금괴나 은괴를 상인들로부터 받고 그에 해당하는 금액을 예금으로 전환시켜 필요시에 인출하거나 계좌 간 이체를 해주도록 하면서 운영자금을 정기적으로 정부로부터 받아 사용했다는 점에 있었다. 이체수수료에 주로 의존하여 영업을 해야 했던 리알토은행보다 훨씬 유리한 위치에서 영업을 할 수 있었기 때문에 주화에 대한 은행예금의 프리미엄인 애지오가 리알토은행보다 높게 형성될 수 있었다.

은행예금에 대한 프리미엄이 상승함에 따라 이를 안정시키기 위해 1645년 일반인들로부터의 예금도 받아들이게 되었고 1651년에는 은행예금이 거액의 지급을 위한 법정통화처럼 이용되었다. 지금의 법정통화인 은행권과의 유일한 차이는 실물이 없고 시중에 유통될 수 없다는 점이다. 현대의 중앙은행은 시중은행에 계좌를 개설해 주고 예금을 받아 이 예금을 이용하여 계좌이체에 의한 결제를 해주는데, 지로은행이 예금과 계좌이체를 운영하던 방식은 현대의 중앙은행과 동일하다고 할 수 있다.

지로은행은 1714년 베네치아 정부가 오토만 제국과 전쟁을 하면서 어려움을 겪은 후 은행의 신용이 점차 저하되는 가운데 1797년 베네치아가 나폴레옹Napoléon이 이끄는 프랑스에 점령당하자 1800년 문을 닫게 되었다.

이탈리아의 해양 도시국가들 중 역사에 남을 만한 도시국가는 아말피, 베네치아, 피사, 제노바이다. 이 중에서 아말피는 나폴리 왕국에 의해 본국이 점령당한 후 서서히 쇠퇴했다. 아말피에 비해 지리적 조건이 유리했던 나폴리는 끝내 해양국가가 되지 못했다. 이탈리아의 도시국가들이 공통적으로 처해 있던 바다로 나갈 수밖에 없는 지리적 구조, 즉 부족한 배후농경지라는 입지가 농업에만 주력해도 충분히 먹고살 수 있었던 나폴리에는 해당되지 않았기 때문이다. 일찍이 제노바와 함께 이탈리아반도의 서쪽 바다인 지중해 중부에 위치한 티레니아해의 무어인 해적들을 몰아내면서 부상한 피사는 1284년 티레니아해에 있던 작은 섬인 멜로리아의 해전에서 제노바에 대패한 이후 다시는 주도적인 해상강국의 위치를 차지하지 못했다. 이에 따라 그 이후 해양에서의 패권 다툼은 제노바와 베네치아 간에 주로 이루어졌다.

제노바와 베네치아는 각각 이탈리아의 서쪽과 동쪽에 위치하고 있었는데, 서지 중해의 제해권이 제노바로 넘어갈 무렵 동지중해의 제해권은 베네치아가 차지해 나가고 있었다. 제노바가 서지중해와 북해, 대서양에 주력하는 한, 두 강국 간의 전쟁이 일어날 가능성은 낮았다. 하지만 당시 중동과 서양의 교차점은 동지중해였으며, 제노바가 이곳에 눈을 돌리는 것은 당연했다. 제노바가 십자군 전쟁을 거치면서 동지중해로 제해권을 확장하려고 함에 따라 두 해양강국의 전쟁은 불을 보듯 뻔했다. 두 도시국가 간의 네 차례에 걸친 전쟁은 1257년에 시작하여 1381년에 가서야 끝났지만, 어느 한 쪽이 완전하게 우세하지 못했기 때문에 양측에게 모두 타격을 입히며 소모전으로 끝나고 말았다. 이후에도 양국 간의 대립이 없었던 것은 아니지만, 해전이 결정적인 승부를 가져다주지는 않는다는 것을 알았기 때문에 두 공화국은 15세기부터 전쟁 없이 공존하다가 1797년 나폴레옹이 이끄는 프랑스에 의해 멸망했다.[46]

4) 암스테르담은행(1609~1820)

(1) 설립 전 현황

15세기 이후 콜럼버스의 신항로 개척 등으로 대항해시대가 시작되고 무역의 중심이 지중해에서 대서양으로 이동하면서 대양무역에 강점을 가진 네덜란드가 유럽의 물류와 금융의 중심지로 부상했다. 네덜란드는 발트해, 북해, 지중해 등과 연결되는 교통요충지에 위치하여 다양한 국가의 상선이 모이는 유럽 화물의 집산지 역할을 수행했으며 특히 뛰어난 조선술과 항해술을 바탕으로 발트해 연안 무역을 주도했다.

당시 유럽의 상업과 금융의 중심지는 벨기에의 브루게와 안트베르펜이었으나 16세기 이후 암스테르담으로 이동하여 네덜란드의 황금기를 이끌게 되었다. 네덜란드는 네덜란드공화국과 지방정부로 나누어져 있었기 때문에 중앙집권화가 이루어지지 않았으며, 주화의 제작도 지방정부뿐 아니라 민간에서도 할 수 있어서 변조된 주화가 제작되는 등 주화변조 행태를 직접적으로 통제하기가 곤란한 상태에 있었는데, 다른 지방정부와는 달리 암스테르담시는 주조소가 없었기 때문에 주화의 변조와는 거리가 있었다.[47]

16세기 중반 이후 암스테르담에서는 주화 이외에도 환어음에 의한 상업신용이 함께 이용되고 있었는데, 시 정부는 손상주화 문제로 골치를 앓고 있었다. 1543년 발표된 주화조례에 의해 네덜란드는 길더guilder라는 단위의 주화를 사용하고 있었는데, 암스테르담은행이 설립되기 직전까지 길더에 포함되어 있는 은의 함량이 매년 1%씩 줄어들어 그 가치가 형편없었다.[48] 그렇지만 환어음은 길더로 표시되어 있었기 때문에 환어음의 소지인 입장에서는 손해를 감수할 수밖에 없었다. 이뿐 아니라 소규모 개방경제인 네덜란드공화국에는 각종 주화가 쏟아져 들어와 유통되는 주화가 매우 다양하여 1000개 이상의 공시가격을 게시해야 할 정도였다.[49]

암스테르담 시정부는 거래 비용을 줄이고 결제에 수반되는 가격의 불확실성을 제거하여 상인들의 신뢰를 얻고자 했다. 그래서 주화의 가치가 하락할 때마다 담당 공무원이 채무의 변제에 사용되는 주화의 가치를 특정하는 조례를 반복하여 세우지 않으면 안 되었다. 그렇지만 이러한 조례는 오히려 부작용을 낳았다. 손상된 주화가 암스테르담으로 쏟아져 들어와서 조례에 게시된 가격으로 채권자에게 양도되는 결과가 발생한 것이었다.[50] 이로 인해 채권자들은 당초 기대보다 더 가치가 낮은 주화로 자신들의 상업신용이 변제되는 손해를 입게 되었다.

(2) 설립

암스테르담 시정부는 주화의 가치하락으로 인해 새롭게 태동하고 있는 양도 가능한 환어음시장이 위축되지 않도록 하기 위해 1609년 암스테르담은행 Wisselbank을 설립했다. 손상된 주화가 사용되는 곳은 환어음시장이 발달하기에 적당하지 않았다. 왜냐하면 환어음 당사자들이 회계단위가 정확하지 않고 믿을 만하지 못한 그러한 지역을 지급지로 선택하지 않았기 때문이다.

암스테르담은행은 베네치아의 리알토은행을 본떠 만들었지만, 설립 동기가 민간은행의 빈번한 파산에 대한 실망에서가 아니라 유통주화의 열악한 상태와 그로 인한 환어음의 결제와 관련한 불확실성을 해소하기 위해서였다는 점에서 차이가 있다. 당시 암스테르담에서 현금출납과 환어음 결제 등에 국한하여 은행영업을 하던 출납관리인cashier의 신용을 믿지 못하는 상인들이 이러한 출납관리인에 비해 우량한 은행의 장부를 이용하여 결제할 수 있도록 계속 요구하자 암스테르담 시정부가 이를 수용하여 암스테르담은행을 설립하게 되었다.

암스테르담 시정부는 암스테르담은행이 설립목적을 달성할 수 있도록 다음과 같은 조항을 법규에 명시했다.[51]

첫째, 600길더를 초과하는 거액 환어음은 암스테르담은행을 통해서만 결제한다.
둘째, 민간 예금은행의 영업을 금지시킨다.
셋째, 은행예금이 다른 채권자에 의해 압류되지 않도록 한다.
넷째, 시 정부가 조례에 의해 인정하는 주화는 정해진 가격으로 은행에 예금할 수 있도록 허락하고, 그렇지 않은 주화는 무게에 따라 평가하여 예금하도록 한다.
다섯째, 고객의 예금인출 요구가 있을 때는 예금인출을 허용하되 인출수수료를 최대 2.5% 부과한다. 다만, 계좌이체 시에는 별도의 수수료를 받지 않는다.

이 가운데 첫 번째와 두 번째 조치는 은행 영업에 있어서 암스테르담은행에 독점적인 지위를 주기 위한 것이고, 세 번째는 예금자들을 안심시켜 예금을 유인하기 위한 조치이다. 다만, 독점적인 은행 운영조치는 1621년 해제하여 민간은행들도 시 정부의 인가를 받아 영업할 수 있도록 했다. 그러나 민간은행들은 암스테르담은행에 계정을 개설해야만 했고, 24시간을 초과하여 주화를 소유하지 못하고 암스테르담은행에 예치하도록 했다. 네 번째 조치는 불량주화의 유통을 방지함으로써 환어음 등을 이용하는 신용공여자와 상인들의 신뢰를 쌓아 고객들이 시장을 이탈하지 않도록 하기 위한 조치이다. 다섯 번째 조치는 예치된 예금의 인출을 가능한 한 줄이고 은행 내 계좌 간 자금이체에 의해 상거래의 결제가 이루어지도록 함으로써, 주화 유통을 줄이면서 암스테르담은행이 지급결제의 중심이 되도록 하기 위한 조치이다.

(3) 운영

이와 같은 조치로 인해 암스테르담은행은 손상된 주화의 유통을 억제시킬 수 있었고 예금도 증가하는 등 성공적으로 업무를 시작하게 되었다. 그렇지만 주화의 손상을 모두 방지할 수는 없었던 것이, 1641년 암스테르담에서 멀지 않은 곳에 위치한 안트베르펜에서 4%가량 함량이 적은 주화를 제조하여 유통시키는 사건이 발생했다. 암스테르담은행은 부득이 안트베르펜에서 새로 발행된 주화를 예금으로 받을 때는 4%만큼 할인된 금액으로 장부에 기재했는데, 이는 은행예금의 가치와 주화의 액면가치가 다르게 되는 결과를 가져왔으며 1659년에는 주화조례를 발표하여 주화와 다른 은행예금의 가치를 공식적으로 인정했다.[52]

이 조례에 의해 공식적으로 두 가지 종류의 화폐단위가 생기게 되었다. 하나는 주화의 가치를 나타내는 유통길더current guilder이고 다른 하나는 은행예금의 가치를 나타내는 은행길더bank guilder이며, 두 단위의 교환비율 역시 애지오라고 한다. 예를 들어 은행길더의 가치가 유통길더의 가치보다 높으면 프리미엄의 애지오가 발생하고, 반대의 경우에는 마이너스의 애지오가 발생한다.

해외에서 발행된 거액의 환어음은 암스테르담은행에서 결제되었기 때문에 은행길더로 환산되어 암스테르담은행의 장부에 기록된 반면, 국내에서 발행된 환어음은 유통길더를 적용하여 민간은행에서 결제되었고 민간은행은 수수료를 받고 은행길더와 유통길더를 교환해 주었다. 이 조치로 인해 외국 상인들은 주화의 가치 손상으로 발생하는 손해를 입을 염려 없이 암스테르담 환시장을 이용할 수 있게 되었다.

암스테르담은행은 주화조례에 의해 정해진 교환비율대로 예금을 받아주었기 때문에 영업을 시작한 지 얼마 되지 않아서 예금이 증가하기 시작했고, 은행 고객들은 필요시에 예금을 현금으로 인출해 가기보다는 은행에 계좌를 개설하고 계좌 간 자금이체 하는 방법을 선호하게 되었다. 그 결과 은행예금의 가치가 주화의 가치보다 높게 형성되는 프리미엄 애지오가 발생했다. 이렇게 은행예금의 가치가 주화의 가치보다 높게 형성됨에 따라 은행으로부터 주화를 인출하려는 동기가 더욱 줄어들게 되었고, 이로 인해 은행의 인출수수료 수입은 줄어들었지만 은행예금이 보다 유동성이 있는 자산이 되어 은행예금에 대한 수요가 높아졌다.

한편, 암스테르담은행은 1666년부터 은행길더와 유통길더의 가치가 크게 벌어질 우려가 발생함에 따라 은괴를 매입하거나 매도하여 가치를 안정시키는 조치를 취했는데, 이는 현대에 중앙은행에서 통화량을 조절하기 위해 실시하고 있는 공개시장 운영과 유사하다.[53] 이러한 조치로 인해 은행길더에 대한 신뢰가 18세기 전반까지 지속되어 시장에서의 애지오가 항상 4~5%를 유지했다.

암스테르담은행은 민간과 정부에 대한 대출을 실시하지 않았던 리알토은행처럼 설립 시에는 완전지급준비제도를 표방하여 대출하지 않는 것으로 영업을 시작했으나, 곧 시 정부나 동인도회사 등의 공공기관과 조폐국장이나 해군 장교와 같은 선별된 개인에게 대출을 해주었다. 그러나 암스테르담은행은 이들에 대한 대출을 적절히 관리하여 총대출규모가 총자산에 비해 그리

높은 수준은 아니어서 영업기간 전체를 놓고 볼 때 82%의 높은 지급준비율을 유지했다.[54]

1672년 프랑스의 네덜란드 침략이 시작되면서 네덜란드 동인도회사가 지급불능을 선언한 이후 동인도회사에 대출해 주고 있던 암스테르담은행의 지급능력에 대한 우려가 발생하여 은행예금이 줄어들게 되자 암스테르담은행은 1683년 새로운 정책을 도입했다.[55] 신규 예금에 대해서 만기가 6개월인 예금증서를 발행하고 6개월이 경과하면 금화예금에 대해서는 0.5%의 수수료, 은화예금에 대해서는 0.25%의 수수료를 받고 주화를 내주도록 한 것이다. 이 수수료는 종전 최대 2.5%의 수수료에 비해 매우 낮은 수준이었다. 만약 현금으로 인출해 가지 않을 경우에는 별도의 수수료 없이 예금증서의 만기를 다시 6개월 연장해 주었고, 예금증서는 양도가 가능하도록 하여 정당 소지인이면 누구든지 만기에 인출할 수 있도록 했다. 기존 예금자에 대해서는 예금증서를 발급해 주지 않고, 예금을 인출하기 위해서는 예금증서를 시중에서 구입하여 인출하도록 했다.

이러한 조치로 인해 고객들은 예금을 인출하지 않고 은행에 둔 상태에서 예금증서를 매매하여 필요한 자금을 조달하거나 계좌 간 이체를 함으로써 상거래의 결제를 낮은 비용으로 할 수 있었다. 그 결과 1685년 이후에는 예금을 주화로 인출해 가는 일이 거의 사라졌다. 예금증서를 이용한 인출수수료가 직접 예금을 인출하는 경우보다 낮아지고 예금증서의 자유로운 매매가 가능해짐에 따라 은행예금은 다시 증가했고, 예금증서가 새로운 지급수단으로서 주화를 대신하게 되었으며, 암스테르담을 국제적인 환시장으로 성장하게 하는 동력이 되었다. 그리하여 1700년대에 들어서면서 은행예금은 어음을 결제하는 주된 수단이 되었고 암스테르담은 국제적인 환시장의 허브가 되었다.[56]

(4) 쇠퇴

암스테르담은행은 안전하고 저렴하게 환어음을 결제할 수 있도록 해줌으로써 네덜란드의 경제성장에 크게 기여했다. 그리고 1620년 네덜란드 동인도회사에 일시적으로 대출을 많이 하여 총자산 대비 대출비율이 60%까지 상승한 적이 있기는 했지만 다시 20% 수준으로 낮아지는 등 다른 공공은행과는 달리 엄격한 대출 제한을 제대로 준수하여 18세기 중반까지는 과다 대출로 인한 문제가 발생하지 않았다.[57] 100% 지급준비는 아니었어도 높은 수준의 지급준비율을 유지했고 애지오도 4~5%의 프리미엄을 유지했을 뿐 아니라 수수료 수입을 정부에 납부할 정도로 건실한 성장을 지속했다.[58]

암스테르담은행에 위기가 닥친 것은 1763년과 1772년 두 차례에 걸친 대형 머천트은행의 파산 때문이었다. 이 시기에 암스테르담은행의 자산과 부채가 크게 축소되는 문제가 있었으나 은행이 위기를 극복하는 데 어려움은 없었다. 문제는 암스테르담을 위협하는 금융시장이 새롭게 생긴 데 있었다. 환시장의 중심이 암스테르담에서 런던으로 이동하면서 암스테르담은행을 찾는 수요가 줄어든 데다, 1780년부터 영국과 네덜란드 간에 전쟁이 시작되면서 시 정부가 압박을 받고 있는 동인도회사에 대한 지원을 확대하는 방향으로 정책을 선회함에 따라 암스테르담은행이 시 정부와 주변의 지방정부 등에 대한 대출을 크게 늘리게 되자 은행의 건전성이 급격히 악화되었다. 이에 더해 1795년 프랑스의 침공이 임박하면서 은행예금의 인출이 급증하고 애지오도 더 이상 유지될 수 없게 된 상태에서 결국에는 1814년 중앙은행에 흡수되었고 1820년 최종적으로 문을 닫았다.

5) 공공은행과 지급결제

공공은행의 탄생은 지급결제와 관련해서뿐 아니라 중앙은행의 탄생 과정과도 밀접하게 연결되어 있기 때문에 각각 나누어서 살펴보고자 한다.

중세 유럽의 공공은행들은 공통적으로 안정적인 지급결제시스템을 제공하여 상거래가 안전하게 이루어지도록 하는 것을 목표로 하여 설립되었다. 앞에서 보았듯이 중세의 민간은행들은 은행예금을 통한 자금이체와 환어음이라는 지급수단이 이용될 수 있도록 했다. 이로써 부족한 주화와 가치가 손상된 주화의 유통으로 인해 발생하는 상거래의 제약과 신뢰의 손상이라는 문제점을 해결할 수 있었다. 그렇지만 민간은행이 제공하는 지급결제서비스가 은행의 파산으로 인해 중단되는 일이 반복되면서 결제자금을 모두 잃을 수도 있다는 두려움을 불식시킬 수가 없었고, 이는 완벽하지는 않지만 지급결제서비스에 특화된 공공은행을 설립함으로써 어느 정도 해소할 수 있게 되었다. 특히 환어음의 경우 결제금액이 크고 국제무역이나 국제금융과 관련되어 있을 때에는 보다 안전하고 편리하게 결제할 수 있는 결제권한을 공공은행에 독점적으로 부여하는 특혜를 주어 공공은행이 국제교역을 지원할 수 있도록 해주었다.

공공은행을 이용한 결제제도는 다자간, 은행 간 결제시스템은 아니다. 왜냐하면 환어음 간에 서로 상계하는 절차가 필요 없도록, 하나의 공공은행에 개설된 예금계좌를 이용하여 자금이체에 의해 결제를 해줌으로써 결제와 관련된 모든 절차나 권리의무관계가 하나의 공공은행 내에서 완결되기 때문이다. 이 과정에서는 굳이 상계나 차감과정이 개입할 필요가 없다. 왜냐하면 상계나 차감은 여러 참가기관 간에 결제가 이루어질 때 필요한 결제유동성을 줄이기 위한 절차인데 하나밖에 없는 공공은행 내에서 이루어지는 계좌 간 이체에 의한 결제 시에는 이러한 절차가 불필요하기 때문이다. 이는 마치 현대의 중앙은행에 금융기관들이 계좌를 개설하고 중앙은행예금을 이용하여 최종적인 결제를 실시간으로 총액결제 하는 방식과 동일하다. 중앙은행예금은 실물이 필요 없으면서도 중앙은행 내에서는 화폐로서의 기능을 모두 갖추고 있다.

그렇지만 중세의 일부 공공은행이 예금증서를 발행하기는 했지만, 현대적인 의미의 은행권이 본격적으로 발행되고 유통되기 위해서는 영란은행英蘭銀行, Bank of England의 설립 때까지 기다려야만 했다.

6) 공공은행과 중앙은행

중세의 공공은행은 중앙은행의 탄생에 기여한 바가 많다. 첫 번째로 들 수 있는 것이 정부채무의 증권화와 유동화이다. 현대의 중앙은행은 초기 영란은행처럼 정부채무를 자본화한 경우도 있고, 미국 연방준비제도(이하 미 연준)의 한 축을 이루는 지역 연방준비은행처럼 민간 금융기관이 주주인 경우도 있고, 한국은행처럼 자본이 없는 법인인 경우도 있다. 어떠한 자본구조를 갖추고 있는지와는 무관하게 또는 소유구조가 어떠한지와는 무관하게, 공공은행은 당시의 통화인 주화와 은행예금의 가치를 안정시키려는 노력을 했다는 점에서 중앙은행의 선조라고 할 수 있다. 제노바의 산조르조은행과 베네치아의 리알토은행은 정부가 소유주가 아님에도 정부와 긴밀한 관계를 유지하면서 공공의 이익을 위해 일했다. 그리고 산조르조은행의 경우 정부가 지고 있는 채무를 자본화하고 유동화했다는 점에서 영란은행의 선구자적 역할을 했다고 할 수 있으며, 지로은행의 경우 민간부문으로부터의 예탁금을 자본화했다는 점에서 미 연준 내 지역 연방준비은행의 자본구조와 유사하다고 할 수 있다.

다음으로 공공은행에 예치된 예금은 법에 의해 제3자가 압류나 몰수를 할 수 없도록 해줌으로써 가장 안전한 자산이 되었다. 비록 현대의 중앙은행과는 달리 중세의 공공은행이 파산하는 경우가 있었으나, 이는 전쟁으로 인해 도시국가가 사라지는 때에 한했고 아주 예외적인 상황이 발생하는 경우가 아닐 때에는 공공은행의 예금을 주화로 인출하거나 계좌이체에 사용할 수 있었다. 현대의 중앙은행에 예치된 예금도 마찬가지이다. 중앙은행예금은 화폐의 일부이며 압류나 몰수의 위험 없이 금융기관이 인출할 수 있고 결제자산으로도 사용할 수 있다.

한 가지, 예금의 법적 안정성과 관련하여 언급할 사항이 있는데 바로 지급준비제도이다. 은행이 대출을 전혀 하지 않고 지급결제와 보관서비스만을 위해 예금을 받게 되면 예금자는 어떠한 경우에도 예금의 인출을 보장받을 수 있게 된다. 이 경우가 완전지급준비제도라고 할 수 있다. 반면에 모든 예금자가 한꺼번에 예금 전액을 인출해 갈 가능성은 높지 않으므로 예금인출에 대비하여 자산의 일부만 남겨두고 나머지는 수익을 내기 위해 대출이나 투자에 사용할 수도 있는데 이럴 경우 부분지급준비제도라고 한다. 완전지급준비제도는 예금의 안정성은 보장해 줄지 모르지만, 예치된 자금이 보다 더 생산적인 부문에 공급되도록 하는 자금중개기능을 포기하는 결과가 됨으로써 자원의 낭비를 초래할 가능성이 있다. 다시 말해, 예치된 자금에 기회비용이 발생하는 것이다. 따라서 지급결제의 안전성만을 고려하여 완전지급준비제도를 도입하는 것은 자원의 낭비가 초래될 가능성이 있으므로 적정한 선에서 부분지급준비제도를 도입하는 것보다 열등한 선택지가 되기 쉽다.

최종대부자 기능은 일시적으로 유동성 위기를 겪고 있는 은행을 구제하여 금융시스템 전체가 위기에 처하지 않도록 해주는, 현대의 중앙은행이 지니고 있는 금융안정 기능 가운데 하나이다. 따라서 부분지급준비제도를 유지하더라도 예금인출 사태가 발생하는 위기 상황이 닥치지 않도록 중앙은행이 최종대부자 기능을 발휘하면 사회 전체적으로 자금이 낭비되지 않고 생산적으로 이용되는 장점을 누릴 수 있기 때문에, 현대의 금융시스템에서는 거의 대부분의 국가가 부분지급준비제도 내지 제로 지급준비제도를 유지하고 있다. 그러나 중세의 공공은행에는 최종대부자 기능이 없었기 때문에 자금이용의 효율화보다는 금융과 상거래의 안전을 위해 완전지급준비제도에 가깝게 지급준비자산을 보유해야만 한 측면이 있었다. 최종대부자 기능을 보유하고 있는 현대의 중앙은행은 금융안정과 자금이용의 효율화를 함께 도모할 수 있게 해준다는 점에서 중세의 공공은행보다 진일보한 기능을 지닌 조직이라고 할 수 있다.

중세의 공공은행은 법정통화로 인정되는 중앙은행의 부채인 은행권을 발행하지는 않았고, 단지 산조르조은행과 암스테르담은행이 은행권과 유사한 예금증서를 발행했다. 암스테르담은행의 예금증서는 비록 법정통화가 아니고 은행권도 아니었음에도 불구하고 자유롭게 유통될 수 있었으며, 만기가 되었을 때는 소지인이 일정 수수료를 지급하면 주화로 인출할 수 있었다.

중세의 공공은행이 중앙은행으로서의 역할을 했다고 볼 수 있는 또 다른 중요한 예는 주화와는 별도로 은행예금이라는 회계단위를 만들어서 화폐가치의 안정을 도모했다는 점이다. 중앙은행은 자국통화의 가치를 안정시키는 것을 설립 목적 가운데 하나로 하고 있는데, 중세의 공공은행 역시 통화가치의 안정을 도모하고자 노력했다. 공공은행이 설립된 도시국가 대부분이 국제무역의 중심지로서 역할을 했던 곳이고 여러 가지 국내외 주화가 유통되는 곳이었기 때문에, 주화의 가치를 안정시키고 주화 간 교환비율을 일정하게 유지하는 것이 중요한 과업 중의 하나였다. 그러나 주화의 제조 권한이 한곳에 집중되어 있지 않았기 때문에 함량이 미달된 주화를 발행하려는 잠재적인 욕구는 어느 주조소를 불문하고 다 있었다. 또한 주화는 실질가치와 액면가치가 원칙적으로 동일해야 하지만 변조나 마모, 파손 등에 의해 실질가치가 액면가치에 미치지 못하는 경우가 많았다. 이때 공공은행이 사용한 방법이 은행예금이라는 새로운 회계단위를 만들어서 실제 주화에 관계없이 가치를 일정하게 유지하고자 하는 것이었다. 물론 외부적인 경제충격이나 정치적 요인에 의해 그 가치가 항상 일정하게 유지될 수는 없었지만 은행예금이라는 회계단위가 없었을 때보다는 상인들에게 안정적인 가치를 보장해 주었고, 일부 공공은행에서는 은행예금의 가치를 일정 범위 이내로 유지하기 위해 지금의 공개시장 운영과 같은 금괴나 은괴의 매매를 실시했다.

특히 암스테르담은행이 현대의 중앙은행과 유사한 기능을 한 것은 거액의 환어음을 암스테르담은행에서 계좌 간 이체에 의해 최종 결제하도록 한 점인데, 이는 정화로 인출할 수 있는 권리를 제거해 버린 불태환지폐의 선구자적 모습을 지녔다는 점에서 의미가 있다.[59]

근대

1. 런던 금세공업자

1) 금세공업자-은행의 탄생

암스테르담은행이 정부가 소유한 공공은행으로서 암스테르담을 국제적인 금융도시로 발전시키는 데 기여했다면, 영국 런던에서는 민간부문의 금세공업자goldsmith가 새로운 은행제도를 탄생시킴과 아울러 중앙은행인 영란은행의 설립을 이끌어내는 데 중요한 역할을 했다. 비록 영란은행이라는 공공은행의 설립에 금세공업자의 업무 방식이 크게 기여한 바는 있지만, 기본적으로 금세공업자는 전적으로 영리만을 위해 영업을 했다는 점에서 중세 유럽대륙의 공공은행들과는 성격이 다르다.

17세기 런던에서는 금세공업자뿐 아니라 공증인들도 대출할 재원을 마련하기 위해 예금을 받는 유사 은행업을 수행했다.[1] 이들은 법률지식을 지니고 고객을 위해 계약서, 유언장, 어음 등을 작성해 주는 사무행정에 정통한 전문가들이었으며, 사람들이 거액의 돈을 맡기면서 처리해 줄 것을 부탁하는 신임받는 조언가들이었다. 그러나 런던을 유럽의 금융 중심지로 발전시키는 데 기여한 집단은 금세공업자들이다.

런던의 금세공업자는 오랜 역사를 지니고 있는데 1327년 영국 왕실로부터 정식 인가를 받은 '런던금세공회사Goldsmiths' Company of London'는 1248년에 설립되었다고 알려지고 있으며 동업자 조합인 길드의 중심 역할을 하면서 런던에 위치한 금세공업자들을 조합원으로 두고 있었다. 이 회사는 금세공업자가 모두 사라진 지금까지도 존속하고 있으며 영국 주화의 순도를 결정하는 권한을 지니고 있다.[2]

금세공업자는 당초에는 주로 금과 은으로 만든 접시와 보석 등을 가공하고 매매하는 데에만 종사했고, 귀금속에 전문적인 능력을 지닌 전문가들이 처음으로 화폐와 관련된 일에 참여하기 시작한 것은 17세기에 들어서였다. 이들은 환전 업무를 취급하면서 유통 중에 있는 무거운 주화를 골라내어 덩어리로 녹여 만드는 일을 하며 돈을 벌었다. 당시 런던의 부유한 상인들은 런던탑에 있는 조폐국에 주화를 보관시키고 있었는데, 1640년 찰스 1세Charles I가 조폐국에 예치된 주화를 부족한 전비에 충당하기 위해 모두 몰수해 버렸다. 이에 더 이상 정부를 믿지 못하게 된 런던의 부유한 상인들은 금세공업자에게 주화를 예탁하게 되었다.

한편, 금세공업자들은 정부가 세수를 담보로 발행한 채권을 상당 부분 보유하고 있었는데, 네덜란드와의 해상 전쟁에 막대한 자금이 필요하게 된 찰스 2세Charles II는 금세공업자들로부터 추가로 자금을 차입하고자 했으나 금세공업자들이 이를 거절하자 1672년 재정지출을 중지시켜 버림으로써 정부채를 보유하고 있던 금세공업자들은 큰 손해를 입었고 당시 가장 큰 규모로 활동하던 금세공업자까지 파산하는 일이 발생했다.[3] 그렇지만 금세공업자들은 이 위기를 극복하고 예금과 대출, 지급결제 업무를 모두 수행하는 은행으로 발전했다.

은행업을 하게 되는 과정은 점진적으로 진행되었으며 런던에 있는 모든 금세공업자들에게 해당되는 것은 아니어서, 일부 금세공업자는 귀금속을 다루는 업무만을 지속했고 일부는 금융활동을 하는 은행으로 특화해 갔다. 금세공업자는 1633년부터 은행업을 했다고 알려지고 있는데 그 이유는 그해에 발행된 예금증서가 남아 있기 때문이다. 금세공업자-은행의 숫자는 1670년 32개, 1677년 44개, 1700년 42개로 추산되지만, 전당포업을 하는 금세공업자도 상당수 포함되어 있기 때문에 실제 은행업을 한 숫자는 이보다 적었을 것으로 보인다.[4]

2) 예금과 대출

예금

금세공업자-은행에 예치된 예금은 유럽대륙에서와 마찬가지로 용도가 정해진 예금과 자유롭게 사용할 수 있는 예금으로 구분되었다. 금세공업자뿐 아니라 상인들도 이미 예금에 두 가지 종류가 있다는 것을 알고 있었기 때문에, 금세공업자들이 자유롭게 사용할 수 있는 예금을 이용하여 대출 업무를 하는 것에 이의를 제기하지 않았다. 금세공업자는 조건 없이 예금된 주화의 인출 시에 동일한 주화로 내주어야 할 의무가 없었다. 이는 예금된 주화의 소유권이 예금주에 있는 것이 아니라 금세공업자에게 있음을 뜻했다. 예금자는 단지 예금 금액에 대한 청구권만 지니고 있는 것이다.

금세공업자들은, 인출수수료를 받고 있던 암스테르담은행과는 달리, 대출재원을 마련하기 위해 예금에 이자를 지급했고 적극적으로 예금 유치에 힘썼다. 그러나 17세기 말에 이르러서는 이자를 지급하지 않는 예금이 종종 있었다. 왜냐하면 런던에서 유통되는 주화의 상태가 좋지 않아서 이러한 주화에 대해서까지 이자를 지급할 필요가 없다고 판단한 것이다. 명예혁명 시기에 표준화된 주화였던 은화의 상태를 보면 훼손 정도가 심하여 아연실색할 정도였다고 한다. 어느 상인도 주화의 품질이 나쁜 경우에는 상품을 내어주려고 하지 않아서 곳곳의 가게에서 물건을 구입할 때 아침부터 밤까지 한바탕 소동이 일어나곤 했다고 한다.[5]

상인들이 금세공업자를 이용한 주된 이유는 이자의 수취보다는 자신의 집에 주화를 보관할 때 발생하는 위험에서 벗어나고자 함과 아울러 주화를 사용하지 않고 효과적으로 지급결제를 할 수 있는 데 있었다. 예금에 대한 이자를 기대하기보다는 일시적으로 예금잔액이 부족할 때 이자를 조금 부담하더라도 당좌대월을 이용하여 거래인의 청구서를 결제하고 수수료와 세금을 지급하며 필요한 물품을 구입하는 등 지급결제를 할 수 있는 편의가 더 컸다.

금세공업자는 예금자를 속이고 예금을 대출재원으로 사용했다는 비난을 받고 있는데,[6] 이러한 비난이 정당한지를 알아보기 위해 금세공업자가 예치한 예금의 성격을 검토해 볼 필요가 있다. 예금계약을, 주화의 소유권은 예금자에게 그대로 두고 단순히 안전한 장소에 보관하는 계약으로 볼 것인지, 아니면 예금자가 금세공업자 자신의 이익을 위해 예금을 사용할 수 있는 권한을 금세공업자에게 부여한 채권·채무계약으로 볼 것인지에 따라 금세공업자가 제3자에게 행하는 대출이 정당한지의 여부가 달라진다. 당시에는 이를 분명하게 구분할 적당한 법적 근거가 명확하지 않았기 때문에 실행되던 관행에 의해 판단할 수밖에 없다. 만약 예금계약을 보관계약으로만 본다면 금세공업자가 약속어음을 발행하여 대출하는 것은 불법이고 고객의 예금을 부당하게 이용하는 셈이 되어 금세공업자는 예금자를 속였다는 비난을 받아야 할 것이다. 반대로 예금계약을 금세공업자에게 예금의 사용권한을 부여한 채권·채무계약으로 본다면 금세공업자가 예금자의 의도와는 관계없이 예금을 자신의 의도대로 사용하는 일이 문제가 될 것이 없다.

실제에 있어서는, 유럽대륙의 은행들의 예에서도 알 수 있듯이, 특정한 용도로 예탁한 예금이 아닌 경우에는 예금자가 자신의 예금을 금세공업자의 이름과 책임하에 사용할 수 있는 권한을 금세공업자에 부여한 것으로 보아야 하기 때문에 이 비난은 정당화될 수 없다. 달리 말하면, 예금자는 금세공업자가 자신의 이익을 위해 예금을 사용하는 것을 허락함으로써 예금을 안전하게 보관하고 지급결제의 편의를 이용하려고 한 것이라고 할 수 있다.

당시까지 유럽대륙의 민간은행들이 하던 예금과 대출의 영업활동을 볼 때 금세공업자만 특별히 예금 고객을 속였다는 비난을 받을 이유는 없을 것 같다. 또한 금세공업자는 고객이 예탁한 예금에 대해 보관수수료를 받지 않고 대신 일정한 이자를 지급했다는 점에서 금세공업자가 고객의 예금을 부당하게 유용했다고 말하기는 어렵다고 판단된다. 아울러 금세공업자가 예금에 이자를 지급한 점에서 양자 간에 채권·채무계약이 맺어진 것으로 볼 수 있으며, 금세공업자가 보관용으로 맡겨진 돈을 도용했다는 소송이 법정에서 제기되지 않았던 점에서도 금세공업자를 단순한 예금보관자로만 볼 수는 없을 것이다.

대출

금세공업자는 일시적인 자금부족 시에 사용할 수 있도록 예금자에게 당좌대월을 해주었고, 환어음을 할인해 줌으로써 신용을 공여했다. 암스테르담은행에서는 없었던 금세공업자의 어음할인 업무는 단기금융시장에 유동성을 공급함으로써 단기금융시장의 발달에 기여했다. 상인들에 대한 신용공여는 보관되어 있는 귀금속이나 환어음을 담보로 받음으로써 크게 문제되지는 않았지만, 문제는 정부에 대한 대출에 있었다. 금세공업자들은 양도성이 있고 이자율이 높은 정부채를 사들여 수익을 내고 있었다. 그러나 1667년에서 1671년 사이에 정부가 채권을 너무 많이 발행하여 상환할 수 없게 됨에 따라 정부채를 많이 보유하고 있던 금세공업자들은 파산을 면할 수 없는 상황에 처했다. 정부채를 담보로 정부에 대해 대출해 준 돈이 과도한 상태에서 금세공업자들이 찰스 2세의 전비 조달을 위한 긴급 대출을 거부한 이후 1672년 찰스 2세가 채무불이행을 선언하자 금세공업자의 신용도 정부와 함께 저하되었으며, 이는 영국에서 주식회사 형태의 은행 설립을 지연시키는 결과를 초래했다.

금세공업자가 상인들에게 해주는 대출이 여태까지와는 달리 조금 특이한 것이, 환어음을 할인하면서 필요한 자금을 당시의 화폐인 주화로 주는 것이 아니라 양도가 가능한 약속어음이라는 채무증서를 발행하여 신용을 공여했다는 것이다. 즉, 상인들은 금세공업자의 채무자이면서 동시에 채권자가 되었다.[7] 약속어음은 유통이 가능하기 때문에 약속어음을 받은 상인은 이를 상거래의 결제에 사용할 수 있었다. 암스테르담은행과 비교해 보면 보다 더 명확하게 그 특징을 확인해 볼 수 있다. 암스테르담에 있는 상인은 환어음의 금액이 큰 경우에는 암스테르담은행에 환어음을 제시해야만 했고, 암스테르담은행은 은행에 개설된 상인들의 계정 간 이체에 의해 이를 청산·결제했다. 그러므로 은행의 역할은 대출이 아니라 환어음의 채권자와 채무자 간의 관계를 청산해 주는 것이었다. 이와는 대조적으로 금세공업자는 채권자와 채무자의 관계를 변형시키고 확장시켰다.

3) 부분지급준비제도

은행이 주화와 금 등의 보관과 지급결제 업무만을 행하고 대출은 전혀 하지 않았던 경우는 베네치아의 리알토은행 이외에는 거의 없다. 고객들이 안심하고 주화를 맡길 수 있었던 암스테르담은행마저도 정부기관과 동인도회사 등에 대출해 주면서 부실화되고 결국에는 문을 닫게 된 경험이 있었던 예에서 볼 때, 은행이 자금중개기능을 하지 않는 경우는 흔하지 않았다. 다시 말해, 고객이 언제라도 예금의 인출을 요구할 때에는 즉시 예금의 인출에 응할 수 있도록 지급준비자산을 보유하고는 있었지만, 모든 고객이 한꺼번에 예금을 인출할 경우를 대비하여 지급준비자산을 100% 보유하지는 않았다. 왜냐하면 민간은행은 보다 수익성이 있는 사업에 투자하거나 높은 이자를 받을 수 있는 고객에게 대출할 유인이 높았기 때문이며, 공공은행의 경우에는 정부의 대출 요구가 과다한 경우에도 수용하지 않을 수 없었기 때문이다.

그렇지만 금세공업자에게 지급준비자산의 문제는 이전의 은행과는 다른 차원에서 고려해야 할 사항이다. 왜냐하면 금세공업자는 내재가치가 전혀 없는 종이로 만들어진 예금증서나 약속어음을 고객에게 지급하고 유통시켰기 때문이다. 금세공업자는 고객이 주화를 예탁했을 때 예금증서를 발행하고 이 증서가 유통될 수 있도록 하여 주화의 인출 필요성을 낮추었을 뿐 아니라, 자금의 대출 시에도 주화를 금고에서 꺼내어 차입자에게 주는 대신 약속어음을 발행하여 지급했다. 예금증서나 약속어음은 고객이 주화의 인출을 요구하면 예금증서나 약속어음에 기재된 금액에 해당하는 주화를 지급하겠다는 약속일 뿐 주화 그 자체가 아니기 때문에 금세공업자가 약속어음을 많이 발행하면 발행할수록, 다시 말해 대출을 많이 하면 할수록 총부채 대비 주화의 비율은 낮아지게 된다.

약속어음을 발행하여 대출하게 되면 지급준비자산에 변화가 일어난다. 대출이 있기 전에는 지급준비자산의 비율이 100%이다. 그러나 약속어음이 발행되면서 은행이 발행하는 증서, 즉 부채 대비 주화의 비율은 낮아지게 된다. 예금증서나 약속어음이나 금세공업자의 부채로서 주화로 상환해 줄 의무를 지닌 점에서는 동일한 성격을 지니고 있으므로 하나로 통일하여 은행권이라고 부르도록 하겠다. 만약 고객이 금화 100파운드를 예금하고 이에 대해 은행이 100파운드의 은행권을 발행했다면 지급준비율은 100%(100/100)이다.

금화: 100파운드	은행권: 100파운드

이 상태에서 은행이 다른 고객에게 50파운드를 대출하고 주화를 지급하는 대신 은행권을 지급했다면 금화는 100파운드 그대로인 반면, 은행권은 150파운드가 된다. 이때의 지급준비율은 67%(100/150)로 낮아진다.

금화: 100파운드	은행권: 150파운드
대출: 50파운드	

따라서 은행권을 소지한 고객들이 동시에 와서 예금을 인출한다면 금세공업자는 인출 요구에 충당할 주화가 부족하게 된다. 부분지급준비제도의 문제는 중세 유럽대륙의 은행들에게도 문제가 되었지만, 예금증서나 약속어음을 은행권처럼 발행한 금세공업자에게서는 더 크게 문제가 되었다. 왜냐하면 금세공업자는 금고에 보관하고 있는 주화의 양을 고려할 필요 없이 이윤을 높이기 위해 환어음을 할인해 주고 약속어음을 발행하면 되었기 때문이다. 게다가 금세공업자가 발행한 증서들이 지급수단으로 유통되어서 주화의 인출 요구가 평소에는 크지 않았기 때문이다. 그러나 고객이 동시에 예금을 인출하는 예금인출 사태가 발생할 경우 금세공업자가 이에 대처할 수 있는 수단이 당시에는 전혀 없었다. 이는 영란은행이 설립된 초기에도 마찬가지였으며 영란은행에 최종대부자 기능을 부여한 시점 이후부터 금융안정을 위한 정책수단이 확보되었다.

4) 증서 발행과 지급결제

금세공업자는 은행권으로 발전하게 된 예금증서와 대출 시 주화를 대신하여 발행한 약속어음, 수표 등의 종이로 된 증서들을 발행했다. 이러한 증서들은, 비록 금세공업자들이 처음으로 발명한 지급수단은 아니었지만, 현대의 지급결제와 은행제도를 형성하는 데 크게 기여했다. 예금증서와 약속어음은 동일한 내용을 지니지만 그 의미와 형식이 다르기 때문에 별도로 구분했다.

(1) 예금증서

금세공업자는 예금자에게 예금증서를 발행했는데 현존하는 영국 최초의 예금증서는 1633년에 발행된 것이다.[8] 예금증서의 발행인은 금세공업자이고 수취인은 예금자 또는 증서의 소지인이다. 이 예금증서는 증서가 제시되었을 때 금세공업자가 주화를 지급할 것을 약속한다는 내용을 포함하고 있다. 그러므로 이는 약속어음과 같은 성격의 증서이다.

예금증서를 받은 예금자는 자신의 채무를 갚기 위해 채권자에게 예금증서를 양도할 수 있다. 즉, 예금증서는 채무자에서 채권자로 자금의 이전을 용이하게 하는 지급수단이 되었다. 이러한 지급수단을 이용하여 예금자 또는 채무자는 주화를 채권자에게 물리적으로 인도하는 불편함을 피할 수 있게 되었다. 이 증서들은 그 자체가 돈으로서 가치를 지니고 있어서가 아니라 이 증서를 금세공업자에게 가져가면 돈으로 교환할 수 있다는 믿음에 의존한다는 점에서, 이러한 증서의 수용성은 발행자의 신용에 의존했다고 말할 수 있다. 뒤에 언급하게 될 수표가 귀족이나 토지소유자와 같이 저명하고 그들의 서명이 널리 알려진 사람들에 의해 발행되는 경우가 많은 반면, 예금자의 인지도가 낮을 때는 예금자보다 금세공업자의 신뢰도가 더 높기 때문에 금세공업자가 발행한 예금증서가 지급수단으로 많이 이용되었다.[9] 예금증서의 발행에서는 금세공업자의 평판과 신뢰가 가장 중요하며 이러한 신뢰를 바탕으로 예금증서는 은행이 발행하는 은행권으로 발전했다.

예금증서 발행 초기에는 금세공업자가 예금자의 예금 총액에 대해서 하나의 예금증서를 발행했는데, 일부가 인출되고 나면 인출된 금액을 처음 발행한 예금증서에 표시한 점에서 이는 예금 계정과 잔액을 나타내는 영수증에 불과했고, 예금 가운데 일부만 채권자에게 이체할 수가 없는 문제점을 내포하고 있었다. 이러한 문제를 해결하기 위해 예금 전액을 하나의 증서로 표시하는 대신 여러 개의 금액으로 나누어 여러 개의 예금증서를 발행하는 방식

이 도입되었다.[10]

한편, 1672년 정부의 채무불이행 이후 금세공업자의 신용도도 함께 낮아져서 금세공업자가 발행한 예금증서가 일반적인 지급수단으로 수용되지 못하게 되었다. 17세기 말이 가까워지면서 금세공업자의 증서는 상인들 간에 이미 현금으로 인식되고 있었지만, 채권자는 이러한 증서 대신 금속화폐로 지급받기를 원하는 경우가 있었다. 이는 금세공업자의 파산 가능성에 대한 두려움 때문이었다. 실제로 금세공업자가 대출을 시행하고 있었기 때문에 금세공업자는 예치된 예금을 일시에 모두 지급할 수 없었다. 그러므로 이러한 우려가 과장된 것은 아니었다.

예금자가 금세공업자의 파산을 우려하여 금세공업자의 예금증서를 받지 않고 현금으로 받기를 원한다면 금세공업자는 현금으로 지급하지 않을 수 없다는 점에서 예금증서는 법정통화가 될 수 없는 한계가 있었다. 중앙은행이 발행하는 은행권은 한 국가 내에서 강제통용력을 지니고 있어서 채무자가 자신의 채무를 변제하기 위해 은행권을 제시할 때는 수취를 거부할 수 없는 반면, 당시의 예금증서는 그렇지 못했다. 이런 점에서 금세공업자의 예금증서는 결제완결성을 지닌 지급수단은 아니었기 때문에 중앙은행이 설립된 이후에는 중앙은행이 발행하는 은행권으로 대체되었다.

(2) 약속어음

금세공업자는 자금을 빌리고자 하는 사람에게 환어음 등의 담보를 받고 주화를 지급하는 대신 주화의 지급을 약속하는 약속어음을 지급했다. 약속어음이 주화의 지급을 금세공업자가 약속한다는 점에서는 예금증서와 같지만, 그 외에는 몇 가지 중요한 차이점이 있다.[11] 첫 번째는 지급대상 고객이다. 예금증서는 예금자에게 발행되었고 약속어음은 금세공업자로부터 자금을 차입하는 자금차입자에게 발행되었다. 두 번째는 발행근거가 되는 자산이다. 예금증서는 예금자의 예금을 기본으로 하여 발행되는 반면, 약속어음은 자금차입자가 제공하는 환어음을 담보로 대출해 주면서 발행된다. 그러므로 예금증서의 발행한도는 예금 총액이 되는 반면, 약속어음의 발행한도는 사실상 없게 된다. 환어음을 담보로 받는 이상 무제한으로 약속어음을 발행하여 대출해 줄 수 있다. 금세공업자는 1660년 이후 런던에서 채권자로부터 가장 큰 채무자로 변신했다.[12] 실제에 있어서는 금세공업자가 무제한으로 대출하지는 않았을 것으로 생각하지만 금세공업자의 대출을 규제할 아무런 장치가 없었기 때문에 이론적으로는 충분히 가능하다. 이 점에서 금세공업자에 뒤이어 1694년 설립된 영란은행이 설립 초반에 정부채권의 인수액을 한도로 은행권을 발행할 수 있도록 하여 안전장치를 둔 것과 비교해 볼 때 안전성 면에서 뒤진다고 할 수 있다.

영국에서 기록에 남아 있는 최초의 약속어음은 1668년 어느 해군 행정관이 그의 아버지에게 보낸 금세공업자가 발행한 증서이다.[13] 환어음과 마찬가지로 약속어음도 다른 사람에게 양도가 가능했지만 배서에 의해 양도하는 것은 아니었다. 왜냐하면 환어음은 "특정인 또는 지시에 의하여payable to X or order" 지급하라는 문구가 적혀 있는 반면, 약속어음에는 "특정인 또는 소지인에게 payable to X or bearer" 지급하라는 문구가 적혀 있었기 때문이다. 그렇기 때문에 금세공업자가 발행한 약속어음의 양도 시에는 배서가 필요하지 않았다. 환어음의 양도와 달리 약속어음의 양도에 대해서는 당시에 법적인 뒷받침이 완벽하지가 않아서 약속어음의 발행과 유통에 어려움이 발생하는 경우도 있었다. 환어음에 대해서는 1697년 양도성을 법으로 인정했는데 약속어음의 양도성에 대해서는 법적 근거가 미약했다. 그래서 영국 정부는 1704년 「약속어음법」을 제정하여 금세공업자들이 상관습에 의해 발행하던 약속어음의 양도에 법적인 근거를 제공했다.[14]

금세공업자가 근대 은행제도의 형성에 기여한 것 가운데 중요한 사항이 환어음을 할인하고 할인대금을 주화로 지급하는 대신 약속어음을 발행하여 지급했다는 것이다. 왜냐하면 금세공업자가 발행한 약속어음이 주화를 대신하는 지급수단으로 사용되었으며 유럽대륙에서와는 달리 어느 한 금세공업자가 발행한 예금증서와 약속어음을 다른 금세공업자가 받아줌으로써 청산과정을 거쳐 결제가 이루어질 때까지 신용을 제공하는 수단이 되었기 때문이다. 이제 화폐의 양은 유통 중인 주화와 은행예금에 더하여 결제되지 않은 예금증서와 약속어음의 합으로 확대되었다.

여기서 금세공업자가 발행한 약속어음과 환어음의 성격을 비교해 볼 필요가 있다. 왜냐하면 금세공업자의 약속어음이 나중에 어떻게 은행권으로 발전할 수 있었는지를 쉽게 알 수 있기 때문이다.[15]

금세공업자의 약속어음은 금세공업자의 신용에 의해 배서 없이 양도가 이루어지는 반면, 환어음은 배서에 의해 이전 채무자의 신용이 더해지는 방식으로 양도가 이루어진다. 그러므로 환어음의 지급인이 지급을 거절하게 되면 최종소지인은 이전 배서인에게 지급을 요구할 권리를 지닌다. 그러나 금세공업자의 약속어음은 발행자인 금세공업자가 지급을 거절하면 최종소지인은 약속어음을 자신에게 건넨 전 소지인에게 지급을 요구할 수 없다. 이는 최종소지인에게는 큰 위험요인으로 작용하지만, 다른 한편으로는 이전 소지인들이 최종 결제 시까지 채무를 부담하게 될 수도 있는 조건부 채무자로서의 불편함을 덜어준다는 점에서는 유리한 면이 있다. 그러므로 금세공업자의 신용만이 최종소지인의 위험을 덜어주는 요인이 된다. 그리고 환어음이 만기가 있는 반면, 금세공업자가 발행한 약속어음은 어느 때라도 주화 지급을 요청할 수 있다. 따라서 당시의 상인들은 약속어음으로 지급하는 것을 자신의 채무를 종결시키는 실질적인 지급으로 간주했다. 또한 환어음은 최초 발행된 금액에 한해 신용이 제공되지만, 금세공업자의 약속어음은 당시의 부분지급준비제도하에서 다른 금세공업자가 액면가에 의해 인수해 줌으로써 새로운 신용이 창조된다는 점에서 차이가 있다.

(3) 수표

예금증서나 약속어음과는 달리 수표는 금세공업자가 발행하는 것이 아니라 금세공업자의 예금자가 자신의 예금한도 내에서 금세공업자를 지급인으로 하여 수취인에게 발행하는 것을 금세공업자가 허용한 증서이다. 수표에는 수취인 또는 소지인의 지시에 의해 지급한다는 문구가 적혀 있고, 배서에 의해 양도가 가능하다.

금세공업자가 발행한 예금증서나 약속어음은 영란은행권의 시초가 되었던 반면, 금세공업자의 예금자가 발행한 수표는 지금도 상업은행에서 사용되고 있다. 즉, 영란은행이 은행권 발행자로서는 금세공업자를 대체했지만, 수표 지급인으로서는 전적으로 금세공업자를 대체하지는 않았다. 현존하는 영국 최초의 수표는 1659년에 발행된 것이며, 18세기에 가서야 수표라는 단어가 이러한 종류의 지급수단에 사용되었다.[16]

수표는 일차적으로 금세공업자가 아닌 발행자의 서명과 날인이 있어야 하기 때문에 발행자의 신용에 의존하여 발행된다. 그러므로 수표 발행자의 신용도와 평판, 그리고 금세공업자의 신용도와 평판에 따라 수표가 선호되기도 하고 예금증서나 약속어음이 선호되기도 했다.

(4) 종이 지급수단에 대한 평가

예금증서, 약속어음, 수표 모두 영국에서 처음 사용된 것은 아니다. 양도가 가능하지 않은 수표의 예를 들면, 기원전 1세기 그레코로만 이집트 프톨레마이오스왕조, 또는 14~15세기 이탈리아 등으로 거슬러 올라갈 수 있고, 양도가 가능한 수표는 가깝게는 16~17세기 암스테르담이 영국보다 먼저이다. 마찬가지로 양도 가능한 어음 역시 16세기 초반 유럽대륙에서 먼저 사용되었다. 그렇지만 영국이 특별한 의미를 지니는 이유는 이러한 것들이 함께 어울려 국가적인 은행시스템과 통화제도, 지급결제시스템을 만들어냈다는 점 때문이다. 지급수단으로서의 예금증서와 약속어음, 수표는, 일회적인 사건이 아니라, 현금과 비현금 지급결제에 관한 법적인 사고의 변혁을 가져왔고 이후 전 세계적으로 진행된 중앙은행을 정점으로 하는 금융제도의 형성에 영향을 미쳤다.

5) 네트워크

(1) 증서의 인수

금세공업자는 통일된 예금증서나 약속어음, 수표를 사용하지는 않았지만 고객이 가져온 다른 금세공업자가 발행한 증서들을 받아주었기 때문에 금세공업자들 사이에 청산과 결제를 할 필요가 있었다. 비록 금세공업자가 같은 동업자 길드에 속해 있다고 하더라도 상대 금세공업자가 채무를 이행하지 않을 가능성은 항상 있었기 때문에, 신용위험에 노출되어 있는 상태에서 다른 금세공업자의 증서를 받는다는 것은 이전까지는 없었던 새로운 시도였다.[17] 이전까지는 어느 한 은행에 계좌를 개설하여 자금이체를 통해 결제하는 형태였으므로 은행 간 청산절차가 필요 없었다. 그러나 금세공업자의 경우에는, 다른 금세공업자가 발행한 증서를 고객이 가져오더라도, 고객의 계좌에 입금 처리하고 일정 기간이 지난 후에 양 금세공업자의 담당자가 만나서 증서를 교환하고 상계한 후 남아 있는 금액이 있으면 자기 금세공업자에 개설된 상대방 금세공업자의 계좌에 입금하는 형태로 양자 간 차액결제를 실시했다. 금세공업자를 이용한 금융거래는 금세공업자에 개설된 계좌를 통한 이체거래가 대부분이었고 현금거래는 드물었기 때문에 증서의 인수가 쉽게 이루어진 면도 있었다.

당시의 청산에서 중요한 한 가지는 상대방이 발행한 증서를 할인하지 않고 액면가로 청산하고 결제했다는 점이다.[18] 금세공업자마다 신용도가 다를 수 있고 자신이 발행한 증서를 많이 사용하도록 유인하기 위해서는 상대 증서를 할인하여 받아들이는 것이 유리하지만, 금세공업자들은 액면가를 그대로 인정해 주었다. 이러한 액면가 청산과 결제가 가능했던 이유는 이들이 같은 길드에 속해 있으면서 오랜 기간 도제생활을 함께하고 지속적인 업무관계를 유지함으로써 어느 정도 신뢰관계가 형성되어 있었기 때문이다. 따라서 금세공업자들은 협동 속에서 경쟁하는 체제를 유지했고, 이는 상호 인수라는 긍정적 외부효과를 가져왔다.

이처럼 양자 간 청산과 결제가 가능했던 이유는 귀금속 거래와 관련한 금세공업자들 간의 동업자 의식과 금세공업자가 되기 위한 장기간의 집중적인 도제제도에 기인한다.[19] 7년간 임금도 받지 않고 심지어 수수료까지 내면서 길드에 들어온 수습생은 장인으로부터 금세공에 필요한 기술과 은행업 수행에 필요한 지식을 배웠으며, 이들은 장기간에 걸친 인적 신뢰관계와 전문적 지식을 공유하는 동업자 관계를 형성했다. 그렇기 때문에 런던의 은행가들은 금세공업자로서의 배경을 이용하여 새로운 제도를 만들어갔다.

금세공업자가 형성한 지급결제 네트워크는 17세기의 금융혁명이라고 일컬어질 수 있는 중요한 진전이었다.[20] 왜냐하면 상대 업자가 발행한 증서를 받아들임에 따라 증서의 유통이 촉진되었고 일반인들이 이러한 증서를 받아들임으로써 은행권으로 발전할 수 있었기 때문이다. 영국의 지도자들은 네덜란드인들이 암스테르담은행을 활용하여 주화처럼 거래에 이용할 수 있는 증서를 사용하고 있음을 알고 있었고, 이들이 중앙은행과 유사한 기관의 설립을 논의하는 동안 금세공업자들은 이미 종이에 의한 지급결제시스템을 운영하고 있었다. 또한 금세공업자들이 형성한 시스템은 세금 징수를 용이하게 하고 신용시장에 돈이 공급되도록 했으며 주화의 유통을 줄여주었다.

(2) 양자 간 청산

어느 한 금세공업자가 다른 금세공업자가 발행한 증서를 받아주는 상황에서 청산은 상대방의 신용상태를 모니터링하는 수단이 되었다.[21] 신용위험을 줄이기 위해서는 가급적 자주 청산하는 것이 바람직했다. 그러나 다른 한편으로는 양자 간 청산 후에 상대 금세공업자에게 주화를 지급해야 하는 상황이 발생한다면 가급적 청산을 늦게 하는 것이 유리한 상황이 되는 경우도 있었다. 그러므로 금세공업자는 신용위험 축소와 저렴한 신용 이용 간의 상충 사이에서 균형을 잘 잡을 수 있는 의사결정을 해야 했다.

금세공업자의 양자 간 청산시스템은 정해진 시간에 청산을 한다거나 어떤 식으로 한다는 내부화된 규율이 마련된 시스템은 아니었다. 단지 양자 간 합의에 의해 그때그때 결제가 이루어졌는데 통상 2~3일 후에 주화로 차액이 결제되었다. 이러한 청산시스템은 전적으로 금융만의 네트워크에 기반을 둔 것으로서 상거래나 무역에 의해 구축된 네트워크에 덧붙인 것이 아니었으며, 또한 서로 간에 신용을 주고받는 형태로 관행에 의해 지속적으로 이루어짐에 따라 수표에 근간을 둔 지급결제시스템을 구축하는 데 기여했을 뿐 아니라 은행이 자금중개기관으로서 기능할 수 있도록 했다.

6) 한계

금세공업자 간의 네트워크는 상호 간의 신용과 신뢰 없이는 형성될 수도 없고 운용될 수도 없었으며, 이것이 가능했던 이유는 귀금속에 특화된 거래에서 파생된 금융활동이 금세공업자에게는 익숙한 업무였다는 점과 특정 집단에서 상당히 오랜 기간에 걸쳐 형성된 도제제도 때문이었다.

현대의 지급결제시스템은 금세공업자 시대의 길드와 도제제도에 의해 형성된 참가자 간 상호 신뢰라는 요소를 배제하고 운영된다. 그 대신 엄격한 참가자격 요건을 정하여 그 요건을 충족하는 참가자들만 지급결제시스템에 참여시키고, 서로를 신뢰할 수 없는 상대방이라고 전제하여 상대방이 일으킬 문제를 하나씩 제거해 나가는 리스크 관리방법을 도입하여 시스템을 운영하고 있다. 상대방은 상거래 당사자인 금융기관의 고객일 수도 있고 금융기관 간의 거래상대방일 수도 있다. 모든 거래는 상대방을 믿지 않고 오직 시스템에 의지하여 이루어진다. 그러므로 시스템 운영자는 리스크 관리 책임자여야 한다. 이 점이 과거 금세공업자 시절의 네트워크가 현대 지급결제시스템의 네트워크와 다른 점이다. 그렇지만 금세공업자의 신용위험 관리방식에서 인적인 요소가 제거되면서 현대의 제도화된 신용위험 관리방식이 정착되었다는 점에서, 신용위험의 관리 측면에서 금세공업자가 기여한 바를 평가해 줄 수 있을 것이다.

그리고 금세공업자 간의 청산은 양자 간 청산이었다. 양자 간 청산을 함으로써 거래가 발생할 때마다 건건이 결제하는 것보다는 결제에 필요한 유동성을 절약할 수 있었지만, 보다 더 결제유동성을 줄일 수 있는 다자간 청산은 가능하지 않았으며, 다자간 청산은 청산소가 별도로 설립될 때까지 기다려야 했다.

7) 쇠퇴

금세공업자가 은행업을 하기 시작한 1630년대 이후 정상적인 운영을 어렵게 하는 위기가 몇 차례 있었다. 대표적인 예로는 1665년의 페스트, 1666년 대화재, 1672년 정부의 채무불이행 등을 들 수 있는데, 금세공업자들은 이러한 위기를 잘 극복하고 근대 이후 은행과 중앙은행의 기틀을 마련했으며, 종이에 의한 지급수단이 활발하게 사용될 수 있도록 했을 뿐 아니라 청산과 결제가 안정적으로 이루어질 수 있는 지급결제 네트워크까지 갖추어 지급결제의 발전에도 크게 기여했다.

그러나 금세공업자의 운명에 가장 치명적으로 작용한 것은 바로 금세공업자의 운영방식과 수단을 이어받은 영란은행의 설립이었다. 영란은행은 정부의 지원하에 통일된 은행권을 발행했으며 런던에서 독점에 가까운 발권과 영업을 할 수 있는 권한을 정부로부터 부여받았다. 또한 영란은행이 청산소의 기능까지 할 수 있게 되어 금세공업자가 경쟁할 수 없는 지경에 이른 상태에서 1720년 남해버블사건이 발생하면서, 금세공업자가 원하지 않았더라도 수행하던 공공은행으로서의 역할은 마감하게 되었다.

8) 기여

금세공업자가 금융산업에 기여한 점은 이전의 어느 은행 또는 유사은행들보다 크다고 할 수 있다. 예금증서나 약속어음, 수표 모두 영국에서 처음으로 발생된 것은 아니었지만, 이들을 잘 조합하여 안전하고 효율적인 지급수단으로 자리매김하도록 하면서 중앙은행을 정점으로 하는 은행제도와 통화제도, 지급결제제도를 형성하고 확산시키는 데 중요한 역할을 했기 때문이다.

지급결제에서의 기여 정도 측면에서 영국의 금세공업자-은행을 고대 그리스·로마 시대에 나타나 중세까지 오랜 기간 이어진 환전상-은행과 비교해 보면, 금세공업자가 지급결제의 발전에 기여한 바가 훨씬 크다고 할 수 있다. 왜냐하면 은행권과 유사한 증서와 수표의 발행뿐 아니라 네트워크를 통한 은행 간 청산이 가능하도록 했으며, 특히 영란은행의 탄생에 결정적인 역할을 하여 지급결제와 중앙은행 간의 관계를 형성하는 데 크게 기여했기 때문이다.

그리고 유럽대륙의 공공은행, 그 가운데에서도 암스테르담은행이 영란은행의 설립에 많은 영향을 주었지만 금세공업자는 이 은행들과는 다른 방식으로 업무를 하면서 현대 금융제도의 발달에 기여했다.

첫째, 금세공업자는 고객으로부터 받은 예금을 영리를 위해 대출하는 민간 금융업자로서 금융중개 기능을 수행했다. 특히 대출에 있어서는 당시 상거래에 많이 활용되는 환어음을 인수하고 대출금을 주화로 지급하는 대신 양도 가능한 약속어음을 발행하여 예금증서와 함께 시중에 유동성을 공급하는 역할도 함께했다.

둘째, 금고에 있는 주화와는 별도로 은행예금^{bank money}이 예금증서와 함께 주화보다 통화로서 더 의미 있는 개념이 되도록 했으며, 오늘날 은행권으로 발전한 증서의 발행으로 화폐의 범위를 은행권에까지 확장시켰다. 은행권이 표준통화로서 활용됨에 따라, 비록 독점적인 은행권을 발행한 것은 아니었을지라도, 영란은행의 설립을 촉진시켜 영란은행이 중앙은행으로 진화하는 데 기여했다.

셋째, 금세공업자들은 복수의 금융업자들이 서로 경쟁을 하면서도 이를 보완하는 공동의 인프라를 구축했다. 다른 금세공업자가 발행한 증서들을 할인하지 않고 액면금액으로 받아들임으로써 신뢰를 바탕으로 한 금융과 지급결제 네트워크를 형성하여 현대 금융제도와 지급결제시스템 형성에 기여했다.

넷째, 금세공업자-은행에 예금된 돈은 은행계정에 남아 있는 신용이며 수표라는 지급지시에 의해 어느 한 사람으로부터 다른 사람으로 신용이 이전되는 데 활용되었다. 금세공업자의 신용에 더하여 예금자의 신용도에 따라 수표를 발행할 수 있도록 함과 아울러 배서에 의한 수표의 양도와 유통을 가능하게 하고 금세공업자 상호 간에 수표를 인수해 줌으로써 은행 간 청산제도를 발전시키는 데 기여했다.

금세공업자가 은행가로서 활동하던 초기 시기인 1640년부터 1670년 사이에 작성된 것으로 보이는 익명의 팸플릿이 있다.²² 이 팸플릿은 지방의 대지주가 자신의 아들을 금세공업자의 도제로 보내도 좋을지에 대한 문의에 어느 상인이 답한 편지이다. 상인은 최종적인 판단은 대지주에게 맡기고 있지만 금세공업자-은행이라는 새로운 직업을 좋게 평가하고 있지는 않은 것 같다. 그렇지만 다른 한편으로는 새롭게 태동하는 은행의 성격을 제대로 이해하지 못한 면도 있는 듯하다.

"금세공업자들은 지금까지 접시를 만들어서 팔고 외국 주화나 금, 은을 수입하여 녹이고 주조소로 보내서 주화를 만들도록 하는 등의 일을 해왔습니다. 그런데 1642년 청교도혁명이 일어난 이후 새로운 유행이 불어, 상인의 현금을 보관하고 있던 도제들이 주인을 저버리고 입대하는 일이 발생하자 상인들은 이 돈을 금세공업자에게 맡겼습니다.

금세공업자가 한 일이라고는 남이 맡긴 주화를 받았다가 나중에 지급하는 것밖에 없습니다. 맡긴 주화 가운데 무게가 더 나가는 것들은 프랑스에 수출하여 이익을 챙겨 영국에서 유통되는 주화는 닳거나 변조된 것들밖에 없는 지경이 되었습니다. 그리고 돈이 궁한 상인들의 환어음을 두세 배 할인하여 팔기도 하였습니다.

크롬웰O. Cromwell의 사망 이후 찰스 2세가 프랑스 망명에서 돌아오자 금세공업자들은 자신의 돈이 아닌 남이 맡긴 돈을 이용하여 높은 이자를 받고 왕에게 빌려주어 찰스 2세와 국가는 금세공업자-은행의 노예가 되었습니다.

이들은 다른 사람들보다 뛰어난 능력을 지니지도 않았고, 지식도 많이 갖지 않았으며, 위험한 곳에 투자할 자신의 돈도 가지고 있지 않습니다. 그들이 하는 일이라고는 돈을 받고 지급하는 것밖에 없는데도 다른 상인들보다 더 많은 이자를 받아야하는 게 옳은가요?

당신의 아들을 이들에게 맡겨 도제 기간의 반이나 되는 기간 동안 은행 업무를 배우도록 하는 게 좋은지에 대한 판단은 당신에게 맡기겠습니다. 그리고 그들이 당신 아들에게 가르치는 기술이 200파운드의 수업료만큼 가치가 있는지도 당신에게 맡기겠습니다. 금세공업자-은행들이 하듯이 영국의 법을 어기면서 이러한 영업을 하는 것이 합법적인지를 의심하며 나는 나의 양심에 따라 말합니다."

2. 영국 영란은행

1) 설립 필요성[23]

17세기 영국은 1642년에 시작된 왕당파와 의회파 간의 내전과 1688년 명예혁명에 의해 국가적인 의사결정의 주체가 왕으로부터 의회로 이전되고 있었다. 영국 의회는 암스테르담은행이 낮은 금리로 상인들을 지원해 줌으로써 네덜란드의 경제발전에 기여했다고 판단하여 영국에서도 공공은행을 설립할 필요성을 인식하고 있었다. 당시 논의된 공공은행의 필요성은 크게 세 가지로 나누어볼 수 있다.

첫째는 안정적인 화폐 공급이다. 17세기 말 영국은 급격한 변화의 물결 가운데 있던 국가였다. 1685년 왕위에 오른 제임스 2세James II 당시 영국은 북아메리카, 버뮤다, 자메이카, 바하마 군도에 식민지를 건설했다. 식민지의 성장은 무역의 증가를 가져왔는데 특히 설탕, 담배, 모피, 차와 커피 같은 사치품이 많이 수입되었다. 이에 더해 인도와 아시아 다른 지역과의 무역도 증가하여 당시의 금세공업자들이 공급하고 있던 것보다 더 많은 화폐가 필요했다. 이러한 경제적인 팽창으로 인해 많은 사람들이 새로운 기회를 포착하기 위해서 도시, 특히 런던으로 몰려와 도시의 인구가 급속히 증가했고, 이로 인해 물품과 서비스의 공급이 증가하면서 이를 구입하기 위한 통화와 신용의 확대가 요구되었다.

당시 은행업을 하고 있던 금세공업자는 비록 부분지급준비제도와 증서의 발행에 의해 화폐를 공급하고 있기는 했으나, 이들이 발행한 증서에 대한 채권자의 신용은 그들이 보유하고 있는 유한한 양의 금에 의존한 것이어서 늘어나는 상거래가 원활히 이루어지기 위해서는 정부의 신용력이 보강된 새로운 형태의 은행이 필요했다. 금세공업자의 신용은 정부가 보증하는 것이 아니었기 때문에 고객들이 보유하고 있는 금세공업자의 예금증서와 약속어음은 금세공업자가 채무를 이행하지 못하고 파산하는 경우, 금세공업자가 보유하고 있는 금·은이나 정화 등을 제외하고는, 어떤 식으로도 보상받을 수 없는 상태에 놓여 있었다. 그렇지만 상인들은 주화보다는 지폐에 의해 지급결제하고자 하는 열망이 이전보다 높아졌기 때문에 금속화폐 체제로 돌아가기를 원하지는 않았다. 금속화폐 체제하에서는 갑작스럽게 금의 유입이 늘어나거나 줄어들어 상품의 가격이 불안정해지거나 주화의 마모나 손상으로 인해 상거래에 지장이 발생하는 경우가 빈번했기 때문이다. 오히려 채무불이행이나 파산 위험이 낮은 공공은행이 은행권을 발행하여 금세공업자가 발행하는 증서들을 대체해 주기를 원했다.

둘째는 금리 인하이다. 당시 암스테르담은행의 금리는 연 2% 이하였던 반면, 영국의 법에서 정한 금리 상한은 1624년 연 8%, 1651년에는 연 6%로 암스테르담은행보다 높았다. 그리고 이 금리는 법에서 정한 금리였을 뿐 시장 실질금리는 이보다 크게 높은 수준이었다. 예를 들어, 1660년 왕위에 오른 찰스 2세Charles II는 전비를 조달하기 위해 금세공업자의 지원이 필요했고, 이를 이용하여 금세공업자들은 최소 연 12%의 고금리를 적용하여 정부에 대출해 주면서 높은 이익을 취했으며 다른 상인들에 대한 대출도 이 정도였다고 한다. 금세공업자들이 자신의 고객들에게 지급하는 예금금리는 연 6%인 반면, 대출금리는 12%였기 때문에 상인들은 금세공업자의 높은 금리에 분노하고 있었고, 보다 낮은 금리를 제시하는 은행이 필요하다고 주장했다.

셋째는 전비 조달이다. 1652년 영국은 해상에서의 패권을 잡기 위해 네덜란드와 전쟁을 시작했다. 비록 이 전쟁에서 영국이 승리하기는 했으나 전쟁으로 인해 국고는 비게 되었고 급기야는 1672년 재정지출을 중단하는 사태까지 맞게 되었다. 이러한 상황에서 1688년 프랑스와 다시 전쟁을 하게 된 영국은 전비를 조달하는 것이 가장 큰 문제였다. 영란은행의 설립 목적에는 여러 가지가 있었겠지만 눈앞에 직면한 목적은 전비의 조달에 있었다.

2) 설립 경과

영란은행의 설립 이전에도 공공은행을 설립하려는 시도가 여러 번 있었지만, 1691년 런던의 상인인 윌리엄 패터슨William Paterson이 정부에 연이율 6%(최종 수정안은 8%)로 자금을 빌려주는 대신 은행권 발행 권리를 가진 회사를 설립할 것을 제안한 것이 최종적으로 채택되었다. 당초 안은 몇 차례 수정을 거쳤고 1694년 영란은행이 설립되었다.

당시 정치권에서는 이 은행이 왕의 권한을 강화시킬 우려가 있어서 반대하는 의견이 강했고, 상인들은 이 은행이 영국 은행산업 전체에서 독점적인 위치에 놓일 것이며 결국에는 금리를 인상할 것이라고 우려했다. 그리고 금세공업자 역시 이 은행이 자신들과 경쟁적인 위치에 놓일 것이고 그로 인해 수익이 줄어들 것을 우려하여 반대했다. 이러한 분위기 속에서 영란은행의 설립안이 의회에 제출되었을 때 설립에 큰 도움을 준 사람이 영란은행 설립 직후 재무장관이 된 찰스 몬터규Charles Montagu이다. 그는 의회의 동의 없이 왕에게 대출하거나 왕의 토지를 구입할 수 없도록 하고 상인들을 위해 상품 거래를 금지하는 조항을 추가하여 안을 통과시켰다. 당시 정치인들은 영란은행 설립 법안이 의회를 통과하지 못하게 되면 전쟁을 치르기 위해 긴급하게 자금이 필요했던 정부가 큰 어려움에 직면할 것을 우려하여 통과시켰다.

금세공업자들은 영란은행이 설립된 이후에도 지속적으로 반대의사를 표명하고 실제로 은행에 악영향을 끼치기 위한 행동을 하기도 했다. 예를 들어, 1695년 한 금세공업자는 영란은행 주식을 몰래 조금씩 사 모았다가 영란은행의 주가와 명성에 흠을 내기 위해 일시에 파는 행동을 하기도 했고, 1696년에는 금세공업자들이 담합하여 영란은행 설립 이전에 있던 정부계정에서 영란은행으로 이관된 계정에 예치한 예금을 일시에 주화로 인출하여 주화의 지급을 한시적으로 중단시키기도 했다. 이 사건으로 인해 영란은행의 주가가 20%나 하락하기도 했다.[24] 금세공업자들이 영란은행을 시기했던 이유는 단순하다. 영란은행이 일반인들에게 제공하는 서비스가 자신들의 영업행태와 유사한데 안전성은 오히려 높아서 인기가 많아 경쟁에서 밀리면서 수익이 줄어들 것을 우려했기 때문이다. 근대 이후 은행제도와 지급결제제도의 형성에 크게 기여했다고 평가받는 금세공업자들이 당대에는 높은 금리를 탐하는 탐욕스러운 자들이라는 평판을 들을 정도로 인기가 없었던 데다, 자신들과의 이해상충으로 중앙은행의 설립을 방해했던 점을 볼 때 제도 발전에 기여했다고 해서 모든 행동이 바람직했던 것은 아닌 듯하다.

영란은행 설립이 가능했던 이유는 크게 세 가지를 들 수 있다. 첫째, 영란은행은 공공은행으로서 금세공업자 조합의 독점에 의한 고금리 체계를 낮출 수 있을 것으로 기대되었다. 둘째, 금리의 인하로 미시적 차원에서 기업에 이익을 줌으로써 국가적인 거시적 차원에서 부를 축적하는 데 기여할 수 있을 것으로 기대되었다. 셋째, 프랑스와의 전쟁에 필요한 급박한 전비를 충당해 주지 않으면 루이 14세Louis XIV와의 전쟁에서 이길 수 없을 것이라는 위기감이 있었다.

3) 설립

1694년 제정된 영란은행법의 명칭[25]에 "프랑스와의 전쟁에 사용하도록 자발적으로 출자한 사람들에게 보상해 주기 위해 선박과 맥주 등에 적용할 세금"이라는 문구가 포함되어 있는 점으로 볼 때, 영란은행의 설립 목적이 전비의 조달에 있음은 명확하다. 영란은행의 총자본금은 120만 파운드였고 전액 영란은행권을 발행하여 정부에 대출해 주었다. 영란은행은 설립 이후에 시중에서 정부채를 은행권으로 더 사들여 설립한 지 2년이 지난 1696년 은행권 발행액이 200만 파운드에 달했다.[26]

정부채의 매입 대가는 은행권을 발행할 수 있도록 해준 것이었다. 이로써 자본금과 정부채 매입, 정부대출, 은행권 발행이 하나의 연결고리가 되었다.

인가 기간은 12년이고 인가 기간 종료 시 정부가 연장 또는 취소할 수 있도록 되어 있었으며, 주식회사[27]로서 일반인들로부터 공모를 받고 주식을 발급했다. 개인의 자본금 투자에는 상한을 설정하여 한 개인의 영향이 크지 않도록 했는데 공모 개시 10일 만에 전액 판매될 정도로 인기가 있었으며, 당시 왕과 여왕이던 윌리엄 3세[William III]와 메리 2세[Mary II]도 공모에 참가했다. 그러나 실제 대금 납입은 몇 달에 걸쳐 진행되었기 때문에 영란은행은 정부에 은행권으로 대출해 주었다. 영란은행 주식의 인기는 주식시장에 활력을 불어넣어 주식시장의 발달에도 기여했다.

4) 자금 조달과 운영

영란은행은 자본금 전액을 정부채권 매입의 형태로 정부에 대출했고 정부는 연 4000파운드의 운영자금과 연 8%의 차입이자를 지급했다. 영란은행은 정부채권을 보유하는 형태로 정부에 대출해 주는 대가로 은행권을 발행할 수 있는 권한을 얻었다.

영란은행은 정부에 대한 대출을 위해 설립되기는 했지만 영리를 위한 영업도 함께하여 일반인들로부터 예금을 받기도 하고 어음할인 방식으로 대출도 했다. 고객은 은행에 예금하고 예금 총액 또는 일부분에 해당하는 은행권을 받을 수도 있었고, 장부에 입출금을 기록하게 할 수도 있었으며, 예금 한도 내에서 수표를 발행할 수도 있었다. 은행이 하는 정부 대출 이외의 대출은 어음을 할인하는 것인데, 내국환에 대해서는 할인율이 6%, 외국환에 대해서는 4.5%의 할인율을 적용하여 시중 금리를 낮추는 데 기여했다.

영란은행이 조직을 운영하기 위해 필요한 자금은 수익을 통해 조달했는데 수익의 원천은 크게 세 가지이다. 첫째, 영란은행의 정관에 명시된 대로 정부는 매년 차입이자를 영란은행에 주었다. 둘째, 일반 대출금에 대한 수입이자이다. 이는 대부분 어음할인으로 인한 수입이다. 영란은행이 일반인으로부터 예금을 받을 때 지급하는 지급이자는 연 4%여서 예대마진만큼의 수익을 올릴 수 있었다. 셋째, 비록 자주 활용하지는 않았지만, 영란은행은 토지나 상품 등을 담보로 받고 민간에 대출해 주었고 이때 적용되는 대출금리는 연 3~5%였다.

5) 정부의 은행

영란은행이 설립되기 이전까지는 정부가 자금이 필요한 경우 금세공업자 등 민간부문으로부터 단기로 자금을 차입할 수밖에 없었다. 그렇지만 영란은행이 설립되면서부터는, 비록 조직의 형태는 주식회사로서 민간소유 형태로 출발했지만, 정부의 은행으로서 정부에 단기대출을 해주기보다는 정부가 안정적으로 자금을 이용할 수 있도록 영구채 매입과 같은 형태로 장기대출해 주었다. 정부는 영란은행 설립 시에 영란은행으로부터 받은 대출금을 1705년에 상환할 수 있는 권리를 지니고 있을 뿐 의무적으로 상환할 필요는 없었고, 실제로 상환하지도 않았기 때문에 영란은행의 대정부 대출금은 영구채와 같은 성격을 지녔다.

그리고 최초의 인가 기간이 만료되었을 때 인가 기간을 갱신해 주면서 영란은행으로부터의 정부대출도 추가적으로 이루어지도록 했다. 영란은행에서 볼 때도 정부의 은행 역할을 하는 것이 손해되는 장사는 아니었던 것이, 대출에 대한 이자수입 이외에 정부의 운영비 지원, 은행권 발행 허가 등의 혜택을 누릴 수 있었다.

영란은행이 설립된 지 2년밖에 되지 않은 1696년 영란은행의 반대를 무릅쓰고 설립된 국립토지은행National Land Bank이 6개월 만에 문을 닫자 정부는 국립토지은행이 보유한 정부채권을 영란은행이 인수해 줄 것을 원했고 그 대가로 영란은행이 존속하는 한 영란은행의 영업활동에 위험이 될 수 있는 큰 은행이 은행권을 발행하지 못하게 할 것을 약속해 주었다. 그 당시에 이미 은행권을 발행하지 못하는 은행은 은행으로서 기능을 할 수 없다고 인식되고 있었으므로 이 조치는 실질적으로 주식회사 형태의 은행 설립을 막는 조치였다. 비록 그 약속이 완벽하게 지켜지지는 않았지만 상당히 오랜 기간 지켜졌다고 할 수 있는 것이, 정부는 1826년에 가서야 주식회사 형태의 상업은행 설립을 허용했다. 의회가 그때까지 영란은행에게 은행권 발행의 독점권을 주고 영란은행과 경쟁할 수 있는 주식회사 형태의 대형 은행이 런던에 설립되지 않도록 보호해 준 셈이었다. 이때도 6명을 초과하는 주주로 구성된 주식회사 형태의 은행은 런던 외곽 65마일 밖에서만 은행권을 발행할 수 있도록 하여 영란은행이 런던에서 독점적으로 은행권을 발행할 수 있게 했다.

영란은행이 국유화된 것은 설립된 지 250여 년이 지난 1946년의 일이다.

6) 지급결제

(1) 은행권 발행

영란은행의 기능 가운데 가장 중요한 기능은 은행권을 발행하는 것이다. 그렇지만 유럽에서 최초로 은행권을 발행한 은행은 영란은행이 아니라 스웨덴중앙은행Sveriges Riksbank의 전신으로 1657년에 설립된 스톡홀름은행Stockholms Banco이다. 스톡홀름은행은 1661년부터 은행권을 발행했지만 예금액을 초과하여 대출하면서 은행권을 남발하여 3년 만에 파산했다. 설립 초기에 영란은행은 스톡홀름은행과는 달리 영란은행의 자본금을 넘어서는 채무를 지지 못하도록 했고, 은행권 발행을 정부에 대한 대출금액을 초과하여 발행하지 못하도록 했다.[28] 다시 말해, 은행권의 발행을 영란은행의 자본금액에 해당하는 정부채 보유 한도로 제한함으로써 무분별한 은행권 발행을 방지할 수 있었고, 다른 국가들도 영란은행을 본떠 은행권을 발행하는 은행을 설립하게 됨으로써 중앙은행의 모범이 되었다는 점에서, 영란은행은 은행권을 발행한 실질적인 최초의 중앙은행으로 불리고 있다.

중세 유럽의 공공은행과는 달리 영란은행에는 일정 금액 이상의 환어음을 영란은행에서 결제하도록 하는 강제 조치가 없었다. 또한 영란은행은 고객의 예금을 기반으로 은행권을 발행한 것이 아니라 예금과는 무관하게 정부채권을 보유한 만큼 은행권을 발행했다. 비록 고객이 은행권을 가져와 주화로 전환해 달라고 하면 해주기는 했으나 주화나 금괴 등과 연계하여 은행권을 발행한 것은 아니었다. 오로지 영란은행 자체의 신용에 의해 은행권이 유통되도록 한 것이었다. 영국 정부는 이러한 영란은행의 은행권이 시중에서 법적으로 안전하게 유통될 수 있도록 1704년「약속어음법」을 제정하여 은행권도 약속어음의 일종으로 간주함으로써 양도성을 부여했다.

약속어음의 양도성은 환어음의 양도성과는 성격이 달랐던 것이, 환어음은 배서에 의해 양도가 가능하기는 했으나 조건부 채무의 성격이 있어서 최초 지급인이 지급을 거절하면 모든 배서인이 연대 책임을 져야 했던 반면, 약속어음은 배서 없이 양도할 수 있도록 하여 조건부 채무의 성격을 배제해 주었다. 이런 점에서 영란은행은 암스테르담은행보다는 금세공업자의 영향을 더 많이 받았다. 왜냐하면 금세공업자가 자신이 발행한 예금증서나 약속어음이 시중에서 유통되기를 원한 것과 마찬가지로 영란은행 역시 은행권이 유통되기를 희망했기 때문이다.

영란은행의 은행권이 지급결제와 관련하여 중요한 의미를 지니는 이유는 비록 당시의 영란은행권이 법정통화로서의 지위는 지니고 있지 못했음에도 안전한 결제자산으로서의 지위는 보장받았다는 점이다. 환어음이나 수표와는 달리 상거래에서 물건 구입의 대가로 영란은행권을 지급한 상인은 더 이상 아무런 채무를 지지 않아도 되었다. 그리고 법적으로도 양도성을 부여받았기 때문에 상대방이 수취를 거절하지 않는 이상 은행권 지급을 이유로 거래를 되돌릴 수 없는 법적 지위를 부여받았다.

또한 영란은행의 은행권이 가지는 의미는, 비록 고객이 원하는 경우 실물 주화로 교환해 줄 수는 있지만, 예금을 수취하거나 민간에 대출을 해줄 때에 은행권을 지급했다는 점에서 금속화폐와 결별했다는 것이다. 그렇다고 해서 영란은행의 은행권이 금속화폐와 완전하게 결별한 것은 아니었다. 금세공업자의 담합으로 예금을 일시에 주화로 인출하는 사태가 발생했을 때 영란은행은 주화의 지급을 일시적으로 중단해야 했고 이후에도 그러한 위기상황을 몇 번 겪어야 했으며, 1797년 프랑스와의 전쟁이 원인이 되어 일시적으로 시행한 금태환 정지 조치는 1821년까지 계속되었다. 고객이 원할 경우 은행권이 표상하고 있는 가치에 해당하는 금을 지급해야 하는 태환화폐로부터 지급하지 않아도 되는 불태환화폐로 화폐제도가 바뀌어 금속화폐와 완전하게 결별한 것은 1931년 금본위제를 폐지한 이후부터이다.

영란은행의 자본금이 당시로서는 다른 어느 회사보다 많았기 때문에 파산 가능성이 낮은 데다 정부의 지원을 받는 공공은행으로서의 성격이 강했기 때문에, 영란은행이 발행하는 은행권은 금세공업자나 다른 민간은행이 발행하는 증서보다 공신력이 있어서 런던을 중심으로 활발하게 유통되었다. 영란은행의 설립 시에 금세공업자의 반대가 심했던 이유도 금세공업자의 예금증서나 약속어음이 영란은행의 은행권보다 신용력이 약하여 영업에 지장을 받을 것을 우려했기 때문이다.

그렇지만 영란은행은 설립 당시에 정치적인 반대에 부딪혀 의회가 제정한 법이나 정관에 명시적으로 발권력을 부여받지 못해서 화폐로 유통시킬 수 있는 은행권을 발행할 법적인 근거를 얻지는 못했다. 영란은행이 발행하는 은행권이 보편적인 교환수단으로서 받아들여진 것은 1758년에 있었던 소송의 판결 덕분이었다.[29] 이 소송에서 법원은 영란은행이 예금자에게 발행하는 증서가 상품이나 증권 또는 채무증서는 아니며 일반적인 지급수단으로서 주화와 마찬가지로 화폐라고 판결을 내렸다. 그러나 이때도 법화로서의 지위를 인정받은 것은 아니었다. 따라서 어느 한 채무자가 채무의 변제를 위해 채권자에게 은행권을 제시했을 때 채권자는 은행권의 수령을 거부하고 주화로 지급할 것을 요구할 수 있는 권한을 지니고 있었다. 채무의 변제를 위하여 영란은행권을 제시했을 때 영란은행권을 무조건 받아야 하는 법적 효력을 지닌 법화로서의 자격은 1833년에 가서야 공식적으로 인정되었다.

영란은행은 한편으로는 금세공업자와 유사하고 다른 한편으로는 금세공업자보다 유리했다. 유사했던 점은, 금세공업자나 영란은행이나 예금증서나 은행권이 시중에서 유통되고 있는 한에는 아무 문제가 없으나, 주화로의 인출이 급격하게 늘어나면 인출 수요를 충당할 수 없었다는 점이다. 영란은행이 유리했던 점은, 금세공업자는 예금으로 조달한 자금을 기반으로 예금증서를 발행했기 때문에 고객 예금에 신경을 써야 했던 반면, 영란은행은 예금과는 무관하게 은행권을 발행할 수 있었기 때문에 예금에 대해서는 상대적으로 신경을 덜 써도 되었다는 점이다.[30]

영란은행 설립 당시 은행권의 발행한도는 정부채권의 매입을 통한 정부대출에 묶여 있었으므로, 경제의 규모가 커지고 화폐 수요가 늘어나게 되면 영란은행은 정부대출을 늘려야 하는 문제가 있었다. 영국 정부와 영란은행은 이 문제를 인가 갱신 시에 자본금을 늘려 정부채를 인수함으로써 정부대출을 늘리는 방법으로 임시방편에 의해 해결했다. 은행권 발행한도를 보다 명시적으로 설정한 것은 통화주의자와 은행주의자 간에 치열한 통화논쟁이 있은 후인 1844년 당시 영국 총리였던 로버트 필Robert Peel의 이름을 딴 필 조례Peel's Bank Act 또는 Bank Charter Act 1844에 의해서였다. 이 조례는 영란은행을 상업은행 업무를 담당하는 부서와 발권부서로 분리시키면서, 당시 보유하고 있던 국채에 해당하는 1400만 파운드를 초과하여 은행권을 발행하기 위해서는 그에 상당하는 주화나 금·은괴를 보유하도록 했다. 필 조례 직전 영란은행의 단기부채인 예금과 은행권 발행액의 근거가 되는 자산은 정부채가 2/3, 금이 1/3이었는데,[31] 필 조례 이후에 은행권을 발행하기 위해서는 금 보유량을 늘리는 수밖에 없게 되었다.

또한 이때부터 신규 발권은행의 허가가 금지되었다. 마지막까지 은행권을 발행하는 은행으로 남아 있던 민간은행이 다른 은행에 합병되면서 기존 은행의 은행권이 발행되지 않게 된 1921년에서야 영란은행이 독점적으로 은행권을 발행할 수 있게 되었다.

(2) 결제자산

영란은행은 은행권의 발행기관일 뿐만 아니라 은행 간 청산을 위한 결제자산의 제공자가 되었다. 결제자산은 지급의무를 최종적으로 결제하기 위해 지급결제시스템에서 참가자들 간에 이전되는 자산을 뜻하는데, 가장 안전한 결제자산은 신용위험이나 유동성위험이 없는 중앙은행에 대한 청구권으로서 중앙은행이 발행하는 은행권과 중앙은행에 개설된 계좌의 예금이 여기에 해당된다. 은행권과 중앙은행예금이라는 두 가지의 안전자산 가운데에서는 중앙은행에 개설된 계좌의 예금이 더 우량한 결제자산이라고 할 수 있다. 왜냐하면 예금은 인쇄나 저장, 운송 등의 필요성이 없기 때문이다. 그러므로 은행 간 지급의무를 종결시키기 위한 가장 양호한 결제자산은 중앙은행이 지급결제시스템 참가은행들에 개설해 준 결제계정 또는 지급준비계정에 예치된 예금이다. 이러한 결제자산은 시중은행에 예치한 상업은행예금commercial-bank money과 구분하기 위해 중앙은행예금central-bank money이라고 불린다. 중앙은행예금은 상업은행예금보다 더 안전한 자산이다. 왜냐하면 상업은행이 신용위험과 유동성위험에 노출되어 있는 반면, 중앙은행은 법에 의해 신용위험과 유동성위험에 노출되지 않기 때문이다. 영란은행의 설립을 반대하던 금세공업자들도 결제의 편리성 때문에 영란은행이 설립된 지 2~3개월 만에 영란은행에 계좌를 개설했다.

한편, 금세공업자-은행을 포함한 민간은행들은 자신의 고객이 발행한 수표를 양자 간 차감결제방식에 의해 결제했는데 영란은행이 설립되기 전에는 주화나 금으로 결제해야 했다. 그러나 영란은행이 설립된 이후에는 영란은행이 발행한 은행권으로 결제를 할 수 있게 되었고, 나중에는 영란은행에 개설한 계좌를 이용한 중앙은행예금으로 결제하게 되었다.

그렇지만 영란은행이 처음부터 모든 면에서 지급결제시스템이라는 피라미드의 정점에서 결제기관으로서의 기능을 수행하지는 않았다. 중앙은행이 결제기관으로서의 비교우위를 누리기 위해서는 다음과 같은 요건이 만족되어야 한다.[32]

첫 번째 요건은 중앙은행이 은행권을 발행하고 정부의 은행으로서 역할을 하면서도 상업적 동기에 의한 업무를 함께하는 경우에는 이해상충이 발생하기 쉬우므로 상업적 동기를 포기해야 한다는 것이다. 결제가 중앙은행의 결제자산을 통해 이루어지는 상업은행들은 중앙은행에 개설된 자신들의 계좌와 관련된 정보가 자신들에게 불리하게 이용되지 않으리라는 확신을 필요로 하기에, 중앙은행이 영리를 도모하게 되면 중앙은행으로서의 역할을 제대로 하기가 어렵다. 최종적인 결제자산의 공급자가 민간 상업은행일 때 이해의 상충이 발생한 예는 1793년 영란은행에서 찾아볼 수 있다. 당시 어려움을 겪고 있던 영국의 대형 지방은행들이 영란은행에 지원을 요청했지만 영란은행은 이를 거절했고 그 여파가 런던시장에까지 미쳤다. 당시 영란은행은 지방에 설립된 은행들의 갑작스러운 요구까지 자신이 지도록 하는 것은 부당하다고 인식했다. 이해상충의 해결은 중앙은행이 다른 은행들과 경쟁하는 것을 그만두고 공공의 목적만을 위해 활동해야만 가능해질 수 있었다. 영란은행은 1880년에서 1910년 사이에 상업적인 활동을 그만두었다.

두 번째 요건은 중앙은행의 채무를 결제자산으로 이용하도록 되어 있는 지급결제시스템에 참가하는 은행들에게 중앙은행이 이 결제자산의 신용도와 유동성에 대한 확신을 심어주어야 한다는 것인데, 여기에는 세 가지 방법이 있다.

① 중앙은행의 은행권과 예금이 내재가치를 지닌 금과 같은 상품에 의해 지지

되도록 할 것.

② 중앙은행이 거액의 자본금을 가지고 있어서 의무를 실행하는 데 실패할 가능성이 매우 낮을 것.[33]

③ 중앙은행이 명시적 또는 묵시적으로 정부의 보증을 받고 있을 것.

첫째와 둘째 방법과 관련해서는 영란은행은 설립 시부터 유리한 위치에 있었다. 영란은행은 1844년 이전까지는 보유 국채 한도 내에서 은행권을 발행하여 안전자산에 의한 지지를 받았고, 이후에는 보유하고 있는 금에 의해 지지를 받았다. 그리고 19세기가 될 때까지 다른 어느 은행보다 많은 자본금을 지니고 있었다. 또한 정부에 대출해 주면서 정부의 지원을 받고 있었으며 1946년에는 결국 국유화되었다. 따라서 영란은행은 시대에 따라 세 가지 방법을 모두 충족함으로써 두 번째 요건을 만족시켰다.

(3) 지급결제 네트워크

지급결제 네트워크에는 크게 두 가지 종류가 있다.[34] 첫째로 금융기관이 아닌 상인이나 일반인들이 발행한 수표나 어음을 발행은행이 아닌 은행에서 받아주고 이러한 증서를 청산·결제하는 네트워크가 있는데 소액결제를 위한 네트워크가 이에 해당한다. 둘째로 은행 등 금융기관들이 서로 주고받은 자금이나 소액결제 네트워크에서 최종 결제되어야 할 자금이 결제되는 네트워크가 있는데, 이는 결제되는 금액이 일반적으로 크기 때문에 거액결제를 위한 네트워크라고 불린다.

영국에서는 소액결제를 위한 네트워크를 운영하는 청산소가 1773년 런던에 설립되었고, 거액결제를 위한 네트워크라고 명확하게 구분 짓기는 모호하지만 영란은행은 자신에게 개설된 금융기관의 계좌를 이용하여 결제하는 결제기관으로서 설립 초기부터 그 역할을 했다.

(4) 최종대부자 기능

중앙은행은 금융기관이 일시적으로 자금이 부족하여 예금을 내주기가 어렵게 되는 경우에 긴급자금을 빌려주는 최종대부자 기능을 수행한다. 영란은행은 설립 직후부터 영리 업무를 했기 때문에 이러한 최종대부자 기능을 수행하기가 어려운 위치에 있었다. 앞서 언급했듯이 1793년 지방은행들의 지원 요청을 거절한 것도 같은 선상에서 설명될 수 있다. 1825년 라틴아메리카 신흥국에 대한 과도한 투자로부터 발생한 금융위기가 영국에까지 미쳤을 때 역시 영란은행은 최종대부자 기능을 수행하지 않았다. 다만 이때의 위기가 영국의 금융시스템을 개혁하는 시발점이 되기는 했다. 정부는 영란은행의 지점 설립을 허용하면서 지방은행을 지원하도록 했고, 민간은행들의 규모가 커지면 예금인출 사태를 이겨낼 수 있을 것으로 판단하여 1826년 런던으로부터 65마일 밖에 있는 곳에서는 주주가 6명을 초과하더라도 주식회사 형태로 은행을 설립하는 것을 허용했으며 1833년에는 런던에도 허용했다.

그러나 1844년 제정된 필 조례에서 은행권 발행한도를 제한한 조치로 인해 영란은행은 금융위기 시에 은행권을 풀어 위기에 처한 은행들을 구제해 줄 수가 없었다.[35]

영란은행은 1866년 영국 최대 규모의 금융중개회사가 파산하고 그 여파로 대량 예금인출 사태가 발생했을 때도 충분한 지원을 하지 않았다. 이러한 영란은행의 행태에 분노한 지식인 가운데 한 명이 ≪이코노미스트The Economist≫의 편집장인 월터 배젓Walter Bagehot이었고, 그는 1873년 발간한 금융 에세이 『롬바드 스트리트Lombard Street』에서 중앙은행은 금융위기 시 시장에 충분한 유동성을 공급하여 사람들의 불안 심리를 진정시키고 위기의 확산을 방지하여 전체 금융시장의 안정을 도모해야 한다고 주장했다. 그의 충고를 따랐는지 영란은행은 그 이후부터 최종대부자 기능을 하기 시작했다.

7) 기여

설립 초기의 영란은행은 은행권 발행과 주식회사 형태의 조직구조, 그리고
정부 대출금 처리를 하나로 묶어 새로운 금융제도를 만들어낸 측면에서 금융
제도의 발전에 크게 기여한 반면,[36] 화폐를 대신하는 지급수단의 발달이라는
측면에서 지급결제의 발전에 직접적으로 기여한 정도는 크지 않았다고 평가
할 수도 있다.

그러나 이는 내재가치와 액면가치가 같았던 지금까지의 화폐로부터 종잇
조각에 불과한 은행권이 화폐의 자리에 등극하여 가장 안전한 결제자산의 지
위를 차지한 사실을 무시한 평가이다. 영란은행에 대한 평가 가운데 지급결
제와 관련하여 가장 높게 평가해 주어야 할 부분이 지급수단의 최종 결제를
주화가 아닌 토큰에 불과한 은행권으로 하는 것을 금융시장에서뿐 아니라 일
반인들도 당연한 것으로 받아들일 정도로 은행권에 안전성과 신뢰성을 부여
했다는 점이다.

영란은행은 금본위제가 유지되던 시대에 자신의 은행권이, 비록 일시적으
로 금태환이 중지된 경우가 있었지만, 금을 대신하여 모든 지급수단의 최종
결제자산으로 자리매김하는 데 큰 역할을 했다. 이 과정에서 일시적으로 위
기에 처한 경우도 있었지만, 영란은행이 분별력 있고 통제된 방식으로 은행
권을 발행했고 정부채무도 능숙하게 관리하는 데 성공했다[37]는 사실도 긍정
적으로 평가해 주어야 할 부분이다.

금세공업자와 영란은행을 함께 놓고 어떻게 지급결제의 발전에 기여했는
지를 구체적으로 비교해 보고자 한다.

영란은행과 금세공업자의 운영에서 가장 유사한 점은 채무증서를 발행했
다는 점이다. 금세공업자는 고객이 주화를 맡기면 예금증서를 발행했고 예금
증서의 유통이 가능하도록 해줌으로써 예금증서가 지급수단으로서 활용되도
록 했다. 그리고 고객에 대한 대출 시에도 주화를 지급하는 대신 약속어음을

발행하고 발행된 약속어음이 시중에 유통될 수 있도록 함으로써 예금증서와 마찬가지로 약속어음이 지급수단으로 활용되게 했다. 즉, 예금증서와 약속어음이 화폐처럼 유통될 수 있도록 했다. 그러나 금세공업자의 예금증서와 약속어음은 발행주체가 하나만 있는 것이 아니었기 때문에 금세공업자의 신용도에 따라서 그 금세공업자가 발행한 증서들의 신용도가 결정되는 문제가 있었다. 또한 금세공업자는 민간조직이었기 때문에 파산 가능성을 완전히 제거할 수는 없었으므로 고객들이 금세공업자가 발행한 증서들을 전적으로 신뢰할 수 없는 문제도 내포되어 있었다.

영란은행 역시 금세공업자가 발행한 예금증서나 약속어음과 마찬가지의 기능을 하는 은행권을 발행했다. 영란은행의 은행권은 금세공업자의 예금증서나 약속어음보다 더 유통력이 강했다. 왜냐하면 정부가 은행권의 발행권한을 영란은행에게 유리하게 부여하여 준독점적인 발권력을 행사할 수 있었기 때문이고, 상인들과 일반인들은 정부가 지원하는 영란은행이 발행한 증서를 다른 지급수단보다 믿고 사용할 수 있었기 때문이다. 비록 영란은행의 은행권이 금세공업자의 예금증서나 약속어음보다 신용력이 높기는 했지만, 발행과 유통 면에서의 메커니즘이 동일했다는 점에서 금세공업자가 지급결제의 발달에 기여한 점은 초기 영란은행에 못지않다고 할 수 있다.

그렇지만 영란은행을 높이 평가하는 이유는 영란은행이 초기 단계의 역할에 머물지 않고 시간이 경과하면서 진정한 중앙은행으로 점진적으로 나아가 금융시스템과 지급결제시스템에 가져온 기여가 다른 어떤 조직보다 컸기 때문이다. 영란은행은 금세공업자가 만들어놓은 제도에 공공은행으로서의 공신력을 더하여 은행권이 정화를 대체할 수 있도록 만들었다. 영란은행은 암스테르담은행과 금세공업자의 장점을 접목시켜 공적인 기관으로서 역할을 충실히 했고, 이에 더하여 19세기 중후반 금융위기가 발생했을 때 무제한으로 은행권을 공급해 줄 수 있는 최종대부자 기능을 수행함으로써 시장실패가 발생하는 경우 유동성이 필요한 금융기관에 유동성을 공급해 주면서 지급결제의 안정을 통한 금융안정을 도모했다.

　은행권 발행 다음으로 영란은행이 지급결제의 발전에 기여한 것은 거액결제시스템으로 발전하게 된 네트워크를 제공했다는 점이다. 영란은행의 예금계좌는 단지 참가은행들의 자금을 한군데로 모아둔 데 그치지 않고 영란은행을 통해 모든 은행들이 연결될 수 있도록 했다. 이 네트워크는 은행 간 결제를 위해서뿐 아니라 통화정책을 집행하는 도관導管으로서도 주요한 역할을 하게 된다.

　영란은행의 역사에서 몬터규 노먼Montagu Norman에 대한 언급을 빼놓을 수는 없을 것 같다. 왜냐하면 그는 1920년부터 1944년까지 무려 24년간 영란은행 총재를 역임하여 최장수 총재라는 명예를 지니면서도, 한편으로는 영국 경제사에서 최악의 결정을 한 인물이라는 평가도 받기 때문이다.

　그는 1925년 당시 재무장관이던 윈스턴 처칠Winston Churchill을 설득하여 금본위제로 회귀하도록 했는데, 이 조치는 영국 경제를 침체에 빠지도록 했다. 처칠은 후에 노먼의 충고를 들었던 것이 그의 인생에서 가장 나쁜 결정이었다고 토로했다.[38] 결국 노먼은 금본위제의 지지자였음에도 1931년 금본위제를 폐지해야만 했다.

　그는 재임 시 나치와 관련되어 있다는 소문에 휩싸이곤 했는데 그 소문은 어느 정도 사실로 판명되었다. 영란은행이 공개한 자료에 근거하여 ≪파이낸셜 타임스Financial Times≫의 2013년 3월 30일 자 신문에 실린 기사에 의하면 1939년 아돌프 히틀러Adolf Hitler가 체코슬로바키아 중앙은행으로부터 훔쳐 국제결제은행에 예치한 금을 처분하는 데 도움을 주었던 인물이 노먼이었다. 그는 그 사실을 영국 정부에까지 알리지 않았을뿐더러 재무장관의 정보 요청에도 아는 바가 없다고 할 정도였다. 당시 국제결제은행의 의장은 독일인인 오토 니어마이어Otto Niemeyer였고 그는 영란은행 임원도 겸하고 있어서 영란은행에 나치의 금 위탁 매매를 청했다. 오토 니어마이어는 노먼과 절친한 사이인 독일 중앙은행Reichsbank 할마르 샤흐트Hjalmar Schacht 총재의 오른팔로 불리던 인물이었다. 노먼은 샤흐트 총재의 손자 영세식에 참석하여 대부가 되어주었다. 이런 일들 때문인지 2013년 영란은행 총재에 취임한 마크 카니Mark Carney는 몬터뉴 노먼의 초상화를 떼어내도록 지시했다.

또한 노먼은 런던의 금세공업자와도 관계를 맺고 있다. 그는 영란은행에 들어오기 전에 그의 할아버지가 파트너로 참여했던 마틴스 뱅크Martins Bank라는 민간은행에 근무한 적이 있는데 이 은행은 런던의 금세공업자에 기원을 두고 있다.[39]

그는 중앙은행의 통화정책에 대해 "설명하지도 말고 사과하지도 말라"라고 말한 것으로 유명하기도 하다. 그의 재임 시에는 이러한 주장이 통했을지 몰라도 지금은 중앙은행이 시장과 소통해야 한다는 주장이 힘을 얻고 있다.

3. 영국과 미국 청산소

지급결제와 관련한 지금까지의 설명은 주화를 대신하는 자금이체나 수표, 환어음, 예금증서, 은행권 등 대부분의 지급수단을 만들어낸 지급결제의 주인공들과 관련한 것이었다. 청산소의 설립은 여태까지와는 달리 지급결제가 하나의 시스템으로 자리매김하면서 금융 인프라로서 발전하는 첫 단계라고 할 수 있다. 청산소는 화폐 이외의 지급수단이 상거래에 이용되었을 때 상거래 당사자들을 대신하는 은행[40]과 같은 제3자 간의 채권과 채무를 확정하기 위한 청산을 원활하게 해주는 집중화된 기관이라고 정의할 수 있는데, 청산소가 설립되기 이전에도 지급결제라는 행위는 분산된 형태로 이루어지고 있었다. 그러므로 청산소에서의 청산은 은행들 간에 주고받을 금액을 확정하는 단계와 절차이며 다음 단계인 결제까지 완결되어야지만 개인들이 채권·채무 관계를 끝내기 위해 사용한 화폐 이외의 지급수단이 그 목적을 완성하게 된다. 말하자면, 개인 간 거래에 따른 지급결제를 수면 밑에서 처리해 주는 조직이 청산소라고 할 수 있다.

청산소가 등장하기 이전에도 화폐 이외의 지급수단이 사용되는 상거래를 결제하기 위해서는 중간에 청산 단계가 필요했지만 청산과 결제 단계가 명확하게 분리되지는 않았다. 청산은 상거래 당사자들 간의 채권·채무를 확정하는 단계가 아니라 상거래 당사자들을 대신하여 돈을 지급하는 은행들 간의 채권·채무를 확정하는 단계이다. 은행이 개입하지 않으면 청산절차는 필요하지 않고 바로 결제를 하면 된다. 그렇지만 은행이 개입하지 않기 위해서는 상거래 당사자들이 화폐만을 사용해야 하며, 화폐적 가치를 지닌 지급수단을 사용할 수 없는 문제가 발생한다. 왜냐하면 화폐적 가치를 지닌 지급수단은 상거래 당사자들이 만들어낸 것이 아니라 은행이 만들어낸 것이며, 상거래 당사자들은 편의를 위해 은행이 만든 지급수단을 사용하고 있기 때문이다. 이때 한 은행만 상거래에 개입하게 된다면 청산절차가 필요 없이 바로 결제가 이루어지지만, 둘 이상의 은행이 상거래에 개입하게 되면 은행 간에 청산이 필요하고 청산이 끝난 후에 최종 결제가 이루어지게 된다. 청산소는 둘 이상의 은행들이 상거래에 개입할 때 청산절차를 안전하고 편리하게 해주기 위해 설립되었다.

청산소와 관련한 논의는, 미국의 서픽은행에 의한 은행권 청산을 제외하고는, 모두 화폐 이외의 지급수단을 사용하고 둘 이상의 은행이 상거래에 개입하는 경우로 제한되는데, 청산소의 역할을 명확하게 파악하기 위해 청산소 설립 이전에 지급수단이 결제된 절차를 살펴보도록 한다.

1) 청산소 설립 이전의 지급결제

지금까지 언급한 지급결제의 주인공들은 청산소가 설립되기 이전에 그들 나름대로 합리적인 방법에 의해 상거래의 결제를 도모했는데, 특징적인 것은 한 조직 내에서 결제가 이루어져 청산과정이 필요 없는 경우가 아니라면 관련되는 조직 간에 서로 계좌를 개설하여 상계한 다음 차액을 결제하는 방식이라는 점이다.

(1) 단일 조직 내 자금이체에 의한 결제

가장 단순하면서도 오랜 역사를 지닌 결제방법이 한 환전상 또는 한 은행 내에 계좌를 개설하여 계좌 간에 자금이 이동하도록 함으로써 결제하는 것이다. 이때는 결제의 안전을 위해 거래당사자들이 결제가 이루어지는 환전상이나 은행에 함께 방문하여 문서보다는 구두에 의해 지급지시를 하고 계좌 간에 자금을 이동시켜 결제를 완료했다. 따라서 별도의 은행 간 청산과정이 필요 없는 단순한 형태였다. 즉, 제3자를 이용한 결제가 바로 당사자 간의 결제가 되는 셈이었다.

(2) 환어음의 결제

정기시장에서의 결제

12세기 중반 이후 정기시장에서는 시장에서의 거래가 끝나게 되면 여기에 참가했던 상인과 은행들이 양자 간에 서로 주고받을 채권과 채무를 상계하거나, 채권·채무 관계가 순환하는 형태인 경우에는 세 명 이상의 당사자들이 채권·채무를 양수도하여 최종적으로 결제할 금액을 최소화하는 노력을 했다. 따라서 이들이 사용한 지급결제는 청산을 위한 별도 조직이 없는 "분권화된 다자간 청산 메커니즘"[41]에 의한 것이었다. 만약 이러한 상계와 채권·채무의 양수도에도 불구하고 결제할 금액이 남아 있게 되면 주화로 결제하거나 아니면 다음 정기시장으로 이월하여 결제했다.

이렇게 개별적으로 상계나 양수도에 의해 청산할 때 가장 문제가 되는 것은 중간에 어느 한 당사자가 결제를 불이행하는 사태가 발생하는 경우이다. 그렇기 때문에 상인과 은행들은 가급적 신뢰할 수 있는 사람들끼리만 청산·결제하려고 했으며 채권·채무의 양수도 계약이 맺어진 경우에는 취소할 수 없도록 하는 안전장치를 마련했다. 그리고 정기시장을 운영하는 지역의 영주는 사법제도를 만들어 법적인 다툼이 있을 경우에는 공정하게 처리할 수 있도록 하여 상인들의 이탈을 방지하려고 노력했다.[42]

이러한 청산의 대표적인 예가 12~13세기 샹파뉴 정기시장이었지만 정기시장에서의 상세하고 구체적인 청산절차에 대해 언급한 기록은 1597년 프랑스 동부에 있던 브장송 정기시장에서 찾아볼 수 있다. 브장송 정기시장은 샹파뉴 정기시장과는 달리 상품의 거래는 이루어지지 않고 상품거래 이후 청산만을 위한 정기시장으로 발전한 시장이며 청산절차는 다음과 같았다.[43]

첫째, 50~60개 정도의 머천트은행이 장부를 지니고 함께 모이며 여기에서 지급결제를 원하는 상인들은 직접 참가하거나 아니면 공식적인 대리인을 참가시켜야만 한다.

둘째, 참가자들이 확정되면 모든 채권자들은 채무자들에게 채무액을 확인시켜야 하고, 채무자들은 채무를 확정한다.

셋째, 머천트은행은 확인된 채무를 기록한 대차대조표를 작성하여 브장송 관리인에게 제출한다. 여기서 확정된 채무만이 상계가 가능하며 이의가 제기된 채무는 별도로 법정에서 처리된다.

넷째, 머천트은행들 간의 협의에 의해 이종 주화 간의 공식적인 환율이 결정된다.

다섯째, 상인들은 머천트은행의 도움을 받아 실질적인 청산작업을 실시한다. 당시에는 청산작업을 집중적으로 처리하는 조직이 없었기 때문에 개별 상인들이 각자 상대방을 찾아 상계하거나 채권·채무의 양수도에 의존하는 분산화된 방법을 이용했다. 채권·채무의 양수도의 예를 들면 다음과 같다. 갑돌이가 을순에게 채무가 있고, 을순이는 병진에게 채무가 있고, 병진이는 다시 갑돌에게 채무가 있다면, 결제금액을 최소화하기 위해 공통의 채권액과 채무액을 상계하여 처리한다. 머천트은행은 이 과정을 반복하여 실시함으로써 고객인 상인들의 결제금액을 최소화한다.

여섯째, 청산절차가 끝난 후 상인들은 남아 있는 채권액이나 채무액을 확정한다.

일곱째, 상계과정은 각자의 장부에 기록되며 모든 거래는 취소 불가능한 최종적인 것으로서 이는 현금으로 지급된 것과 동일한 효력을 지니도록 함으로써 결제의 안전성을 높여준다.

여덟째, 남아 있는 채무는 현금으로 지급하거나 새로운 어음을 작성하여 차후에 지급하도록 함으로써 지급결제가 완료된다.

이러한 개별 방문에 의한 청산과 결제는 상당히 효과가 있었다. 1632년 프랑크푸르트 정기시장의 기록에 의하면 결제되어야 할 총금액은 13만 5000플로린이었던 반면, 실제 현금으로 지급된 금액은 4000플로린에 불과하여 97%의 결제유동성 절약이 있었다고 하며 이마저도 다음 정기시장으로 이월할 수 있었다고 한다. 따라서 정기시장에 참여하는 상인들은 현금을 지니고 올 필요가 없고 단지 숙박비와 식비만을 지니고 왔다고 한다.[44]

한편, 당시에 처음에는 배서양도 된 환어음은 받지 않았다. 왜냐하면 상인들 간의 신뢰관계가 중요했고 발행인이나 지급인 또는 수취인을 확인하는 것이 안전하다고 판단했기 때문이다. 17세기 들어 정기시장에서 개별 방문에 의한 결제방식은 환은행들이 배서양도 된 환어음을 받아들이게 되면서 그 중요성이 감소하기 시작했다.[45]

암스테르담은행의 결제[46]

상품이 거래되는 정기시장 이외에 환어음이 결제되는 금융거래 중심지가 생겨나면서 상거래의 청산과 결제를 용이하게 해주는 결제은행들이 생겨났다. 결제은행은 자신의 고객들을 위해 제3자로서 청산과 결제를 대신해 주었다. 결제를 전담하는 조직은 15세기에 공공은행이 생겨나면서 본격적으로 등장했는데, 은행의 발전 역사에서 공공은행이 지닌 의미는 상거래의 마지막

단계이면서 상거래를 종료시키는 결제의 중요성을 인식하고 주된 업무로서 결제를 행했다는 점이다. 베네치아의 리알토은행에 이어 네덜란드의 암스테르담은행이 정부의 지원하에 도시국가의 번영을 위해 상인들에게 안전하고 편리한 지급결제서비스를 제공하고자 설립되었다는 점에서 공공은행 설립의 의의가 있다고 할 수 있다.

가장 성공적으로 결제은행의 역할을 한 암스테르담은행은 배서양도된 환어음도 청산·결제할 수 있도록 해주었으며 정부의 지원하에 금액이 큰 환어음의 결제업무를 독점적으로 할 수 있는 권한을 부여받았다. 암스테르담은행의 환어음 결제 방식의 예를 들면 다음과 같다. 영국에 있는 상인이 암스테르담에서 채무를 결제할 필요가 있는데 그는 암스테르담에 자신의 채무를 결제해 줄 환거래계약자가 없었다. 그래서 그는 암스테르담은행과 환거래계약을 맺고 있는 런던의 은행이 발행한 환어음을 파운드화로 매입한다. 환어음은 암스테르담은행을 지급인으로 하고 표시통화는 네덜란드 길더로 한다. 어음을 매입한 영국의 상인은 자신의 채무를 결제하기 위해 암스테르담에 있는 자금수취인에게 환어음을 우편으로 보낸다. 자금수취인은 그 어음을 암스테르담은행에 보여주고 인수를 요청한다. 암스테르담은행은 환어음을 인수하고 만기에 자금수취인에게 대금을 지급한다. 자금수취인은 대금을 주화로 인출하거나 암스테르담은행에 개설되어 있는 자신의 계좌에 입금시킴으로써 런던 상인과의 채권·채무관계는 완료된다. 그렇지만 어음발행인인 런던의 은행과 암스테르담은행은 아직 채권·채무관계가 완전히 끝나지 않았다. 왜냐하면 런던의 은행이 지급해야 할 대금을 암스테르담은행이 대신하여 지급했기 때문이며, 이에 따라 환어음발행인인 런던의 은행과 환어음의 지급인인 암스테르담은행은 서로 개설되어 있는 계좌에 이를 기록해 두었다가 일정 시점마다 상계하여 결제를 마친다. 암스테르담은행이 보다 안전하게 환어음을 처리하기 위해서는 암스테르담은행에 개설되어 있는 런던은행의 계좌에 환어음을 결제할 충분한 예금잔액이 있는 경우에만 환어음을 인수하면 된다.

환어음과 관련된 업무를 하는 상인이나 금융기관들이 국제교역의 중심지였던 암스테르담을 이용하기 위해서는 암스테르담은행에 계좌를 개설해야 했고 계좌 간 자금이체에 의해 결제해야만 했다. 암스테르담은행은, 나중에 동인도회사나 정부기관에 자금을 대출하여 위기를 맞기는 했지만, 은행의 파산 가능성을 최소화함으로써 지급결제의 안전성을 도모했다. 또한 은행예금의 가치가 하락하지 않도록 함으로써, 화폐가치의 불안정으로 인해 우려되는 예금자들의 손실을 없애주어 신뢰를 쌓았다.

암스테르담은행을 포함하여 그 이전에 있던 공공은행들이 부분적으로 청산소의 역할을 하기는 했지만 일반 고객으로부터 예금을 받아 정부대출을 했고, 지급결제와 관련해서는 은행에 계좌를 개설한 일반 고객이나 은행에 대해서만 서비스를 제공했으며, 특히 은행 간에는 양자 간 계약에 의해 청산·결제만 했다는 점에서 청산소라고는 할 수 없다. 청산소는 금세공업자를 거쳐 18세기 중반에 이르러서야 영국에서 처음으로 모습을 드러냈다.

(3) 수표의 결제

금세공업자 이전의 결제

수표는 은행에 예금하고 있는 고객이 자신의 예금 가운데 일부를 거래상대방 또는 수표 소지인에게 지급하도록 수표 발행은행에게 지급지시하는 문서이다. 그러므로 기본적으로 수표 소지인은 발행은행에 수표를 제시하는 것이 원칙이다. 은행 간에 타행수표를 인수하는 신뢰관계가 형성되어 있으면 발행은행이 아니더라도 타행수표를 받아들여 줄 수 있지만, 금세공업자 이전의 수표 결제는 수표의 소지인이 수표를 발행한 은행에 제시해야만 처리되었다. 왜냐하면 은행 간에 서로 상대 은행에 대한 신뢰가 없어서 타행수표를 인수해 줄 은행이 없었기 때문이다.

금세공업자의 결제

금세공업자는 길드 조합에 속해 있으면서 이 조합에 포함된 금세공업자나 금세공업자의 고객이 발행한 예금증서와 약속어음, 수표를 서로 받아줌으로써 이전과는 다른 형태의 청산시스템을 유지했다.

금세공업자들은 동일한 조합에 속해 있고 도제제도에 의해 오랜 기간 함께 생활해 왔기 때문에, 다른 금세공업자가 발행한 수표를 받아들이더라도 상대 금세공업자의 채무불이행으로 인한 신용위험이 크지 않다고 판단했다. 이 때문에 고객이 타행수표를 입금시키더라도 손쉽게 받아들일 수 있었다. 그렇지만 타행수표의 경우 신용위험이 전혀 없는 것은 아니었기 때문에 수표교환 담당직원들을 정하여 서로 만나서 주화로 결제하게 했고 영란은행이 설립된 이후에는 공신력 있는 영란은행권으로 결제했다.

이전까지의 청산과 결제는 한 조직 내에서 계좌 간 자금이체를 통해 이루어졌던 반면, 금세공업자의 경우에는 은행 간 청산을 통해 지급결제가 이루어졌다는 점에서 이전보다는 크게 진일보한 청산방법이라고 할 수 있다. 다만 이러한 지급결제시스템에 참가할 수 있는 자격은 금세공업자로 한정되어 있어서 다른 금융기관들은 여기에 참가할 수 없는 한계가 있었다.

영국 정부가 영란은행을 정부의 은행으로 활용하기 위해 1708년 런던에서 은행권을 발행할 수 있는 은행의 설립을 제한한 이후에도 금세공업자는 민간 상업은행으로서의 영업은 지속했으며 타행수표의 청산업무도 계속했다.

2) 영국의 청산소[47]

(1) 설립 배경

은행권 발행에서 영란은행에 경쟁력을 잃은 금세공업자들은 순수하게 민간 상업은행으로서 영업을 계속했고, 그 외에 주식회사 형태가 아닌 소규모

은행들도 런던에서 은행업을 지속했다. 영란은행을 제외한 은행들에 은행권 발행에 대한 규제를 강화하자 수표의 이용이 점차 늘어났고, 타행수표의 입금 규모도 증가하게 되자 은행들은 수표의 처리 비용을 절감하는 방안을 모색했다. 이에 따라 1770년에는 타행수표를 교환하는 업무를 담당하는 직원들이, 일일이 다른 은행을 찾아다니면서 청산하는 분산된 청산계약을 일원화하기 위해 런던 시내의 한 레스토랑에 모여 매일 수표를 교환하고 현금으로 결제하게 되었다. 런던에서 청산소가 설립된 것은 역사적으로 볼 때는 중요한 사건이라 할 수 있지만, 당시로서는 담당직원들이 일일이 찾아다니는 수고를 덜기 위해 1773년 처음으로 한곳에 모여 수표의 교환과 결제를 할 수 있는 조그만 공간을 마련하여 자기들끼리 업무를 처리한 것일 뿐이었다. 이렇게 뱅커스 클리어링 하우스Bankers' Clearing House의 모체가 탄생했고 1821년이 되어서야 청산소를 규제하는 권한을 지닌 위원회가 구성되었다.

설립 초기의 청산소는 런던에 있는 소규모 민간은행들의 사적인 클럽 형태의 조직이었기 때문에 주식회사 형태의 은행은 참가할 수 없었다.

(2) 성장

런던 소재 민간은행들의 사적 클럽 형태로 운영되던 청산소는 1826년 주식회사 형태의 은행 설립이 허용되고 이들도 1854년부터 회원으로 받아들이게 되면서 참가은행의 수가 증가했고, 런던 지역에서 발행되는 수표는 청산소를 통해 청산하게 되었다. 한편, 지방은행들 역시 영국의 경제 중심지로서 역할을 하고 있던 런던에 대리인이나 지점을 두고 있었기 때문에 런던의 청산소에는 런던 소재 은행들뿐 아니라 지방은행들까지도 지점을 통해 참가할 수 있었다. 1833년에는 롬바드 거리에 정식으로 뱅커스 클리어링 하우스가 설립되었고 39개 은행이 청산소 회원으로 참가했다.

1841년부터는 기존에 시행하던 양자 간 차액결제시스템에서 다자간 차액결제시스템으로 이행했다. 다자간 차액결제의 장점은 양자 간 차액결제보다 결제에 필요한 유동성이 더 적게 든다는 점이다. 왜냐하면 모든 참가은행들이 주고받을 금액을 한꺼번에 상계하여 각 은행별로 하나의 포지션만 취하도록 할 수 있게 하기 때문이다. 따라서 상계하여 지급 포지션이 된 은행들은 결제해야 할 금액을 청산소에 지급하고 청산소는 그 돈을 수취 포지션의 은행들에 나누어 지급하면 모든 결제가 종료되었다.

청산 시에 결제자산을 무엇으로 하는가는 중요한 문제였다. 왜냐하면 참가기관들이 모두 믿을 수 있는 결제자산으로 결제가 이루어지기를 원했기 때문이다. 그래서 청산소 설립 초기에는 주화로 결제가 이루어졌다. 그렇지만 주화 결제는 교환담당 직원들이 결제에 필요한 주화를 지니고 청산소에 가야 하는 문제가 있었기 때문에, 영란은행의 은행권이 독점적인 지위를 지니게 되고 공신력을 획득하게 되자 영란은행권을 결제자산으로 이용하게 되었다.

1854년 청산소와 영란은행 간에 중요한 계약이 체결되었는데, 결제자산으로 영란은행권을 사용하는 대신 영란은행에 개설된 청산소 참가은행들의 계좌를 이용하여 결제를 하도록 했다. 다시 말해, 은행권이 아닌 중앙은행예금을 이용하여 결제하도록 한 것이다. 그러나 당시에는 영란은행이 청산소에 참가하고 있지 않았기 때문에 결제자금의 지급과 수취가 동시에 일어나지 않는 불편함이 있었다. 이 문제를 해결하기 위해 1864년 영란은행은 청산소에 가입하게 되었다.

이제야 비로소 영국은 수표를 청산하는 소액결제시스템의 운영기관으로 청산소를 두고, 청산소로부터 전달받은 정보에 의해 중앙은행에서 최종적으로 결제하는 결제시스템을 갖추게 되었다. 중앙은행예금을 이용한 결제시스템은 다른 어느 시스템보다 안정적으로 최종 결제가 이루어질 수 있음을 보장한다. 이런 점에서 영국의 청산소는 다른 어느 나라보다 먼저 안정적이고 효율적인 지급결제시스템을 갖추었다고 할 수 있다.

뒤에 서술할 미국의 청산소와 영국의 청산소를 비교해 보면 영국의 경우에는 1833년 법화로 인정받은 영란은행권으로 결제했기 때문에 결제자산으로 인한 혼란이 전혀 발생하지 않았다. 반면에 미국의 청산소는 중앙은행이 설립되기 이전에 설립되었고 자유은행주의에 의해 어느 은행이라도 은행권을 발행할 수 있는 상황이어서 공신력이 있는 은행권을 결제자산으로 선택할 수 없는 문제에 직면할 수밖에 없었다.

1770년경 런던 소재 은행의 청산담당 직원들은 전날 받은 수표를 청산하고 결제하기 위해 매일같이 다른 은행들을 찾아다니며 뛰어야 했다. 담당직원들은 관할 지역을 모두 소화하기 위해 열심히 달려야 했으므로 지쳤고 발도 부르텄다. 이에 따라 그들은 자연스럽게 잠시 휴식을 취하기 위해 카페나 펍에 들르곤 했다. 어느 날 다른 두 은행의 직원이 쉬기 위해 우연하게도 같은 가게로 들어가서는, 자신들의 일에 대해서 말하기 시작했다. 그러고는 서로 수표를 교환해야 함을 알게 되어 그 자리에서 교환을 진행했다. 이들에게는 한자리에서 맥주나 커피 한 잔을 마시면서 수표를 교환하는 것이 도시를 끊임없이 뛰어다녀야 하는 것보다 더 나은 방법이었다. 그 이후 다른 직원들도 은밀하게 그 장소로 초대되었고 점차 매일 그 장소에서 교환을 실시했다.

이들이 은밀하게 만났던 이유는 그들만의 행복한 시간이 귀찮게 구는 상사들에 의해 깨지는 것을 꺼려했기 때문이었다. 이들은 자신들의 은밀한 만남이 앞으로 어떠한 중요한 역할을 하게 될지에 대한 생각이 전혀 없었을 것이다.

은행의 관리자들은 이 사실을 나중에 알고 대처했는데 방법이 크게 두 가지로 나뉘었다. 한 부류는 담당직원들을 게으르고 의욕이 없다고 야단치면서 해고했고, 다른 한 부류는 그 아이디어의 가치를 알아보고 예외를 허락했다. 이렇게 하여 영국의 청산소는 1773년 런던 롬바드 거리에서 시작했다.[48]

3) 미국의 청산소

미국의 금융제도를 이해하기 위해서는 먼저 중앙정부의 권한을 강화하고 자 한 연방주의자들과, 강력한 중앙정부는 영국 정부처럼 횡포를 부릴 수 있 다며 중앙으로의 권력 집중을 두려워하여 권한을 주정부로 분산시키고자 한 반연방주의자들 간의 대립이 있었음을 알아야 한다. 18세기 중반까지 미국이 영국의 식민지로서 수탈을 당하는 입장이었기 때문에 영국에 대한 반감도 작 용했을 것이다.

이러한 미국의 특징은 역사적으로 미국의 은행제도가 다른 국가의 은행제 도와 상당히 상이한 모습을 띠게 했다. 가장 큰 차이는 대부분의 국가들이 여 러 곳에 지점을 둘 수 있는 지점은행제도를 채택한 반면, 미국은 거대한 은행 이 시장을 지배하는 금융독점의 폐해를 방지하기 위해 지점을 허용하지 않는 단일은행제도(또는 단점은행제도)를 채택했다는 점이다. 이로 인해 지급결제 면에서도 미국만의 독특한 제도가 형성되었고 전국 단위의 청산소 설립이 미 연준의 설립 시까지 지연된 측면이 있다. 물론 미국도 1994년 단일은행제 도를 폐지하여 지금은 지점은행제도를 채택하고 있지만, 상당히 오랜 기간 단일은행제도를 유지해 왔다. 소규모 은행들이 우후죽순처럼 설립됨으로써 1920년에는 2만 9000개의 은행이 있을 정도여서 규모의 경제를 누릴 수 없었 고 금융위기 시에 자금을 한군데로 모아 집단적으로 대처할 수 없는 문제가 있었다.

또한 강력한 중앙정부에 대한 반감이 작용하여 미국은 영국과는 달리 독점 적인 발권력을 지닌 중앙은행의 설립이 늦었다. 그러므로 주정부나 연방정부 가 지폐를 발행하기도 하고 국법은행이나 주법은행이 개별적으로 은행권을 발행하기도 하여 가치척도의 기준이 제대로 마련되지 못한 상태가 상당히 오 랜 시간 지속되었다. 따라서 수표의 청산·결제뿐 아니라 다른 지역에 있는 은행들이 발행한 은행권도 청산하고 결제해야 하는 문제에 직면했고, 결제자산을 어떤 것으로 할지 정해야 하는 문제도 제기되었다.

여기에서는 은행권과 수표의 청산과 결제를 구분하여 언급하고자 한다. 은행권의 청산과 결제를 담당했던 대표적인 청산소로 서퍽은행Suffolk Bank을 설명하고, 수표의 청산과 결제를 담당하는 민간 청산소로 미국에서 최초로 설립된 뉴욕청산소를 설명하고자 한다.

(1) 서퍽은행에 의한 은행권 청산[49]

서퍽은행(1818~1860) 설립 이전의 지폐[50]

영국 식민지 시대의 미국은 금과 은의 부족으로 다양한 것들이 화폐로 이용되었는데 몇 가지를 열거하면 다음과 같다. 첫째는 모피와 조가비 구슬과 같은 원주민이 사용하던 화폐, 둘째는 담배, 쌀 등의 상품화폐, 셋째는 스페인과 포르투갈 등에서 유입된 비공식적인 주화, 넷째는 보다 더 희소한 것으로서 영국의 공식적인 주화, 다섯째는 여러 종류의 식민지 지폐와 주화이다. 미국의 이야기는 식민지 지폐로부터 시작한다.

"상업은행의 역사는 이탈리아인으로부터, 중앙은행의 역사는 영국인으로부터 시작했다면, 정부 지폐의 역사는 미국인으로부터 시작한다"라고 갤브레이스J. Galbraith가 말했듯이,[51] 미국에서는 영국에서 프랑스와의 전쟁에 필요한 전비를 마련하기 위해 은행권을 발행한 것과 유사하게, 1690년 매사추세츠 주정부가 군인들에게 월급을 지급하기 위해 주정부 지폐를 발행했다.

그동안 매사추세츠주는 퀘벡 프랑스 식민지에서 약탈을 일삼았으며 약탈해 온 전리품을 군인들의 급료로 지급하고 있었으나, 1690년에는 전쟁에서 패하여 급료를 지급할 수 없게 되었다. 그러자 군인들이 폭동을 일으켰고 주정부는 상인들로부터 돈을 빌리고자 했으나 정부를 믿을 수 없는 상인들은 이를 거절했다. 주정부는 어쩔 수 없이 지폐를 발행하기로 결정했다. 그러나 주정부가 금이나 은을 충분히 보유하지 못하여 금이나 은으로의 상환이 보장되지 않은 상태에서 군인들이 지폐를 받아들이지 않게 될 것을 염려하여 두 가지를 약속했다. 첫째는 세금이 충분히 확보되었을 때 지폐를 금이나 은으로 상환할 것을 보증한다는 것이었는데, 이 때문에 이 지폐는 신용증서^{bills of credit}라고 불렸다. 둘째는 앞으로 추가적인 지폐 발행은 없도록 한다는 것이었다. 그러나 이 두 가지 약속은 모두 지켜지지 않았는데, 처음 지폐를 발행한 지 몇 달 되지 않아 추가적으로 지폐를 발행하게 되자 지폐의 가치는 정화에 비해 40%나 하락했다.

지폐 발행의 부정적인 영향에도 불구하고 주정부가 부족한 세수를 인플레이션으로 메꿀 수 있게 됨에 따라 매사추세츠에 뒤이어 뉴잉글랜드 지역의 다른 주에서도 지폐를 발행하기 시작했다. 이번에는 보다 더 강압적인 방법을 동원하여 지폐를 액면가로 받아들이지 않는 경우 중대 범죄를 저지른 것으로 보아 재산을 몰수하겠다고 하면서 지폐를 남발했다. 그 결과 1748년 은화의 가치는 1690년에 비해 10배로 상승했다. 이 지역을 관할하고 있던 영국은 지폐 남발의 폐해가 심각하다고 판단하여 1751년 지폐의 추가 발행을 금지시켰고, 1764년에는 영국 의회가 지폐의 추가 발행 금지를 식민지역의 다른 곳에까지 확대함에 따라 뉴잉글랜드에서 지폐의 유통은 줄어들었다.

주정부의 지폐가 인플레이션을 야기하는 가운데 1740년 매사추세츠주에 토지은행이 설립되었으며 토지은행은 미국의 민간은행으로서는 처음으로 은행권을 발행했다. 그러나 정화로의 태환이 보장되지 않아 은행권의 가치가 하락하고 1741년 1년 만에 문을 닫음으로써 단명으로 끝났다.

1775년 영국으로부터 독립하기 위한 전쟁이 발발하자 영국 식민지 시대의 대표기구였던 대륙회의^{Continental Congress}는 다시 지폐의 발행을 결의했으며, 결과는 이전에 발행한 지폐와 동일한 운명을 겪어 급기야 1781년에는 지폐의 가치가 1/100로 절하되었고 나중에는 1/1000까지 떨어졌다. 조금도 가치가 없는 것을 일컫는 "not worth a Continental"이라는 용어가 이때 탄생했다. 비록 이러한 소리를 들을 만큼 지폐의 가치가 하락하기는 했지만, 당시로서는

다른 방법을 쓸 수가 없어서 초래된 부득이한 조치였다는 평가도 있다.[52]

영란은행을 본떠 1782년 설립된 북미은행Bank of North America이 발행한 지폐는 대중의 신뢰를 얻지 못하여 평가절하 되면서 1년밖에 유통되지 못했으나, 1783년 상업은행으로 변신하면서 예금업무와 자금이체, 환어음 할인과 단기대출 등의 업무를 성공적으로 수행하여 1784년 뉴욕은행 등의 설립을 촉진시켰다.

한편, 1791년 설립된 제1미국은행First Bank of the United States은 북미은행의 은행권 발행 실패를 반복하지 않기 위해 은행권의 남발을 방지하는 장치로서 고객이 요구하는 경우 은행권을 정화로 액면가대로 교환해 줄 것과 은행권으로 세금을 납부할 수 있는 조항이 법에 명시되었다. 그러나 이 은행이 시장에서 독점적인 우위를 차지하게 될 것을 우려하여 영업기간이 20년으로 한정되었고 다른 은행들에게도 은행권을 발행할 수 있는 권한이 주어졌다.

제1미국은행의 설립 이후 정부에 대한 대출과 은행권 발행이 늘어나면서 물가가 상승함과 함께 새로운 상업은행들이 설립되었고 이 은행들 역시 은행권을 발행했다. 은행권의 발행 권한이 한 은행에 독점적으로 주어지지 않았고 액면가에 의한 주화로의 태환이 제1미국은행 이외의 은행들에는 법적으로 의무화되어 있지 않았기 때문에 은행권의 가치가 동일하지 않은 문제가 발생했다. 따라서 지역마다 역외 지역에서 발행된 은행권을 받아들이지 않으려는 경향이 생겼다. 서퍽은행은 이러한 금융환경에서 은행권의 유통과 청산을 원활하게 하기 위해 1818년 보스턴에 설립되었다.

설립

서퍽은행은 미국 전역을 대상으로 은행권의 청산업무를 한 것이 아니고, 보스턴을 중심으로 미국 북동부의 뉴잉글랜드 지역에 있는 은행들을 위해 은행권 청산업무를 했던 은행이다. 지금은 거의 모든 국가에서 중앙은행이 발행하는 은행권만을 법정통화로 인정하고 있기 때문에 오늘날과는 많이 동떨어진 환경에서 영업을 하기는 했지만, 민간의 자율적인 시스템하에서도 은행권의 남발을 방지하고 지급결제의 안전성과 효율성이 유지될 수 있는가를 비교·연구하는 대상으로서 이용되고 있는 은행이다.

1800년대 초는 주법에 의해 설립된 민간은행들이 독자적으로 은행권을 발행할 수 있는 시기였으므로 사적 이익을 추구하기 위해 은행권을 남발할 유인이 많은 시기였다. 보스턴에 위치한 은행들은 보스턴 이외의 역외 지역에 있는 은행들이 발행한 은행권 가운데 보스턴에서 유통되는 역외은행권에 대해서도 처음에는 액면금액대로 정화로 교환해 주었다. 그러자 역외 지방은행들이 이를 악용하여 은행권을 남발하여 보스턴에 유통시키게 되었고, 이러한 은행들의 신용상태를 알 수 없는 보스턴 은행들은 결제불이행에 따른 신용위험을 우려하게 되었다. 1803년 보스턴 소재 은행들은 신용위험을 줄이기 위해 고객이 가져온 역외 지방은행이 발행한 은행권[53]을 할인하여 받다가 나중에는 수취를 아예 중단하기로 합의했다.

그러나 이러한 합의의 결과는 보스턴 은행들이 기대했던 것과는 많이 달랐다. 역외은행권이 직접 유통되지는 않았지만, 역외은행권을 매입하고 상환하는 사업을 전담하는 브로커들이 생겼다. 당시에는 고객이 은행권을 발행한 은행을 직접 방문하여 은행권을 제시하면 액면금액대로 정화로 바꾸어주어야 하는 반면, 우편으로 운송된 은행권에 대해서는 할인하여 바꾸어주었다. 브로커들은 이 점을 이용하여 보스턴에 들어온 역외은행권을 할인된 가격으로 매입하여 액면금액대로 정화로 받기 위해 발행은행으로 가져가서 이익을 얻었다. 문제는 보스턴의 상인들이 제대로 된 가치를 알지 못하는 역외은행권을 거래대금으로 받아서 브로커가 제시하는 할인율로 현금화해야 한다는 점이었다. 시간이 흐르면서, 역외은행권을 유통에서 몰아내는 데 성공하지 못하게 되자 보스턴 은행들은 역외은행권을 받아들이지 않는 정책을 수정하여 1804년이 얼마 지나지 않아 스스로 브로커 업무를 수행했다.

1814년에 보스턴의 뉴잉글랜드은행New England Bank은 새로운 방법을 고안하여 역외은행이 뉴잉글랜드은행에 무이자 영구예금을 예치하면 은행권을 매입해 주고 결제 시에는 시장가격에 의해 결제하도록 했다. 뉴잉글랜드은행의 이러한 활동에 힘입어 역외은행권의 평균 할인율이 1814년 3%에서 1818년에는 1% 정도로 낮아졌다.

1818년 보스턴의 상인들은 자본을 출자하고 서픽은행을 설립하여 뉴잉글랜드은행과 유사한 방식으로 은행권 브로커 업무에 진출했다. 서픽은행은 역외은행이 서픽은행에 5000달러의 무이자 영구예금을 예치하고 필요에 따라 추가로 무이자 예금을 상환기금으로 예치하기만 하면, 그 은행이 발행한 은행권을 매입해 주고 매입한 가격과 동일한 가격으로 발행한 은행이 되사갈 수 있도록 했다. 서픽은행이 이 사업에 참여한 직후 역외은행권의 할인율은 1%에서 0.5%로 낮아졌다. 그렇지만 이러한 조치가 역외은행권의 유입을 줄이지는 못했고, 뉴잉글랜드은행과의 경쟁 격화로 인해 양 은행의 이익만 감소하는 결과를 가져와 보스턴에서 유통되는 은행권 가운데 보스턴 은행들이 발행한 은행권의 비중은 더욱 낮아졌다.

1824년 서픽은행은 보스턴 소재 6개 은행과 함께 보조를 맞추어, 역외은행권을 사들여 유통시키지 않게 되면 자신들의 은행권으로 보다 많이 대출할 수 있을 것으로 기대하여 역외은행권을 사들였다. 그렇지만 이러한 조치는 오히려 역외은행권의 유입만을 늘리는 결과를 초래했다. 비록 서픽은행의 시도는 역외은행권을 축출하는 데에는 실패했지만 은행권 결제와 관련한 업무에 있어서는 서픽은행에 지배적 지위를 부여했다. 1825년 6개 연합 은행들은 참가를 희망하는 역외은행의 은행권을 액면가로 모두 서픽은행에 예치하고 서픽은행이 이를 상계하여 청산하는 시스템을 운영해 줄 것을 제안했다. 서픽은행은 이제 더 이상 역외은행권을 발행은행으로 보내기 위해 은행권을 매입하고 상환할 필요 없이, 참가은행이 예치한 금액 범위 내에서 계좌 간 이체에 의해 액면금액으로 청산과 결제를 하게 되었다.

한편, 서픽은행은 위조로 인한 손실이나 상환이 불가능한 은행권의 교환으로 인한 손실을 자신이 부담하지 않기 위해, 역외은행들과 계약을 체결하여 위조나 훼손된 은행권 등으로 인한 모든 손실과 담당직원의 급여까지 이들이 책임지도록 했다. 이러한 계약은 서픽은행이 일상적인 청산 작업과 관련된 여러 위험을 없애기 위한 조치였다는 점에서 의미가 있다. 이로써 서픽은행은 뉴잉글랜드 지역의 은행들을 참가은행으로 둔 은행권 청산소가 되었다.

운영

1826년까지 뉴잉글랜드에 있는 대부분의 은행들은 서픽은행 청산시스템의 회원이 되었다. 역외은행들은 서픽은행의 청산시스템에 참여하기 위해 자본금 10만 달러에 2000달러의 비율로 무이자 영구예금을 예치해야 하고, 이와는 별도로 상환에 충분한 정도의 예금을 무이자로 예치해야 했다. 반면, 보스턴 은행들은 무이자 영구예금만 예치하면 되었다. 청산방식은 총액에 의해 청산 결제하던 이전과는 달리 참가은행들 간에 상계한 후 참가은행들의 계좌에서 차액결제를 하는 식으로 은행권을 청산했다. 또한 서픽은행은 참가은행들에게 당좌대월을 제공하기도 했다.

서픽은행의 청산 기능으로 인해 뉴잉글랜드에 있는 은행들은 다른 은행들의 은행권을 액면금액으로 받을 수 있게 되었으며, 이로 인해 시간과 비용을 절감할 수 있게 되었다. 이러한 방식은 청산 비용을 절감시켜 모든 참가은행의 수익성을 높여주었다. 또한 서픽은행으로서는 참가은행의 영업활동을 모니터링할 수 있어서 다른 잠재적 대출기관보다 유리한 입장에서 대출할 수 있는 장점이 있었다. 다시 말해, 서픽은행은 청산과 대출활동을 결합하여 범위의 경제를 활용할 수 있었다고 말할 수 있다.

서픽은행이 처리하는 은행권의 양은 점차 증가하여 1825년 200만 달러에 불과하던 월평균 교환액이 1858년에는 3000만 달러로 증가했다. 또한 이 시스템에 참가하는 은행에 대해서는 주정부에서 세금 혜택을 부여하는 인센티브를 제공했고, 1843년에는 서픽은행을 제외하고는 은행들이 다른 은행의 은행권을 지급하지 못하도록 함으로써 서퍽은행시스템 참가를 유도했다. 이처럼 서퍽은행의 청산시스템 운영규모가 커짐에 따라 서퍽은행의 이익도 증가하여, 1825년 이전 서퍽은행이 청산서비스를 제공하기 전에는 연간 평균 배당률이 6.5%였으나 1850년에서 1855년 사이에는 10%로 높아졌다.

쇠퇴

서퍽은행의 청산서비스가 성장하고 수익을 지속적으로 내자 1850년대에 경쟁자가 나타나 단기간에 서퍽은행을 위협했다. 서퍽은행은 거의 30년간 뉴잉글랜드 지역에서 독점적으로 은행권 청산서비스를 제공하면서 참가은행들에게 많은 비용을 청구하고 위험은 참가은행들에게 전가시킨다는 비판을 들어왔다. 1849년에는 참가은행들이 교환에 회부하는 은행권을 역내은행과 역외은행별로 구분하여 제시하지 않으면 수령하지 않겠다고 하여 운영 비용의 일부를 참가은행에게 전가하고자 했다.

또한 서퍽은행은 은행권이 예치된 때부터 청산될 때까지 은행권 발행은행이 파산할 경우 손실을 입을 위험에 항상 노출되어 있었다. 서퍽은행은 이러한 위험을 참가은행들에게 전가시키기 위해 역외은행권은 대리은행을 통해 상환하고 대리은행이 이에 대한 책임을 지도록 하는 정책을 세워놓고 있었다.

그런데 1853년, 보스턴의 한 은행이 대리를 하고 있는 역외은행이 파산하는 일이 발생했고, 대리은행은 다른 은행의 채무에 대해 보증하는 것이 불법인 점을 들어 파산 은행의 은행권 교환에 따른 손실을 인수하기를 거부했다. 그러자 서퍽은행은 앞으로는 그 대리은행의 은행권을 인수하지 않겠다고 선언했다. 또 한 가지 참가은행들의 불만을 산 조치가 있었는데 1853년 서퍽은행은 계산서 분류 작업에 시간이 많이 소요되기 때문에 정오 이후에는 역외은행권을 받지 않겠다고 발표했다. 결국 참가은행들의 반발이 심해 서퍽은행은 이를 취소했지만 참가은행들의 불만은 쌓여갔다.

이런 가운데 1855년 서퍽은행에 불만을 가진 은행들이 출자하여 별도의 상환은행Bank of Mutual Redemption을 설립했다. 상환은행은 서펔은행과 마찬가지로 영구예금을 예치하고 청산을 위한 자금예치를 요구했다. 그러나 서펔은행과는 달리 예금에 연 3%의 이자를 지급했다. 그러자 서펔은행은 상환은행의 회원이 된 은행들의 은행권 교환을 거부했다.

1858년 상환은행이 보스턴의 은행권 청산소로 인가를 받은 다음 날 서펔은행은 역외은행권 청산서비스 사업에서 철수하겠다고 발표했고, 실제로 1860년 서펔은행은 사업을 그만두었다. 서펔은행이 은행권 청산서비스를 그만둔 지 1년 후 남북전쟁이 발발했고 1863년 「국법은행법」이 제정되어 국법은행의 은행권 발행액을 정부채무 인수액 이내로 정함에 따라 은행권의 남발 문제는 해소되었으며, 더 이상 은행권을 청산하는 조직은 불필요하게 되었다.

평가

서펔은행은 민간의 자율적인 규제에 의해서도 은행권 발행과 지급결제가 제대로 작동할 수 있다는 것을 보여주는 예로 많이 언급되고 있다. 서펔은행은 청산결제시스템에 참가할 수 있는 은행들을 심사하여 자본금에 비해 은행권을 지나치게 많이 발행하는 은행의 참가를 거절함으로써 다른 참가은행들이 함께 위험에 노출되는 것을 막았다. 또한 당좌대월의 허용을 심사할 때도 참가은행의 대출정책이 보수적이지 않을 경우에는 당좌대월을 해주지 않았다. 이처럼 서펔은행이 자율적으로 규제를 시행함으로써 서펔은행은 높은 수익을 얻을 수 있었으며 서펔은행의 주가도 높은 수준을 유지했다.[54]

이렇게 긍정적인 면을 강조하는 학자들이 있는 반면, 서펔은행이 성공적으로 지급결제 업무를 수행할 수 있었던 것은 지급결제제도가 지닌 자연독점적인 성격에 기인하기 때문일 뿐이라고 평가하는 학자들도 있다.[55] 이들은 서펔은행과 경쟁을 하게 된 상환은행이 설립되기까지 30여 년이 걸린 이유도 진입장벽이 높았기 때문으로 평가한다. 새로 이 사업에 진입하고자 하는 잠재적 경쟁자는 서펔은행이 참가은행들에게 제공하는 네트워크와 같은 네트워크를 새로 구축해야 하는데 그 비용이 매우 크기 때문에 쉽게 진입하기 어렵다는 것이다. 그리고 경쟁자가 나타날 수 있었던 요인은, 서픽은행이 제시하지 않았던, 참가은행의 예금에 대한 연 3%의 이자 지급이라는 약탈적 가격 책정 덕분이라고 보고 있다. 서픽은행은 잠재적 경쟁자의 도발에 대응하지 않고 청산서비스 시장에서 철수했다. 서픽은행이 철수하자 잠재적 경쟁자였던 상환은행은 예금에 대한 이자를 지급하지 않던 서픽은행의 전략을 채택했다.

서픽은행시스템뿐 아니라 지급결제시스템은 일반적으로 규모의 경제와 범위의 경제로 인해 독점화하는 경향이 있다. 그런 점에서 비록 민간이 운영하는 지급결제시스템이라 할지라도 자율규제만으로 관련 기관 간 이해상충이 완전히 해결되거나 독점의 폐해를 차단하기는 어려운 면이 있다. 특히 지급결제시스템의 경우 이제는 금융뿐 아니라 경제의 기본적인 인프라로서 역할을 하고 있기 때문에 정책당국의 감독과 감시는 불가피한 측면이 있다.

(2) 뉴욕청산소(1853~)

① 설립 배경

1837년 미시간주를 시작으로 1838년 뉴욕주에서도 최저자본금 요건과 은행권 발행을 위한 정부채권 보유 요건만 충족되면 은행을 설립할 수 있도록 한 자유은행 시기가 도래한 이후 미국에서 은행의 숫자는 크게 증가했다. 뉴욕에서만도 은행 수가 1849년 24개에서 1853년 57개로 배 이상 증가했다.[56] 이 시기에 지역별로 차이는 있었지만 은행들이 발행한 은행권의 가치는 액면금액보다 낮아서 경제활동을 하는 사람들은 은행권보다는 수표를 선호하여 수표의 사용이 크게 증가했다. 사업가들은 더 이상 은행권이나 주화를 사용하지 않고 소액거래에 필요한 현금만 남기고는 쉽게 상거래에 이용할 수 있도록 당좌예금 계좌를 개설하여 자금을 예치하고 수표를 발행했다.

뉴욕에서 수표의 청산소가 설립되기 전까지 각 은행의 담당직원들이 수표의 청산과 결제를 위해 행동한 양식은 18세기 말 런던에서 청산소가 설립되던 시기의 모습과 크게 다르지 않았다. 1850년 이전까지 은행들은 매일 수표를 교환하고 결제했다. 즉, 각 은행은 직원이 다른 은행들을 한 바퀴 돌게 했다. 그 직원은 장부와 다른 은행에 줄 수표 그리고 정화가 들어 있는 가방을 지니고 있었다. 그 직원은 각각의 은행에 줄 수표를 건네주고 자신의 은행이 받을 수표를 받았다. 그가 제시한 수표의 금액이 받은 수표의 금액보다 많을 경우 그는 차액을 정화로 받았고, 반대의 경우에는 차액을 정화로 지급했다. 은행 수가 많아짐에 따라 이 업무를 해야 하는 직원들의 일은 많아졌다.

1850년이 되어서는 뉴욕에 있는 은행이 50개나 되어 은행 업무시간 내에 일을 다 끝마치지 못하는 사태가 벌어졌다. 그러자 뉴욕 은행들은 수표 교환은 매일 하지만 결제는 매주 금요일 오전에 한 번만 하기로 합의했다. 그러나 이 방법도 늘어난 거래를 모두 처리하기에는 너무 복잡하여 혼란이 지속되자 1853년 뉴욕 은행들은 청산소를 설립했다.[57]

② 설립

1853년 설립된 뉴욕청산소는 사적이고 자발적인 조직으로 출발했다. 그렇지만 뉴욕에 있는 모든 은행이 자유롭게 참가할 수 있는 것은 아니었고 결제를 이행하지 못할 가능성이 높은 은행들을 배제하기 위해 참가자격을 심사하는 절차를 두었다. 그리고 직접 참가하지 못하는 은행들은 참가은행 가운데 한 은행을 대리인으로 지정하여 간접적으로 참가할 수 있도록 했다.

뉴욕청산소가 설립됨으로써 은행들이 이제는 더 이상 직접 다른 은행을 찾아가서 일대일로 상계하고 나머지를 결제할 필요가 없어졌으므로, 정해진 시간에 정해진 장소에 모여 차액만을 동시에 결제하면 되었기 때문에 청산과 결제에 소요되는 비용이 크게 절감되었다. 하지만 아직도 정화로 결제해야 하므로 결제에 필요한 충분한 정화를 준비해야 하는 문제가 있었다. 이 문제를 해결하기 위해 청산소는 정화 대신 결제할 수 있도록 증서를 발행했다.

은행들은 청산소에 정화를 예치하고 다른 회원은행들과의 결제에 사용할 증서를 받았다. 증서의 액면 단위는 금화를 대체하는 용도로만 쓰일 수 있도록 하기 위해 큰 금액으로 설정했다. 금이 일부 사용되기는 했으나 이 조치로 인해 금의 이용은 크게 줄게 되었다. 뉴욕에서의 성공적인 운영에 힘입어 보스턴에서도 1856년 청산소가 설립되었고 1858년에는 필라델피아와 볼티모어, 1865년에는 시카고에도 청산소가 생겨났으며, 1913년에는 지역 청산소가 전국적으로 162개로 늘어났다.[58]

③ 청산소대출증서[59]

미국은 뉴욕청산소가 설립되는 시점까지 중앙은행이 없었기 때문에 믿을 만한 결제자산을 정하는 것이 중요했다. 그리하여 고안해 낸 것이 청산소 회원은행들이 자신들의 자산 일부를 담보로 제공하여 발행한 청산소대출증서 Clearing House Loan Certificates이다. 회원은행들은 결제에 필요한 유동성을 확보하기 위해 보유하고 있는 대출이나 채권을 담보로 청산소에 제시하면서 청산소 대출위원회에 대출증서를 신청했다. 청산소 대출위원회는 담보의 일정 비율만큼 대출증서를 발행해 주었고 연 6%의 이자를 받았다. 이 대출증서는 청산소의 결제과정에서 현금을 대신하여 이용될 수 있었고 위기를 넘긴 회원은행은 대출증서를 상환하면 되었다. 정화증서와는 달리 대출증서는 금에 의해 지지되는 것이 아니었음에도 회원은행들은 청산소에서의 결제 시에 금 대신이 증서를 수용했다.

회원은행들이 청산소대출증서를 수용한 이유는 두 가지이다. 첫째, 비록 대출증서가 금에 의해 지지되고 있지는 않지만 회원은행들의 자산을 담보로 하여 발행되었다는 점이다. 대출증서는 금융위기 시에 담보가치보다 내려갈 위험이 있었음에도 회원은행들이 대출증서를 신뢰하고 수용했던 두 번째 이유는 이 위험이 회원은행들 간에 분산되어 있었다는 점이다. 대출증서는 회원은행들의 연대책임이라는 것이다. 만약 어느 은행이 파산하고 담보가 대출증서의 가치보다 낮아지게 된다면, 각 회원은행은 자본금에 비례하여 공동으로 손실을 부담한다는 것이다. 대출위원회는 필요시 추가 담보를 요구할 수 있는 권한을 부여받았다. 이러한 조치로 인해 교환에 회부된 수표가 안전하게 결제될 수 있었다.

대출증서는 결제에 필요한 유동성을 공급하는 기능을 함으로써 최종적으로는 시중에 유통되는 유동성을 늘리는 결과를 가져왔고 은행시스템에 대한 신뢰가 추락하는 것을 막았다. 하지만 이러한 대출증서에는 한계가 있었다. 만약 예금자들의 총예금인출액이 은행이 보유하고 있는 금과 대출증서의 합계액을 초과하면 여전히 은행은 파산위험에 놓이게 된다.

1873년 국제수지의 적자 확대에 따른 금화의 해외 유출과 함께 철도회사의 경영 부실과 그로 인한 민간 금융기관의 연쇄 부도 위험 등으로 예금인출 사태가 발생했을 때 청산소는 더욱 과감한 해결방안을 제시했다. 이제까지는 대출증서가 회원은행들을 위해 은행 간 결제 시에 결제에 필요한 금을 대신하는 데만 이용되었는데, 이제는 예금자에게까지 대출증서를 발행하여 위기를 극복하고자 했다. 다시 말해, 청산소가 은행 예금자에게 예금을 담보로 새로운 돈을 발행하는 것과 마찬가지의 조치였다. 예금자들이 은행에서 예금을 인출하고자 할 때 은행은 제시된 수표에 청산소를 통해 지급한다는 도장을 찍어줄 권한을 부여받았다. 각 회원은행이 도장을 찍어줄 한도액은 은행이 보유하고 있는 대출증서 금액이다. 도장이 찍힌 수표는 이제 개별 은행이 아니라 청산소에 대한 청구권이 되었다. 청산소는 회원은행들이 찍어줄 수 있는 수표 금액을 정함으로써 예금자에게 지급할 통화의 양을 할당했다.

1893년부터 1907년 사이에 발생한 금융위기 시에는 정부화폐를 대신하여 청산소화폐를 찍는 조치까지 취했다. 시카고청산소는 지급정지 위기에 처한 회원은행이 보유하고 있는 대출증서를 받고 액면금액이 2달러, 5달러, 10달러인 수표를 발행했는데, 이 수표는 은행의 지급준비금 예치대상 통화에서 제외되었다. 회원은행은 청산소에 담보를 제시하고 대출증서를 받은 후 그

대출증서를 다시 청산소에서 청산소화폐로 교환할 수 있으며, 예금인출을 요구하는 고객에게 금화나 정부 통화 대신에 청산소화폐를 지급할 수 있었다.

청산소화폐가 대중들에게 받아들여졌던 이유는 이 청산소화폐가 개별 은행의 책임하에 발행된 것이 아니라 청산소 회원은행의 공동연대로 발행되었기 때문이다. 예를 들어, 어느 한 은행이 파산하더라도 그 은행의 고객은 자신이 지니고 있는 청산소화폐를 제시하고 아무 회원은행에게서라도 표시금액과 동일한 금액을 실제 주화로 받을 수 있었다. 또 한 가지 예금자에게 신뢰를 줄 수 있었던 점은 청산소화폐가 회원은행들이 지니고 있는 자산을 담보로 발행되었고 담보의 가치가 청산소화폐보다 저하되었을 때는 다른 회원은행들이 이를 메워준다는 점이었다. 물론 회원은행들이 그 차이를 전부 부담할 수 없는 경우가 있기 때문에 청산소화폐가 정부 통화를 완전히 대체할 수 없는 점은 있었다.

금화가 청산소화폐로 대체된 것이 아니라 은행이 가지고 있는 자산 포트폴리오가 화폐화되었기 때문에, 고객의 요구를 충족시키기 위해 창조되는 화폐의 양은 정상적인 은행 간 거래에서 현금을 대신하여 창조된 양보다 더 많게 될 수 있었다. 따라서 위기 시 일시적으로 청산소의 대출증서에 동참함으로써 민간은행들은 거의 말 그대로 하나의 은행이 되었고, 현금을 절약하는 수준이 아니라 그들만의 화폐를 창조하여 일반 고객들에게 발행했다고 할 수 있다.

④ 기능

청산과 결제

현대의 지급결제시스템에서는 청산소는 청산업무만 담당하고 최종 결제는 대부분 거액결제시스템을 이용하여 중앙은행에서 이루어진다. 그러나 중앙은행인 연방준비제도가 설립되기 이전의 미국은 최종 결제기관이 없었기 때문에 청산소가 청산과 결제 업무를 함께했다. 청산소의 설립으로 청산소의 회원은행들은 이제 더 이상 개별적으로 양자 간 결제를 할 필요가 없게 되었다. 회원은행들은 자신의 고객들이 제시하여 보유하고 있는 타행수표를 청산소에 가져와서 다른 은행들이 갖고 있는 자행수표와 교환하는 청산과정을 거쳐 최종적으로 주거나 받을 금액을 산출했다. 청산소의 회원은행이 아닌 은행들은 어느 한 회원은행과 대리인 계약을 체결하여 간접적으로 참가하여 청산했다.[60] 중앙은행이 설립된 이후 청산소의 역할은 이와 같은 청산으로 끝나지만, 미 연준 설립 이전의 청산소는 결제업무까지 담당했는데 결제방법은 두 가지였다.[61] 첫째, 당시 현금으로 통용되던 금화, 은행권 등으로 결제하는 방법으로 가장 안전하고 보편적인 방법이었다. 둘째, 현금을 사용하지 않는 방법인데 여기에는 청산소 운영관리자가 발행하는 수표 지급, 은행 간 대출, 정화증서, 청산소대출증서 등으로 결제하는 방법이 있었다. 현대의 결제에서는 현금이나 중앙은행예금을 이용하지 않는 방법은 결제완결성을 해칠 요소가 있으므로 거의 사용되지 않고 대신 콜시장을 이용하여 단기 부족자금을 차입하거나 중앙은행으로부터 단기 차입하여 결제를 하도록 한다. 청산소대출증서는 일상적인 결제자금 부족 시에는 사용되지 않았고 위기 시에만 이용되었다.

결제유동성 절감 기능

청산소에서 청산을 하는 가장 큰 이유는 수표를 다자간 상계하여 청산함으로써 결제에 필요한 유동성을 절감하는 데 있다. 뉴욕청산소는 설립 초기 회원은행 수가 52개였으며, 개장 첫날 총교환금액 대비 결제액이 5.7%로 결제에 필요한 유동성을 크게 감소시키고 담당직원들의 업무부담도 줄여줌으로써 성공적으로 운영을 개시했다.[62] 회원은행은 청산소에 준비금을 예치시켜 놓고 이 준비금으로 청산했으며 준비금이 일정액 이하로 내려가게 되면 다시 충당했다.

규제 기능[63]

청산소는 회원은행들의 재무 상태를 점검하여 회원은행의 채무불이행이 발생하지 않도록 할 책무가 있었기 때문에 회원은행들에 대한 모니터링을 지속적으로 실시하고 필요한 정보를 이해당사자들에게 제공했다. 모니터링은 회원은행을 위해서뿐 아니라 회원은행의 고객을 위해서도 필요했다. 먼저 회원은행의 고객을 위해서는, 은행에 대한 믿을 만한 재무정보를 제공하여 신뢰받는 감독관으로서의 역할을 했다. 따라서 회원은행의 고객들은 자신의 예금이 안전한지에 대한 정보를 청산소로부터 얻을 수 있었다. 그리고 회원은행들을 위해서는, 어느 은행이 의무를 태만히 하는지를 알려줌으로써 상호 견제할 수 있도록 하여 다른 은행으로부터 야기될 수 있는 연쇄적인 불이익을 최소화하면서 다른 은행을 감시하는 데 소요되는 비용을 줄일 수 있도록 했다.

청산소는 지속적인 은행 규제에도 관여했다. 수표 청산은 청산소의 기본 기능이므로 청산소는 회원의 가입과 탈퇴를 결정하는 규칙을 제정하고 시행하는 기능을 지녔다. 건전하지 못한 은행일지라도 위기 시에는 은행제도에 대한 신뢰를 저하시킬 수 있기 때문에 탈퇴시키지 못한다. 그러므로 회원은행들은 대출증서가 금융위기 시에도 신뢰를 잃지 않고 작동할 수 있도록 상시 모니터링과 규제를 받게 되었다. 청산소는 이를 위해 회원은행을 검사하거나 감독하는 제도를 도입했고 이와 관련한 정책을 수립했다.

1863년 「국법은행법」의 통과 후에 미국에서는 이중 은행시스템이 지속되었다. 연방정부의 인가를 받고 「국법은행법」의 규제를 받는 국법은행과 개별 주의 규제를 받는 주법은행이 있었다. 그러나 청산소는 회원은행들에게 보다 더 엄격한 규제사항을 부과했다. 이 외에 법에서 정하고 있는 지급준비금보다 많은 자금을 보유하도록 하고, 회원은행을 회계감사하고 그 결과를 공표했다.

신용제공 기능

뉴욕청산소를 포함하여 미국의 청산소는 일시적으로 결제자금이 부족한 회원은행을 위해 관리자 수표를 발행하여 결제하도록 했다.[64] 관리자 수표에 따른 청산소의 채무 책임은 보통 수표 발행일 오후 3시에 종료되고 그다음은 수표 소지은행으로 넘어간다. 이는 엄밀한 의미에서 청산소가 제공하는 신용은 아니고 회원은행 간의 단기신용이다. 그렇지만 청산소가 양 회원은행의 중간에서 수표를 발행하여 결제를 도왔다는 점에서 의미가 있다. 또한 청산소 회원은행들은 자신들이 보유하고 있는 금이나 주화 같은 정화를 청산소에 예치시켜 놓았는데, 결제자금이 부족한 회원은행은 이를 담보로 증서를 받아 결제에 사용할 수 있었다.

청산소대출증서는 비상시에만 발행되었다.[65] 따라서 이는 금융위기 시 대응 기능과 밀접하게 연결되어 있었다. 뉴욕청산소는 1857년 금융위기가 닥쳐서 뉴욕 소재 은행들이 결제를 제대로 할 수 없게 되었을 때 청산소대출증서를 발행하여 정화가 부족한 회원은행들이 이 증서로 결제하도록 했다. 청산소대출증서는 금을 기반으로 발행된 것이 아니고 회원은행들이 보유하고 있는 은행권이나 대출채권을 근거로 하여 발행된 것으로서 일시적으로 통화와 같은 역할을 했다. 이 대출증서에는 청산소를 통해 지급한다는 문구가 삽입되어 있는데, 이는 회원은행 모두가 공동책임을 지도록 하여 비록 정화는 아닐지라도 금융위기를 맞은 당시로서는 안전한 결제자산이 될 수 있었다.

금융위기 대응[66]

청산소는 수표의 교환을 편리하게 하기 위해 설립되었지만 이 외에도 여러 가지 기능을 했다. 비록 뉴욕청산소가 1857년의 금융위기를 막지는 못했지만 중앙은행의 기능을 발전시키는 계기를 제공했다.

1800년부터 1915년 사이에 미국에서는 금융위기가 12회 발생했다.[67] 경기 상황의 악화에 직면한 예금자들은 은행이 도산하여 예금을 잃게 될 것을 우려했다. 즉, 은행이 자신의 예금에 비해 적은 금화나 정부채를 지니고 있게 되는 상황을 우려했다. 실제로 경기후퇴 시에 파산한 은행 수는 많지 않았지만, 문제는 예금자들이 정보 부족으로 인해 어느 은행이 파산할지를 알 수 없었기 때문에 은행으로 몰려와 예금을 인출하는 사태가 발생하게 된다는 것이었다. 부분지급준비제도를 도입한 상태에서 동시에 예금인출이 발생하면 건전한 은행일지라도 파산할 수밖에 없게 되고 은행시스템도 붕괴된다. 은행예금에 대한 신뢰의 상실이 즉시 전 은행으로 확산되는 것이다.

이러한 금융위기에 대응하기 위해 청산소는 은행예금에 대한 신뢰를 회복시킬 방법들을 고안했다. 유동성이 필요한 은행이 파산하지 않도록 하면 청산소의 모든 회원은행들이 혜택을 입을 것이라고 판단한 청산소는 유동성이 필요한 회원은행에게 유동성을 공급함으로써 은행시스템에 대한 더 이상의 신뢰 상실을 막을 수 있었다. 유동성의 공급은 이미 사용하고 있던 정화증서를 대출증서로 변형시켜 이루어졌는데, 청산소는 유동성이 부족한 은행에 대출증서를 빌려주어 결제에 사용할 수 있도록 했다.

미국 청산소의 기능 가운데 영국의 청산소와 가장 차이가 있는 것은 금융위기가 발생했을 때 대처하는 기능이다. 영국의 경우 통화정책이나 금융안정 기능을 중앙은행인 영란은행이 수행했지만, 미국에서는 1913년이 되어서야 미 연준이 설립되었기 때문에 그 이전에 발생한 금융위기에 적절하게 대응하기가 어려웠다. 미국의 청산소는 민간조직이었기 때문에 금융위기에 대응하여 금융안정을 도모하는 책임이 청산소에 있지는 않았지만, 대부분의 은행들이 청산소에 참가하고 있었기 때문에 이 은행들이 연쇄적으로 파산하게 내버려 둘 처지가 아니었다.

뉴욕청산소가 설립된 지 4년 만에 미국에 금융위기가 닥쳤다. 1840년대와 1850년대 초반까지 활발히 진행되었던 철도 건설과 외자 유입, 캘리포니아 금광 발견 등으로 견실히 성장해 오던 미국 경제는 1856년을 전후하여 심각한 타격을 받게 되었는데, 이는 두 가지 측면에서 러시아의 남하정책으로 발생한 크리미아 전쟁과 밀접한 관련이 있다.[68] 그중 하나는 크리미아 전쟁기간 (1853~1856) 동안에 막대한 양의 밀을 수출해 오던 미국이 전쟁 종결로 밀 등 곡물에 대한 수요가 줄어든 데다 러시아가 밀 수출을 재개함에 따른 국제 곡물가격 급락이라는 충격에 노출되게 된 것이다. 다른 하나는 크리미아 전쟁을 수행하며 막대한 자금을 지출한 프랑스가 적극적으로 자금 부족을 메우는 과정에서 영국으로부터 경화가 유출되는 현상이 초래되었고, 이것이 다시 영국 금융시장에 자금이 부족하고 금리가 상승하는 현상을 초래했다는 것이다. 미국의 주된 자금공급원인 영국 금융시장의 자금경색 현상과 금리상승의 영향이 곧바로 뉴욕 등 미국 금융시장으로 확산되어 금융위기로 발전한 것이다. 오하이오생명보험신탁회사Ohio Life Insurance and Trust Company의 부도가 발단이 된 1857년의 금융위기는 경쟁적인 예금인출 사태를 촉발했고, 이로 인해 다수의 금융기관과 기업이 도산을 면치 못하게 되었다. 이와 같은 예금인출 사태는 뉴욕으로 파급되어 결국 뉴욕 소재 은행들의 지급정지 사태로까지 발전했다. 이러한 사태를 진정시킨 것이 앞에 언급한 청산소대출증서의 발행에 의한 결제유동성 공급이다.

그러나 뉴욕청산소는 1907년 회원은행이 아닌 은행에까지 유동성을 지원해 주어야 하는 문제에 봉착했다.[69] 구리의 매점매석을 시도하다가 실패한 뉴욕의 3위 신탁회사인 니커보커신탁회사Knickerbocker Trust Company에 대해 뉴욕청산소가 주법은행들보다 높은 지급준비율을 적용하고 있던 국법은행과 동일한 지급준비율을 적용하려고 하자, 니커보커신탁회사는 청산소에서 탈퇴해 버려 청산소의 구제를 받을 수 없게 되었다. 이미 은행의 지급능력에 불안감을 느끼고 있던 예금자들이 니커보커신탁회사뿐 아니라 다른 은행들로부터도 예금을 인출하는 사태가 벌어졌다. 이는 부분 규제의 비효율성을 보여주는 예가 되어 중앙은행의 설립을 가져오는 계기가 되었다.

⑤ 평가[70]

미국의 청산소는 지급결제를 위한 네트워크를 형성하여 지급결제시스템의 운영기관으로서 발전했을 뿐 아니라 중앙은행이 설립되기 이전에 법정통화도 없는 상태에서 준중앙은행으로서 향후 미 연준이 설립되는 데 기여했다. 특히 금융위기가 발생했을 때, 법적 근거가 충분하지는 않았지만, 청산소가 청산소대출증서를 발행하여 유동성 부족을 해소하도록 했던 것은 금융위기가 발생하는 것을 선제적으로 막을 수는 없었더라도 사후적으로 금융위기를 극복하는 데 기여했다는 점에서 높이 평가받을 만한 일이다.

그렇지만 청산소에 최종대부자 기능이 완벽하게 부여되어 있지는 않았기 때문에 법정통화가 아닌 청산소대출증서만으로 금융위기를 극복하는 데는 한계가 있었고, 이는 1907년 금융위기가 다시 도래한 이후 중앙은행의 설립 논의를 촉발하는 계기가 되었다.

청산소가 한계를 지닐 수밖에 없는 영역이 하나 더 있는데 바로 청산소에 참가하지 못한 은행들의 처리 문제였다. 중앙은행의 역할 가운데 하나가 어떠한 금융기관에 문제가 발생하더라도 금융시장 전체에 미치는 영향을 고려하여 영향력을 행사할 수 있다는 것인데, 이와 달리 청산소는 우선적으로 회원은행만을 대상으로 조치를 취할 수밖에 없었다.

이보다 더 심각한 문제는 다른 주에서 발행된 수표의 처리가 비효율적으로 이루어졌다는 점이다. 이를 해결하기 위한 전국 단위의 수표처리시스템의 필요성에 대한 논의가 미 연준의 설립 이전에 있었으며, 최종적으로는 1913년 설립된 미 연준에 전국 단위의 수표 청산과 결제 권한을 부여했다. 이에 대해서는 미 연준 설립과정에서 설명하기로 한다.

⑥ 연준과의 관계

미 연준은 민간 청산소를 본떠 만들었다. 왜냐하면 민간 청산소가 금융위기가 발생했을 때 은행산업의 신뢰를 회복시킬 수 있는 방법을 성공적으로 개발했기 때문이다. 민간 청산소는 은행들로 하여금 자신들이 가지고 있는 유동성 없는 자산을 돈으로 변형시킬 수 있게 하는 '청산소대출증서'를 만들었다. 19세기 후반 동안, 청산소는 은행 예금자들이 받아들일 수 있고 교환에 사용할 수 있는 돈을 만들어냈다. 미국 청산소의 역사는 중앙은행의 탄생 이전에 어떻게 금융위기를 극복해 나갔고 한계가 무엇이었는지를 잘 알려주고 있다.

미 연준 설립 이전에 청산소는 마치 중앙은행처럼 행동했다.[71] 청산소는 회원의 가입 승인과 퇴출, 자체 검사관에 의한 감사, 엄격한 회계와 지급준비 규정 마련, 위기 시 통화 창출 등을 담당했는데, 미 연준의 설립을 계획하던 사람들은 미 연준이 이러한 기능들을 정확하게 달성하도록 했다. 예를 들어, 미 연준의 재할인창구는 청산소대출증서의 기능과 동일한 기능을 했는데, 유동성이 필요한 은행들은 재할인창구를 통해 미 연준에 담보와 이자를 지급하고 자금을 빌렸다.

청산소의 메커니즘이 완벽하지는 않아서 은행제도에 대한 신뢰를 회복하고 금융위기의 지속을 단축시키는 데 성공하기도 하고 실패하기도 했다. 미 연준이 설립되던 당시 미 연준에 요구되는 가장 큰 기대는 주기적으로 반복되는 금융위기에 대응할 수 있는 능력이었는데, 청산소 메커니즘을 상당 부분 차용한 미 연준은 불행히도 1929년에 시작한 대공황에 그리 적절히 대처하지는 못했다. 이것이 앞에서 언급한 희극배우의 조롱과 같이 인류 역사가 시작된 이래 위대한 발명품에 중앙은행이 포함된 연유이다. 그렇지만 미 연준은 전국 단위의 수표청산시스템으로서의 역할은 충실히 했다고 할 수 있다.

미 연준의 설립 이후에 뉴욕청산소는 회원은행들 간의 청산업무만을 담당하여 회원은행들의 결제 포지션 정보를 뉴욕 연방준비은행에 전송하고 뉴욕 연방준비은행은 최종 결제를 함으로써 청산과 결제가 완전히 분리되었다. 뉴욕청산소는 1970년에는 전자자금이체서비스인 CHIPS^{Clearing House Interbank Payments System}를, 1975년에는 ACH^{Automated Clearing House} 서비스를 운영하기 시작했다. 참고로 CHIPS는 미 연준이 운영하고 있는 Fedwire와 함께 거액결제시스템의 하나이고, ACH는 소액결제시스템이다. 뉴욕청산소는 몇 차례 이름을 바꾼 후 현재는 The Clearing House Payments Company라는 명칭으로 활동하고 있다.[72]

4. 미국 연방준비제도

미국은 연방주의자와 반연방주의자의 대립으로 중앙은행의 설립이 유럽 국가들에 비해 늦었을 뿐 아니라, 양 진영의 팽팽한 대립과 타협의 산물로 중앙은행이 탄생하여 조직의 형태에서도 특이하다. 미국의 중앙은행인 연방준비제도Federal Reserve System는 설립 당시 지역 소재 민간 상업은행들과 일반인들이 주주로 참여하는 12개의 지역 연방준비은행과 최고의결기구인 연방준비제도 이사회로 구성되었다. 지역 연방준비은행의 이사회는 9명의 이사로 이루어져 있는데 이 가운데 3명은 연방준비제도이사회 의장이 임명하고, 연방준비제도이사회는 7명의 이사 전부를 대통령이 임명한다.

연방준비제도가 탄생하기 이전에도 여러 차례 중앙은행 기능을 지닌 은행들이 설립되었지만 존립기간이 만료될 때 재인가를 받지 못해 한시적으로만 활동했다.

1) 연준 설립 이전의 은행제도

(1) 유사 중앙은행 시대(1782~1836)

미국이 중앙은행을 설립하려고 한 시도가 미 연준이 처음은 아니었다. 1782년 북미은행이 처음 설립되었으며 1791년에는 20년의 한시적인 기간에만 존립한 제1미국은행이 탄생했고 뒤를 이어 1816년 다시 20년을 기한으로 하는 제2미국은행이 설립되기도 했다. 그러나 미국은 어느 한 조직에 전권을 주는 것에 반대하는 기류가 강하여 제2미국은행의 인가 기간이 만료되면서 중앙은행과 유사한 조직이 한동안 탄생하지 못했다.

북미은행(1782~1783)[73]

1782년 필라델피아에 설립된 북미은행Bank of North America은, 연방주의자이면서 국가의 신용을 높이기 위해서 은행제도를 도입해야 한다고 주장한 알렉산더 해밀턴Alexander Hamilton의 추천과 지원하에, 영국의 영란은행을 본떠 정부 소유가 아닌 민간 소유의 중앙은행이면서 상업은행으로서도 영업을 했다. 지급준비금은 예금의 일부에 대해서만 보유하도록 했다. 북미은행이 중앙은행으로서 한 기능은 정화로 태환이 가능한 은행권을 독점적으로 발행하고 그 대가로 연방정부에 대출하여 정부가 정부채무를 상환하도록 한 점이다. 연방정부는 세금으로 대출금을 상환하도록 했다. 그리고 정부에 대한 대출과 세금 납부는 북미은행이 발행하는 은행권을 이용하되 액면금액으로 하도록 했다. 그렇지만 시장에서는 이 은행권이 정화에 비해 과대평가되었다고 인식했고, 그 결과 필라델피아 이외의 지역에서는 액면가보다 할인된 가액으로 거래가 이루어졌다. 북미은행은 결국 1년 만에 중앙은행으로서의 기능을 포기하고 필라델피아 주정부가 인가한 상업은행으로서만 기능했으며, 북미은행이 보유하고 있던 연방정부 지분을 민간에 매각하고 연방정부의 대출금은 모두 상환함으로써 중앙은행 시도는 끝났다.

제1미국은행(1791~1811)[74]

알렉산더 해밀턴이 미국의 초대 재무장관으로 취임한 1789년 미국에는 은행이 3개밖에 없었다. 해밀턴은 국가의 번영을 위해서는 공공은행을 설립하여 국가채무를 확대하고 통화를 창출하여 신용을 공급하는 것이 필요하다고 판단했다. 이에 북미은행의 실패를 딛고 1791년 다시 중앙은행 역할을 하는 제1미국은행First Bank of the United States을 필라델피아에 설립했다.

해밀턴이 새로운 은행에 대해서 마음속에 지니고 있던 다섯 가지 기대와 목표가 있었다. 첫째, 기존에 있던 은행들보다 규모가 커서 신속하고 효과적으로 힘을 발휘하기를 희망했다. 둘째, 새로운 은행이 미국의 경제성장을 이끌기를 기대했다. 셋째, 상업은행인 동시에 정부의 은행 역할을 하여 연방정부의 힘을 강화시키기를 기대했다. 넷째, 정부증권의 신용상태를 개선시키고 국가채무가 국가의 축복이 될 수 있기를 기대했다. 다섯째, 은행권 발행이 은행권을 필요로 하는 수요에 부응하면서 안전하게 증가할 수 있기를 희망했다.

그러나 영란은행의 설립 시에 정치권뿐 아니라 상인들도 반대한 것과 마찬가지로 제1미국은행 설립 시에도 다양한 이해집단의 반대에 부딪혔다. 반연방주의자들은 공공은행의 설립이 주정부를 희생해서 연방정부의 권한을 강화하려는 음모 가운데 하나라고 여겼다. 일반 시민들은 이전에 정부지폐의 남발로 인한 인플레이션의 피해를 당한 경험이 있어서 금과 은만을 유일한 자산으로 인정하려 했다. 또한 주정부 인가를 받아서 은행을 직접 설립하려는 사업가들은 제1미국은행이 자신들의 사업에 걸림돌이 될 것을 우려하여 반대했다. 돈 많은 부자들은 제1미국은행이 공공성만을 강조하여 정부의 통제하에 충분한 지급준비 없이 화폐를 발행함으로써 결국에는 실패할 것으로 판단했다.

해밀턴은 이러한 반대와 우려를 불식시키기 위해 정부는 이 은행의 주식을 20%만 보유하고 나머지는 민간이 소유하도록 했다. 정부의 주식 보유를 20%로 제한한 이유는 중앙은행이 100% 정부 소유일 경우, 정부가 지폐를 찍어내는 일이 세금을 부과하는 것보다 훨씬 쉬우므로, 위급 상황에 놓이거나 정치적인 입김이 심할 때면 화폐 발행의 유혹을 뿌리치기가 어렵다는 것을 알고 있었기 때문이다. 그리고 주식대금을 납부할 능력이 없는 정부를 위해 정부의 주식대금은 이 은행이 대출해 주고 10년에 걸쳐 상환하도록 했다. 민간 주주들은 주식대금의 1/4은 정화로 지급하고 3/4은 새로 발행된 정부증권으로 납입할 수 있도록 하여 제1미국은행의 설립이 정부의 재정을 뒷받침하도록 했다. 그리하여 자본금액이 1000만 달러로서 당시로서는 가장 큰 규모의 은행이 탄생하게 되었다.

제1미국은행은 주 영역을 넘어서 지점을 설치하여 영업을 할 수 있는 권한을 부여받은 은행이었으며, 상업적 이익을 추구했고, 다른 은행을 규제하거나 최종대부자 기능을 수행하지는 않았다. 제1미국은행의 가장 핵심적인 역할은 정부의 은행으로서 정부에 대출해 주고 세금과 정부채무와 관련한 자금 흐름을 관리함으로써 정부를 위한 재정대리인 역할을 하는 것이었다. 인가 기간은 20년이고, 그 기간 동안에는 다른 연방은행을 설립하지 않는 반면 만기가 되었을 때 연장 여부는 의회가 결정하도록 했다. 그리고 북미은행의 실패를 되풀이하지 않기 위해 정부채의 매입을 금지하고 자본금을 넘어서는 은행권 발행이나 채무 인수를 금지했으며, 고객이 요구하는 경우 은행권을 정화로 액면가대로 교환해 줄 것과 은행권으로 세금을 납부할 수 있는 조항을 법에 명시했다.

그렇다고 하여 다른 은행들의 설립이 방해받지는 않아서 1790년 4개에 불과하던 주법은행 수가 1794년에는 18개, 1800년 29개, 1810년 90개로 크게 증가했으며 이 은행들도 은행권을 발행할 수 있도록 하여 제1미국은행에 은행권의 독점적인 발행 권한을 부여하지는 않았다. 그러나 액면가에 의한 주화로의 태환을 제1미국은행 이외의 은행들에는 법적으로 의무화하지 않았다.

반연방주의자들의 반대에도 이 은행은 1791년 영업을 시작했고 정화와 정부채권을 기반으로 은행권을 발행하여 대부분 연방정부에 대출했다. 제1미국은행이 설립된 다음 해인 1792년 제1미국은행의 과다한 신용공급과 뉴욕 주식시장에서의 만연한 투기로 인해 금융위기가 발생했는데, 해밀턴이 뉴욕 은행을 통해 유동성을 공급하도록 하여 주식을 매입함으로써 금융위기가 오래 지속되지는 않았다.[75]

1792년의 위기를 넘긴 이후에는 제1미국은행의 영업활동으로 인해 통화부족을 해소할 수 있었고, 제1미국은행은 시중에 저렴하게 신용을 공급하여 미국의 경제성장에 기여했다. 1804년에 가서는 정부예금의 90%가 이 은행에 예치되었다.

제1미국은행은 설립 시에는 주주가 모두 내국인이었으나 1802년부터 외국인, 특히 영국인들이 주식을 사들였고 1811년이 되어서는 외국인 보유 주식이 700만 달러에 달했다. 사실 외국인에 대해서는 제1미국은행 주식 보유는 허용했지만 투표권은 허용하지 않았기 때문에, 외국인의 제1미국은행 주식보유액이 얼마가 되었든 큰 문제가 될 사항은 아니었다. 그러나 이는 부정적인 여론을 형성하는 데 상당한 영향력을 미쳤으며, 연방은행의 활동이 헌법에 위배된다는 반연방주의자들의 지속적인 반대에 부딪혀 인가 기간이 만료되는 1811년 미 의회에서 한 표 차이로 재인가를 받지 못했고, 제1미국은행은 결국 영업을 종료하고 민간인에게 매각되었다.

미국 대통령이 아니면서 미 달러화 지폐에 초상이 실린 사람은 벤저민 프랭클린Benjamin Franklin과 알렉산더 해밀턴 두 명뿐이다. 해밀턴은 건국의 아버지 가운데 한 명이고 1787년 미국 헌법의 제정에 기여하기도 했지만, 경제적인 측면에서 그에 대해 언급해야 할 사항은 새로 태어난 미국이 분열되지 않기 위해서는 중앙은행이 필요하다고 주장하며 제1미국은행을 설립하는 데 주도적인 역할을 한 점이다. 그는 1789년 36세의 나이에 재무장관에 임명되기 전 10대 시절에는 해운회사에서 일하며 재무적인 지식을 얻었다. 그리고 뉴욕에서 변호사 생활도 했고 뉴욕주를 대표하는 대표단의 일원으로 헌법 제정 회의에도 참석했으며, 뉴욕은행을 설립하여 운영한 경험도 있었다. 이러한 과정에서 국가 재정과 은행제도에 대한 지식을 쌓았으며 국가 재정을 담당하고 있던 인물들과 교류하면서 이들을 지원했다.

해밀턴은 이미 영란은행과 암스테르담은행에 대해 잘 알고 있었으며, 이 은행들이 개인 신용에 대한 믿음과 공권력이 한데 결합되어 공공은행으로서 국가의 경제발전에 기여하고 있다고 평가하고 있었다. 따라서 특히 영란은행을 본떠 미국에도 중앙은행을 설립할 필요가 있다는 신념을 지니고 있었고, 북미은행이 설립되기 한 해 전인 1781년 북미은행 설립 안을 작성하여, 설립을 추진 중인 로버트 모리스Robert Morris에게 보내기도 하는 등의 지원활동을 했다.

제1미국은행 설립 당시 국무장관인 토머스 제퍼슨Thomas Jefferson은 반연방주의자의 대표 격인 인물로서, 자본금이 1000만 달러인 거대 은행이 탄생하는 데다 주 영역을 벗어나 영업을 할 수 있는 특혜를 제1미국은행에 주고 연방정부에 대출하여 연방정부의 힘을 키워주는 것은 헌법에 위배되며 대다수 국민의 이익을 희생시키면서 상인과 투자가들에게만 이익을 주게 된다면서 반대했다.

이러한 주장에 해밀턴은 제1미국은행이라는 법인의 설립은 헌법이 분명하게 허용하고 있는 연방정부의 '필요하고 적절한' 권한이라며 반박했고, 해밀턴의 이러한 주장은 1819년 미 대법원 판결 시에 헌법이 정한 연방정부의 권한에 대한 해석에 영향을 미쳤으며 이 판례는 지금도 효력을 발휘하고 있다.

제1미국은행의 주식은 청약을 시작한 지 1시간이 채 지나지 않아 모집이 모두 완료되었다. 가증권의 형태로 판매된 주식이 한 달 만에 25달러에서 300달러까지 치솟은 후 급락하는 사태가 발생하자, 해밀턴은 뉴욕은행에 이 주식을 사들이도록 지시하여 주가의 안정을 도모했다.

다재다능했던 해밀턴이라고 모든 일에 현명하게 대처하지는 못한 것이 복본위제의 도입이었다고 할 수 있다. 당시에도 많은 미국인들이 물물교환을 하고 있었으므로 해밀턴은 주화의 사용을 독려하고자 금과 은 모두를 통화로 사용하게 하는 실수를 저질러 미국 금융 역사의 골칫덩어리가 될 복본위제를 도입했다.

해밀턴의 사망은 뜻밖에도 정적과의 결투로 인한 총상 때문이었다. 1800년 대통령 선거에서 해밀턴이 에런 버Aaron Burr 대신 토머스 제퍼슨을 밀어준 데 이어, 해밀턴이 자신을 모욕했다고 생각한 에런 버가 신청한 결투에서 해밀턴은 총상을 입고 1804년 사망했다.

제1미국은행의 인가 기간이 종료되는 1811년 당시 재무장관 앨버트 갤러틴Albert Gallatin은 반연방주의자였음에도 제1미국은행의 존속이 필요함을 의회에서 설득했으나, 주법은행 주식을 보유하고 있던 의원들의 개인적인 이해관계와 정당한 근거가 없는 외국인의 주식 보유 문제 등으로 인가의 연장은 부결되었다.[76]

제2미국은행(1816~1836)[77]

제2미국은행은 은행권의 태환 유지와 연방정부의 채무 상환을 지원하는 것을 주된 목적으로 하여 연방정부에 의해 설립되었다. 그렇지만 제2미국은행은 지역 간 지급결제서비스를 제공하는 데도 적극적인 역할을 했다. 제2미국은행이 이 역할을 할 수 있었던 것은 주법은행들과는 달리 다른 주에 지점을 설치할 수 있었기 때문이다. 이런 점에서 제2미국은행은 전국적으로 통일된 은행 간 지급결제시스템을 제공한 미 연준의 선구자적 역할을 했다고 할 수 있다.

제1미국은행이 문을 닫으면서 예치되어 있던 정화 예금은 여기저기 흩어지고 일부는 외국인 주주들의 주식을 상환해 주기 위해 해외로 보내졌다. 상황이 악화된 것은 주법은행들이 충분한 정화가 부족한 상태에서 은행권을 남발한 데다 1812년 미영전쟁이 발발했기 때문이었다. 1811년 90개의 은행이 1816년에는 260개로 증가했으며 이보다 더 심각한 문제는 은행권 발행액이 같은 기간에 2800만 달러에서 2억 8600만 달러로 증가했다는 점이었다. 미영전쟁이 발발하자 연방정부는 주법은행들이 남발한 불태환 은행권으로 뉴잉글랜드 지역에서 군수품 등을 구입했다. 이에 위기의식을 느낀 뉴잉글랜드 은행들은 은행권을 정화로 상환해 줄 것을 요구했고 정화가 부족한 연방정부는 급기야 1814년 주법은행들에게 정화 지급정지를 허용했으며 이 조치는 1817년까지 지속되었다.

제2미국은행은 이러한 혼돈의 와중에 1816년 설립되었다. 자본구성은 제1미국은행과 마찬가지로 정부가 20% 지분을 소유하는 것으로 했으며 인가기간도 20년으로 했다.

1817년 영업을 시작한 제2미국은행의 첫 번째 책무는 지폐의 정화 전환을 회복시켜 건전한 통화제도를 복원하는 것이었다. 그러나 정화로 태환이 어려운 은행권이 이미 상당히 발행되어 있는 상태에서 제2미국은행의 서부와 남부지역 소재 지점들이 발행한 은행권을 동부지역 소재 지점들이 액면가로 받아주어 은행권이 과잉 발행됨에 따라 오히려 투기적인 토지 붐 형성에 기여했다. 1819년 금융위기가 발생하자 이번에는 확장정책을 펴야 했음에도 긴축정책을 시행하여 대량실업과 자산가격의 하락을 초래했다는 비판을 받게 되었다.

1823년 은행장으로 새로 취임한 니컬러스 비들Nicholas Biddle은 통화와 신용의 안정화를 위한 조치로 은행권을 발행은행에 제시하여 정화로 지급하도록 했다. 이러한 조치에 의해 주법은행들은 정화를 보다 많이 보유해야 했고 지나친 대출을 억제해야 했다. 이로 인해 통화와 은행대출의 질이 향상되고 투기적인 이익을 찾고자 하는 은행들의 공격적인 행태가 줄어들기는 했지만, 이 과정에서 많은 소형 은행들이 문을 닫는 부작용도 발생했다.

제2미국은행이 안정적인 통화제도를 유지할 수 있었던 이유 가운데 하나가 지점 설립이었다. 제2미국은행은 최소한 주마다 한 개씩은 지점을 설치하려고 했으며, 그 결과 1833년 29개의 지점을 설치할 수 있었다. 지점 설치로 인해 제2미국은행은 전국적으로 액면가에 의해 유통되는 동질적인 통화의 공급에 기여할 수 있었으며 1833년까지 미국의 경제성장에 기여했다.

그러나 이 은행의 성공을 질시하는 집단은 너무 많았다. 제2미국은행의 지점 설치에 반대하여 부정적인 조치를 취했던 주지사들, 이 은행의 성공을 질시하여 적대적이었던 은행가들, 좌절한 채무자들과 포퓰리즘에 빠진 정치가들 모두 소위 '은행 전쟁'[78]으로 불리는 제2미국은행과의 갈등에 빠져들었다.

제2미국은행이 통화와 관련하여 미국 금융의 발전에 기여한 바는, 다른 민간은행들이 발행한 은행권들이 발행한 은행으로부터 얼마나 먼 곳에 위치하고 있는지에 따라 차등 할인되어 유통된 것과는 달리, 제2미국은행의 은행권이 전국 어디에서나 액면가로 유통되게 했다는 데 있다. 그러나 1829년 대통령으로 취임한 앤드루 잭슨Andrew Jackson이 제2미국은행의 통화정책이 실패한 정책이고 은행은 부패한 조직이라고 비난하면서 1833년 정부예금을 모두 인출시키자 재인가를 받지 못하고 결국에는 1836년 문을 닫았다. 그리하여 미국은 공공은행이 해야 할 일을 향후 80년간 재무부가 하게 되었다.

(2) 자유은행시대(1836~1863)[79]

제2미국은행이 문을 닫은 이후 미국에는 연방정부의 규제를 받는 은행은 사라지고 개별 주정부의 인가를 받아 영업을 하는 주법은행들만이 있게 되었다. 주정부의 인가만으로 은행 설립이 가능했던 이 시기를 자유은행시대라고 한다. 자유은행제도는 1830년대에 뉴욕과 미시간에서 도입된 것을 시작으로 1861년 남북전쟁 발발 전까지 당시 미국 전체 33개 주 가운데 18개 주로 확산되었다. 그렇지만 주정부가 아무런 제한 없이 은행 설립을 인가해 준 것은 아니었다. 주정부는 은행의 지급준비금, 대출과 예금의 이자율, 최저자본금 등을 규제했다. 그렇지만 당시의 은행제도는 몇 가지 문제점을 노정하고 있었다.

첫 번째는 주마다 다르게 정한 설립 요건만 갖추면 은행 경영 능력이 있는지와는 무관하게 쉽게 은행 설립 인가를 받을 수 있다는 점이었다. 자유은행시대 이전인 1830년 378개에 불과하던 은행 수가 1837년에는 712개, 1861년 1601개로 증가했고, 지점 설치를 허용하지 않는 단일은행제도에 따라 규모가 작은 은행들이 많아져서 규모의 경제를 누릴 수 없었고 실패할 가능성도 높아졌다.

두 번째는 은행이 발행할 수 있는 은행권의 발행한도를 정할 때 은행이 매입한 주정부채의 시장가치를 반영하여 정하는 것이 아니라 액면가에 의해 정하도록 한 점이었다. 그러므로 주정부의 신용도가 약할 때에는 매입하여 은행권 발행의 담보로 보유하고 있는 주정부채의 시가보다 많은 은행권을 발행할 수 있기 때문에 은행의 재무 건전성이 손상될 여지가 있었다. 실제로 소규모 은행이 다수 설립될 수 있는 환경에서 많은 은행들이 설립되고, 장기적인 이익보다는 정부채의 할인 매입과 은행권의 초과 발행을 통해 단기 이익을 얻고자 하는 은행들이 예금인출 사태가 발생했을 때 들고양이처럼 도주하는

wildcat banking 사례가 몇몇 주에서 발생하기도 했다. 비록 이러한 은행들의 수가 많지 않았다고 하더라도 은행권마다 가치가 다른 혼란은 은행권에 대한 이용자들의 불신을 야기하고 금융시장의 안정성을 저해하는 결과를 초래했다. 뉴잉글랜드 지역에서 은행권의 청산업무를 한 서픽은행이 활동한 시기가 자유은행시대였다.

자유은행시대라고 해서 금융위기가 발생했을 때 주정부의 규제를 강화하는 조치가 없었던 것은 아니었다. 예를 들어, 1857년 금융위기가 발생했을 때 정화 지급을 정지시키고 최저자본금을 높게 책정함으로써 진입장벽을 두었으며, 은행권의 발행도 보유하고 있는 주정부채와 연동시키는 등의 규제를 가했다. 그렇지만 민간은행의 설립이 이전보다 쉬워지고 은행권 발행한도가 은행이 보유하는 주정부채와 연동됨으로써 주정부는 쉽게 채권을 발행할 수 있게 되었고 은행 역시 쉽게 은행권을 발행할 수 있게 되어 인플레이션이 쉽게 유발되었으며, 주정부 사업에 은행신용을 지원해 주는 등 투기적인 대출도 확산되었다. 따라서 반복된 금융위기에도 불구하고 통화량을 조절할 수 있는 금융체계의 부재로 인해 미국 경제는 호황과 불황을 반복하는 문제를 노출시켰다.

이 시기 은행들의 평균 존속기간은 5년에 불과했다고 하며, 은행의 절반 가까이가 실패했고 실패한 은행 가운데 1/3이 자신이 발행한 은행권을 상환하지 못하여 문을 닫았다고 한다.

(3) 국법은행시대(1863~1903)[80]

1836년부터 1863년까지 지속된 자유은행시대는 이후 3년간 세 차례에 걸쳐 「국법은행법」이 제정되면서 마감했다. 정부 간섭을 최대한 배제하던 이전의 분위기는 사라지고 정부의 간섭이 통화와 은행제도에 깊숙하게 들어왔는데, 그 첫 번째 조치가 지폐와 관련된 것이다.

「국법은행법」이 제정되기 2년 전인 1861년 남북전쟁이 발발하자 연방정부는 금이나 은으로의 태환이 가능하지 않은 지폐를 발행했다. 이 지폐의 정식 명칭은 디맨드 노트^{Demand Note}였으나 당시 발행되고 있던 주법은행권들의 뒷면이 검정색이었던 데 비해 이 지폐는 녹색이어서 그린백^{greenback}으로 더 많이 알려져 있다. 그러나 그린백이라는 명칭은 1년 뒤인 1862년 「법정통화법」을 제정하고 발행된 미정부지폐^{United States Government Note}가 이어받았다. 법정통화의 의미는, 비록 금이나 다른 어떤 정부 재산으로 교환해 주는 것을 보장하지 않더라도, 이자를 지급하지 않고 법에 의해 강제통용력을 부여하여 이 통화가 제시되었을 때 받아들여야 하는 통화를 의미한다. 미정부지폐는 미연준은행권^{Federal Reserve Note}이 1914년 발행된 이후에도 발행되어 함께 법정통화로 유통되다가 1971년 발행이 중단되었고 1994년 유통이 완전히 중단되었다.

「국법은행법」이 시행되면서 주법에 의해 설립된 민간은행들이 은행권을 발행하고자 할 때 내야 하는 소비세율을 2%에서 10%로 인상하여 법정통화가 주법은행의 은행권을 대체하도록 했다. 국법은행은 정부가 발행한 채권에 의해 보장되고 어느 은행이 발행했건 동일한 가치를 지닌 은행권을 발행할 수 있었다. 그리고 안전성을 강화하기 위해 자본금의 1/3 이상을 연방정부가 발행하는 채권으로 보유해야 했으며, 은행권을 발행하기 위해서는 발행액의 100/90에 해당하는 정부채권을 통화감독국에 예치해야 했다. 은행이 파산하게 되면 통화감독국은 채권을 팔아 은행권 소유자들에게 보상해 주었으나 예금자의 예금에 대해서는 보상해 주지 않았다.

연방정부의 의도는 주법은행들이 국법은행으로 전환하는 것이었으나 이는 많은 저항을 불러일으켰다. 주법은행이 발행하는 은행권에 10%의 소비세를 부과하는 것이 부담이 되어 상당수의 은행들이 국법은행으로 전환하기는 했으나, 여전히 많은 은행들이 국법은행으로 전환하는 대신 수표를 사용함으로써 소비세 부담을 회피하는 전략을 썼다. 국법은행에 부과되는 최대 25%의 지급준비율과 자본금 조건에 비해 주법은행은 그러한 부담을 질 필요가 없고 은행권에 부과되는 소비세는 수표 발행[81]으로 회피할 수 있었기 때문이다. 그래서 당초 정부가 의도한 만큼 주법은행이 국법은행으로 전환되지는 않아서, 1861년 1601개였던 주법은행이 1868년에도 247개[82]가 남아 있었다.

국법은행들이 은행에 관계없이 동일한 가치를 지닌 은행권을 발행하고 주법은행의 은행권에 높은 소비세 부담을 지움에 따라 은행권의 가치가 은행별로 상이한 현상은 크게 줄어들었다. 그래서 비록 서픽은행 체제가 사라졌음에도 은행권으로 인해 혼란이 야기되지는 않았다.

그렇지만 새로운 문제가 생겼는데, 바로 탄력적인 화폐공급이 어렵다는 것이었다. 미정부지폐의 총량은 국법은행들이 보유하고 있는 연방정부 채권량에 의해 정해져 있어서 그 이상의 은행권을 발행할 수가 없는 데다, 통화량이 통화당국에 의해 조절되지 않고 국법은행이 정부채권의 보유를 늘려야 증가할 수 있게 되어 경기변동에 적극적으로 대응하여 탄력적으로 신용을 공급하는 데 애로가 있었다. 이로 인해 1873년 국제수지의 적자 확대에 따른 금화의 해외 유출과 함께 철도회사의 경영 부실과 그로 인한 민간 금융기관의 연쇄 부실 위험 등으로 예금인출 사태가 발생했고, 유럽 금융시장의 불안정으로 외국인의 투자자금 유입이 급격히 감소하여 금융위기가 발생했음에도 정부가 대응할 수 있는 수단이 전혀 없었다. 그리고 자본금이나 지급준비 등에 대한 규제가 적은 주법은행들이 국법은행이 발행한 은행권을 이용하여 예금과 대출을 늘리면서 1880년대부터 1890년대까지 급속하게 성장했음에도 이러한 주법은행들을 통제할 수 있는 수단이나 권한이 당시 통화당국인 재무부에 없었던 것도 문제였다.

유동성 부족으로 인한 금융기관의 지급불이행과 예금인출 사태의 발생이 1907년에도 반복되자 은행별로 은행권을 발행하는 대신 중앙은행을 설립하여 은행권을 집중 발행하고 관리할 수 있도록 하는 법안이 제시되었고 그 결과 1913년 「연방준비법Federal Reserve Act」이 제정되었다.

2) 연준 설립 이전의 수표결제제도

(1) 지역 내 수표의 결제

지역 내 수표의 결제는 뉴욕청산소와 같은 지역 청산소가 담당했고 이에 대해서는 앞에서 언급했기 때문에 여기에서는 생략하고자 한다. 다만 한 가지 추가할 사항은 수표 이외에 은행이 발행한 어음도 지역 내에서 많이 활용되었고 지역 청산소에서 청산과 결제가 이루어졌다는 점이다. 어음은 지역 간 결제에 있어서 수표를 발행하기에 적절하지 않은 경우에 발행되었다. 금융센터가 있는 주요 도시들에서 멀리 떨어져 있는 지방은행의 고객은 종종 자신의 지방은행이 주요 금융센터에 있는 은행을 지급인으로 하여 발행한 어음을 매입하여 상거래의 상대방에게 지급했다. 어음의 수취인인 상거래 상대방에게는 금융센터에 있는 은행이 어음을 발행한 지방은행보다 잘 알려져 있고 자금을 회수하기 위한 비용도 수표보다 저렴하기 때문에 이런 방식이 수표보다 선호되는 경우가 많았다. 이렇게 발행된 어음 역시 지역 청산소에서 청산·결제되었다.

(2) 지역 간 수표의 결제[83]

뉴욕청산소와 같은 지역 청산소를 설립함으로써 지역 청산소 회원은행들의 예금자가 발행한 수표가 역내에서 청산·결제되는 데는 아무런 문제가 없었다. 그렇지만 회원은행의 예금자가 아닌 고객이 발행한 수표는 지역 청산소에서 처리할 수 없는 문제가 있었다.

미 연준이 설립되기 이전에 이 문제를 해결하기 위해 사용된 방법은 첫 번째로는 역외에 있는 비회원은행이 회원은행 앞으로 어음을 발행하고 이 어음을 상거래에 사용하도록 하는 것이었다. 비회원은행이 어음을 발행하기 위해서는 회원은행에 계좌를 개설하고 어음이 결제될 수 있을 정도의 돈을 예금하고 있어야 했다. 어음을 매입한 사람은 물건을 파는 상거래 상대방에게 물품 대금으로 어음을 지급하고 어음 수취인은 자신이 거래하는 회원은행에 어음을 제시하여 대금을 회수했다. 이 경우 어음을 산 사람은 수수료를 자신의 거래은행에 지급해야 했다.

두 번째 방법은 상거래의 당사자가 직접 수표를 발행하고 수표의 수취인이 자신의 거래은행에 수표를 제시하여 자금을 회수하는 방법이었다. 이때 수표의 발행인과 수취인의 거래은행이 모두 회원은행일 경우에는 지역 청산소를 통해 결제했지만, 그렇지 않을 때는 지역 청산소를 이용할 수 없었기 때문에 다소 복잡한 다른 방식으로 수표대금을 회수해야 했다.

시간이 지나면서 1890년경부터는 개인의 수표 이용이 급증하면서, 은행이 발행하는 어음을 이용한 상거래보다는 상거래 당사자가 발행하는 수표가 더욱 선호되어 수표에 의한 상거래가 일반화되었으므로 여기에서는 수표를 이용한 지역 간 결제를 살펴보도록 한다.

역외 은행에서 발행된 수표를 받은 수취은행은 역내에서 청산소를 이용하여 수표대금을 회수할 수가 없었으므로 수표를 우편으로 지급은행에 송부하여 대금을 회수했다. 예를 들어, 시카고에 사는 피터가 뉴욕에 있는 메리에게 100달러짜리 수표를 주고 물건을 샀다고 가정하자. 그리고 당시에는 우편으로 수표대금을 회수하는 경우에는 송금수수료가 있었지만 사람이 직접 창구에 수표를 제시하는 경우에는 수수료가 없었기 때문에,[84] 우편송금수수료가 3%라고 가정했을 때 처리절차는 다음과 같다.

① 뉴욕에 있는 메리는 시카고에 사는 피터에게 물건을 팔고 피터가 발행한 100달러짜리 수표를 받는다.
② 메리는 자신의 거래은행인 뉴욕은행에 수표를 제시한다.
③ 뉴욕은행은 별단계정에 수표대금 100달러가 들어온 것으로 기록하고 수표

대금을 회수하기 위해 시카고은행에 우편으로 수표를 보낸다.

④ 우편으로 수표를 받은 시카고은행은 자신의 고객인 피터의 계좌에 충분한 돈이 있는지 확인하고 뉴욕은행에 송금수수료 3달러를 제외한 97달러를 송금한다.

⑤ 뉴욕은행은 지급은행이 송부한 97달러를 메리의 계좌에 입금한다.

이러한 방법은 청산소를 통한 청산과 결제가 가능하지 않으므로 은행 간에 직접 청산과 결제가 이루어져야만 했고, 지급은행이 수표의 액면금액에서 송금수수료를 제했기 때문에 액면 이하로 결제되는 문제와, 수표대금의 회수 시까지 시간이 오래 걸리고 지급은행이 고의적으로 지급을 지연시킬 수 있는 문제를 내포하고 있었다. 송금수수료는 지방의 소형 은행에게는 가장 큰 수입원이 되기도 하여 송금수수료가 순영업이익의 50%에 달하는 은행들도 있었다.

지역 간 수표의 청산에서 발생하는 지연과 송금수수료 문제를 최소화하기 위해 두 은행 간에 환거래계약을 체결하는 방식도 활용되었다.[85] 도시에 있는 은행이 역외 소형 은행의 환거래은행으로 기능하고 역외 은행은 환거래은행에 계좌를 개설하여 예금을 하는 계약을 맺었다. 역외 은행이 환거래은행과 같은 지역에 있는 은행을 지급은행으로 하는 수표를 받으면, 역외 은행은 그 수표를 환거래은행에 보내고 환거래은행은 직접 지급은행에 수표를 제시한다. 환거래은행은 지급은행으로부터 수표대금을 받아 역외 은행의 계좌에 입금시킨다. 종종 환거래은행은 비록 지급은행이 액면가로 지급하지 않더라도 송금수수료를 자신이 떠안아 역외 은행의 계좌에 액면금액을 입금시키고, 역외 은행도 환거래은행을 지급은행으로 한 수표를 받았을 때 마찬가지로 액면금액을 입금시키기도 했다. 환거래은행이 수표의 회수에 시간과 비용이 투입되는데도 지역 간 수표의 청산업무를 하는 이유는 역외 은행의 예금을 유치하여 자금을 운영하기 위해서이다. 연준 설립 직전 국법은행이 다른 은행으로부터 예치한 예금이 개인예금의 40%에 달할 정도로 규모가 컸던 점에서 볼 때 환거래은행 간 경쟁이 치열했음을 알 수 있다. 환거래은행 역할을 주도적으로 한 은행들은 대도시에 있는 대형 은행들이었다.

또한 환거래은행들은 서로 네트워크를 형성하고 있어서 어느 한 환거래은행이 역외 은행과 직접 환거래계약을 체결하고 있지 않은 경우 다른 환거래은행을 경유하여 역외 수표대금을 회수했다.

환거래계약에 의해 두 당사자 은행 간에 수표의 청산이 이루어지게 됨에 따라 수표대금 수취은행은 우편을 이용하여 수표대금을 회수하는 대신 환거래은행을 통해 지급은행에 직접 수표를 제시하는 방법을 이용했다. 그러자 지급은행은 송금수수료를 받지 못하게 되었다. 그렇지만 지급은행은 간접적인 통로를 통한 수표 제시가 다소 시간이 걸리기 때문에 수표대금 결제 지연에 따른 이익을 어느 정도는 챙길 수 있었다. 환거래은행을 통한 수표대금 회수는 때로는 여러 은행을 거쳐야 하고 그로 인해 이동거리가 길어지는 문제를 내포하고 있어서 근본적인 해결책이 되지는 못했다. 이러한 문제를 해결하고자 지역 청산소는 수표 처리에 필요한 비용을 모두 떠안고 있는 환거래은행의 비용을 줄여주고 환거래은행들 간의 경쟁을 억제하기 위해 역외 수표 제시자에게 표준화된 회수수수료를 부담하도록 하는 방안과 청산소의 서비스 지역을 확대하는 방안을 회원은행들에게 제시했다.[86]

그러나 두 가지 방안 모두 완전한 성공을 가져오지는 못했는데, 특히 첫 번째 방안의 결과는 실망스러웠다. 1899년 뉴욕청산소가 회수수수료를 받는 조치를 시행했는데, 그 조치로 말미암아 회원은행의 고객이 감소하는 결과가 초래되어 중단되었다. 1906년 전미은행연합회 내에 청산소 분과를 설치하여 역외 수표의 회수수수료 부과 문제를 조정하려 했으나 실패하고 오히려 수표대금의 할인 지급 관행을 강화하는 결과만 초래했다.

지역 청산소의 처리 기술을 향상시켜 지방 단위에까지 확장 적용하고자 하는 두 번째 방안은 보스턴청산소를 제외하고는 제대로 시행되지 못했다. 보스턴청산소는 1899년 뉴잉글랜드에 있는 모든 은행들이 수표를 액면금액으로 회수하는 방안을 수립했다. 이 방안은 액면가로 은행권이 유통되도록 한 서퍽은행 방식과 유사한 것으로서, 뉴잉글랜드 내에서는 90%가량의 소규모 지방은행들이 수표의 액면가 회수에 참가하여 어느 정도 성공적이었다고 할 수 있다. 그러나 전국 단위로 단일한 수표의 액면금액 회수는 성공적이지 못했다. 역외 은행의 경우에는 송금수수료 수입의 감소 우려, 금융센터에 위치한 환거래은행의 경우에는 예금 감소 우려 등으로 은행들 간의 이해상충이 발생했기 때문이다. 이에 더하여 대형 도시은행들은 수표의 처리에 드는 시간과 비용을 감안할 때 은행이 발행하는 어음이 수표보다 지역 간 결제에 보다 효율적이라고 주장하면서 액면금액에 의한 수표 청산을 반대했다.

3) 연준 설립 배경[87]

1907년 금융위기가 발생했을 때 지역 청산소에서는 회원은행들이 수표의 처리를 종종 거부했기 때문에 지급불능 사태가 일어났다. 그 결과 건실한 은행마저도 파산하는 일이 생겨났다. 그러자 지역 청산소는 지급준비금을 집중시켜 지원이 필요한 은행에 이 지급준비자산을 대출해 주고 청산소대출증서와 같은 유사 화폐를 발행하는 노력을 했다. 그러나 지엽적인 이해관계로 전국 단위의 효율적인 청산메커니즘의 개발이 이루어지지 못하자 정부가 개입하게 되었다. 연방준비은행의 설립 이전인 1908년에 미 의회는 국가통화위원회를 신설하여 당시 은행제도에 내포되어 있는 문제를 해결하는 방안의 일환으로 지급결제 개선안을 제시했는데, 이 개선안에는 전국적인 청산소 시스템을 설립하는 방안이 포함되어 있지 않아 채택되지 못했다.

1912년 하원 은행·통화위원회가 작성한 연방준비법안에는 지급결제와 관련하여 모든 은행들이 참가하는 전국적인 청산소 시스템을 설립하고, 모든 수표가 액면금액으로 청산될 수 있는 수표회수시스템을 설립하는 방안이 포함되어 있었는데, 이 법안이 1913년 원안대로 통과되면서 「연방준비법」이 제정되었고 12개 지역 연방준비은행과 이 은행들을 감시할 연방준비제도이사회로 구성된 연방준비제도가 설립되었다. 이로써 연준은 수표의 청산서비스와 관련하여 각 지역 연방준비은행이 회원은행을 위한 중심 청산소로서 역할을 하고 각 지역 연방준비은행을 연결한 네트워크를 통해 다른 지역에서 발행된 수표도 처리할 수 있게 되었다. 이전까지는 즉시 처리가 되지 않았기 때문에 수표대금을 받아야 하는 은행은 수표대금의 입금 시까지 며칠간 기다려야 했으나, 연방준비은행 관할지역 내에 있는 회원은행은 받은 수표를 모두 연방준비은행에 직접 보내고 연방준비은행은 별도의 수수료를 받지 않고 즉시 액면금액으로 처리하도록 했다.

연준 설립 전 국법은행제도하에서의 문제 가운데 하나는 국법은행의 소재지에 따라 3개 층으로 이루어진 차등의 지급준비금을 보유하도록 한 점이었다. 상층에 있는 국법은행central reserve city banks은 뉴욕과 시카고, 세인트루이스에 있는 국법은행으로서 현금을 자신의 금고에 보유해도 되었다. 중간층에 있는 국법은행reserve city banks은 현금을 자신의 금고에 보관하거나 상층에 있는 국법은행에 예치해야 했다. 아래층에 있는 국법은행country banks은 현금을 자신의 금고에 보관하거나 중간층 또는 상층에 있는 국법은행에 예치해야 했다. 문제는 지급준비금을 다른 국법은행에 예치한 경우 이자를 받을 수 있었기 때문에 국법은행들이 가급적 현금을 자체적으로 지니고 있기보다는 예치를 선호했다는 점이다. 이러한 시스템은 금융위기가 닥쳤을 때 취약함을 보였다. 왜냐하면 다른 국법은행의 예금을 지니고 있는 상위 국법은행들이 이 예금을 주식매입을 위한 대출자금으로 활용하여 은행시스템이 주식시장의 불안정성에 노출되도록 했기 때문이다. 이러한 문제는 연준이 직접 수표청산 시스템을 운영하여 은행의 은행 역할을 함으로써 해결되었다.

미국은 영국과는 달리 먼 길을 돌고 돌아 근원적인 해결책을 찾는 데까지 도착했다. 이렇게 된 원인 가운데 하나는 미국이 영국의 식민지 시기를 겪으면서 마련된 초기 경제 여건과 국민들의 인식이 영국과는 달랐던 데에도 기인한 것으로 보인다.

4) 연준 설립 이후의 지급결제

(1) 법정통화 발행

1913년 「연방준비법」 제정의 핵심 목표는 19세기 말부터 20세기 초까지 되풀이하여 발생한 금융위기를 방지하기 위한 것이었다. 연방준비제도는 필요시에 은행권의 공급을 신속하게 확대할 수 있도록 탄력적으로 통화량을 조절하여 금융위기를 방지하기 위해 고안된 것이다. 1914년 영업을 개시한 연준은 연준은행권을 발행했고 이는 신속하게 기존의 정부지폐와 민간 은행권을 대체해 나갔다. 그렇지만 미국은 1873년부터 실질적으로 금본위제를 유지했기 때문에 연준은행권의 발행은 연준이 보유하고 있는 금의 양에 제약을 받는 문제가 그대로 남아 있었다.

대공황이 닥친 직후인 1933년 루스벨트 대통령은 행정명령을 발동하여 개인이 금화와 금괴, 금증서를 소지하는 것을 금지시켰다. 당시 금본위제를 유지하고 있던 미국은 1931년 영국이 금본위제를 폐지한 것에 주목했고, 은행의 연쇄 파산을 우려한 예금주들의 예금인출이 급증함에 따라 루스벨트 대통령이 1933년 행정명령을 발동한 것이었다. 금본위제하에서 은행권은 중앙은행이 보유하고 있는 금의 양에 의해 정해졌기 때문에 달러화의 금태환이 일어날수록 시중의 통화량은 줄어들게 되어 디플레이션이 야기됨으로써 경기가 더욱 침체될 수 있었다. 루스벨트 대통령의 행정명령은 이를 방지하기 위해 취해진 조치였다. 이에 이어 1934년 「정화준비법Gold Reserve Act」을 제정하여 민간의 금 보유를 금지하고 연준이 금을 보유하도록 함과 함께 달러화를 금에 비해 70% 절하했다. 다시 말해, 달러화를 찍어낼 수 있는 근거가 되는 금

보유량을 늘림과 동시에 보유하고 있는 금에 비해 달러화를 더 찍어낼 수 있는 조치를 함께 취한 것이었다. 동일한 금의 양으로 더 많은 달러화를 보유할 수 있게 된 데다, 독일에서 나치가 집권하여 전운이 감돌자 유럽으로부터 금이 유입되어 시중에 연준이 찍어낸 통화량이 증가함에 따라 경제가 회복되는데 연준이 기여하게 되었다.

(2) 수표 청산 개입

경제적 불안정이 있는 시기에는 일부 은행들이 타행수표의 청산을 거부했기 때문에 이러한 점을 시정하기 위해 연준 내에 수표청산시스템이 도입되었다. 이는 연준의 홈페이지에 기술되어 있는 연준의 목적과 기능에 대한 설명에 잘 나타나 있다.[88]

"의회는 1907년과 같은 금융위기가 미국 전역을 주기적으로 휩쓰는 사태가 다시는 생기지 않도록 하기 위해 연준에 전국적인 수표청산시스템을 설립할 수 있는 권한을 주었다. 수표청산시스템으로 인해 경제 상황에 따라 확대되거나 축소될 수 있는 탄력적인 통화의 공급이 가능해졌을 뿐 아니라 수표를 효율적이고 공정하게 회수할 수 있게 되었다."

연준의 설립과 함께 연준이 수표청산서비스에 개입하면서 기대한 효과는 다음과 같다.[89] 첫째, 전국 단위의 통일된 청산시스템을 운영함으로써 수표가 지역 연방준비은행으로 집중되어 대금 회수시간이 축소되기 때문에 은행뿐 아니라 고객들도 혜택을 볼 수 있고 위험노출시간도 줄어들게 될 것이다. 둘째, 송금수수료가 없어지면서 액면금액으로 청산하게 됨에 따라 고객에게 부과하는 서비스 요금도 낮아지게 될 것이다. 셋째, 수표의 이용이 증가하고 요구불예금이 증가함에 따라 지급결제시스템이 발전하고 이는 은행산업 발전에도 기여할 것이다. 넷째, 미래에 닥칠 금융위기에도 잘 대응할 수 있는 강력한 중앙은행이 탄생하게 되었는데, 수표청산서비스의 제공은 대중에게 그 존재를 알릴 수 있는 좋은 기회가 될 것이다.

처음 세 가지는 일반적으로 예측 가능한 기대효과인 반면, 네 번째는 연준의 속내를 드러내는 기대효과라고 할 수 있다. 즉, 지급결제시스템을 운영하지 않게 되면 중앙은행은 단지 회원은행의 지급준비자산만 보유하고 있는 기관으로 전락할 위험이 있으므로, 매일의 일상적인 업무를 잘 처리함으로써 신뢰를 형성하는 데 수표청산시스템이 기여할 것을 연준은 기대한 것이다. 당시 입법자들은, 중앙은행 조직이 단지 위기 시에만 불을 끄기 위해 기능할 뿐 평상시에는 대다수 국민들이 그 존재 자체도 알지 못하여 필요 없는 조직이라는 인식을 불식시키면서, 연준이 수표대금의 회수와 청산서비스를 제공함으로써 보다 많은 은행들이 회원은행으로 등록할 것이고 이로 인해 연준 조직의 기능도 더욱 강화될 것을 기대했다.

그렇지만 이러한 조치가 모든 은행을 만족시키지는 못했는데, 지방은행의 경우 수표를 지연 처리함으로써 얻을 수 있는 자금운용의 기회를 잃게 되어 적극적으로 동참하려고 하지 않는 결과가 발생했다. 그 결과 연준이 1915년 수표의 청산업무를 시작했으나 은행 참가율은 25%에 미치지 못했다. 미 의회는 은행의 참가를 유도하기 위해 1916년 일부 규정을 수정하여 회원은행 간에는 수표를 액면으로 받도록 한 반면, 비회원은행의 수표도 받아주되 액면금액 이하로도 받아줄 수 있도록 했다. 그리고 지급은행이 처리할 수 있는 시간을 감안하여 시간 여유를 줄 수 있도록 했다.

이러한 조치로 액면금액으로의 수표 처리에 참가하는 은행의 비율이 과반을 넘었지만, 모든 은행이 참가하기까지는 더 많은 시간이 요구되었다. 그래서 1918년 연준은 액면금액으로 송금하는 것에 동의하지 않은 은행들에 대해서는, 창구제시 수표의 경우 송금수수료가 없는 점을 이용하여, 연준이 대리인을 고용하여 수표를 은행 창구에 직접 제시하도록 했다. 그러나 1923년 대법원이 할인에 의해 수표대금을 지급하도록 하고 있는 주법이 합헌이라고 판결함에 따라 연준은 더 이상 모든 은행의 액면금액 수표 처리를 강행하지 않게 되었다. 액면금액 이하로 수표대금을 지급하는 은행의 수는 1920년대에 크게 줄어들었지만 1980년까지 완전히 사라지지는 않았다. 1980년 연준이 제공하는 금융서비스에 대해서도 적정한 수수료를 받도록 법이 개정되면서 연준의 수표청산서비스에도 수수료를 부과하게 되었다. 이로 인해 연준은 서비스 제공에 소요되는 실제 경비와 민간부문에서 동일한 서비스를 제공할 때 받아야 할 이익까지 충당할 수 있는 수수료를 받아야 하게 되어, 민간부문이 연준과 동등한 위치에서 경쟁하면서 지급결제서비스를 제공할 수 있는 틀이 마련되었다.[90]

(3) 연준의 수표청산서비스 개입에 대한 논란

연준 설립 초기에는 환거래은행을 이용한 지역 간 수표의 청산이 비효율적이라는 주장이 대부분이었으나, 1990년 이후 수표의 청산에 연준이 개입하는 것이 과연 효율적이었는가에 대한 논의가 나오기 시작했다.

연준의 개입을 찬성하는 입장에서는, 모든 수표를 액면금액으로 회수한다는 목표를 연준 설립 초기에는 달성하지 못했지만 연준의 서비스가 지급결제 시스템의 효율성을 향상시켰다는 증거를 찾을 수 있다고 주장한다. 첫 번째 증거로는, 연준의 지급결제서비스 개시 이후 은행들의 총자산 대비 현금보유 비율이 낮아져 기회비용이 줄어들었다는 점을 들고 있다. 연준이 설립되었을 때 주법은행들의 지급준비율이 낮아지지 않았는데도 총자산 대비 현금보유 비율이 연준의 지급결제서비스가 급속히 확산되던 시기에 5%포인트가량 떨어진 이후 그 상태를 그대로 유지했다는 것이다. 두 번째 증거로는, 은행들이 연준 설립 이전부터 이용하던 양자 간 약정을 이용하지 않고 연준의 지급결제서비스를 선택했다는 사실을 들고 있다. 은행들은 뉴욕에 위치한 은행 앞으로 어음을 발행하거나 국내 환시장을 이용하여 지역 간 결제를 해왔는데 연준이 전신송금제도를 도입한 이후 1920년까지 그러한 결제방법은 사라졌다. 세 번째 증거로는, 연준을 통해 청산된 수표의 비율이 연준이사회가 회원 은행들에게 액면가로 지급하도록 한 이후 급격하게 증가했다는 점을 들고 있 다. 연준의 수표회수업무는 기본적으로 수표의 지역 간 회수를 포함했는데, 처리 건수가 증가한 것은 은행들이 환거래은행을 통해 지역 간 수표대금을 회수하는 과거의 시스템보다 연준 시스템이 더 매력적이었음을 보여주는 증 거라고 주장되었다.[91]

반면, 연준을 설립하지 않았더라도 민간에서 지역 간 수표청산서비스를 효 율적으로 할 수 있었다는 주장의 근거는 다음과 같다. 미국은 대형 은행이 탄 생하여 금융시장을 지배하게 될 것을 두려워하여 전국적인 망을 지닌 지점의 설립을 허용하지 않는 단일은행제도를 고집해 왔다. 그러한 금융환경에서 환 거래은행들은 자신들이 구축한 네트워크를 이용하여 여러 은행을 통해 수표 를 보내고 자금을 회수할 수 있도록 했는데, 이러한 운영이 비효율적이었다 고만 할 수는 없다는 주장이 제시되었다. 만약 환거래은행들이 전국에 지점 을 갖고 있었다면 그들은 지급은행에 가장 가까이 있는 지점으로 직접 수표 를 보내어 수표대금을 회수했을 것이다. 반면, 연준에게는 법에 의해 전국적 인 지점망 설치를 허용해 주었고 회원은행 간 송금 시에도 액면금액으로 회 수할 수 있는 권한이 주어졌기 때문에, 연준이 운영비용을 절감하고 회수기 간을 단축함으로써 지역 간 수표회수의 비용을 줄일 수 있었을 뿐이라는 것 이다. 이러한 입장을 지지하는 사람들은 만약 민간은행들에게도 지점 설치가 허용되었다면 연준이 수표청산서비스를 하지 않았더라도 효율적으로 시스템 이 운영되었을 것이라고 주장한다.[92]

이와는 다른 측면에서, 지급결제정책을 입안하고 운영기관에 대한 감시 역 할을 해야 하는 중앙은행이 수표의 청산과 같은 소액결제시스템을 직접 운영 하는 것이 바람직한가에 대한 논의도 함께 진행되었다. 중앙은행이 소액결제 시스템을 직접 운영하는 것에 비판적인 입장에서는 연준이 직접 지급결제시 스템을 제공하지 않더라도 다른 여러 가지 수단을 이용하여 목표를 달성할 수 있으며, 중앙은행으로서 민간부문의 영역을 심각하게 침해하는 비핵심적 활동에 참여하지 않음으로써 주어진 임무를 보다 더 효과적으로 수행할 수 있도록 업무의 우선순위를 조정할 필요가 있다고 주장한다. 예를 들어, 안전하고 믿을 만하며 효율적인 지급결제시스템을 지원하는 새로운 조직과 기술을 촉진시키는 데 중앙은행의 역량을 집중시키는 것이 더 바람직하다는 것이다. 그리고 이를 위해 지급결제서비스 제공기관들과 대화를 지속하고 지급결제가 통화정책에 기여하는 바에 대한 기본적인 연구를 실시하라는 것이다.[93]

이처럼 중앙은행이 소액결제시스템을 직접 운영하는 것에 대한 찬반은 있어왔지만, 흥미로운 것은 연준 설립 시 기대한 효과 가운데 하나가 중앙은행이 수표청산과 같은 반복적인 일상 업무를 잘 처리하여 국민들이 편리함을 느끼도록 해줌으로써 국민들로부터의 신뢰를 얻고자 했던 점이다. 그럼으로써 중앙은행이, 평소에는 잊혀 있다가, 단지 위기 시에만 불을 끄기 위해 나타나 활동하는 조직이라는 인식을 불식시키고자 했던 점도 유의해 보아야 할 것이다.

(4) Fedwire

미 연준은 수표의 결제를 신속하게 처리하기 위해 1918년 Fedwire라는 새로운 정보통신 네트워크를 이용했다. 당시 수표는 결제를 위해 우편으로 보내졌고 처리가 된 결과 역시 우편으로 회신되었는데, Fedwire를 이용하여 수표대금을 회수할 때는 이 네트워크를 이용하여 처리시간을 크게 단축시킬 수 있었다.[94] 예를 들면, 미 연준이 설립되기 이전인 1912년에는 뉴욕에서 미니애폴리스로 보낸 수표대금을 회수하는 데 5일이 걸린 것에 반해, 미 연준 설립 후 Fedwire를 이용하게 되면서 2일 만에 수표대금을 회수할 수 있게 되었다.

Fedwire는 은행 간 지급결제시스템을 실시간으로 총액결제real-time gross settlement: RTGS할 수 있도록 고안된 시스템으로, 금융시장이 발전하고 금융거래가 다양화하면서 은행 간 자금의 수수를 처리하는 지급결제시스템이 필요하여 개발된 시스템이다.[95] 수표는 기본적으로 개인들 간의 상거래에 이용되는 결제수단으로 사용되고 있어서 금액이 상대적으로 작은 반면, 은행 간 자금의 수수는 비록 빈번하게 발생하지는 않지만 한 건당 거래금액이 매우 큰 특징을 가지고 있다. 그래서 청산과 결제 간에 시간 차이가 있게 되면 금융기관들이 신속하게 자금을 이용할 수 없을 뿐 아니라 자금을 받을 때까지 상대 금융기관이 결제를 불이행할 가능성에 노출되게 된다. 따라서 이러한 은행 간 자금수수는 상계절차 없이 바로 결제될 필요가 있다. 미 연준은 은행들 간 수표의 청산은 수표청산시스템에서 상계방식으로 처리하고, 수표의 최종 결제는 이 시스템을 이용하게 함으로써 수표의 결제를 신속하게 처리할 수 있게 되었다.

Fedwire는 해를 거듭하면서 개선되어 모스 부호를 이용한 운영방식으로부터 현재와 같이 전용선을 이용한 자동화한 처리방식으로까지 진화했다. 또한 증권거래가 증가하고 거래규모가 커짐에 따라 증권결제를 신속하고 안전하게 처리할 수 있도록 하기 위해 1960년대에 Fedwire에 증권대금동시결제 delivery versus payment: DVP시스템을 추가하여 정부채권을 실시간으로 결제할 수 있도록 했다.

(5) 자동화한 청산서비스

1974년 연준은 자동화한 청산서비스를 제공하기 시작했다. 자동화한 청산소automated clearing house: ACH는 연준과 민간이 함께 개발한 전국적인 전자 네트워크이다. 이 시스템은 고객을 대신하여 금융기관 간 지급지시를 전자화하여 주고받고 처리할 수 있으며, 종이로 된 지급수단을 대체하기 위한 것이다. 또한 이 시스템은 개인이나 기업 등이 자신의 계좌에 있는 돈을 다른 사람의 계좌로 이체시키라는 지급지시를 처리하는 입금이체와, 전화요금이나 직원 급여 등 개인이나 기업이 정기적으로 지급해야 할 돈을 자신의 계좌에서 상대 계좌로 이체시키는 것을 허용하는 출금이체를 모두 지원한다.

ACH를 도입함으로써 자금이체와 수표 등의 지급수단을 처리하는 속도가 빨라지고 처리비용도 절감되는 효과가 있었지만, 미국은 아직도 실시간 자금이체real-time funds transfer가 저렴한 비용으로 이루어지지 못하고 있어 소위 말하는 신속지급결제fast payments서비스를 본격적으로 제공하지 못하고 있다. 신속지급결제서비스는 실시간 처리와 중단 없는(24/7) 서비스, 그리고 공간적 제약을 받지 않는 서비스가 가능하여 청산과 결제가 이루어지기 전에도 고객이 자금을 즉시 사용할 수 있게 해주는 서비스를 말한다. 미국에서 신속지급결제서비스가 지연된 가장 큰 이유는 이 서비스를 제공하기 위해 소요되는 민간 금융기관의 시스템 개선을 위한 투자비용이 매우 크기 때문이며, 이는 페이팔PayPal과 같은 비금융 지급결제서비스업체가 틈새를 파고들어 서비스를 제공할 수 있는 여지를 만들어주었다.

5) 미 연준과 9·11테러[96]

지급결제시스템은 이제는 금융시장의 기본적인 인프라로서 자리 잡아, 이 인프라가 제대로 작동하지 않는 상황이 발생하면 우리의 일상생활뿐 아니라 한 나라, 더 나아가 전 세계의 금융시스템에 문제가 발생하기도 한다. 그렇기 때문에 금융안정을 위해서는 지급결제시스템이 정상적으로 작동하는 것이 필수불가결한 요소이다. 2001년 9·11테러는 시스템 외부에서 발생한 물리적 공격으로 인해 지급결제시스템이 정상적으로 작동하지 않은 사례인데, 이러한 위기가 지급결제시스템에 어떻게 영향을 미쳤고 미 연준이 위기를 어떻게 극복해 나갔는지를 살펴보고자 한다.

지급결제시스템의 목표는 안전하고 효율적인 네트워크를 제공하여 금융시스템이 안정적으로 작동하고 일반 상거래 역시 낮은 비용으로 안전하고 편리하게 이루어질 수 있도록 하는 데 있다. 그런데 9·11테러는 네트워크 자체의 손상을 초래했고 이로 인해 미국의 결제시스템이 마비될 위기에 처하게 되었다. 특히 미 연준이 운영하고 있는 증권결제시스템은 정부가 발행하는 증권의 결제를 담당하고 있는데, 그 규모가 하루 평균 4조 달러에 달하여 이 시스템이 작동하지 못할 경우 미국의 금융시장뿐 아니라 외국의 주요 금융시장에도 큰 충격을 주고 심각한 문제가 야기될 수밖에 없었다. 그래서 당시 연준이 사회 의장이었던 앨런 그린스펀Alan Greenspan의 회고록에도 긴급했던 상황이 언급되어 있다.[97] "연준은 하루 평균 4조 달러가 넘는 돈과 증권을 미국뿐 아니라 전 세계에 위치한 은행들에게 이전시키는 지급결제시스템을 책임지고 있다. 미국 경제를 마비시키기를 원한다면 지급결제시스템을 없애버리면 되는 것이다." 그렇기 때문에 9·11테러에 직면했을 때 그린스펀이 가장 걱정했던 것은 자신의 아내 다음으로 지급결제시스템이었다고 한다. 그는 냉전 시대에 핵공격의 위협으로부터 미 연준과 지급결제시스템을 지키기 위해 구축한 백업시스템까지 생각했다고 언급하고 있다.

9·11테러로 희생당한 민간인은 총 2977명이고 이 가운데 74%가 금융계에 종사하는 사람들이었다고 하며, 특히 대형 증권 중개 브로커인 캔터 피츠제럴드Cantor Fitzgerald사는 658명이 희생당하여 인력 손실이 매우 컸다. 증권딜러 간 거래는 오전 7시에 시작하고 이 증권들은 오전 8시에 매각을 시작하여 오전 9시에는 거래가 종료된다. 그래서 세계무역센터가 공격을 받던 시각에는 거래가 거의 끝났다고 볼 수 있다. 세계무역센터 101층부터 195층에 위치한 캔터 피츠제럴드 사는 주로 증권딜러 간 거래를 담당하는데 전체 딜러 간 거래의 25%를 담당했다. 그런데 9·11테러 당시 5000억 달러에 달하는 환매조건부 거래와 800억 달러에 달하는 직접 거래가 여기에서 이루어졌으나 결제지시가 불에 타 사라져버렸다. 따라서 남아 있는 자료는 거래의 상대방인 고객들 손에 있는 자료밖에 없게 되었다. 결국 미 연준은 이 자료들을 일일이 확인하여 최종 결제를 할 수밖에 없었다.

그린스펀 의장은 뉴욕 연방준비은행 총재인 윌리엄 맥도너^{William McDonough}와 함께 중앙은행 회의차 취리히에 가고 있는 상황이었고, 워싱턴에 있는 미 연준 본부에는 이사회 구성원으로서는 부의장인 로저 퍼거슨^{Roger W. Ferguson Jr.}만이 있는 상황이었다. 비행기가 세계무역센터를 공격한 시각인 오전 8시 46분 직후 퍼거슨은 미국이 공격당하고 있음을 알아챘고 또 그 공격이 세계 금융의 중심을 향하고 있음을 직감했다고 한다. 그는 바로 비상사태를 선언했고, 모든 연준 직원들은 비상시를 대비하여 미리 작성해 놓은 매뉴얼에 따라 행동했다. 비행기가 세계무역센터를 공격한 지 41분 만에 퍼거슨은 거액결제망인 Fedwire를 이용하여 참가금융기관들에게 다음과 같은 간단명료한 메시지를 보내 그들을 안심시켰다. "미 연준의 자금이체시스템은 완전히 정상적으로 작동하고 있으며 지역 연방준비은행들은 정상적인 마감이 이루어질 때까지 가동할 것입니다." 그때까지 그린스펀은 이러한 사실을 알지 못한 채 비행기에 있었다.

뉴욕 연방준비은행은 세계무역센터로부터 세 블록밖에 떨어지지 않은 곳에 있어서 직원들은 비록 두려워하기는 했지만 침착함을 유지하며 대처해 나갔다. 첫 번째 타워가 붕괴되기 전에 경비요원들은 금고를 봉쇄했고 긴급 호송차들이 통행할 수 있도록 거리를 치웠다. 그리고 핵심 인력들은 뉴저지에 위치한 백업센터에 비상상황을 알려주었으며 가동을 준비하도록 했다. 비핵심 인력들이 모두 대피한 가운데 핵심 인력들은 밤늦게까지 남아서 금융기관들에게 할인창구를 이용한 대출이 가능하도록 시스템을 가동했다. 이들은 그 후에도 남아서 시스템을 운영했으며, 테러 발생 다음 날인 수요일 오후 소방당국이 최후로 소개 명령을 내린 다음에서야 대피했다. 한편, 워싱턴에 있는 미 연준 본부에서도 100명가량의 인력이 남아서 퍼거슨을 돕고 있었다. 퍼거슨은 이사회와 공개시장위원회 구성원들과 협의한 후 공개적으로 미 연준은 시장에서 필요한 유동성을 충분히 공급할 수 있도록 할인창구를 계속 가동하겠다고 발표했다.

백업센터는 사실 유지·운영하는 데 많은 인력과 비용이 든다. 평소에는 전혀 사용할 일이 없는 시설을 유지하기 위해 많은 인력과 비용을 쓴다는 것이 자원의 낭비로 보일 수도 있다. 왜냐하면 9·11테러와 같은 비상상황이 몇십년에 한 번 발생할까 말까 할 만큼 확률적으로 낮고, 주력 시스템이 정상적으로 가동하도록 많은 인력이 투입되고 있기 때문이다. 이런 점에서 9·11테러는 지급결제시스템과 관련해서 발생할 확률은 매우 낮으나 발생했을 때는 커다란 손실을 가져올 수 있는 경우에 어떻게 대응할지를 보여준 좋은 사례이며, 백업센터의 유지와 그로 인한 비용을 정당화할 수 있는 사례로서 활용될 수 있을 것이다. 이 때문에 지급결제와 관련한 국제기준과 원칙을 수립하는 국제결제은행 지급결제위원회는 중요 지급결제시스템의 백업센터를 반드시 운영하도록 권고하고 있고, 한국도 이 권고에 따라 백업센터를 운영하고 있다.

이 과정에서 빛을 발한 것은 연준 직원들의 위기대응 능력이다. 핵심 인력들은 서로 연락할 수 있는 체계를 갖추고 있었고, 그로 인해 단기금융시장과 외환시장이 심각한 위기에 처했는데도 결제시스템을 잘 가동할 수 있었다. 단기금융시장은 금융기관 간 거액의 자금이 주로 1일물로 거래되는 시장이며, 거래되는 자금이 거액이고 거래와 청산, 결제까지 신속하게 처리되어야 하는 특징을 지니고 있다. 그래서 서로의 거래를 상계하고 남은 자금만 결제하는 차액결제보다는, 상계 없이 바로바로 최종 결제하는 실시간 총액결제방식으로 결제하는 거액결제시스템에서 처리된다. 그리고 외환결제는 서로 다른 두 개의 통화가 동시에 결제되는 외환결제시스템을 통해 처리된다. 이러한 시스템들은 모두 미 연준이 운영하고 있기 때문에 이를 담당하는 직원들은 비상상황에서도 처리할 수 있도록 주기적으로 훈련을 받았으며 모의훈련을 통해 충분한 대응능력을 갖춘 사람들이었다. 지역 연방준비은행 직원들은 위기상황 내내 이러한 대응능력을 발휘했고 상호 간의 네트워크를 통해 서로 정보를 교환하면서 처리해 나갔다.

한편, 해외에 있는 그린스펀이 퍼거슨과 연락할 수 있게 되었을 때 그린스

편은 퍼거슨에게 그를 전적으로 믿으며 퍼거슨이 올바른 결정을 할 것임을 알고 있다는 말을 하여 그의 판단을 지지해 주었다. 이로 인해 퍼거슨은 미 연준이 사용할 수 있는 모든 수단을 동원할 수 있었다. 퍼거슨이 취한 중요한 조치는 할인창구를 통한 유동성 공급과 거액결제시스템인 Fedwire 운영의 연장이었다.

또한 미 연준은 증권거래소나 나스닥NASDAQ의 정상 운영에도 무척 노력을 기울였다. 왜냐하면 증권거래의 규모가 매우 컸으며 정부채 등은 미 연준이 운영하는 네트워크를 통해 결제될 뿐 아니라, 대금과 증권의 동시결제시스템으로 인해 증권거래와 결제가 제대로 이루어지지 못할 경우 자금결제도 이루어질 수 없기 때문이며, 이는 증권결제시스템 이외에 자금결제시스템에도 악영향을 주기 때문이었다.

미 연준이 지급결제와 관련하여 처리해야 할 일이 또 하나 있었는데 바로 수표의 처리였다. 미국은 기본적으로 일상적인 상거래에 수표를 많이 사용하는 나라이다. 지금이야 수표의 이미지 전송시스템을 도입하여 수표 실물이 없어도 최종 결제를 할 수 있는 시스템을 갖추었지만 당시에는 수표 실물을 서로 교환하여 결제를 했다. 사실 수표의 이미지 전송시스템을 도입하게 된 중요한 계기 가운데 하나가 9·11테러였다. 서로 다른 지역에서 발행된 수표를 처리하기 위해 미 연준은 매일 20톤이 넘는 수표를 비행기로 운송해야만 했다. 대부분의 수표는 거래금액이 크지는 않지만 거래 건수가 많고 일부 큰 금액의 수표도 처리해야 하기 때문에 이들이 처리되지 못한 상태로 있게 되면 수표를 발행한 은행과 인수한 은행 간에 자금정산이 이루어지지 못하게 된다. 이로 인해 수표를 발행했는데 결제하지 못한 은행은 너무 많은 자금을 보유하게 되고 반대의 은행은 자금부족을 겪게 된다. 미 연준은 비행기를 사용할 수 없게 되자 무장한 인력의 호송하에 차량으로 수표를 보낼 수밖에 없었다.

지급결제시스템에 발생한 위기를 중앙은행만큼 신속하고 확실하게 처리할 수 있는 다른 기관은 없다고 말할 수 있다. 이는 중앙은행이 지닌 몇 가지 우월적인 지위 때문에 가능하다. 첫 번째는 중앙은행만이 지닌 최종대부자 기능이고 두 번째는 중앙은행이 운영하는 지급결제시스템의 참가기관들과 중앙은행 간에 형성된 인적 관계이다. 중앙은행의 중요한 자산 가운데 하나는 시장 참가자들뿐 아니라 일반 국민이 중앙은행에 대해 갖는 신뢰이며, 다른 하나는 중앙은행과 시장참가자 간의 네트워크와 중앙은행 간의 네트워크이다.

지급결제와 관련한 중앙은행의 두 가지 기능—서비스 제공자로서의 기능과 지급결제시스템의 규제자로서의 기능—이 유감없이 발휘되었던 사건이 2001년의 9·11테러 사건이었다.

9·11테러처럼 시스템 외부에서 발생한 충격으로 인해 지급결제시스템에 문제가 발생할 수도 있지만, 2008년의 글로벌 금융위기처럼 금융기관이 포함된 금융시스템 내부에서 발생한 충격으로 인해 지급결제시스템이 영향을 받는 경우도 있다. 이에 대해서는 뒤에 언급하도록 한다.

미국 연방준비은행의 대주주들이 유태계 은행가를 포함한 대형 은행들이라는 이유로 민간은행이 미국의 화폐 발행과 통화정책뿐 아니라 세계의 금융과 경제를 좌지우지한다는 음모론이 아직도 때때로 수면 위로 올라온다. 이는 중세 유럽의 공공은행으로부터 이어진 중앙은행의 역사에 대한 이해가 부족하고, 소유구조와 지배구조의 차이를 제대로 이해하지 못한 결과가 아닌가 싶다.

먼저 중세 유럽의 공공은행을 보면 비록 정부의 은행 역할을 포함하여 공공의 이익을 위해 설립되었더라도 소유구조가 항상 정부 등을 포함한 공공기관이었던 것은 아니었음을 알 수 있다. 제노바의 산조르조은행이나 베네치아의 리알토은행은 민간은행이었음에도 정부와 긴밀한 관계를 유지하면서 공공의 이익을 위해 일했다. 실질적인 의미에서 최초의 중앙은행이라고 일컬어지는 영란은행의 경우에도 설립 시에는 일반인들로부터 공모를 받아 설립된 주식회사 형태의 민간은행이었으며, 영란은행을 국유화한 것은 설립 후 250여 년이 지난 1946년의 일이다. 따라서 중앙은행의 소유구조에 의해 조직의 목적이나 공공성을 판단하는 것은 옳은 판단이라고 할 수 없을 것이다.

미국의 연방준비제도는 공공조직인 연방준비제도(연준)이사회와 민간조직인 12개의 지역 연방준비은행으로 구성되어 있어서 완전한 공공조직도 아니고 완전한 민간조직도 아니다. 지역 연방준비은행의 회원은행이 되기 위해서는 지역 연방준비은행의 주식을 구입해야만 하며, 지역 연방준비은행의 주주는 회원은행, 사업가, 기타 전문가들로 구성되어 있다. 2018년 발표된 자료에 의하면, 뉴욕 연방준비은행의 대주주는 시티은행Citibank으로 총주식의 42.8%를 갖고 있으며 다음이 JP 모건 체이스 은행JP Morgan Chase Bank으로서 29.5%를 보유하고 있다. 심지어 HSBC, 일본계 은행인 미즈호은행みずほ銀行, 중국계 은행인 공상은행工商銀行 등 외국은행의 자회사도 지분을 지니고 있다. 그러나 주주들은 정책의 의사결정에 참여할 수 없고 단지 연 6% 이내의 배당금만 받을 뿐이며 나머지 연준의 이익은 국가에 귀속된다.[98]

연준이사회 의장의 신분은 공무원이며 지역 연방준비은행 총재는 민간인 신분이어서, 연준이사회 의장은 의회에서 정하는 공무원 급여를 받는 반면 지역 연방준비은행 총재는 이의 적용을 받지 않는다. 참고로 2019년 연준이사회 의장의 연봉은 20만 3500달러이고[99] 연준이사회 연차보고서에 기재되어 있는 뉴욕 연방준비은행 총재의 연봉은 49만 7800달러이다.[100]

연방준비제도는 의회가 제정한 「연방준비법」에 의해 설립되었으며 「연방준비법」에 명시된 목적과 기능을 수행한다. 연준이사회의 이사는 7명으로서 의회의 승인하에 대통령이 임명하며, 각 지역 연방준비은행의 9명 이사 가운데 3명은 연준이사회 의장이 임명하고, 그 외 6명은 주주가 선임하는데 지분을 많이 보유하고 있더라도 의결 시에는 한 표밖에 행사할 수 없다. 6명 가운데서도 3명만이 회원은행의 이익을 대표하고 나머지 3명은 공공의 이익을 대표하는 사람을 선임한다. 회원은행은 자본금 규모에 의해 세 그룹으로 구분되며, 각 그룹에서 회원은행의 이익을 대표하는 이사 한 명과 공공의 이익을 대표하는 이사 한 명씩을 선임한다.

하지만 연준이 음모론을 자초한 면이 부분적으로 있다고 보이는 것이, 지역 연방준비은행의 자본구성을 최근에야 공개했기 때문이다.

현대

1. 비은행

　지금까지는 은행과 중앙은행으로 발전한 조직들이 어떻게 탄생했으며 어떠한 조직들이 지급결제와 관련하여 어떠한 지급수단이나 메커니즘으로 지급결제 업무를 했는지에 대해 이야기했다. 그러다 보니 21세기에 사는 우리의 현실과는 동떨어진 앨범 속 빛바랜 초등학교 입학 사진처럼 고색창연한 감이 있었다. 상당히 오랜 기간 지급결제는 수표나 어음과 같은 종이 지급수단에 의존하여 은행에 지급지시를 하는 거래에 전적으로 의존해 왔다. 그러나 은행의 아성을 깬 새로운 집단들이 20세기 들어 지급결제에 참여하기 시작했는데 그 선두주자라고 할 수 있는 것이 지급카드라는 새로운 지급수단을 제공하는 카드회사였다. 비록 카드회사의 모회사가 은행인 경우가 많았지만 점차 은행과는 독립적으로 지급결제서비스를 제공하게 되면서, 이제는 카드회사가 일반인들의 일상적인 상거래에 필수적인 지급수단을 제공하는 조직으로 지급결제산업에서 중요한 위치를 차지하고 있다.

20세기 후반 이후에는 정보통신기술의 발달이라는 더 센 파도가 지급결제산업에 몰려왔다. 인터넷과 모바일 네트워크가 온라인이라는 새로운 세상을 열면서 지급결제산업의 지형은 지금까지와는 전혀 다른 환경을 만들어가고 있다. 이제 더 이상 자금이체나 결제를 지시하기 위해 은행 문을 열고 들어갈 필요가 없게 됨에 따라 지급결제에 새로운 개념이 등장했는데 바로 네트워크 접근매체access device와 네트워크 접근채널access channel이다.[1] 지금까지 보아온 지급결제시스템은 지급인, 지급인에 대한 서비스 제공기관, 수취인, 수취인에 대한 서비스 제공기관, 시스템 운영기관 등의 이해관계자들이 참가하는 네트워크로 발전해 온 과정이며 지급인이 자신의 자금을 수취인에게 이전하도록 지시하거나 허락함으로써 지급결제가 이루어졌다. 정보통신기술이 발달하기 전에는 지급인이 서비스 제공기관인 은행을 방문하여 지급지시를 하거나 수표와 같은 지급수단을 이용하여 상거래 시에 지급결제를 했던 반면, 정보통신기술이 발달한 이후에는 은행을 방문하거나 수표를 작성하여 거래상대방에게 주는 대신 컴퓨터나 모바일 기기, 지급카드 등 지급결제망에 접근할 수 있는 매체, 즉 네트워크 접근매체를 이용하여 지급지시를 하게 되었다. 그리고 지급인의 지급지시는 POالسpoint of sales, 인터넷, 통신망, ATM 등의 채널을 통해 지급결제시스템에 연결되는데 이를 네트워크 접근채널이라고 한다.

　여기까지는 지급인, 지급인에 대한 서비스 제공기관, 수취인, 수취인에 대한 서비스 제공기관, 시스템 운영기관 등의 이해관계자들이 참가하는 네트워크를 전제로 하여 언급한 것이다. 지급인에 대한 서비스 제공기관과 수취인에 대한 서비스 제공기관이 다를 때는 여러 서비스 제공기관이 참가하기 때문에 청산과 결제과정이 분리되어 있고 네트워크 운영기관이 존재해야 하지만, 지급인에 대한 서비스 제공기관과 수취인에 대한 서비스 제공기관이 같을 때는 오직 한 기관만이 네트워크에 참가하므로 청산과정이 불필요하게 된다. 종이나 플라스틱으로 이루어진 지급수단이 전자화한 지급수단으로 대체되면서 일어나는 현상 가운데 하나이다.

이러한 새로운 지급결제 환경에서 은행뿐 아니라 비은행 금융기관이나 비금융기관들이 접근매체나 접근채널을 제공하면서, 때로는 은행과 협조관계를 유지하기도 하고 때로는 은행과 경쟁관계를 유지하면서, 지급결제 관련 서비스를 제공하게 되었다. 한 가지 분명한 사실은 새로운 접근매체나 접근채널에의 접근성에 있어서는 전통적이고 보수적인 은행보다는 비은행들이 유리하다는 점이다. 여기서 비은행은 일반인으로부터 원하는 때에 아무런 손실을 입지도 않으면서 자금을 인출할 수 있는 요구불예금, 당좌예금 등과 같은 이체가능 예금을 수취하지 않으면서 소액결제서비스를 제공하는 금융기관과 비금융기관을 모두 일컫는다.[2] 그러므로 은행보다 더 다양한 서비스를 고객에게 제공할 수 있는 장점이 있는 반면, 은행만이 누릴 수 있는 예금과 대출이 연계되는 영업상의 우위를 누릴 수 없는 단점도 있다. 그렇지만 정보통신기술을 보다 쉽게 접목시킬 수 있는 새로운 지급결제 환경에서 비은행의 역할은 이전 어느 때보다 커졌으며 지급결제산업에서 협조자보다는 경쟁자로서의 위치가 강해짐에 따라 은행의 독점적인 위치는 흔들리게 되었다.

또한 종전에는 은행이 지급결제에 필요한 모든 단계를 직접 처리해 왔지만, 이제는 규모의 경제와 범위의 경제를 고려하여 전문화된 서비스 업체가 일부 단계를 맡아서 처리하는 경우가 발생했다. 고객에게 접근매체나 접근채널을 제공하는 것을 포함하여 지급결제와 관련된 서비스를 제공하는 단계나 결제 후 데이터를 보관하거나 관리하는 단계, 그리고 별도의 지급결제 인프라를 운영하면서 주된 지급결제망에 연결하는 단계 등과 관련된 서비스를 제공하는 업체들은 대부분 은행과 협력관계를 유지하며 지급결제 업무에 참가한다.

반면, 은행이 아니면서도 고객에게 자체 계좌를 제공하고 은행의 개입 없이 지급인과 수취인 등의 최종이용자에게 직접 지급결제서비스를 제공하는 업체들도 있다. 이러한 업체들은 자체 계좌의 입금 또는 현금인출 서비스를 위해 은행을 대행기관으로 사용하고 있어 지급결제서비스의 주도권을 쥐고서 은행과 경쟁관계를 유지한다. 이 경우에는 고객의 자금을 별도의 저장매체에 저장해 두고 그 자금을 이용하여 상거래에 따른 지급결제서비스를 하거나 자금이체서비스를 제공한다. 은행계좌에 입금되어 있는 예금이 저장매체로 이전되어 사용될 수는 있으나 은행예금이 직접적인 결제자금은 아니다.

은행이 독점적으로 제공하던 지급결제서비스에 도전하는 회사들은 20세기 중반부터 생겨났다. 제2차 세계대전이 끝난 후 대량 소비가 가능해진 시기에 소비자들의 소비 욕구를 만족시킬 편리성을 제공하며 접근한 지급수단은 신용카드였다. 신용카드회사는 자체적으로 지급결제 네트워크를 구축하면서 플라스틱 카드에 의한 새로운 지급수단을 기존의 지급결제 네트워크에 연결하는 접근매체로 제공하기 시작했다. 신용카드는 그동안 현금이나 수표, 어음 같은 종이로 된 지급수단을 이용하던 상거래 관행을 크게 뒤흔들었다. 초기의 신용카드에는 자금을 이체하는 기능은 없었지만, 일반인이 일상적인 상거래 시에 결제하기 위해 사용하는 지급수단으로서 이전의 다른 어떠한 지급수단보다 편리했기 때문에 빠른 속도로 종이로 된 지급수단을 대체해 나갔다. 신용카드의 성공적인 진입에 이어 신용을 제공하지 않는 직불카드가 나옴으로써 지급카드는 소액결제서비스에서 가장 활발하게 사용되는 지급수단이 되었다.

한편, 온라인 상거래가 등장하면서 온라인 결제서비스가 제공되기 시작했는데 인터넷 거래의 안전성을 높이기 위해 여러 가지 지급결제서비스를 제공하는 회사들이 생겨났다. 이러한 지급결제서비스 제공기관은 은행과 제휴하여 서비스를 제공하는 경우도 있고 정보통신기술의 발달에 힘입어 독자적으로 서비스를 제공하는 경우도 있다. 특히 21세기 들어 금융과 정보통신기술의 융합산업인 핀테크fintech가 지급결제산업에 들어오게 되면서 은행의 고유업무 가운데 하나로 여겨졌던 지급결제 업무가 새로운 전쟁터가 되었다. 전자상거래업체나 포털서비스업체가 독자적으로 결제서비스까지 제공하게 되면서 은행이 주도하는 지급결제산업에 수동적으로 동참하기보다는 다양한 형태의 서비스를 주도적으로 제공하고 필요시에 은행과 제휴하는 모습을 보이고 있다.

다양한 지급결제서비스를 제공하는 업체들이 지급결제산업에 진출하게 된 계기는 정보통신기술의 발달로 고객에게 이용의 편리성을 주어 서비스를 차별화하거나 수집된 고객 정보를 이용하여 새로운 마케팅 기회를 얻고자 하는 데 있다. 또한 전자상거래가 활성화됨에 따라 전자쇼핑몰 운영업자가 지급결제서비스를 겸하여 제공하기도 하는 등 이전과는 다른 지급결제 환경이 만들어지고 있고, 그 안에서 다양한 형태의 지급결제서비스를 제공하는 서비스업자들이 생겨나고 있다. 핀테크가 이루어지는 영역을 크게 지급결제서비스, 전자화폐, 대출서비스, 빅데이터 분석 등 금융 소프트웨어로 나누어볼 때,[3] 가장 활발하게 논의될 뿐 아니라 격전장처럼 경쟁이 치열한 부분이 지급결제서비스 영역이다. 그 이유는 지급결제가 일반인들의 일상적인 상거래와 밀접하게 연관되어 있어 많이 노출되어 있는 데다 다른 서비스에도 쉽게 연결될 수 있기 때문이다.

지급결제서비스 제공기관은 참여하는 지급결제의 단계에 따라 구분할 수도 있고, 제공하는 서비스나 상품, 또는 지급수단의 유형에 의해 분류할 수도 있다. 또는 지급결제산업 참여 방식이 은행과 제휴하고 있는가 그렇지 않은가에 의해 분류할 수도 있다.[4] 그렇지만 지급결제산업의 최근 특징은 어느 한 유형의 서비스에 얽매이기보다는 안전성과 편리성을 높이기 위해 아웃소싱하거나 상거래의 전 과정을 내부화하는 등 다양한 방법을 활용하고 있는 것이기 때문에 한 가지 특징만으로 분류하기가 쉽지 않다. 하지만 여기에서는 지급결제서비스에 참가하는 비은행들을 분류할 때 지급결제가 발달해 온 과정을 고려하여 은행예금을 이용하는지의 여부에 의하고자 한다. 아직도 많은 업체들이 은행과 제휴하여 지급결제서비스를 제공하고 있는 현실에서, 은행이 그동안 저렴하게 이용해 왔던 이체 가능한 예금을 기반으로 구축한 네트워크를 은행 이외의 회사들과 함께 공유해야 하는 시대가 열렸기 때문이다.

지급결제서비스를 제공하는 비은행 기관 중 첫째는 카드회사이다. 카드회사가 탄생하기 전까지 은행은 은행예금을 기반으로 하여 계좌이체나 어음·수표를 이용하여 독점적으로 지급결제서비스를 제공했지만, 20세기 중반 탄생한 카드회사는 은행예금을 기반으로 하여 신용카드와 직불카드라는 지급수단을 고객들이 이용할 수 있도록 했다. 여기에서는 비록 지급카드라는 새로운 지급수단을 이용하기는 하지만 은행예금을 기반으로 한다는 점에서 카드회사라는 카테고리로 분류하고자 한다.

둘째는 선불형 전자지급수단 제공업체이다. 전자상거래가 활성화됨에 따라 은행예금을 결제자산으로 사용하는 대신 별도의 저장매체에 화폐적 가치를 저장하고 저장매체에 저장된 화폐적 가치를 이용하여 지급하는 서비스를 제공하는 지급결제서비스업체가 생겨났다. 이러한 업체는 은행예금을 직접 사용하지 않는다는 점에서 은행으로부터 조금 더 떨어진 위치에서 서비스를 제공한다. 저장매체에 미리 전자적인 형태로 화폐적 가치를 저장한다는 의미에서 선불형 전자지급수단 제공업체라는 카테고리로 분류하고자 한다.

셋째는 기타 지급결제서비스 제공업체이다. 앞의 두 가지 카테고리는 은행예금을 직접 사용하는지에 의한 분류였던 데 반해, 지급결제의 안전성과 편리성을 강화하기 위해 지급결제 단계 가운데 일부에 특화하여 서비스를 제공하는 조직들도 있어서 별도로 분류하고자 한다.

이렇게 은행을 중심으로 구분하려는 이유는 지급결제의 역사가 은행의 발전과 궤를 같이해 왔는데, 앞으로도 은행이 지급결제산업의 주인공 역할을 지속할 수 있을지를 살펴보기 위해서이다. 이렇게 분류해 보면 한 회사가 여러 가지 서비스를 제공하면서 은행과 제휴한 서비스와 그렇지 않은 서비스를 모두 제공하는 경우를 볼 수 있다. 예를 들어, 은행계좌나 지급카드에 연동하지 않고 모바일폰에 자금을 충전하여 직접 결제와 송금을 하는 서비스를 제공하면서 동시에 자금을 충전시키지 않고 은행계좌나 지급카드에 연동시켜 서비스를 제공하는 경우가 있다. 그렇지만 여기에서는 서비스 주체별로 구분하기보다는 은행과의 연계 유무에 의해 구분해 보고자 한다.

1) 카드회사

(1) 신용카드회사

지급결제에 이용되는 카드의 종류에는 신용카드, 직불카드, 선불카드 세 가지가 있다. 신용카드는 고객이 먼저 상품이나 서비스를 구매하고 일정 기간 후에 구매대금을 납부하는 형태의 카드로서 신용이 공급되는 특징이 있고, 직불카드는 고객이 상품이나 서비스를 구매하는 즉시 자신의 은행계좌에서 대금이 지출되는 형태의 카드이다. 우리나라에서는 직불카드와는 조금 다른 체크카드도 있는데[5] 기본적인 메커니즘은 직불카드와 동일하기 때문에 일반적으로 쓰이는 용어인 직불카드로 통일하여 사용하기로 한다. 선불카드는 카드에 일정 금액을 미리 충전시켜 놓은 후 그 금액 한도 내에서 사용하는 형태의 카드이다. 선불카드의 경우 일정 금액을 별도의 매체에 미리 충전해 놓고 필요할 때 사용한다는 점에서 전자화폐와 그 기능이 다를 바가 없기 때문에[6] 여기에서는 신용카드나 직불카드와 관련된 서비스를 제공하는 카드회사에 한정하고 선불카드 또는 전자화폐서비스 제공업자는 뒤에서 언급하도록 한다.

최초의 은행 신용카드는 1947년 미국 브루클린의 한 은행에 근무하고 있던 비긴스John Biggins라는 사람이 발행한 'Charg-It'이라는 카드라고 알려져 있다.[7] 그는 은행 고객에게 카드를 발급하고 은행 주변의 상점들에서 사용할 수 있도록 했다. 상점들은 판매한 상품의 전표를 은행에 제시하여 판매대금을 회수하고 카드 사용자들은 일정 기간 후에 이자와 함께 대금을 납부하는 형태였다. 그러나 이는 단지 은행 근처의 상점과 고객들만을 위한 카드였고 더 이상 확대되지는 않았다.

1949년 미국의 사업가 프랭크 맥너마라Frank McNamara는 뉴욕의 한 레스토랑에서 저녁 식사를 마치고 음식값을 계산하려던 순간에 지갑을 집에 두고 온 것을 알게 되었다. 그의 아내가 와서 계산을 해주어 위기를 모면했지만 이 사건은 그에게 현금을 대체할 카드를 만들어야겠다는 생각을 하게 만들었다. 1950년 그는 그 레스토랑에 다시 가서 전용 카드를 제안했고 이를 받아들인 레스토랑에서 처음 사용하게 된 것이 저녁 식사란 뜻의 디너dinner와 클럽club이란 단어가 결합하여 만들어진 다이너스클럽Diners Club이었다. 이것이 다이너스클럽의 탄생 신화라고 알려져 있다.

그러나 이러한 탄생 신화는 실제 있었던 사실이 아니라 극적인 효과를 가져오기 위해 언론플레이용으로 꾸며낸 허구에 불과하고, 사실은 맥너마라가 어느 날 아이디어가 떠올라서 실행한 것뿐이라고 한다.[8] 다이너스클럽은 이후에 레스토랑뿐 아니라 여행, 오락 등의 분야로 사업범위를 확장하여 범용 신용카드로 발전했다.

1950년대 후반, 미국 서부에서 영업을 하고 있던 뱅크오브아메리카Bank of America: BOA가 신용카드 사업에 진출했다. 당시는 미국의 은행법이 다른 주에서의 영업을 금지하고 있던 시대였다. 그런데 다이너스클럽은 은행이 아닌 신용카드업자였기 때문에 은행의 지역 제한 조치에 관계없이 전국적으로 영업을 하고 있었다. 이것이 BOA가 신용카드 사업에 뛰어든 이유 가운데 하나였다.[9] BOA는 고객의 수를 늘리고 지역적 한계를 극복하기 위해 다른 은행들에게 신용카드 사업에의 참여 기회를 제공하여 신용카드 네트워크를 형성했다. 점차 이 네트워크의 회원은행과 가맹점 수가 늘어나게 되자 신용카드 사업을 별도의 사업으로 하기 위해 오늘날 비자Visa로 알려진 회사를 1976년 설립하게 되었다.

(2) 직불카드회사[10]

신용카드가 일반인에게 널리 알려지고 사용됨에 따라 신용카드 네트워크를 이용하여 신용을 제공하지 않으면서 상품과 서비스를 구매하는 즉시 자신의 은행계좌에서 지급할 수 있는 직불카드가 나왔다. 시애틀 제1전국은행First National Bank of Seattle이 1978년 최초의 직불카드 서비스를 제공한 은행이다. 이 은행의 직불카드는 처음에는 은행이 대금지급을 보증했기 때문에 고객이 수표를 사용할 필요가 없는 보증카드 또는 서명된 수표와 같았다. 이 카드를 이용하기 위해서는 자신의 예금계좌에 결제에 필요한 만큼 충분한 돈을 넣어두어야 했고 은행과 장기간 좋은 관계를 맺고 있어야만 했다. 직불카드가 처음 나왔을 때는 은행의 전산시스템이 실시간으로 거래 내역을 처리할 만큼 발달하지 못하여 상품을 구입하는 즉시 고객의 계좌에서 출금되지는 않았다.

1984년 미국 전역에서 사용될 수 있는 직불카드가 발행되었는데, 한 주에서만 영업을 할 수 있는 소규모 은행도 다른 주에 있는 은행들과 연결시켜 미국 어디에서나 사용할 수 있도록 했다. 기술의 발달로 인해 이제는 말 그대로 상품 구매 즉시 요구불예금 계정에서 상품 구입 대금이 빠져 나가게 되어 가맹점이나 소비자나 모두 직불카드를 신뢰하고 사용할 수 있게 되면서, 직불카드는 신용카드를 뛰어넘는 지급수단이 되었다.

계좌이체와 마찬가지로 직불카드는 고객의 은행계좌에 있는 돈을 직불카드 사용 즉시 가맹점의 계좌로 이체시키도록 하는 지급수단이다. 다만 차이점이 있다면 계좌이체에 비해 편리성이 높아졌다는 점이다. 인터넷이 활성화되지 않았던 때는 고객은 지점 방문, ATM, 텔레뱅킹 등을 통해 은행 시스템에 지급지시를 입력하는 행위를 해야 했다. 인터넷과 모바일 기기가 보급된 후에도 고객은 인터넷뱅킹이나 모바일뱅킹으로 접속하여 직접 지급액과 계좌번호를 입력해야만 하고, 판매자 또한 입금을 확인하는 절차를 필요로 한다. 그러나 직불카드를 사용하면 고객이나 판매자의 이러한 행위가 대폭 간

소화된다. 판매 현장에 있는 카드 단말기에 플라스틱 카드를 긁거나 대는 행위만으로 지급결제시스템에 대한 접속절차가 완성되기 때문이다. 이후 단말기 상의 숫자 버튼으로 결제해야 할 금액을 입력하는 것만으로 지급결제 행위는 마무리된다. 판매자 입장에서는 대금결제 행위의 간소화로 인한 노동력 투입 감소효과도 누릴 수 있다.

(3) 지급카드시스템과 은행 및 청산소와의 관계

지급카드시스템은 카드발행기관과 매출전표 매입기관이 동일한 폐쇄형 시스템과 별도인 개방형 시스템으로 분류할 수 있다.[11]

먼저 폐쇄형 시스템은 카드소지자, 가맹점, 카드회사로 구성되며 3부문 시스템이라고도 한다. 네트워크 운영기관인 카드회사는 카드소지자가 가맹점에 와서 카드를 이용하여 물품을 구매하거나 서비스를 받을 때 중개기관의 역할을 수행하며 가맹점수수료와 카드소지자 연회비 등을 직접 결정한다. 폐쇄형 시스템에서는 카드발행기관과 매출전표 매입기관이 동일하기 때문에 정산수수료interchange fee는 발생하지 않는다. 정산수수료는, 카드소지자와 가맹점이라는 양쪽 고객그룹에 카드 관련 지급서비스를 제공하는 비용을 보전하기 위해 거래금액의 일정 비율 또는 건별 정액을 매출전표 매입기관이 카드발행기관에 지급하는 수수료로 정하여 카드소지자가 카드를 사용할 때 지급하는 수수료를 말한다. 쉽게 말해, 카드발행기관과 매출전표 매입기관이 나누어 갖는 수수료이다.

다음으로 개방형 시스템은 카드발행기관, 매출전표 매입기관, 카드소지자, 가맹점으로 구성되어 4부문 카드시스템이라고도 한다. 카드회사는 네트워크 인프라를 제공하고 개별 카드발행기관을 대신하여 정산수수료를 책정하는데, 개방형 시스템에서는 카드소지자와 가맹점 양쪽 고객그룹이 부담하는 가격(수수료)을 카드회사가 직접 결정하는 대신 정산수수료를 통해 간접적으로 조절한다.

폐쇄형 시스템에서는 모든 거래정보가 카드회사로 집중되어 별도의 청산절차가 필요 없을 것처럼 보이지만 실제에 있어서는 카드소지자와 가맹점이 자신들의 은행계좌를 이용하여 결제대금을 이체하고 받기 때문에 은행들이 참가기관으로 구성되어 있는 청산소의 네트워크와 연결되어 있다. 개방형 시스템에서는 카드발행기관과 매출전표 매입기관이 동일한 금융기관이어야 할 필요가 없기 때문에 은행 간 청산절차가 필요하며 따라서 개방형 시스템에서 수집된 정보의 일부가 청산소 네트워크로 전달되어야 한다. 청산소는 은행 간 청산절차를 마친 후 결제에 필요한 자료를 결제기관으로 보내어 결제가 이루어지도록 한다.

직불카드는 결제방식에 따라 다시 PIN^{personal identification number}방식과 서명식으로 구분되는데, PIN방식 직불카드는 상품구매 시 카드소지자가 전용 단말기에 직접 PIN을 입력함으로써 거래를 승인하는 방식으로 승인 후 예금계좌에서 자금이 즉시 인출된다. 그리고 서명식 직불카드는 신용카드 시스템을 그대로 이용하여 카드소지자의 서명을 통해 거래가 결제되는 방식이다. 어떠한 방식으로 결제가 되든 직불카드는 카드소지자의 은행 예금계좌와 직접적으로 연계되어 있다.

개방형 시스템에 의해 신용카드나 직불카드를 이용할 때는 카드가 지급수단임과 동시에 지급결제시스템에 접근하는 접근매체가 되고 가맹점에 설치되어 있는 단말기가 접근채널이 되어 지급결제시스템에 연결된다. 그리고 카드회사는 접근매체와 접근채널을 관리하고 접근채널을 통해 은행이 참가기관으로 참가하고 있는 지급결제시스템에 연결되도록 하여 카드소지자의 은행계좌에서 결제자금이 출금되고 가맹점의 은행계좌에 입금되도록 한다.

이처럼 지급카드는 직간접적으로 은행과 연계되어 있기 때문에 청산소가 운영하는 네트워크를 이용하여 은행 간에 청산절차를 거친다. 따라서 카드시스템에서는 카드회사와 은행 간의 관계가 경쟁적이기보다는 협조적이라고 할 수 있다.

2) 선불형 전자지급수단 제공업자

지급결제가 이루어지기 위해서는 은행의 요구불예금처럼 자금의 이전이나 인출에 제한이 없는 예금이 있어야만 했기 때문에 은행이 나타나기 전에도 환전상이나 금세공업자가 사용에 제한이 없는 예금을 받아서 상인들의 상거래를 지원할 수 있었으며, 은행이 발달한 이후에는 은행만이 고객으로부터 요구불예금을 받을 수 있었으므로 독점적으로 지급결제 업무를 해왔다. 그렇지만 1980년대 이후 금융규제가 완화되면서 은행 이외의 금융기관도 요구불예금과 유사한 기능을 지닌 금융상품을 취급할 수 있게 됨에 따라 지급결제 서비스를 제공할 수 있는 금융기관의 범위가 다소 넓어졌다.[12]

이와는 조금 다른 차원에서 20세기 말 정보통신기술이 발달하고 전자상거래가 활성화됨에 따라 화폐적 가치를 전자화하고 은행의 요구불예금과 동일한 성격을 지닌 매체에 저장하여 이를 상거래에 사용할 수 있도록 하는 선불형 전자지급수단을 제공하는 서비스업체가 나타났다.

선불형 전자지급수단이란 은행의 요구불예금 또는 유사 요구불예금 수취기관의 예금을 이용하지 않고 화폐적 가치를 다른 저장매체에 이전시켜 놓고서 지급수단으로 사용하는 것을 말하는데, 우리나라에서는 범용성과 다른 업무를 함께할 수 있는지의 여부 등에 의해 전자화폐와 선불전자지급수단으로 구분하기도 하지만 기본적인 운영메커니즘은 동일하다.

전자화폐는 화폐적 가치의 저장방식에 따라 IC카드형과 네트워크형으로 구분된다. IC카드형은 기존의 플라스틱 카드에 집적회로integrated circuit를 내장하여 화폐적 가치를 저장하고 전자화폐 이용자는 IC카드형 전자화폐를 오프라인 가맹점이나 온라인 가맹점에서 모두 이용할 수 있다. 그리고 네트워크형은 정보통신망과 연결된 컴퓨터 등을 이용하여 디지털 신호로 화폐적 가치를 저장한 후 인터넷 등 네트워크를 통해 화폐적 가치와 관련된 정보를 주고받아 결제가 이루어진다. 네트워크형 전자화폐는 IC카드와 같은 물리적인 매체가 없기 때문에 온라인 가맹점에서 주로 사용된다.

네트워크형 전자화폐의 초기 주자는 1989년에 설립된 디지캐시Digicash사에 의해 개발된 이캐시Ecash로서, 사용자는 은행으로부터 인출한 자금을 자신의 컴퓨터에 저장한 후 이캐시 가맹점에서 물건을 구입하고 이캐시를 지급했다. 그러나 당시에는 인터넷 전자상거래가 조금씩 활성화되는 과정에 있었음에도 불구하고, 더 편리하고 보편화된 신용카드나 직불카드를 선호하는 소비자들에게 외면받아 1998년 문을 닫았다.[13] IC카드형 전자화폐는 1995년 영국에서 서비스를 시작한 몬덱스Mondex를 들 수 있다. 그러나 몬덱스는 당초 의도와는 달리 카드단말기 설치비용 부담과 익명성 보호 등의 문제가 해결되지 못하여 성공하지 못했다.

1998년 설립한 페이팔PayPal은 디지캐시나 몬덱스와는 달리 별도의 전자화폐를 강조하기보다는 온라인 전자상거래에서 사용되고 있던 인터넷 뱅킹에 의한 자금이체나 지급카드보다 더 편리한 지급수단을 제시하기 위해 설립된 회사이다.[14] 페이팔은 고객이 자신의 이메일을 ID로 하여 가입하고 가상계좌를 개설하도록 했다. 그리고 가상계좌와 고객의 실제 은행계좌를 연동시켜 이메일에 의해 가상계좌에 충전시키고 충전된 자금은 이체나 결제에 사용될 수 있도록 했다.

선불형 전자지급수단이 사용되기 이전까지는 어떠한 지급수단을 이용하더라도 최종적으로는 은행예금에 의해 결제되어야 했기 때문에, 청산소가 운영하는 지급결제시스템에 의해 은행 간 청산이 이루어지고 결제기관에 의해 최종 결제되는 과정을 거쳐야만 했다. 그러나 은행예금을 이용하지 않고 별도로 저장해 놓은 화폐적 가치를 이용하여 상거래를 하게 되면 은행 간 청산과 결제가 필요 없이 한 조직 내에서 계좌이체에 의한 결제로 모든 지급결제가 종료된다. 따라서 은행 간 청산에 필요한 청산소가 운영하는 지급결제시스템을 이용하지 않아도 되며, 은행예금을 사용하지 않기 때문에 은행과의 연관성이 꼭 필요하지도 않게 되었다. 다만 거래가 발생하는 시점에 은행계좌에서 가상계좌로 자금을 이체하는 경우 또는 결제가 종료된 후 수취인이 자신의 예금계좌로 이체를 원하는 경우를 위해 선불형 전자지급수단을 발행한 회사가 은행과 업무협약을 하는 정도의 연관성은 있을 수 있다.

페이팔의 성공 이후 인터넷 포털서비스업체, 전자상거래업체, 모바일폰 제조회사, 유통회사 등이 은행과 제휴하거나, 선불형 전자지급수단을 포함하여 다양한 접근매체나 접근채널을 독자적으로 제공하면서 지급결제서비스사업에 진출하고 있다. 또한 은행시스템이 발달하지 않은 개발도상국에서는 지급결제서비스업체가 전국적인 네트워크를 지닌 통신회사와 제휴하여 모바일 기기에 화폐적 가치를 저장시키는 형태로 지급결제산업에 진출하기도 한다.

이는 17세기 어느 한 금세공업자가 발행한 예금증서나 수표를 다른 금세공업자가 받아들여 금세공업자 간에 청산과 결제를 하던 시기 이전의 환전상-은행 내 지급결제방식과 유사하다. 중세의 환전상은 여러 고객에게 예금계좌를 개설해 주고 고객이 지급지시를 내리면 개설된 계좌 간에 이체를 하여 결제를 종료시켰다. 따라서 별도의 청산과정이 필요 없는 간편한 시스템이었다. 정보통신기술의 발달은 청산과정이 필요 없는 과거의 간단한 시스템이 다시 활용되도록 했으며, 이는 은행 간 청산과정이 필요 없이 한 조직 내에서 결제가 되는 배타적 네트워크로 이루어진 지급결제시스템이 탄생할 수 있게 했다.

선불형 전자지급수단은 전자상거래를 기반으로 하는 IT업체나 유통업체가 스마트 기기에 화폐적 가치를 탑재시켜 쇼핑몰 등에서의 결제수단으로 사용하는 경우가 많다. 이 경우 탑재된 화폐적 가치를 사용할 때 제휴계약이 체결된 쇼핑몰 등에서만 사용할 수 있으므로 범용성은 제약될 수 있으나, 제휴 쇼핑몰의 범위를 확대함으로써 다양한 상품을 편리하게 구매할 수 있고 마일리지 등 부가적인 혜택을 제공하는 등으로 범용성의 제한을 극복하고자 하고 있다. 이에 더하여 지급수단을 선불지급수단에 한정하지 않고 이메일 주소나 모바일폰 번호와 은행계정을 연동하여 이체된 자금을 활용하거나, 신용카드나 직불카드의 정보를 스마트 기기에 탑재하여 간편하게 결제할 수 있도록 하는 등 지급결제서비스를 다양화하고 있어서, 선불형 지급수단의 사용이 활발해질수록 지급결제산업의 은행 이탈은 가속화될 가능성이 크다고 하겠다.

선불형 전자지급수단 발행업자는 고객으로부터 받은 자금을 자신의 고유자산과 분리하여 신용도가 높은 은행과 같은 안전한 기관에 예치해야 한다.[15] 은행은 이 예치금에 대해서는 꼬리표를 붙여놓아야 하고 일반적인 예금과는 달리 대출재원으로 사용할 수 없다. 따라서 사회 전체적으로 볼 때 꼬리표가 붙어 있는 예치금만큼 신용공급 여력은 축소된다. 그렇지만 별도 계좌에 예치된 자금을 이용하여 상거래가 이루어진 경우에는 지급결제서비스 겸업회사 내의 계좌 간 조정으로 결제가 끝나기 때문에 은행 간 자금 청산과정이 불필요하여 거래 후의 지급결제 과정이 단순한 장점이 있다.

지금까지 선불형 전자지급수단 제공업자에 대해 설명했는데, 이들이 제공하는 서비스는 간단히 말해 개인과 기업 간의 직접 거래로서 지급인에 대한 서비스 제공기관과 수취인에 대한 서비스 제공기관이 동일한 특징을 지니고 있다. 단일한 서비스 제공기관 내의 지급이기 때문에 다자간 결제시스템이 필요하지 않고 은행이 시스템에 꼭 필요한 구성원일 필요가 없게 되었다.

3) 기타 지급결제서비스 제공업자

이동통신업체, 전자상거래 플랫폼 사업자 또는 모바일 기기 제조업체 등을 포함한 IT기업들은 앞에서 언급한 선불형 전자지급수단을 이용한 지급결제서비스에 한정하지 않고 지급결제단계의 전 영역으로 서비스를 확대하고 있으며, 일부 업체들은 지급결제의 단계별로 특화된 서비스를 제공하기도 한다. 이러한 특화된 서비스에는 접근매체나 접근채널과 같은 지급결제 인프라를 제공하는 서비스도 있고 보안과 관련한 서비스, 카드회사나 전자상거래업체를 위한 결제대행서비스, 거래 후 명세서 제공, 정보의 관리와 분석 등의 서비스도 있다.

다양한 업체들이 지급결제산업에 진출하는 이유를 몇 가지 생각해 볼 수 있다.[16]

첫째는 소액결제시장의 경제적 특성이다. 비금융기업의 지급결제서비스 제공은 소액결제시장에서 안정적인 수익 달성이 가능하고 규모의 경제와 범위의 경제를 통해 독점적 우위를 확보할 수 있는 경제적인 장점을 누릴 수 있다. 일반적으로 경제성장과 함께 지급결제 수요는 꾸준히 증가하며 다른 시장에 비해 경기변동에 민감하지 않아서 초기 시스템 구축 이후 안정적인 수익 확보가 가능하기 때문이다. 그리고 글로벌 IT기업은 전자상거래, 스마트폰과 디지털콘텐츠 판매, SNS 등 각자의 핵심 업무영역에서 최고 수준의 글로벌 네트워크와 플랫폼을 확보하여 검색, 전자상거래 등 핵심사업을 통해 수집한 고객정보와 글로벌 기업의 브랜드 인지도를 활용함으로써 지급결제서비스시장에서 규모의 경제를 통해 효과적인 서비스를 제공할 수 있다. 또한 서비스 제공을 통해 얻게 된 대량의 정보를 활용할 수 있는 장점도 있다.

둘째, 기술혁신에 따른 네트워크 접근채널의 다양화이다. 근거리 통신, 블루투스 등 비접촉 기술, 위치기반 기술 등을 활용하여 기존의 지급수단보다 신속하고 편리하게 접근채널에 접근할 수 있는 지급수단의 개발이 가능하다.

셋째, 수요자의 행태 변화이다. 전자상거래 증가, 인터넷과 모바일 기술의 발전에 따라 소비자도 판매자도 편리하고 안전한 새로운 지급수단에 대한 수요가 늘어났다. 소비자의 경우 인터넷이나 모바일 사용이 일반화됨에 따라 기존 소액결제시스템의 자금이체 속도, 처리기간, 편리성 등에 만족하지 못하고 편리성, 처리의 신속성, 개인 금융정보의 보호, 서비스의 저렴한 정도 등을 고려하여 지급수단을 선택한다. 판매자의 경우에는 처리속도, 비용, 편리성, 보안 등을 고려하는 것 이외에도 매출대금을 신속히 회수하여 구매자의 지급불이행에 따른 결제위험을 방지하고 자금운용의 효율성을 제고하고자 한다.

넷째, 비금융기업의 지급결제서비스 규제 여건의 개선이다. 전 세계적으로 지급결제서비스 시장의 경쟁 제고와 불필요한 진입장벽 해소를 위해 비은행 기관의 전자화폐 발행, 자금이체 업무 등에 관한 규제체계를 정비하고 은행에 적용하는 기준보다 완화된 기준을 적용하는 추세이다. 또한 지급결제서비스 관련 고객자산 보호, 손실책임 한도 등 소비자 보호방안이 강화됨에 따라 지급결제서비스에 대한 비금융기업의 수요가 증가하고 있다.

다섯째, 전자상거래시장의 성장에 따른 수익창출 기회 확대이다. 전 세계 인터넷이나 모바일 전자상거래시장의 지속적인 성장에 따른 온라인 지급결제서비스 수요 증가로 수익창출 가능성이 증대되고 있으며, 근거리통신기술이 발달하면서 스마트폰의 보급이 빠르게 증가함에 따라 모바일 상거래와 지급결제서비스 등에서 새로운 사업기회가 확대되고 있다.

4) 기여

새로운 상거래 방식이 출현하면서 지급결제방식도 변해온 사실을 우리는 이미 역사적인 사건들에서 보아왔다. 기원전 2000~1500년경 메소포타미아에서는 곡물을 저장하고 있던 창고업자의 계정을 이용하여 자금이체와 같은 방법으로 곡물을 이전하여 거래와 결제가 이루어졌고, 기원전 6세기에 주화가 상거래에 사용되고 환전상이 나타나면서 계좌이체에 의해 결제를 하는 관행도 나타났음을 알고 있다. 또한 중세 정기시장의 발달로 인해 격지 간 자금결제를 위해 환어음이라는 새로운 지급수단이 발생한 것도 알고 있다. 금세공업자는 고객의 예금을 기본으로 하여 예금증서를 유통시킴으로써 은행권의 탄생을 선도했다. 비록 새로운 지급수단이 보편적으로 활용되기까지는 상당한 시행착오와 경험이 쌓여야 했기 때문에 시간이 필요하기는 했지만, 지급결제는 항상 새로운 상거래의 환경에 적응하고 당시에 이용할 수 있는 기술을 최대한 활용하여 새로운 지급수단이나 지급결제 메커니즘을 개발하면서 발달해 왔다.

따라서 온라인 거래를 주도하고 있는 전자상거래가 급속히 확대되고 있는 환경에서 안전성이 확보된다면 이에 필요한 지급수단과 지급결제시스템을 도입하는 데 주저할 필요는 없을 것이다. 그 과정에서 은행의 주도권은 상당 부분 약화될 수밖에 없을 것이다. 그렇지만 은행 역시 역사적 산물일 뿐 지급결제에 필요한 절대적인 조직으로 자리매김할 수는 없으므로 크게 우려할 필요는 없다고 본다. 개별 거래의 안전성을 확보하기 위해 은행 역시 상당 부분을 아웃소싱하거나 보안업체와 제휴를 맺어온 점을 감안하면, 새로운 지급결제서비스 제공기관 역시 자체적으로나 제휴관계를 통하거나 하는 방법으로 충분히 안전한 장치를 도입한다면 문제될 것이 없다.

다만 은행을 이용한 지급결제시스템에서는 은행이 파산하거나 여타 재해로 인해 지급결제에 문제가 발생할 경우에도 결제가 완결될 수 있는 장치가 시스템 내에서뿐 아니라 법적으로도 보장하는 안전장치가 마련되어 있지만, 은행 이외의 지급결제서비스 제공기관이 파산하거나 기타 문제가 발생했을 때 결제의 완결성을 보장하는 장치는 아직까지는 부족한 실정이다. 따라서 새로운 상거래와 지급결제 환경에 맞는 안전장치가 도입될 수 있도록 하는 법적인 장치가 마련되는 것이 꼭 필요하다고 하겠다.

2. 가치교환형 지급결제기관

증권을 사고팔기 위해서는 증권에 대응하는 대금을 지급해야 하고 외환 매매에는 상대 통화의 지급이 따라야 한다. 이러한 거래의 결제가 제대로 이루어지기 위해서는 증권에 대응하는 대금, 외환에 대응하는 상대 통화의 교환이 수반되어야 하므로, 증권과 외환 거래의 결제를 가치교환형 지급결제라고

한다. 다시 말해, 서로 연계된 두 개의 쌍방향 의무를 결제하는 것을 가치교환형 지급결제라고 한다.[17]

가치교환형 지급결제가 제대로 이루어지기 위해서는 두 개의 가치가 동시에 교환되는 것이 가장 바람직하다. 예를 들어, 주식을 매입하면서 매입대금을 미리 주었는데도 주식을 받지 못했다거나 제때에 받지 못해 주식가격이 크게 변동한 후에 받았다면 누군가가 손실을 입어야 하기 때문에, 이러한 손실이 발생하지 않도록 제도적인 장치를 마련하는 것이 가치교환형 지급결제기관이 해야 할 일이다. 그렇기 때문에 가치교환형 지급결제에는 여러 가지 리스크가 내재되어 있고, 이러한 리스크를 줄이기 위해 일반적인 자금거래만 결제하는 경우보다 참가하는 기관도 많아지고 청산과 결제도 복잡해지게 된다.

20세기 중반 이후 증권시장이 크게 활성화됨에 따라 증가하는 증권거래를 안전하고 효율적으로 결제하는 것이 중요한 과제가 되었다. 당시만 해도 늘어난 증권거래를 처리할 수 있는 인프라가 갖추어지지 않았기 때문이다. 컴퓨터와 정보통신기술, 회계, 그리고 지역적으로 통일되지 않은 업무처리 절차 등에 전문적인 지식을 지니고 있는 금융시장인프라 전문가의 활동은 금융기관의 최고경영층에게 잘 알려져 있지 않았을뿐더러, 최고경영층은 알려고도 하지 않았다. 거래 후 서비스의 효율성에 회사의 성장과 수익이 상당히 의존하고 있는데도 거래 후 업무처리는 전문가가 알아서 할 일이라는 사고가 당시까지만 해도 팽배해 있었다.[18]

증권거래 이후 처리해야 하는 절차의 복잡함으로 인해 정책입안자들과 전문가들 사이에 서로에 대한 이해가 부족한 가운데, 유럽과 역외 지역 간의 거래가 증가하고 이에 따른 역외 결제의 필요성을 점차 인식하면서 이에 대처하게 된 것이 유럽에서 국제 중앙예탁기관이 처음 생성된 이유이다. 지금은 이러한 전문가들이 디자인하고 운영하는 시스템으로 인해 증권회사의 프런트 오피스front office에서 이익을 창출할 수 있는 기회가 제공되고 있음을 경영층에서도 인식하고 있을 정도로 환경이 바뀌었다고 할 수 있다.

증권결제산업은 더 많은 투자와 리스크 관리의 필요성이 더해지면서 점차 정보통신기술의 발전에 의존하게 되었다. 결제가 정상적으로 이루어지지 못하면 고객들의 신뢰를 얻을 수 없게 되었고, 거래량이 증가하면서 거래 후에 이루어지는 청산과 결제의 중요성이 점점 더 부각되었다. 특히 금융의 증권화와 함께 증권화된 금융상품을 기초자산으로 한 다양한 파생금융상품이 제도화된 거래소시장이 아닌 장외시장에서 오직 양 거래당사자에 의해 거래됨에 따라, 거래규모를 파악하고 상품 자체와 거래에 내재되어 있는 리스크를 관리하는 것이 가치교환형 지급결제의 화두로 등장하게 되었다.[19]

여기에서는 먼저 증권의 거래와 지급결제 메커니즘을 알아본 후에, 거래 이후 처리업무 가운데 가치교환형 거래가 이루어질 때 거래당사자로서 신용위험을 관리하고 청산업무를 맡아서 하는 중앙청산소Central Counterparty: CCP와, 증권의 결제와 예탁업무를 담당하는 중앙예탁기관Central Securities Depository: CSD을 소개하고자 한다. 다음으로 금융시장이 국제화하면서 거래되는 금융상품의 표시통화가 상이한 데다 거래와 결제의 시간이 일치하지 않는 외환거래를 안전하게 결제하기 위해 설립된 지급결제기관을 살펴보고자 한다.

1) 암스테르담 증권거래소[20]

세계 최초의 증권거래소는 1611년에 설립된 암스테르담 증권거래소라고 알려져 있다. 당시에는 주식이란 증권의 개념이 없고 단지 주주들의 이름과 지분을 기록한 장부만 있었다. 주식의 소유권을 이전할 때는 종이로 된 증서를 주고받는 것이 아니라 회계담당자가 갖고 있는 장부를 수정하는 식으로 이루어졌다. 초창기에 거래되던 상품은 1602년 설립된 네덜란드 동인도회사의 지분이었는데, 실제로는 회사의 지분이라는 현물이 아닌 선물futures, 즉 장래 일정 시점에 미리 정한 가격으로 매매할 것을 현재 시점에서 약정하는 거래가 주를 이루었다. 그리고 증권거래를 규제하는 법이 형성되기 이전이어서 상인들 간의 인적 신뢰에 기초하여 증권거래가 이루어졌다. 이후 네덜란드의 공공기관이 발행한 채권이 선물거래 형태로 거래소뿐 아니라 야외에서도 거래되었고, 증권거래대금은 암스테르담은행에서 매월 상계하여 결제되었다.

암스테르담 증권시장이 자본시장의 발달에 기여한 점은 선물거래의 청산에 필요한 주식을 중개해 주는 중개인이 있었다는 점과 당시 신뢰를 받고 있던 암스테르담은행이 증권결제에 필요한 단기자금을 대출해 주어 대금결제가 원활하게 이루어질 수 있는 결제시스템이 있었다는 점이다. 그러나 동인도회사에 이어 설립된 서인도회사가 파산하고 새로운 회사들이 설립되지 못해 암스테르담 증권거래소는 더 이상의 발전을 하지 못했다.

당시 주식의 거래는 매수자와 매도자가 함께 회계담당자를 찾아와야 이루어졌다. 그리고 동인도회사 주식의 경우 2명의 동인도회사 이사가 회사의 지분 매매에서 정당한 절차에 의해 양도와 양수가 이루어졌음을 확인해 주고, 회계담당자가 회계장부에 이를 기록하면 모든 절차가 끝났다. 그런데 문제는 시간이 경과하면서 2명의 이사가 거래당사자들 간의 지분거래 때마다 증인으로 참관하지 않게 되었고 동일한 회계담당자가 장기간 기록업무를 도맡아 하면서 부정거래의 유혹에 빠지게 된 것이다. 이렇게 시작된 부정거래의 방법으로는 동일한 주식을 여러 번 매도하는 형태가 있었고, 주식을 사고 그 대금을 예정된 날짜에 암스테르담은행에 입금하지 않는 형태도 있었다. 지금과 같은 증권예탁제도나 증권과 자금의 동시결제시스템이 있었다면 사전에 막을 수 있었던 부정이었다.

2) 증권결제 메커니즘

요즈음은 증권의 발행과 인도 시에 증권의 발행단계부터 종이로 된 실물증권을 발행하지 않고 결제기관에서 전자적인 장부상 데이터에 의해 모든 권리를 이전시키는 무권화dematerialization된 형태를 사용하거나, 발행단계에서는 실물증권을 발행하지만 해당 증권을 결제기관에 집중예탁하여 실물증권 자체를 유통시키지 않고 증권의 이전은 결제기관의 전자적 장부상 계좌대체로 처리하는 증권의 부동화immobilization라는 방법을 사용하기도 한다.[21]

증권의 발행과 예탁이 끝난 후에는 유통시장에서 거래가 일어나는데 증권거래는 제도화된 거래소에서 이루어지는 장내거래와 당사자 간의 계약에 의해 거래소 밖에서 이루어지는 장외거래로 크게 나눌 수 있다. 장내거래의 예를 들어보자. 내가 삼성전자 주식을 사고 싶을 때는 내 계좌가 개설되어 있는 증권회사를 통해 매수 주문을 낸다. 그러면 증권회사는 내 계좌에 삼성전자 주식을 살 돈이 충분히 있는지를 확인한 후 이 정보를 거래소에 보내고 거래소는 내가 주문한 매수조건에 일치하는 매도자를 찾아서 거래를 성사시킨다.

우리가 보통 알고 있는 증권거래는 이것으로 끝나고 이틀 후면 내 계좌에서 현금이 빠져 나가고 삼성전자 주식이 들어와 있게 될 것이다. 그런데 여기에는 여러 가지 종류의 리스크가 내재해 있다. 내가 거래하는 증권회사나 매도자가 거래하는 증권회사가 최종 결제 이전에 파산하게 되면 곤란한 문제가 발생한다. 사기로 했던 주식이 제때에 들어와 있지 않거나 주식을 매도하여 받게 될 대금이 제때에 입금되지 못하게 되면 그 이후에 있을 연쇄적인 거래를 할 수 없어서 안심하고 주식 거래를 할 수 없게 된다. 그러나 거래의 중간에 제3자가 개입하여 하나의 거래를 두 개의 거래로 나누어 책임을 져줄 수 있으면 안심하고 거래를 할 수 있게 된다. 또한 증권회사가 파산에까지 이르지는 않더라도 해당 증권을 확보하지 못하여 정해진 시간까지 납부하지 못하는 사태가 발생할 수도 있다. 이러한 사태가 발생하는 이유는, 주식이 장내에서만 거래되는 것이 아니라 장내시장보다 훨씬 큰 규모로 장외에서도 금융기관 간에 거래되어, 시장 간에 수급 불균형이 발생하면 제때에 주식을 확보하지 못하는 사태가 일어나기 때문이다. 만약 이를 잘 조정할 수 있는 제3자가 개입하게 되면 리스크는 크게 줄어든다.

또한 삼성전자 주식의 소유주가 바뀌었기 때문에 이를 처리하는 기관에서는 청산소로부터 관련 정보를 받아서 처리하는 절차가 필요하고, 대금을 처리하는 기관에서도 역시 관련 정보를 받아서 처리해야 하므로 관련 기관 간 정보의 교환도 필요하다. 암스테르담 증권거래소의 부정거래 예에서처럼 주식과 대금이 동시에 처리되지 못하여 어느 한쪽이 먼저 인도되고 다른 한쪽이 제시간에 지급되지 않으면 이때도 리스크가 발생한다. 그렇기 때문에 증권과 대금이 동시에 결제될 수 있는 장치를 마련해야 한다.[22]

시장이 장내와 장외로 구분되어 있는 데다가 거래되는 증권의 종류가 많은 것도 증권거래와 결제의 복잡성을 더해준다. 주식의 경우 발행회사별로 종류가 다르고 동일한 회사의 주식이라 하더라도 발행 시점에 따라서 다르게 취급되어야 한다. 채권의 경우에는 주식보다 조금 더 복잡한데 발행 시점뿐 아니라 만기도 증권별로 다르기 때문이다. 주식이나 채권 이외에도 하나의 상품에 여러 종류의 주식과 채권 등이 포함되어 있는 펀드도 있다. 여기서 그치는 것이 아니라 증권을 포함하여 주가지수나 외환 등을 기초자산으로 하여 파생된 파생상품도 있다. 특히 금융의 증권화가 크게 진전되면서 증권화된 상품을 기초자산으로 하여 만들어진 파생상품은 당초 증권보다 훨씬 큰 규모로 상품화될 수 있는 특징을 지니고 있다. 예를 들어, 유동화된 담보대출을 여러 개 묶어서 새로운 파생상품을 만들어내고 파생상품을 다시 여러 개 묶어서 2차 파생상품을 만들어 장외시장에서 판매한다고 할 때, 거래가 가능한 상품의 규모는 최초의 담보대출 규모보다 커지게 된다. 이러한 파생상품이 지속적으로 생산된 상태에서 기초자산인 담보대출에 문제가 발생하면 이를 기초로 하여 생성된 파생상품은 문제의 심각성을 가중시킨다.

거래되는 상품의 종류가 다양하고 거래되는 시장도 세분화되어 있는 데다 장외거래의 경우 거래규모를 알 수 없는 상태에서 청산과 결제가 이루어지는 각 단계마다 리스크가 발생하기 때문에, 증권거래에서는 거래 후 처리가 제대로 이루어지지 않으면 안전성과 편리성이 크게 저해될 우려가 있다. 2008년 발생한 글로벌 금융위기가 증권거래의 문제점을 여실히 보여주는 실제 사례이다. 미국의 증권시장에서 리먼브러더스Lehman Brothers가 체결한 증권거래의 결제 실패로 연쇄적인 증권 미결제가 발생했고, 장외파생상품시장에서 거래 상대방 리스크가 증가하는 가운데 시장참가자뿐 아니라 감독당국 역시 시장의 전체 상황을 충분히 파악할 수 없어 금융위기의 충격이 파급되는 정도를 예측하기 어려웠던 것이 당시의 현실이었다. 그렇기 때문에 글로벌 금융위기가 발생한 직후 각국 정부가 개별 국가 차원에서뿐만 아니라 국가 간 협조체제를 마련하여 대책을 강구하는 한편, 국제결제은행의 지급결제위원회 역시 증권시장의 근간을 이루고 있는 중앙청산소와 중앙예탁기관, 거래정보저장소trade repository: TR 등의 인프라가 안전하게 지급결제서비스를 할 수 있도록 국제표준을 정하고 이를 준수하도록 하게 되었다.

3) 중앙청산소

중앙청산소는 원래의 매매거래당사자 사이에 개입하여 모든 매도자에 대해서는 매수자, 모든 매수자에 대해서는 매도자가 되어 결제이행을 보증하는 자[23]를 말하는데 청산소가 이 역할을 하는 경우가 많다. 중앙청산소는 매개 거래의 당사자가 아니지만 법률 또는 계약 등의 방법으로 자기 자신을 매매거래의 당사자로 개입시켜 매도자의 증권인도 채무와 매수자의 대금지급 채무를 인수하게 된다. 이와 같이 중앙청산소를 이용하게 되면 모든 거래가 중앙청산소를 상대방으로 하는 거래로 치환되기 때문에 각 참가자는 원래 거래 상대방의 신용위험에서 벗어나 거래를 할 수 있다. 또한 모든 거래가 중앙청산소를 상대방으로 한 거래가 되기 때문에 결제증권이나 결제대금이 서로 상계되어 결제와 관련된 유동성과 비용을 절감할 수 있게 될 뿐 아니라 거래의 기록이 중앙청산소에 남기 때문에 거래와 시장의 투명성도 높아진다.[24]

미국에서는 곡물거래를 위해 1848년에 시카고상품거래소가 설립되었는데

이 거래소는 일찍부터 거래당사자들이 거래소가 마련한 규정과 규칙을 준수해야 할 유인을 제공하는 것이 중요함을 알고 있었다. 그래서 채무를 이행하지 않은 회원사는 거래에 참석하지 못하도록 했는데, 이러한 조치는 채무를 잘 이행하지 않는 회원사에게는 큰 제재가 되지 못했다. 1873년 시카고상품거래소는 채무이행이 의문시되는 회원사에 대해서 재무상태를 검사하는 제도를 도입했고 이를 수용하지 않는 회원사들은 탈퇴시켰다. 또한 개시증거금과 추가증거금 제도를 도입하고 증거금의 납입시간을 엄격히 지키도록 하며 이를 준수하지 못할 경우 채무불이행으로 간주했다.

시카고상품거래소는 리스크를 보다 효과적으로 관리하기 위해 1883년 별도의 청산소를 설립했다. 그러나 이때의 청산소는 증거금을 납부하기 위한 회원사의 순채무를 단순 계산하여 비용을 절감시켜 주는 역할만 했고, 의무를 이행하지 못한 회원사의 결제이행 책임을 부담하지 않았으므로 진정한 의미의 중앙청산소는 아니었다. 진정한 의미의 중앙청산소는 시카고상품거래소가 회원사들의 자금으로 출자한 청산위원회를 1925년에 설립하면서부터 시작되었다. 이제 회원사는 증거금을 청산소에 납부해야 했고, 청산소는 어느 회원사라도 채무불이행에 처하면 예치된 증거금을 이용하여 결제가 이루어지도록 할 책임을 졌다. 예치된 증거금만으로 결제를 할 수 없는 사태가 발생하면 회원사들이 납입한 자본금을 이용할 수 있고 납입자본금으로도 충당이 되지 않을 때는 추가 납입하도록 했다. 이러한 조치는 뉴욕증권거래소에도 확산되어 1892년 청산소를 설립했고, 이 청산소는 1920년 진정한 중앙청산소가 되었다.[25]

중앙청산소 제도가 지니는 의미는 청산과 결제의 책임을 중앙청산소만 지는 것이 아니라 증권시장과 파생상품시장의 참가자들도 함께 부담한다는 데 있다. 특히 시카고상품거래소는 회원사들이 중앙청산소의 주주이기 때문에 리스크 관리가 보다 효과적으로 될 수 있었다.

한편, 영국에서는 1888년 런던상품청산소가 설립되었는데 이는 LCH^{London}

Clearing House의 전신으로 커피와 설탕 같은 상품의 선물거래를 담당하는 회사였다.[26] 런던상품청산소는 1992년 LCH로 명칭을 바꾸면서 그 기능과 조직을 확대하여 증권시장과 파생상품시장에서 중앙청산소 기능을 수행하는 청산기관이 되었다.

증권시장과 장내파생상품시장에서는 중앙청산소 제도가 도입되어 거래규모를 알 수 있고 리스크 관리 역시 이루어지고 있었기 때문에 시장에 문제가 발생하더라도 리스크의 크기를 예측할 수 있었다. 그러나 장외파생상품시장은 사정이 달랐다. 비록 LCH가 부분적으로 장외파생상품거래의 중앙청산소 역할을 하고는 있었지만, 대부분의 장외파생상품거래는 중앙청산소가 개입하지 않아서 리스크 관리가 제대로 이루어지지 않았고 거래규모도 파악할 수 없었다. 장외파생상품시장에 참가하고 있는 딜러들은 장외파생상품의 거래가 표준화되어 있지 않아 일괄적인 청산이 어려울뿐더러, 중앙청산소가 활용하고 있는 리스크 관리수단인 상계에 의한 차감과 증거금제도가 장외파생상품인 경우에는 효과적이지도 않다고 주장하며 중앙청산소 제도의 도입을 반대했다.[27] 따라서 장외파생상품시장에서 채무불이행이 발생하게 되면 상당히 큰 규모의 거래가 결제되지 못하여 시스템 리스크를 유발할 가능성이 높았으며 그 가능성은 2008년 글로벌 금융위기 때에 현실이 되었다.

2008년 글로벌 금융위기 이후 장외파생상품시장에 대한 규제가 필요하다는 주장들이 많이 나와 개별 국가 차원에서뿐 아니라 G20에서도 논의가 있었고, 지급결제 차원에서는 국제결제은행의 지급결제위원회에서 새로운 원칙을 제정하는 작업을 시작했다. 먼저 장외파생상품거래를 표준화함과 아울러 표준화된 장외파생상품거래는 중앙청산소 청산을 의무화하고 장외파생상품 거래정보를 거래정보저장소에 보고하도록 하는 논의가 진행되었다. 그 결과 2009년 G20 정상회의에서 표준화된 장외파생상품거래를 거래소 또는 전자 플랫폼에서 거래하도록 하고 중앙청산소를 통해 결제하도록 합의했다. 그리고 장외파생상품거래는 거래정보저장소에 보고되도록 했다. 중앙청산소를

이용하지 않는 거래에는 자기자본비율 규제 시에 규정을 엄격하게 적용하기로 합의했다.[28]

최근에는 분산원장기술을 이용하여 증권거래의 매매 후 처리를 보다 간편하게 할 수 있는지에 대한 연구가 활발하게 진행되고 있다. 분산원장의 장점 가운데 하나가 거래당사자 간에 이루어진 합의 내용을 허가된 참가자들이 볼 수 있다는 점이다. 특히 중앙청산소는 해당 거래뿐 아니라 거래당사자들의 과거 기록을 볼 수 있기 때문에 증거금의 추가 필요성, 상계가 가능한 거래 조합 등 리스크 관리에 필요한 정보를 얻을 수 있다는 장점이 있다. 한발 더 나아가서 중앙청산소 없이도 중앙청산소 기능을 할 수 있는 방법도 모색하고 있는 등 자본시장에서 거래 후 절차를 처리하는 데 있어서 분산원장의 도입 가능성은 활발하게 검토되고 있다.[29]

4) 중앙예탁기관[30]

예탁결제제도를 처음 도입한 것은 1872년 오스트리아 빈증권거래소가 설립한 금융기관이라고 알려져 있다. 예탁결제제도가 도입되기 전에는 증권을 거래당사자 간에 직접 결제하는 방식이었으나, 증권시장이 발전하면서 대량으로 발생한 증권의 보관과 운반, 사무처리 등이 어려워졌다. 이에 따라 증권거래소에서 매매 체결된 고객 간의 결제를 실물 증권의 이동 없이 해당 계좌 간의 대체방식으로 처리하기 위해 설립된 것이 중앙예탁기관이다. 1882년에는 독일에서도 예탁결제기관이 설립되었는데, 19세기 말에 증권을 한군데에서 집중 보관하고자 한 주된 이유는 증권을 안전하게 보관하고 증권의 진위를 구별하여 부정을 방지하기 위한 점도 있었다.

반면, 미국의 시작은 늦은 편이었다. 1913년 뉴욕증권거래소가 빈의 중앙예탁기관을 본떠 중앙예탁기관을 설립하려는 시도를 했으나 제대로 추진되지 못했고, 1961년이 되어서야 본격적인 검토가 진행되었다. 그러나 소유권의 이전 또는 보관기관의 장부 기입에 의한 증권의 인수도가 물리적인 증서의 인수도를 대체하도록 한 법은 1970년이 되어서야 시행되었다.

중앙예탁기관의 중요성이 더욱 부각된 이유는 국가 간 자본의 이동이 자유로워지면서 외국인의 국내 증권거래가 활발해지고 해외에서 증권을 발행하는 일이 빈번해졌기 때문이다. 국가 간 증권거래를 원활하게 처리하기 위해 생긴 조직이 국제 중앙예탁기관인데 유럽의 유로클리어Euroclear와 클리어스트림Clearstream, 미국의 DTCC 등을 들 수 있다.

유로클리어는 유로본드시장이 발달하면서 채권의 결제와 예탁을 위해 탄생했다. 1960년대 미 달러화의 유럽 유출이 지속됨에 따라 미국은 1963년 「이자평형세법」을 제정하여 미국 투자자들이 유럽에서 현지통화로 발행되는 채권을 매입하는 것을 억제함으로써 달러화의 유출을 줄이고자 했다. 그러나 영국 런던에 네트워크를 구축하고 있던 유럽의 금융기관들은 자국 통화가 아닌 달러화로 채권을 발행하여 규제를 회피할 수 있는 길을 터주었고, 당시 런던 소재 금융기관에 풍부하게 예치된 달러화를 이용하여 유로본드시장을 형성했다.

유로본드시장은 미국 이외의 지역에 예치되어 있는 달러예금과 뉴욕 채권시장에서 외국인에 대한 채권거래 규제조치로 인해 급성장했다. 그런데 문제는 급증한 발행과 거래를 수용할 수 있을 만큼 채권시장의 인프라가 갖추어지지 못해 시장의 성장을 제약하고 있는 점이었다. 국가 간 상이한 조세시스템, 법률시스템, 시장관행 등이 장벽을 형성했고, 이에 더하여 증권산업과 관련한 이해집단 간의 이해충돌로 증권거래의 청산과 결제 비용이 증가했다.

그러나 1968년 아무도 관심을 갖지 않던 거래 후 처리를 위해 유로클리어라는 새로운 회사가 설립되면서 전기를 맞게 되었다. 1967년 미국계 은행인 모건개런티Morgan Guaranty Trust Company의 브뤼셀 지사에서 몇몇 은행가와 기술자들이 유로본드시장이라는 새롭게 태동하는 국제자본시장에서 증권거래의 병목으로 작용하고 있던 더딘 사무처리가 초래한 위기를 극복하기 위해 증권결제와 관련한 서비스의 질을 향상시킬 수 있는 계획을 수립했고, 이 계획에 따라 이듬해 유로클리어가 설립되었다. 모건개런티가 하려고 한 일은 증권거래 그 자체가 아니라 단순히 대금지급에 맞추어 증권을 인도할 수 있는 계약이 체결되도록 하는 것이었다. 당시 채권을 발행할 때의 모습을 보면 상황이 어떠했는지를 알 수 있을 것이다.

테이블 위에는 채권 더미가 수북하게 있고 그 앞에는 채권의 인수자인 딜러가 변호사와 함께 앉아 있다. 전화는 뉴욕과 연결되어 있는데, 뉴욕에 있는 담당자가 인수자의 입금이 완료되었다고 말하면 모건개런티 브뤼셀 지사 직원은 인수자에게 채권 더미를 물리적으로 인도하고 인수자를 다른 직원들이 대기하고 있는 금고로 데려가 채권을 보관하도록 한다. 채권의 인수자인 딜러는 다시 이 채권을 투자자들에게 파는데, 채권이 팔리면 모건개런티 직원은 보관된 채권을 꺼내어 투자자들에게 나누어준다. 당시 유로채권은 채권 간 대체가 가능하지 않아서 직원이 투자자별로 일련번호를 확인하여 정당 소유자인지를 확인하고 인도해야 했고, 그 채권이 다시 매매된 경우에는 일련번호를 일일이 다시 확인한 후 처리해야 했다. 이처럼 채권매매가 있을 때마다 누가 어느 채권을 소유하게 되었는지를 추적하여 인도하거나 투자자별로 구분하여 금고에 보관해야만 했다.

결국 모건개런티 브뤼셀 지점 임원은 지금의 직원과 시스템으로는 이 모든 일을 할 수 없음을 알게 되었다. 그는 유로본드시장의 발전 속도로 볼 때 채권의 실물 인도와 결제에 큰 문제가 생길 것으로 예측하고, 채권이 누구에게 매각되었는지에 상관없이 채권을 만기까지 보관하고 다만 소유권만 변동시켜 주면 업무가 훨씬 간편해질 것이라고 판단했다. 모건개런티는 예탁업무가 새로운 사업기회라고 인식하여 1967년 처음으로 국제 예탁결제업무를 시작했다. 참가자들에게는 모건개런티에 증권계좌와 현금계좌를 함께 개설하도록 하여 증권의 실물 이동을 장부상 계좌이체로 대체하고 증권과 대금이 동시에 결제되도록 했다. 예탁결제업무를 시작하자 브뤼셀 지역 밖에서도 증권을 예탁하고자 하는 은행들이 줄을 설 정도로 고객이 늘어났는데, 문제는 당시의 컴퓨터 기술로 이 모든 업무를 처리하기에는 무리가 있다는 것이었다.

모건개런티는 1968년 시스템을 개선하여 청산과 결제 처리의 소요시간을 크게 단축하고 채권에 기재되어 있는 일련번호를 무시하고 동일 종류의 채권이면 결제할 수 있도록 채권의 대체제도를 도입했다. 이제는 거래 시마다 일련번호를 기록할 필요가 없어졌기 때문에 시간을 크게 단축시킬 수 있었고, 벨기에 정부가 채권의 대체가능성을 인정하여 법에 명시함으로써 모건개런티의 증권예탁결제업무를 지원해 주면서 법적인 문제도 해결되었다. 모건개런티는 유로클리어라는 회사를 별도로 설립하여 증권예탁결제업무를 전담하게 했다. 당시 유로클리어가 도입한 아이디어는 증권과 대금의 동시결제였는데, 이 제도는 도입 당시에는 잘 몰랐던 새로운 제도였지만 결과적으로 유로클리어에 높은 수익을 안겨주었다. 왜냐하면 증권·대금 동시결제로 인해 예금도 크게 증가했기 때문이다.

유로본드시장의 성장은 뉴욕증권거래소도 정상적인 운영을 어렵게 만들었다. 일평균 증권거래건수가 1600만 건에 달하여 관련된 서류의 폭증으로 노동집약적 결제처리는 한계에 달하여 일주일에 한 번 거래소 문을 닫고 영업일에는 증권거래시간을 단축해야 할 정도였다. 1968년 뉴욕증권거래소는 증서를 부동화하기 위해 예탁기관을 설립하여 증권예탁결제시스템으로 나아가는 첫발을 디뎠다. 이때도 모건개런티와 JP모건지주회사가 깊이 관여했으며 1973년 증권예탁결제회사인 DTC^{Depository Trust Company}를 설립하는 데 기여했다. DTC는 1999년 중앙청산소 기능을 하던 NSCC^{National Securities Clearing Corporation}와 합병하여 증권의 거래 후 처리과정을 모두 담당하는 DTCC^{Depository Trust & Clearing Corporation}로 변모했다. 유럽과 미국의 대표적인 국제예탁기관의 설립에 JP모건 계열 금융기관이 관여한 것은 단순한 우연만은 아닌 듯싶다.

증권예탁기관의 업무 가운데 또 하나 중요한 것은 증권대차업무이다. 1975년 유로클리어는 결제에 필요한 증권을 확보하지 못한 회원금융기관들을 위해 자신이 보관하고 있는 증권을 증권의 소유권자인 회원금융기관의 동의하에 빌려주는 증권대차업무를 시작했다. 그러나 당시 업무는 수작업에 의존하여 회원금융기관이 유선으로 증권의 임대 가능성을 물어오면 유로클리어가 증권대출이 가능한 회원금융기관을 찾아보는 식이었다. 이 문제를 개선하기 위해 유로클리어는 우선 증권결제 과정에서 증권의 부족으로 결제가 실패하는 경우가 왜 자주 발생하는지를 검토하기 시작했다. 그 결과 대량의 주문이 있을 경우 다수의 소량 주문과 매치시켜야 하는데 이 과정이 원활하게 이루어지지 않음을 찾아냈고, 자동적으로 이러한 거래들을 찾아내어 매치시킬 수 있는 시스템을 개발했다. 다음으로는 잠재적인 증권 차입자와 대출자를 식별하여 유로클리어가 중개 역할을 할 수 있도록 함으로써 증권대차업무의 효율성을 획기적으로 높였다. 유로클리어의 증권대차업무는 수익성을 높여준 데 그치지 않고 결제의 원활화를 통해 증권거래, 특히 정부채권의 거래가 크게 증가하는 긍정적인 효과를 가져왔다.

5) 글로벌 금융위기와 중앙청산소 및 중앙예탁기관

증권의 청산과 결제, 예탁과 관련된 조직은 증권거래의 기본적인 인프라인데, 이러한 기본 인프라의 구축을 강화하게 해준 계기는 2008년에 발생한 글로벌 금융위기이다. 2008년 9월 15일 리먼브러더스가 미 법원에 파산 신청을 한 직후 가장 바쁘게 움직인 조직 가운데 하나가 증권의 거래 후 청산과 결제 그리고 예탁업무를 맡고 있던 DTCC였을 것이다. DTCC는 10월 30일 리먼브러더스의 파산과 관련한 위험에 노출되어 있던 5000억 달러에 달하는 시장참가자들의 증권과 자금을 성공적으로 처리했다고 발표했다.[31]

리먼브러더스는 투자은행 순위에서 골드만삭스Goldman Sachs, 모건스탠리Morgan Stanley, 메릴린치Merrill Lynch와 더불어 4대 업체로 손꼽히고 있을 만큼 큰 회사였기 때문에 DTCC의 예탁과 청산, 장외파생상품거래에서도 중요한 참가자였다. 예를 들어, 미국 내에서는 주택담보부증권 업무에서는 3위, 정부채 업무에서는 5위, 증권 청산과 예탁결제 업무에서는 10위를 차지할 정도였다. 그리고 유럽에서도 DTCC 유럽 자회사의 주요 고객이었다. 리먼브러더스는 파산 이전에 40여 개국에 걸쳐서 투자은행, 증권과 채권 판매, 투자관리, 사모투자, 프라이빗 뱅킹 등의 다양한 영업을 하고 있었으며 이 중 가장 문제가 되었던 것은 부동산 담보대출과 관련한 파생상품 판매였다. 그렇기 때문에 리먼브러더스의 파산은 미국뿐 아니라 전 세계 금융시장에 큰 충격을 주었다.

DTCC는 중앙청산소 기능도 함께했기 때문에 증권의 인도와 자금의 지급을 책임져야 했다. DTCC의 성공적인 증권 청산과 예탁결제 처리로 리먼브러더스의 파산과 관련한 지급결제에서의 리스크는 완화되었지만, 리먼브러더스 파산에서 비롯한 글로벌 금융위기는 증권의 지급결제 면에서 여러 가지 해결해야 할 과제를 제시했다. 특히 거래당사자 간에 장외에서 거래가 이루어지는 파생상품에서는 먼저 거래규모를 알 수 있어야지만 적절한 대책을 강구할 수 있기 때문에, 주요국들이 논의하여 장외파생상품시장의 리스크를 축소하기 위한 시장개혁 프로그램을 이행하기로 합의했다. 시장개혁 프로그램의 핵심은 증권거래의 사후 처리를 투명하게 할 수 있는 인프라를 구축하는 데 있었으며, 보다 구체적으로는 중앙청산소와 중앙예탁기관, 그리고 거래정보저장소의 기능을 강화하는 데 중점을 두었다.

서브프라임 모기지Subprime Mortgage 사태에서 시작한 리먼브러더스의 파산 이후 글로벌 금융위기에 대처하기 위한 국가 간 협력에도 변화가 초래되었다. 리먼브러더스 외에도 파산 위기에서 겨우 벗어난 미국의 투자은행과 보험회사들이 미국 내에서만 영업을 하는 것이 아니라 전 세계적인 네트워크를 구축하여 영업하고 있었기 때문에, 주요 선진국의 협조만으로는 문제를 해결할 수 없게 됨에 따라 중앙은행 간 협력체제의 폭이 넓어졌고 국제적인 공조체제의 범위도 확대되었다. 일례로 미 연준은 리먼브러더스의 파산 이후 각국의 거액결제시스템이 아무런 문제 없이 결제되고 있는지를 실시간으로 확인하고 점검하기 위해 중앙은행의 지급결제 담당자 간 컨퍼런스 콜을 통해 정보를 수집하고 협력체제를 강화하는 등의 활동을 했다. 그리고 서구 선진국 위주의 국제기구 참가 범위도 세계 경제에 영향을 미치는 여러 국가들에까지 확대되었다.

6) CLS은행

1974년 독일 금융감독당국은 독일의 중견 은행인 헤르슈타트은행Herstatt Bank이 외환거래에서 큰 손실을 보자 독일 시각으로 7월 26일 오후 3시 30분에 파산결정을 내렸다.[32] 그 시각에 독일의 은행 간 지급결제시스템에서는 이미 결제가 완료되었기 때문에 독일에 있는 금융기관에는 큰 문제가 없었다. 그러나 뉴욕에 있는 금융기관들은 문제가 그렇게 간단하지 않았다. 왜냐하면 이 은행과 거래를 하고 있던 뉴욕에 있는 은행들은 환거래은행을 통해 헤르슈타트은행에 독일 마르크화를 이미 지급했던 반면, 그에 상응하는 미 달러화는 아직 받지 못하고 환거래은행을 통해 받기로 예정만 되어 있는 상태였기 때문이다. 이러한 상태에서 독일에서 파산결정이 난 바로 그 시각에 미 달러화 지급이 중지됨에 따라 헤르슈타트은행과 거래를 하고 있던 은행들은 미 달러화를 받지 못하게 되어 큰 손실을 입게 되었다.

이 사건은 외환거래가 일어나는 국가 간 시차 때문에 발생한 것으로서 이로 인한 외환결제리스크를 줄이기 위한 검토를 촉발시켰다. 이와 유사한 사건이 1991년과 1995년에도 발생하자 국제결제은행의 권고에 따라 1999년 뉴욕에 외환결제 전문은행인 CLSContinuous Linked Settlement은행이 설립되었다.[33]

CLS 외환동시결제시스템은 CLS은행이 전 세계 주요 통화 간 동시결제서비스를 제공하기 위해 구축한 시스템으로서, 각 참가국 중앙은행 거액결제시스템을 실시간으로 연결하여 정해진 공통 결제시간대에 매도통화의 납입과 매수통화의 지급 등 결제를 처리함으로써 동시결제payment vs. payment: PVP가 가능하게 했다. 주요 통화 간의 외환거래가 CLS은행을 통해 동시결제됨에 따라 국가 간 시차에 따른 매입·매도 통화 간 결제시점 불일치로 인한 리스크가 대폭 축소되었으며, 다자간 차감시스템의 운영으로 참가기관들은 결제에 필요한 유동성을 이전보다 90% 이상 절감할 수 있게 되었다.

그러나 이 시스템을 이용하여 모든 통화를 동시결제할 수 있는 것은 아니어서 CLS은행이 정한 엄격한 기준을 충족하는 통화에 한해서만 CLS은행의 결제통화로 지정되었다. 엄격한 기준의 핵심은 결제의 완결성을 보장해 주는 법적 환경이 마련되어 있어야 한다는 점이다. 결제의 완결성이란 지급결제시스템 참가금융기관의 지급지시에 따라 그 시스템을 통해 이루어지는 자금결제가 어떠한 상황이나 법률에 의해서도 취소되지 않고 지급결제시스템의 운영규칙에 따라 무조건적으로 이루어지는 것을 의미한다.[34] 결제완결성이 보장될 경우 금융기관이 파산하더라도 지급결제시스템을 정상적으로 운영할 수 있어 금융시장의 안정을 도모할 수 있을 뿐만 아니라 국제적 기준에 부합하는 확고한 법적 근거를 갖추게 된다.

우리나라의 원화는 2004년 CLS결제통화로 공식 지정되었다.

3. 국제결제은행 지급결제위원회

1) 국제결제은행[35]

유럽의 중앙은행들은 제1차 세계대전이 끝난 후 독일의 전쟁배상금 지급 문제를 해결하고 국가 간 통화 협력을 증진시키기 위해 각국의 중앙은행 간 협력을 주도할 수 있는 국제금융기구의 필요성을 제기했다. 그 결과 1930년 1월 프랑스, 이탈리아, 벨기에, 일본, 독일, 영국 등 6개국이 독일의 전쟁배상금 문제에 관한 헤이그협정을 체결하면서 배상금의 결제를 전담하기 위한 기구로 국제결제은행Bank for International Settlements: BIS을 설립하기로 결정하고, 국제결제은행의 설립예정지로 지정된 스위스와 함께 「국제결제은행에 관한 협정」을 체결했다. 같은 해 2월에는 미국이 참여하여 국제결제은행 설립헌장과 정관을 채택했고, 5월 스위스 바젤에 본부를 두고 공식 업무를 개시했다.

국제결제은행의 설립목적은 중앙은행 간 협력 증진, 국제금융거래에 대한 편의 제공, 국제결제업무와 관련한 수탁자와 대리인 역할의 수행에 있다고 '국제결제은행 정관'에서 규정하고 있다. 이러한 설립목적에 따라 국제결제은행은 각국의 중앙은행이 출자하여 운영하고 있는 중앙은행 중심의 기구로서, 정부의 개입과 정부에 대한 융자를 엄격하게 금지하고 있다. 최근의 국제결제은행은 설립 당시 예상되었던 국제금융기구로서의 기능보다는 국제금융 협력센터로서의 역할이 강한 편이다.

국제결제은행이 설립된 직접적인 계기는 독일의 전쟁배상금 문제를 처리하는 것이었기 때문에, 설립 초기에는 주로 독일 배상금의 수취나 배분에 관한 업무와 함께 독일에 대한 외화자금 대출, 일부 배상금에 의한 독일 투자 등 독일의 경제복구를 지원하는 업무를 수행했다. 이와 함께 국제결제은행 계정을 통한 국제자금 결제를 위해 회원국 중앙은행의 금과 외환보유액을 국제결제은행에 집중시키는 등 국제금융기구의 기능을 수행했다. 그러나 1931년 미국 대공황의 여파로 유럽에도 금융위기가 닥치자 독일 배상금 지급이 연기되고 주요 통화의 금태환 정지와 평가절하 등 국제금융시장의 혼란이 지속되면서 국제결제은행의 기능이 크게 약화되었다.

1930년대 후반에 들어서자 제2차 세계대전을 앞두고 회원 중앙은행들 간의 효과적인 협력이 어려워짐에 따라, 국제결제은행이 할 수 있는 일이라고는 유럽 중앙은행들을 대신하여 위험한 유럽으로부터 안전한 뉴욕으로 금을 운송하는 것밖에는 없었다. 1939년 국제결제은행은 체코슬로바키아 중앙은행으로부터 국제결제은행 계정에 예치되어 있는 금을 당시 독일 중앙은행이었던 제국은행Reichsbank으로 이전시켜 달라는 주문을 받아서 처리했는데, 나중에 알고 보니 프라하를 점령한 독일군의 협박에 의한 것이었다고 한다. 이때 몬터규 노먼 영란은행 총재가 일부 관여했다는 사실은 앞에 언급한 바 있다. 전쟁이 종료된 후 제국은행에 대한 조사 결과 제국은행이 체코슬로바키아, 벨기에, 네덜란드 등에서 상당량의 금을 훔쳐서 스위스은행과 국제결제은행에 보관했는데, 이렇게 국제결제은행이 제국은행으로부터 돌려받은 금이 무려 3.7톤에 달했다고 한다. 1948년 국제결제은행은 금 상환을 위해 설립된 위원회에 이 금을 반납했다.

1944년 전후 국제금융시스템을 논의하기 위해 유엔이 주관하는 회의가 브레턴우즈에서 열렸다. 이 회의에서 국제결제은행은 이제 그 역할을 다했으므로 새로 설립되는 세계은행과 국제통화기금IMF에 업무를 이관하고 청산할 것을 채택했으나, 유럽 국가의 중앙은행들이 유럽의 통화 협력에 국제결제은행이 필요하다고 주장하여 존속할 수 있었다. 실제로 1950년대부터 국제결제은행은 유럽의 통화 통합과 관련한 기술적 지원을 지속하여 1992년 유럽의 정치 통합과 경제 및 통화 통합을 위한 마스트리히트조약이 체결되고 1997년 유럽중앙은행European Central Bank이 설립되는 데 크게 기여했다.

1970년대 변동환율제하에서 통화의 국외 이전이 급속히 늘어나면서 금융안정이 이전보다 중요한 이슈가 됨에 따라 국제결제은행은 유럽통합 지원뿐 아니라 국가 간 협력이 필요하다고 판단하고 있었는데, 1974년 헤르슈타트은행 문제가 발생하자 국제적인 신용불안을 진정시키기 위해 바젤은행감독위원회를 신설했다. 바젤은행감독위원회는 1988년 은행의 신용위험을 평가하는 자기자본비율 기준을 만들어 은행감독과 관련한 국제표준을 제정했다.

1997년 아시아 외환위기와 1998년 러시아 위기를 경험하면서 국제결제은행은 전 세계적인 금융안정에 대해 다시 생각하게 되었으며, 국제적인 차원에서 금융당국 간의 협조와 표준의 설정, 그리고 금융안정 차원에서 효율적인 감독체계를 구축하기 위해 1999년 금융안정포럼을 설립했다.

2008년의 글로벌 금융위기는 미국에서 시작되기는 했으나 국제결제은행의 업무 영역을 크게 뒤바꾼 사건이었다. 왜냐하면 미국의 금융위기를 선진국 중앙은행들만의 공조로 타개하기가 어려웠기 때문이다. 당시에 중국을 비롯한 신흥시장국가들은 대미 경상수지 흑자를 지속적으로 시현하고 있었고, 대미 흑자로 축적된 달러를 사용하여 미국의 금융자산을 사들이고 있었다. 이러한 세계 경제의 불균형 속에서 서브프라임 모기지의 부실로 미국의 대형 투자은행들이 파산하게 되자 그 충격이 미국을 포함한 선진국에만 한정되지 않고 전 세계적으로 확산되었다. 이를 계기로 국제금융시스템의 지배구조에 변화가 필요하다는 인식이 생겼다. 이전까지는 선진국 위주의 G10을 중심으로 국제적인 금융협력체계를 만들어갔으나, 한 국가의 금융충격이 전 세계적으로 영향을 주면서 주요 선진국에 더하여 신흥시장국가도 참여시키는 G20으로 확대시키는 것이 바람직하다는 인식이 확산되어 조직을 재조정했다. 이와 함께 IMF와 OECD 등과의 협력도 강화했다. 연구의 방향도 금융안정을 위한 거시건전성 규제에 중점을 두어 진행되었으며, 국제결제은행 산하의 위원회들도 이에 초점을 맞추어 조직을 개편했다.

2) 지급결제위원회

지급결제와 관련하여 국제결제은행을 언급하는 이유는 이 국제기구 내에 지급결제에 전문지식을 지닌 구성원들이 지급결제와 관련한 국제적인 원칙을 만들고 지급결제시스템의 안전성과 효율성 증대를 위한 연구를 하여 그 결과를 발표하고 있기 때문이다. 어찌 보면 중앙은행의 주요 정책과제에서 벗어나 있던 지급결제를, 중앙은행이 금융안정이라는 정책목표를 달성하는 데 필요한 현안 가운데 하나로 인식하도록 다시 이끌어낸 역할을 한 곳이 국제결제은행의 지급결제위원회Committee on Payment and Settlement Systems: CPSS라고 할 수 있다.

1960년대 말 이후 국제결제은행은 중앙은행의 주된 책무인 통화정책을 제대로 시행하기 위해서는 통화의 역외 이전에 대한 데이터를 가지고 연구해야 한다는 데 주목했고, 이에 대한 조사를 하기 시작한 결과로 태어난 조직이 지급결제위원회이다.[36]

지급결제위원회는 설립 시부터 선진국 중앙은행 위주의 조직이었다. IMF 내에 있는 일반차입협정 참가회원인 G10에 스위스의 중앙은행만이 지급결제위원회의 회원 자격을 부여받고 회의에 참가할 수 있었다. 이 국가 중앙은행들의 전산 담당 부서의 장들이 모여 지급결제와 관련한 미팅을 한 것이 지급결제위원회의 설립 계기가 되었다.

1980년 G10 국가의 중앙은행들은 G10의 컴퓨터 전문그룹이 제기한 지급결제시스템 문제를 연구하기 위해 국제결제은행 내에 지급결제 전문가 그룹을 결성했다. 전문가 그룹의 첫 번째 프로젝트는 1985년에 결과물이 나왔는데 10개국의 지급결제시스템 발전 현황을 소개하는 책을 발간한 것이었다. 다음으로 1989년 외환결제와 관련하여 국제금융시장과 지급결제시스템의 효율성을 높이는 데 기여하기 위해 주요국의 은행 간 차감결제현황을 분석하여, 신용위험과 유동성위험을 효과적으로 관리하는 통일된 방안과 원칙을 제시했다.

1990년에는 전문가 집단의 활동과 관심에만 그쳤던 지급결제를 금융시스템의 기본적인 인프라로서 새롭게 인식하여 지급결제위원회가 설립되었다. 그리고 2008년 글로벌 금융위기를 겪으면서 국제결제은행의 정책 전환의 일환으로 2009년 지급결제위원회의 회원을 한국을 포함한 9개국 중앙은행에까지 확대했다. 글로벌 금융위기가 발생한 와중에 이에 대한 대처방안 가운데 하나로 금융위기와 직접적인 관련이 없어 보이는 지급결제에 관한 협조를 강화한 이유는, 지급결제시스템이 금융시장의 가장 기본적인 인프라이며 금융시장의 안정을 위해서는 지급결제를 포함한 시장인프라가 제대로 작동해야 했기 때문이다. 금융시장에서 체결되는 거래에 대한 정보를 가장 정확하게 알 수 있는 조직이 지급결제시스템 운영기관이고, 그 거래에 내재되어 있는 리스크를 가장 잘 관리할 수 있는 인프라가 지급결제시스템이다. 특히 글로벌 증권거래 규모가 커짐에 따라 지급결제에 있어서 국가 간 협조가 더욱 필요하게 된 것이 지급결제위원회의 회원을 확대하게 된 주요 이유이다.

또한 자금의 결제뿐 아니라 증권결제 등 거래 후 처리까지 포함하여 지급결제 전체를 하나의 금융시장인프라로 확대하면서 2012년 위원회의 명칭을 지급결제와 시장인프라 위원회Committee on Payments and Market Infrastructures: CPMI로 변경했고 증권결제와 파생상품결제에까지 적용할 수 있는 지급결제에 관한 통합 표준원칙을 만들었다.

CPMI의 주된 역할은 지급결제시스템의 안전성과 효율성을 제고하여 금융안정을 지원하는 데 있으며 이를 위해 역내뿐 아니라 역외 지급결제시스템을 모니터링하고 분석하고 있는데, 가장 중요한 역할 중 하나가 지급결제분야의 국제적 원칙을 수립하고 회원중앙은행들의 이행 정도를 점검하는 것이다.[37] 또한 CPMI는 회원국뿐 아니라 비회원국 중앙은행들과도 협력하여 각국의 지급결제시스템에 관한 책을 발간하며, 요청이 있을 때는 세미나와 워크숍 등을 개최하고 전문지식을 제공하는 등 다방면에서 역할을 하고 있다.

그리고 지급결제와 관련한 시의성 있는 자료도 수시로 발간하고 있다. 예를 들어, 2016년 방글라데시 중앙은행이 해킹을 당하여 10억 달러가 인출될 뻔했고 이 가운데 8100만 달러는 실제로 인출되는 사건이 발생했다. 사건의 발생 원인은 방글라데시 중앙은행 담당 임직원의 잘못이 가장 컸지만, 조금 더 근원적인 요인을 찾아 거슬러 올라가면 2009년 국제전송시스템을 수작업에서 SWIFT를 이용한 디지털 시스템으로 바꿀 때 SWIFT의 권고에도 불구하고 SWIFT 서버를 다른 컴퓨터 네트워크와 분리시키지 않은 데 있었다. 이는 결과적으로 지급결제시스템과 메시지 전달 네트워크 간에 정보가 교환되는 터미널 부분을 취약하게 만들었고, 이 지점을 통해 악성 소프트웨어가 침투하는 결과가 초래되었다.[38] 이러한 사건이 발생한 이후 CPMI는 2019년 자료

를 발표하여 거액결제시스템에서 발생 가능한 리스크를 줄이도록 경각심을 주었다.[39]

CPMI는 지급결제와 관련한 중앙은행의 책무를 강조함과 아울러 지급결제에 가장 크게 영향을 미치는 정보통신과 전산기술의 발전에 발맞추어 지급결제산업이 나아갈 방향을 제시하고 함께 논의할 수 있는 역할도 하고 있다.

그렇지만 CPMI의 지급결제 관련 활동에서 한국은 조금 억울한 위치에 있었다고 할 수 있다. 한국은 일찌감치 국가기간전산망 사업의 일환으로 금융정보화사업을 진행하여, 은행을 통해 자금을 이체할 경우 실시간으로 거래상대방이 이체한 자금을 인출할 수 있는 실시간 자금이체시스템을 1988년이라는 이른 시기에 구축했음에도, 이러한 선진화한 시스템을 소개할 기회를 얻지 못하고 있었다. 2015년 기준으로 전 세계에서 소액결제시스템에 실시간 자금이체시스템을 채용하고 있는 국가가 18개에 불과하고 미국과 EU를 포함하여 검토 중에 있는 국가가 12개국 정도였으니 우리나라의 지급결제시스템을 자랑할 만한데도 그럴 기회가 없었던 것이다. 그러다가 한국은행이 지급결제위원회에 가입하고 정보의 제공과 협력을 강화한 결과 드디어 2016년 CPMI가 발간한 자료에 한국의 신속결제의 예가 처음으로 소개되었다.[40]

4. 얼굴 없는 주역

1) 단일원장과 분산원장

지금까지의 지급결제에서는 주화나 은행권과 같은 현금을 이용하는 경우를 제외하고는, 지급인과 수취인 이외에 지급결제를 담당하는 제3자가 개입하여 채권·채무관계를 완결 지었다. 자금이체의 예를 들어보기로 하자.

고대 메소포타미아에 살던 지급인은 곡물창고업자에 계좌를 개설하고 수취인을 직접 데리고 가서 지급지시를 하여 수취인에게 곡물이나 은과 같은 화폐적 가치를 지급하거나 그의 계좌에 옮기도록 함으로써 지급결제를 끝냈다. 그리스, 로마, 중세 시대에 살고 있던 지급인은 환전상이나 은행을 이용하여 결제를 끝냈고, 현대에 살고 있는 우리들은 계좌를 개설한 은행이나 다른 어떤 지급결제서비스업체에 인터넷이나 모바일폰을 이용하여 온라인으로 지급지시를 함으로써 수취인의 계좌에 입금시킨다. 수표나 환어음을 이용하는 경우 이를 받은 수취인이 발행은행이나 거래은행에 제시하여 지급인과의 채권·채무관계를 종료한다. 지급카드를 사용하면 카드를 발급하거나 네트워크를 운영하는 카드회사가 중간에 끼어든다. 이처럼 지급인이 수취인에게 현금 이외의 어떠한 지급수단을 사용하는 경우에는 그 거래에 직접 관계가 없는 제3자가 끼어든다. 그리고 이 제3자는 거래의 중개자 역할을 하고 거래와 관련한 기록을 자신이 관리하고 있는 원장에 기입하여 보관한다. 다시 말해, 제3자가 지니고 있는 권리와 힘은 오직 그만이 화폐를 보관하고 있고 거래를 기록하는 원장을 가지고 있는 데 있다.

직접 거래에 관련이 없는데도 제3자에게 권한을 부여하여 거래당사자 사이에 개입하도록 하는 이유는 거래당사자들이 서로 상대방을 믿을 수 없기 때문이다. 믿을 수 없는 거래상대방과 직접 거래했을 때 발생하는 리스크를 당사자들이 전부 부담하지 않고 믿을 수 있는 제3자가 개입하여 리스크를 줄여줄 수 있다면 비용을 조금 부담하더라도 그 편이 안전하다. 그런데 만약 제3자가 개입하지 않고 서로 간에 거래상대방을 신뢰하지 않더라도 거래의 이력과 돈을 안전하게 보존할 수 있는 방법이 있다면, 굳이 제3자에게 수수료를 지급하지 않으면서도 안전한 거래가 가능하지 않을까 하는 의문이 들 수 있다.

거래에 관련된 데이터를 저장하는 측면에서 볼 때 제3자가 기록·유지·보관하는 시스템은 단일원장시스템이라 할 수 있다. 거래당사자 입장에서는 제3자에 대한 지급지시에 의해 모든 것이 처리되고 거래기록도 집중적으로 보관하고 있어서 법적인 문제가 생길 때는 이 기록을 증거로 제시할 수도 있으므로 참 편리하기는 한데, 가만히 보니까 이 제3자들은 거래당사자가 아닌데도 거래에 끼어들어 지급인이나 수취인으로부터 때로는 적지 않은 수수료를 가져간다. 편리성이나 안전성을 따져보면 그만한 대가를 지급하더라도 아깝지 않다는 생각이 들기도 하지만, 지금과 같이 정보통신기술이 발달한 시대에는 어느 순간 아깝다는 생각이 들기도 한다. 지급결제에 끼어든 제3자가 하는 일은 거래당사자들 대신 장부를 만들고 지급인의 지급지시에 따라 장부에 금액을 옮겨 적는 일이 전부이다.

별로 하는 일도 없으면서 당사자의 돈 일부를 수수료라는 명목으로 가져가는 제3자를 빼버리고 돈 줄 사람과 받을 사람이 각자 장부를 만들어 직접 기록하면 수수료를 아낄 수 있을 것 같다. IT산업이 발달하지 않았던 시대에는 어쩔 수 없었지만 지금처럼 IT가 발달한 시대에는 가능하지 않을까 하여 나타난 것이, 거래정보를 한군데로 집중시키지 않고 당사자들이 보유하면서 거래에 관련 없는 제3자를 배제하고 당사자들 간에 거래부터 결제까지 일관하여 처리하도록 하는, 분산원장에 의한 지급결제이다.

분산원장은 중앙집중화된 하나의 원장에 관련된 모든 정보를 보관하는 단일원장과 대비되는 개념으로, 서로 다른 위치에 있는 컴퓨터의 원장에 네트워크를 통해 동기화된 방식으로 거래를 제시하고 검증함과 아울러 기록을 업데이트할 수 있도록 하는 방식을 뜻한다.[41] 또한 중앙서버나 중앙관리자의 제어 없이 분산화된 네트워크의 각 개인들이 정보를 공유하고 계속 동기화하는 방식을 뜻한다. 여기에서는 지급인과 수취인만이 등장하고 환전상이나 은행 등과 같은 제3자가 개입하지 않는다. 얼마나 좋은가? 여태까지 남 좋은 일 시킨 것처럼 수수료를 지급할 필요 없이 당사자들끼리 결제를 끝내니까 편리할 뿐 아니라 저렴하기까지 하다.

예를 들어, 인터넷뱅킹을 통해 갑돌이가 을순이에게 10만 원을 이체하고 을순이는 다시 병희에게 5만 원을 이체했다고 하자. 이 경우 단일원장에서는 각각의 거래은행이 해당 거래를 기록하고 기록된 장부와 화폐적 가치를 보관한다. 갑돌이와 을순이, 병희의 컴퓨터에는 별도의 장부가 없고 화폐적 가치를 보관하고 있지도 않다. 이러한 데이터 보관방식이 단일원장에 의한 방식이다.

이와는 달리 거래은행을 통하지 않고 갑돌이와 을순이, 병희가 직접 자신의 컴퓨터에 장부를 가지고 있는 경우에는 첫 번째 거래의 경우 갑돌이가 을순이에게 10만 원을 이체했다는 기록과 거래로 인한 화폐 잔액의 변화가 갑돌이와 을순이의 컴퓨터에 있는 장부에 저장된다. 물론 정보의 전달과 정당한 거래인지의 확인은 엄밀한 보호하에 이루어지도록 장치가 되어 있다고 가정한다. 이 거래에 관련된 참가자는 갑돌이와 을순이밖에 없기 때문에 이 둘의 컴퓨터 장부에 기록되면 된다. 다음으로 을순이가 병희에게 5만 원을 이체하는 두 번째 거래의 경우 갑돌이와 을순이, 병희가 모두 합의하면 각각의 장부에 그 사실을 기록한다. 이때는 을순이와 병희만이 직접적인 당사자이기는 하지만 이 거래가 그 이전 거래와 연결되어 있기 때문에 갑돌이의 합의가 필요하며 기록도 함께 공유한다. 이러한 데이터 보관방식은 장부가 한군데에 집중되어 있지 않고 모든 개인이 동일한 내용의 장부를 분산하여 갖기 때문에 분산원장 방식이라고 한다.

분산원장이라는 개념은 하나의 새로운 기술에 그치는 것이 아니라 지급결제의 근간을 바꾸어버릴 수 있는 획기적인 사상이다.[42] 제3자는 빠져라. 우리끼리 끝낸다. 이제는 더 이상 자금이체나 결제를 하기 위해 은행에 돈을 넣어두고 은행에 지급지시를 할 필요 없이, 온라인의 장부에 돈을 넣어두고 수수료를 지급하지 않고도 자금이체나 결제를 할 수 있게 되었다. 즉, P2P가 가능하게 되었다.

2) 분산원장과 블록체인

(1) 분산원장과 권한

분산distributed이라는 용어와 관련하여 혼동하지 않아야 할 개념이 있다. 분산은 데이터가 중앙집중화되지 않고 참가자들 모두에게 분산되어 보관된다는 의미를 지니고 있을 뿐, 시스템의 참가 자격을 제한하거나 시스템 내 활동을 허용하는 등의 통제 권한이 누구에게 부여되어 있느냐의 문제와는 관련이 없다는 점이다.[43] 그렇지만 통제 권한이 누구에게 부여되어 있거나 아예 없다고 하더라도 시스템이 유지되고 데이터가 제대로 보관되어야 하는 시스템의 안전성과 관련한 조치는 당연히 있어야 한다.

따라서 시스템의 안전성을 유지하기 위한 조치가 필요한데 두 가지 방법이 이용된다. 첫 번째는 참가자가 누구이든 상관하지 않고 자신의 거래가 정당하다는 것을 자동적으로 입증할 수 있는 기술을 사용하는 방법으로서 이때는 통제 권한을 지니고 있는 제3자가 필요 없게 된다. 두 번째는 신뢰할 수 있는 당사자들만 참여할 수 있도록 시스템 관리자가 애당초 자격을 제한하여 참가자의 정당성을 입증하도록 하는 방법이다. 이처럼 통제 권한이 있는지의 여부에 따라 분산원장 시스템은 개방형과 폐쇄형으로 나누어진다.

개방형 분산원장 시스템은 시스템에 참가하고 싶으면 누구나 자유롭게 별도의 허가 없이permissionless 참가할 수 있는 경우를 말한다.[44] 시스템에는 네트워크 규약만이 있으며 시스템의 참가 여부를 결정할 제3자가 없기 때문에 분권형decentralised이다. 따라서 누구든 이 시스템에 참가할 수 있는 능력만 갖추고 있으면 참가가 가능하고 제한 없이 모든 활동을 할 수 있다. 문제는 이러한 참가자가 한 거래가 정당한 거래인지를 확인하는 절차마저 없게 되면 시스템 자체가 취약해지게 된다는 점이다. 이를 방지하기 위해 이 시스템에서는 시스템에 들어온 거래가 정당한 거래인지를 확인하는 증명 절차를 거쳐서 참가하도록 하여 정당한 거래임을 입증받는다.

반면, 폐쇄형 분산원장 시스템은 참가 여부를 정하는 권한을 지닌 제3자가 존재하고 그로부터 참가 허가를 받아야만permissioned 시스템 내에서 활동할 수 있다. 이는 참가 여부를 결정할 수 있는 권한을 지닌 지배구조가 필요하기 때문에 권한집중형centralised이다. 이런 식으로 이 시스템은 믿을 만하고 자격을 갖춘 참가자들만 원장을 이용할 수 있기 때문에 거래의 유효성을 보장받는다.

폐쇄형 분산원장 시스템이 개방형 분산원장 시스템과 가장 크게 다른 것은 제3자가 개입한다는 점이다. 폐쇄형 분산원장을 이용할 때를 단일원장을 이용할 때와 비교해 보면, 데이터의 저장방법은 달라지지만 제3자가 완전하게 배제되지 않는다는 점에서는 유사하다. 따라서 폐쇄형 분산원장과 단일원장은, 크게 보았을 때, 데이터의 저장방법만 달라졌을 뿐 지급결제의 근간을 바꿀 획기적인 사상에까지는 미치지 못했다고 볼 여지가 있다.

(2) 블록체인

어떠한 형태의 분산원장이라 하더라도 개인들이 보유하고 있는 원장에 기록된 정보가 신뢰할 만한 정보인지를 입증해야만 하는 문제가 남아 있다. 그래서 분산원장의 유지, 보안, 신뢰를 위해서 사용된 합의알고리즘 가운데 하나가 블록체인Blockchain이다. 블록block이란 거래와 관련이 있는 데이터의 묶음이며 이러한 묶음이 연결되어 있는 것이 블록체인이다. 그리고 블록체인은 참가자 모두 동일한 장부의 사본을 지니고 있고 데이터의 동기화를 보장하므로 기본적으로 분산형이며, 따라서 분산원장에 쓰일 수 있는 기술 가운데 하나이다. 즉, 분산원장보다는 하위에 있는 개념이라고 할 수 있다.[45] 그러나 개방형 분산원장과 폐쇄형 분산원장이 거래의 정당성을 입증하는 방식이 상이하기 때문에 이에 사용되는 블록체인 기술도 상이할 수밖에 없다.

금융산업, 특히 지급결제분야에서 분산원장이나 블록체인에 관심을 가지게 된 계기는 2008년 사토시 나카모토Satoshi Nakamoto라는 필명의 저자가 「비트코인: P2P 전자화폐시스템Bitcoin: A Peer-to-Peer Electronic Cash System」이라는 논문[46]을 발표한 이후부터이다. 잠깐 짚고 넘어가야 할 사항이 하나 있다. 이 논문에서는 비트코인을 전자화폐라고 칭하고 있지만 엄밀하게 말하자면 암호화폐이다. 전자화폐는 국가가 인정하는 화폐단위를 거래단위로 사용하되 실물이 아니라 전자화된 정보를 화폐로 이용하는 반면, 암호화폐는 국가가 인정하는 화폐단위를 사용하지도 않을뿐더러 국가가 발행하거나 통제하지도 않아서 법화로 인정되지 않는다는 점에서 차이가 있다.[47] 비트코인은 법화로 인정되지 않는 화폐적 가치와 회계단위를 사용하고 있기 때문에 암호화폐라고 하는 것이 정확한 표현이다. 암호화폐에 대해서는 지급수단을 설명하면서 언급하도록 하겠다.

금융의 탈중개화 또는 탈집중화에 대한 본격적인 논의가 블록체인과 비트코인이라는 암호화폐를 이용한 분산원장을 주장한 사토시 나카모토의 논문에 의해 촉발되었기 때문에, 이에 대해 간단히 알아볼 필요가 있다. 그의 블록체인은 개방형 분산원장을 위한 기술이다. 누구든 별도의 허가 없이 네트워크에 참여하여 자신의 거래기록을 블록에 업로드할 수 있다. 그러므로 기본적으로 공개형public 블록체인이다. 그리고 거래는 비트코인이라는 새로운 암호화폐를 이용해서만 이루어진다. 업로드된 거래기록들은 10분 단위로 하나의 블록을 형성하는데, 참가자들의 과반수 이상이 동의하면 새로운 블록이 기존의 블록에 연결되어 모든 참가자들이 가지고 있는 장부에 기록된다. 이러한 과정이 중개기관의 간여 없이 네트워크에 연결된 개인과 개인 간의 거래에 의해 완결된다.

그가 제안한 블록체인에 따르면 금융기관이 개입할 여지가 전혀 없다. 거래의 안전을 보장하기 위한 장치로는 작업증명을 이용하고 블록을 형성하는 것이다. 작업증명은 일반적으로 비싸고 시간이 많이 소요되는 수준의 작업을 요구함으로써 네트워크에 대한 공격이나 스팸을 차단하는 역할을 한다.[48] 이렇게 형성된 블록이 체인을 이루게 되고 따라서 분산원장에 기록된 과거의 데이터에 연결된다. 블록체인 방식의 분산원장을 사용하면 새로운 거래가 들어왔을 때 그 이전에 거래에 참여했던 사람들의 동의가 있어야 하고 이들의 장부에도 모두 기록되기 때문에 위조나 변조가 어려워서 안전성이 보장되는 장점이 있다. 거래의 정당성을 보증한 데 대한 대가는 채굴한 암호화폐인 비트코인으로 보상해 주고, 채굴하거나 매입한 비트코인을 이용하여 상거래를 하면 별도의 청산과정이나 결제과정 없이 자신의 계좌에서 거래상대방의 계좌로 화폐적 가치가 이전되어 거래가 완료된다. 그가 제시한 시스템은 거래 당사자들 사이에 신뢰가 없을 뿐만 아니라 제3자도 신뢰하지 않는 전자 거래를 위한 시스템이다.[49]

사토시 나카모토가 제안한 공개형 블록체인 이외에 폐쇄형 분산원장 시스템을 위한 비공개형private 블록체인이 있다. 이는 법적 책임을 지는 허가받은 사람만 참여할 수 있도록 한 블록체인으로서, 운영과 참여의 주체가 분명하기 때문에 거래의 안전을 보장하기 위한 작업증명과 같은 장치가 필요하지 않고 비트코인과 같은 보상체계를 갖추지 않고도 운영할 수 있다.[50]

3) 지급결제와 분산원장

이미 거대한 틀 안에서 체계적으로 움직이고 있는 금융산업이 사토시 나카모토의 혁신적이면서 기존 프레임을 파괴하는 제안을 그대로 받아들이기에는 적당하지 않은 면들이 공개형 블록체인 기술에 내포되어 있기 때문에, 금융기관들은 지금도 여전히 지급결제산업에서 거의 독점적인 기득권을 유지하고 있다. 물론 비은행들의 지급결제산업 진입으로 이전보다는 은행의 독점적인 영향력이 줄어들기는 했지만, 은행의 협조 없이 비은행만으로는 결제를 완결시키기가 어려운 경우가 아직도 많기 때문에 은행을 무시할 수 없는 실정이다.

공개형 블록체인은 개방형 분산원장에 적합한 기술을 이용하고 있기 때문에 고객 정보의 기밀성을 보장해야 하는 지급결제산업에서는 적용하기 어려운 점이 있다. 그래서 지급결제와 관련해서는 폐쇄형 분산원장을 전제로 하여 블록체인 기술을 도입하는 방안이 주로 논의되고 있는데, 이는 탈중개화와는 거리가 상당히 있을 수밖에 없다. 또한 공개형 블록체인은 모든 네트워크 참여자가 거래에 대한 합의를 도출하고 검증을 해야 하므로 참여자가 많아질수록 거래의 처리속도가 느려지는 문제를 내포하고 있어서 빠른 처리가 필수적인 금융거래에서 아직은 도입하기가 어려운 문제가 있다. 그리고 금융거래는 법률적인 책임소재가 분명해야 하는데, 공개형 블록체인은 문제가 발생했을 때 누가 어떠한 책임을 져야 할 것인지가 불분명하여 법적 안전성이 약하다.

블록체인에 의한 분산원장 시스템은 합의에 의해 결제가 이루어지므로 결제완결성이 법률적·기술적으로 완전하게 보장되지 않는 심각한 문제도 있다. 결제완결성은 지급결제에서 거래의 안전성을 보장하는 핵심적인 개념이므로 이를 보장하지 않는 시스템을 도입하는 것은 상당히 큰 문제가 있다. 특히 참가자 다수의 합의에 의해 결제가 이루어진다면 이는 결제완결성이 확률에 의존하게 되는 결과를 의미하여 법적인 책임을 부여하기가 어려워질 수도 있게 된다. 예를 들어, 증권결제는 증권과 대금이 동시에 결제되어야지만 결제리스크를 없애고 결제완결성도 확보할 수 있으나, 공개형 블록체인 기술을 사용하게 되면 증권이나 대금의 결제가 다른 한쪽의 결정에 의존하여 이루어지는 결과가 발생할 때 이를 조정할 중개기관이 없어서 결제완결성이 훼손될 수도 있다.[51]

또한 사토시 나카모토의 블록체인에 사용되는 통화는 비트코인이라는 암호화폐인데 비트코인은 일반적인 법화보다 가격 변동성이 크고 총생산량이 한정되어 있기 때문에 근대 이전에 사용되었던 본위제도하에서의 주화보다 더 큰 문제를 지니고 있어 지급결제를 과거의 불안정한 시대로 되돌리는 결과를 초래할 수 있다.

따라서 비록 분산원장에 대한 논의가 사토시 나카모토의 논문에 의해 촉발되기는 했으나, 지급결제와 관련하여 검토되고 있는 분산원장 시스템은 폐쇄형을 전제로 하여 시스템의 관리운영자가 책임지고 운영하고, 이용되는 통화도 암호화폐보다는 이미 법화로서 통용되고 있는 화폐를 회계단위로 채택하는 방식을 선호하고 있다. 이처럼 폐쇄형 분산원장은 탈중개화 내지는 탈집중화와는 상당한 거리가 있기 때문에, 분산원장기술이 지급결제에 도입된다고 하더라도 기존의 틀 내에서 보안이나 거래 후 처리과정 등에 도입되는 형태로 부분적으로 활용되어 지급결제시스템의 안전성이나 효율성을 강화하는 방향으로 쓰일 것으로 보인다.

만약, 비록 아직까지는 그럴 가능성이 높다고 보이지는 않지만, 지급결제시스템이 개방형 분산원장기술에 의해 구축된다면 어떠한 제3자도 필요로 하지 않기 때문에, 그동안 독점적으로 지급결제서비스를 제공하여 소리 소문없이 이익을 챙기던 은행이나 새롭게 지급결제시장에 뛰어든 지급결제서비스업체들은 어려움을 겪을 수도 있을 것이다. 지급결제서비스 소비자들은 그동안 지급하고 있던 지급결제수수료를 절약할 수 있어 비용을 절약할 수 있게 되는 반면, 지급결제와 관련하여 지속적으로 공고화된 민간은행과 중앙은행의 카르텔은 위협받게 될지도 모른다. 왜냐하면 소비자들은 민간은행이 요구불예금을 기반으로 하여 제공하던 지급수단과 지급결제서비스를 이용하지 않아도 될 것이며, 그로 인해 민간은행이 저렴한 비용으로 사용하던 요구불예금의 감소로 자금중개기능이 약화되고 민간은행을 통한 통화정책을 수행하는 중앙은행 역시 지장을 받을 수도 있기 때문이다.

그동안 금융시장을 이용하는 고객들은 지급결제 인프라를 제공하는 기관들을 믿고 이들이 제시하는 집중화된 단일원장제도에 의존해 왔다. 그리고 지급결제와 관련된 리스크를 고민하지 않으면서 전체적인 통일성을 유지하여 운영하는 그들에게 신뢰를 보내왔다.

그러나 분산원장기술이 발달하면서 이체에 필요한 자금과 관련 정보를 보유하고 있는 기관의 집중화된 단일원장에 대한 의존도가 줄어들 개연성이 생겼다. 분산원장기술이 아직 완전하게 믿을 만한 단계까지는 도달하지 못했지만, 지급결제시스템에서 분산원장기술이 사용될 수 있는 여지는 점차 확대되고 있다고 할 수 있다. 제3자를 완전히 배제한 공개형 블록체인을 이용한 분산원장기술이 광범위하게 지급결제산업에 활용되기보다는 기존 시스템에 분산원장기술을 접목시키는 방안부터 검토되고 연구될 것으로 보인다. 전자자금이체와 관련해서는 지급지시 입력, 검증, 청산, 결제의 네 단계가 있는데, 이 네 과정 전부에 분산원장기술이 활용되지는 못할지라도 부분적으로 분산원장기술이 사용될 가능성은 점점 높아질 것이다. 그러므로 분산원장기술의 확산은 지속될 것이며 분산원장에 의한 지급결제 활용 비중은 커져갈 것으로 보인다. 특히 가치교환형 지급결제시스템은 청산과 결제과정이 복잡하고 시간이 많이 걸리기 때문에 분산원장기술을 도입함으로써 시스템의 효율성을 높일 여지가 많다.

개방형 분산원장기술의 도입으로 완전한 탈중개화 내지 탈집중화까지 확대되기 위해서는 사적 정보의 보호, 결제완결성 등에서 해결해야 할 과제들이 많기 때문에, 분산원장기술을 도입하더라도 시스템을 어떻게 설계하고 참가자격을 어떻게 할 것이며 운영규칙의 제정과 실제 운영은 어떻게 할지를 책임지는 운영기관이 당분간은 있어야 할 것으로 보인다. 지급결제와 관련된 분야에서 시스템 관리자 또는 운영자가 완전히 사라질 수 있는지는 조금 더 두고 보아야 할 것이다.

5. 한국 정보산업육성위원회

최근 몇 년 사이 핀테크fintech란 이름의 금융혁신이 많은 사람들의 입에 오르내리고 있다. 혁신에 보수적인 은행들마저 위기감을 느끼면서, 새로운 이윤창출 분야로서 각광을 받고 있는 핀테크라는 카테고리의 업무분야에 적극적으로 뛰어들려 하고 있다.

그러나 한국의 은행들은 이미 1980년대 후반부터 외국의 은행들과는 다르게 지금 회자되고 있는 핀테크에 적극적으로 참여하여 이익을 창출하면서 국민들에게 편의를 주어왔다. 아무 은행 현금자동인출기(CD/ATM)에 가서든 돈을 찾을 수 있는 가히 혁신적인 편리함을 은행 고객들은 누려왔다. 다시 말해, 모든 은행이 내 거래은행이 된 셈이다. 물론 이 사업은 1980년대 중반 이전부터 정부가 주도한 국가기간전산망 사업의 일환으로 금융전산망을 일찍부터 구축한 결과이다. 그 당시 국가기간전산망 사업을 추진해야 한다고 최초에 주장한 분이 누구인지는 알지 못하지만 지금도 그분에게 존경을 표하고 싶은 마음이 있다. 지금은 잘 사용하지 않는 EDPSElectronic Data Processing System라는 조금은 어설퍼 보이는 단어가 사용되고 자료 입력을 위해서 펀치를 이용하여 종이에 구멍을 뚫던 시기에 수십 년 앞을 내다보며 IT 강국의 기초를 설계한 그분을 존경하지 않을 수 없다.

미국은 아직까지도 상업은행을 통해 자금을 이체하려고 하면 비싼 수수료를 내지 않는 한, 수취자가 그 돈을 받기까지 하루 내지 이틀가량을 기다려야 한다.[52] 틈새시장을 이용하여 이런 불편을 해소해 주는 방법을 고안하고 상업적인 돈벌이에 활용하는 이러한 영역에 대해, 신조어를 만들어내기 좋아하는 외국인들이 만들어낸 단어가 핀테크이다. 그러나 한국은 돈을 보내려는 사람이 은행에 갈 필요도 없이 아무데서나 그리고 아무 때나any place and any time 자금을 이체하고 돈을 받는 사람은 그 즉시in real time 돈을 찾아 쓸 수 있는 시스템을 이전부터 사용해 왔다. 미국인이 일상적으로 사용하고 있는 페이팔이 한국에서는 별로 힘을 쓰지 못하는 이유가 군이 페이팔을 쓰지 않더라도 저렴하고 편하게 결제나 송금을 할 수 있기 때문이다. 그렇기 때문에 어찌 보면 최근의 핀테크 소란에 다소 무심해 왔던 측면도 있다.

사실 한국이 지급결제의 역사와 발전에 직접적으로 기여한 것은 거의 없다. 왜냐하면 지급결제에 핵심적인 역할을 한 민간은행이나 중앙은행이 한국에서부터 형성되어 발전한 제도도 아니고, 다양한 지급수단 역시 해외로부터 수입한 것이지 독자적으로 만들어낸 것은 없기 때문이다. 그럼에도 한국에 대해 언급하고자 하는 이유는 한국이 후발주자인데도 단시일 내에 국가 주도에 의해 실시간으로 이체할 수 있는 지급결제시스템을 성공적으로 도입했기 때문이다. '최초'라는 것에 의미를 두기보다는 외부에서 수입했더라도 얼마나 잘 활용하고 발전시켰는지에 의미를 두고자 하는 차원에서, 그리고 선진화된 지급결제시스템을 지니고 있지 못하던 국가 할지라도 미래에 대한 비전을 지니고 잘 설계된 프로젝트를 제대로 추진했을 때 성공할 수 있다는 점을 보여준 사례로서, 우리나라에서 지급결제시스템의 구축이 진행된 과정을 살펴보고자 한다.

1) 정보산업육성위원회[53]

한국은 1960년대부터 행정 전산화를 추진했으나 당시에는 외국으로부터 컴퓨터를 도입하는 정도밖에 실질적으로 추진된 것은 없었다. 1978년에는 총무처가 "1차 행정전산화 기본계획"을 수립하여 1978년부터 1987년까지 10년에 걸쳐 5년 단위로 전국을 단일 정보권으로 하는 행정정보시스템을 구축하는 계획을 마련했다. 그러나 1980년대 초까지 계속되던 이 사업은 국내의 여러 사정으로 인해 사업 의도와 주체가 많이 축소된 이후 마무리되었다.

1983년 '제1차 기술진흥 확대회의'가 개최되고 1983년이 '정보산업의 해'로 지정·선포되었다. '정보산업의 해' 선포를 계기로 정보산업을 체계적으로

육성하기 위한 각종 시책이 발표되었으며, 관련 부처들도 정보산업 육성을 위해 다양한 방안을 마련하기 시작했다. 이를 적극적으로 추진하기 위해 대통령 직속으로 정보산업육성위원회가 발족되었으며, 이 위원회에서는 1983년 12월에 국가기간전산망 사업을 추진하기 위한 기본방침을 결정했고, 이를 구체화하여 1987년부터 국가기간전산망 사업을 본격적으로 시행하게 되었다. 특히 경제성장에 대응하여 공공서비스에 대한 국민의 욕구를 충족하고 효율적인 경제체계를 구축하는 것이 필요해졌는데, 이러한 국민의 다양한 요구를 충분히 인식하고 정보화를 통한 새로운 패러다임을 구축하겠다는 전략으로서, 정보통신산업에 대한 공공부문의 수요 진작과 국가기관의 정보화를 위한 국가기간전산망 구축사업이라는 국가 정보화사업이 추진되었다.

이 사업을 지원하기 위한 법적 근거와 추진체계 마련을 위해 1986년 「전산망 보급 확장과 이용 촉진에 관한 법률」이 제정되었는데, 이 법과 국가기간전산망 사업은 우리나라 정보화 추진 노력에 획을 긋는 역사적인 법이자 사업이 되었다. 국가기간전산망 사업은 기능적으로 행정전산망(정부·정부투자기관), 금융전산망(은행·보험·증권기관), 교육·연구전산망(대학·연구소), 국방전산망(국방 관련 기관), 공안전산망(공안 관련 기관) 등으로 나누어 추진되었다.

2) 금융전산망 구축[54]

우리나라 금융기관의 업무전산화는 1960년대 후반부터 일부 금융기관이 업무계획의 일환으로 급여계산 업무에 일괄처리batch 방식에 의한 전산처리를 도입하면서 태동했다. 그러나 본격적인 전산화는 1970년대 후반 예금은행을 중심으로 본·지점 간 전산망을 구축하면서 시작되었다고 볼 수 있다. 이러한 금융전산화가 국가적 차원에서 본격 추진된 것은 1983년 이후로, 국가 5대 기간전산망 사업의 일환으로 금융전산망 사업이 추진되었다.

금융전산망 구축계획의 기본 목표 가운데 지급결제와 관련된 것은 새로운 전자금융서비스를 창출하여 대국민 금융 편의를 확대하고, 지급결제 업무를 개선하여 금융기관의 부담을 완화한다는 것이다. 이러한 기본 목표를 달성하기 위해 전국의 1일 결제권화, 대고객서비스의 시간적·공간적 제약 제거, 전자자금이체의 보급 등이 지급결제와 관련한 세부 목표로 설정되었다.[55]

이러한 목표는 은행들을 하나로 묶는 네트워크, 즉 은행전산망을 구축함으로써 달성되었다. 그 이전까지는 개별 은행별로 본점과 지점 간에 온라인망을 구축하여 운용하는 데 그쳐 은행 간 지급결제서비스를 제공할 수 없었던 것을, 서로 다른 은행의 주전산기를 연결하여 1992년 말까지 전국의 모든 은행을 온라인으로 연결하는 것을 목표로 추진했다. 이를 위해 1986년 종전의 전국어음교환관리소와 은행지로관리소를 통합하여 금융결제원을 설립했고, 금융결제원과 참여 은행들이 공동으로 추진하여 1988년 7월부터 거래은행에 관계없이 현금인출이 가능한 현금자동인출기 공동이용시스템을, 1989년 4월에는 전화기를 이용하여 예금잔액과 신용카드 이용내역 등을 조회할 수 있는 자동응답서비스를, 그리고 1989년 12월부터는 다른 은행으로 즉시 송금할 수 있는 타행환 시스템을 개발하여 서비스를 제공했다. 이처럼 단일전산망을 구축함으로써 개별 금융전산시스템의 구축·운영 시 발생할 수 있는 중복투자를 방지하여 투자 효율화도 함께 도모했다.

이 가운데 주목해야 할 부분은 1988년 도입한 현금자동인출기 공동이용시스템으로서, 이는 어느 은행의 현금자동인출기이든지 고객이 이용할 수 있도록 해줌으로써 은행 간 지급결제의 편리성을 제공한 첫 번째 조치이다. 이를 시작으로 도입된 단일전산망은 2001년 전자금융공동망의 구축으로 이어져서 실시간 온라인 지급결제서비스가 가능하도록 했다. 이로 인해 시간과 장소에 구애받지 않고 실시간으로 자금이체를 할 수 있는 지급결제서비스가 전 국민에게 제공되었다.

금융전산망 사업을 추진하기 위한 기구로는 정부의 전산망조정위원회 산하에 한국은행 총재를 위원장으로 하는 금융전산위원회가 1984년 발족되었다. 금융전산위원회는 그 후 여러 차례 명칭이 변경되고 조직 형태도 조금 수정되어 2009년 한국은행과 민간기관과의 협의회인 금융정보화추진협의회로 개편되었으며, 금융정보화 공동추진사업의 선정, 금융정보망과 외부 전산망 등과의 접속에 관한 사항, 그리고 금융정보화 업무와 관련한 표준화 등의 사업을 추진하고 있다.

2016년 금융정보화추진협의회는 변화된 전자금융 환경을 반영하여 협의회를 확대 개편했다.[56] 은행, 증권사, 카드사, 보험사 등 주로 금융기관 중심으로 구성되어 있는 참가기관 범위를 핀테크 업체 등 비금융회사에까지 확대함으로써, 심화되고 있는 금융의 디지털화에 대응할 수 있는 체제를 갖추었다. 또한 협의회 산하에 '동전 없는 사회 워킹그룹'과 '핀테크 금융정보화 워킹그룹'을 신설하여 관련 사업 추진과정에서 제기되는 기술이나 제도적 문제에 대해 효과적으로 대응하는 한편, 새로운 금융정보화 공동추진사업을 발굴하기 위해 노력하고 있다.

3) 새로운 도전

지금까지 지급결제의 역사를 보았을 때 지급결제는 항상 그 시대가 요구하는 금융 경제 상황과 필요에 따라 발전하고 진화해 왔다. 구두에 의한 지급지시를 더 이상 유지할 수 없을 때 환어음과 수표와 같은 문서에 의한 지급지시가 도입되었고, 양자 간 결제만으로 효율적인 결제가 이루어질 수 없는 환경으로 바뀜에 따라 다자간 차액결제가 가능한 청산소가 설립되었으며, 전자상거래와 정보통신기술의 발달로 인해 온라인 상거래가 활성화됨에 따라 종이에 의한 지급수단에서 전자화된 지급수단으로의 변화가 폭넓게 이루어졌다.

이러한 가운데 그동안 지급결제 분야에서 우위를 점하고 있던 은행의 역할도 축소되면서 다양한 지급결제서비스업체들이 지급결제산업에 진입했다. 따라서 과거의 유산에 매몰되어 변화를 도외시하는 것은 바람직하지 않으며,

민간부문에서 일어나고 있는 변혁을 정부나 지급결제 정책당국이 지원하는 것은 당연하다고 할 수 있다.

우리나라의 경우 1980년대 중반부터 금융정보화를 본격적으로 추진하여 지급결제 분야에서도 정보통신기술 발전의 혜택을 많이 누려왔다. 하지만 2010년대 중반 이후 금융환경이 급속하게 변하는 와중에 어찌 보면 우리나라는 은행을 기반으로 한 신속한 자금이체 도입과 이용에 다소 안주하고 있는 것은 아닌가 하는 우려가 있었다. 다행히 한국은행은 2018년 대외기관과의 연계를 확대하고 사용자의 다양한 요구사항을 바로 반영할 수 있는 차세대 회계·결제시스템의 구축 작업을 시작했고,[57] 2019년에는 정부가 금융결제 인프라의 혁신을 추진하겠다고 발표했다.[58] 그리고 2020년 4월에는 한국은행이 중앙은행 디지털화폐 발행과 관련한 파일럿 시스템을 구축하고 테스트를 진행하기 위한 연구추진 계획을 발표했다.[59]

정부의 혁신방안을 살펴보면 다음과 같다.

금융결제 인프라 혁신의 목표는 금융결제 인프라 전반을 개편하여 혁신적인 결제서비스를 출현시키고 활성화를 지원하여 금융결제부문의 혁신과 경쟁을 촉진하는 데 있다. 이러한 목표를 달성하기 위한 전략으로 세 가지가 제시되어 있는데, 첫 번째 전략은 금융결제시스템[60]을 혁신적으로 개방하는 것이다. 핀테크 기업에 금융결제망을 단계적으로 개방하고, 금융결제망을 이용하는 데 소요되는 비용을 합리화하는 등 금융결제 인프라를 폐쇄형에서 개방형으로 개편하겠다는 것이다. 구체적인 실행 방법으로는 공동결제시스템(오픈뱅킹[61])을 구축하고, 오픈뱅킹의 법제도화를 추진하며, 핀테크 기업에 금융결제망을 직접 개방하는 것을 단계적으로 추진해 나가는 것을 들 수 있다.

두 번째 전략은 전자금융업의 규율체계를 업종별 규율에서 기능별로 전환하고, 다양한 기능을 도입하는 등 탄력적이고 확장성 있는 체계로 개편하는 것이다. 구체적인 실행방법으로는 결제자금을 보유하지 않고 정보만으로 결제서비스를 제공하는 지급지시 서비스업을 도입하는 것이 있다.

세 번째 전략은 지급결제와 관련한 규제와 세제를 시장친화적으로 개선하는 것이다. 구체적인 실행방법으로는 간편결제 등 새로운 결제서비스 활성화를 제약하는 기존의 규제를 정비하고, 세제 인센티브를 강화하며 범용성 제고를 지원하는 것이 있다.

지급결제라는 인프라의 변혁에 가장 중요한 요소이면서도 시장친화성에 몰두하여 잊기 쉬운 것은 시스템의 안전성이다. 영국의 경우 우리나라보다 먼저 지급결제제도 전반에 걸친 개편을 2010년대 초반부터 추진해 왔는데,[62] 이 가운데 눈여겨볼 사항이 영란은행이 운영하는 거액결제시스템에서는 비은행 지급서비스 제공기관에도 결제계좌 개설을 허용하면서 이로 인한 리스크의 변화를 포함하여 전반적인 리스크 관리체계를 정비하고 있다는 사실이다. 또한 정부의 혁신방안은 오픈뱅킹과 관련해서는 개인정보가 부당하게 노출될 수 있는 우려를 없애는 것을 강조하고 있다. 오픈뱅킹에서는 데이터의 접근 고리가 보다 많이 생성될 것이므로 고객의 정보가 도난당했을 때 누구의 책임인지를 밝히기가 어려울 수 있기 때문이다. 그렇지만 지금 한국 정부와 정책당국이 지급결제의 새로운 도약을 위해 추진하고 있는 조치들은 지급결제를 은행 위주에서 핀테크 기업에까지 확대하는 것들이 많으므로 특히 시스템의 안전성을 다지면서 추진할 필요가 있다. 일반적으로 지급결제서비스 업체들은 안전성보다는 편리성과 효율성을 상대적인 강점으로 부각시키면서 이용자들에게 접근하는 경향이 있고, 중앙은행을 포함한 정책당국은 보수적인 입장에서 정책을 추진하려는 경향이 있다. 그러나 지급결제에서는 효율성보다 안전성을 우선할 수밖에 없는 점을 감안하여 정책을 추진하는 것이 바람직하다고 판단된다.

안전성과 효율성과는 다른 차원에서 고려해야 할 점이 있다. 제1부에서 인급했듯이 지급결제 발전의 주체인 정부(현대적 의미로 볼 때는 통화당국을 포함한 정부)와 상인 집단(이용자 집단), 그리고 지급결제서비스업체의 세 축 가운데 정부는 환경의 변화에 적응하면서 다른 두 축의 요구를 수용하는 데 그쳐서는 안 되고, 국가 경제에 기여할 정책적 필요가 무엇인지를 고민하고 찾으려는 노력을 해야 한다. 시장의 요구를 수용하여 지역 또는 국가 발전에 기여한 예를 들자면, 중세 샹파뉴 정기시장의 활성화를 위해 통치자가 각종 인프라를 제공한 사실, 1960년대 말 벨기에 정부가 유로본드의 활성화를 위해 채권 대체를 인정하는 법을 제정한 것 등을 들 수 있다. 그리고 이보다 더 큰 틀에서 국가 발전에 기여할 수 있었던 정책의 예를 들자면, 가깝게는 1980년대 중반 이후 한국의 정보산업 육성정책을 들 수 있고, 멀리는 17세기에 암스테르담 시정부가 환어음시장의 유치를 위해 암스테르담은행을 설립한 것 등을 들 수 있다.

한편, 정부는 시장의 요구를 수용하는 데 그치지 않고 시장을 이끌 수 있는 역량도 갖추어야 하는데, 영국 정부가 안정적으로 화폐를 공급하고 유럽 대륙에 비해 높은 금리를 낮추어 자국 산업의 경쟁력을 높이기 위해 영란은행을 설립한 것을 그 예로 들 수 있다. 영국과는 대조적으로 18세기 말부터 19세기 초의 미국은 중앙은행 성격을 지닌 제1미국은행과 제2미국은행의 설립과 재인가를 둘러싸고 연방주의자와 반연방주의자의 정치적 대립뿐 아니라 각계각층의 이해관계를 연방정부가 제대로 해결하지 못하여 결과적으로 혼란이 야기되었던 점으로부터도 교훈을 찾아야 할 것이다.

제 3 부

지급수단

주화를 사용하던 시기에 경제적으로 가장 큰 문제는 주화 부족 사태였다. 상거래에 필요한 주화를 공급하기 위해서는 금광이나 은광에서 지속적으로 주화를 주조할 수 있는 금과 은을 공급해 주어야 했지만, 매장량은 한정되어 있었기 때문에 금광이나 은광을 확보하는 것이 권력자에게는 사활의 문제였다. 주화 대신 지폐를 사용하던 시기에도 금 태환이 보장되어 있는 경우에는 사정이 크게 다르지는 않았다. 지폐를 발행할 수 있는 양이 금에 의해 결정되어 있기 때문에 상거래가 원만하게 결제되도록 하기 위해서는 지폐가 충분히 발행될 만큼 금을 보유하고 있지 않으면 안 되었다. 금본위제를 포기하고 관리통화제도를 도입한 이후에는 화폐의 양이 더 이상 금에 의해 결정되지 않기 때문에, 인플레이션에 대한 우려는 항상 있지만, 화폐 부족의 문제는 상당 부분 해소되었다고 할 수 있다.

　지급수단의 발달은 주화 부족, 나아가 금 부족 문제를 해소하고 경제가 원활하게 돌아가게 하는 데 기여했다. 거래상대방이 믿을 수 있는 지급수단을 이용하여 거래를 하면 상거래가 활발하게 이루어지더라도 꼭 주화나 지폐를 지급할 필요가 없게 되어, 유통되는 화폐의 양이 줄어도 경제에 부담을 주지 않는다. 그뿐 아니라 간편한 지급수단을 이용함으로써 주화나 지폐를 사용할 때 수반하는 불편함과 리스크를 줄일 수도 있다. 그렇지만 새로운 지급수단을 개발해 낸 환전상이나 금세공업자, 그리고 은행에게 지급수단의 발달을 가져온 주된 동력은 그렇게 거창한 것이 아니라, 어찌 보면 단순하기도 한데, 지급결제 비용을 줄여서 이익을 늘리는 것이었다. 고객들이 예금으로 가져온 정화는 이들에게는 부채인 동시에 수익을 가져오는 원천이었기 때문에 여러 가지 지급수단을 고안해 내어 되도록이면 예금을 인출해 가지 않고 가급적 장부에서만 소유권이 이전되도록 노력했다.

여기에서는 지급결제의 주역들이 만들어내고 사용하던 지급수단에 초점을 맞추어 살펴보고자 한다. 어떠한 지급수단이 일상적으로 통용될 수 있는 것은 그 지급수단이 화폐로 교환될 수 있다는 신뢰가 전제되어야만 한다. 물리적인 측면에서 볼 때 지급수단은 일종의 토큰일 뿐 그 자체로서는 아무런 화폐적 가치를 지니고 있지 않음에도, 원하기만 하면 지급수단이 표상하는 가치에 해당하는 화폐로 교환할 수 있다는 믿음이 있기 때문에 지급수단으로 받아들여지는 것이다. 또한 지급수단은 당시의 기술 발전 정도에도 크게 영향을 받는다. 지급카드의 정보를 읽어내어 그 정보를 네트워크를 통해 관련 기관에게 전달해 줄 수 있는 기술력이 없으면 지급카드는 지급수단으로 이용될 수 없고, 정보통신기술이 발달하지 않은 상태에서 전자자금이체나 선불형 전자지급수단이 탄생할 수는 없다.

1. 계좌이체(자금이체)

주화가 있기도 전인 상품화폐시대부터 상거래의 편리를 위해 사용된 가장 오랜 지급수단은 계좌이체이다. 고대 메소포타미아에는 비록 금속화폐와 은행은 없었지만, 화폐 역할을 하고 있던 곡물을 보관하는 곡물창고가 은행 역할을 하면서 계좌이체가 지급수단으로 사용되었다. 당시에는 거래상대방이 곡물창고에 나타나지 않으면 거래의 정당성을 확인할 수 없었기 때문에 거래당사자들이 곡물창고에 나타나야만 했고, 구두 지시만이 가장 믿을 수 있는 지급지시였다. 그러나 당시의 계좌이체는 곡물이라는 실물 없이는 가능하지 않았기 때문에 실물화폐를 대신하지는 못하고 거래와 결제의 편리성만 주는 정도에 그쳤다.

상거래에서 계좌이체가 화폐를 대신하여 사용되기 시작한 것은 고대 아테네와 로마 시대에 환전상이 나타난 이후부터이다. 환전상은 고객이 가져온 주화를 평가하여 그 가치를 고객의 예금계좌에 기록하고 상거래의 결과에 따라 고객의 계좌에서 거래상대방의 계좌로 자금을 이체시켜 주었다. 이제는 계좌에 기록되어 있는 예금이 지급수단으로 이용될 수 있었다. 환전상은 고객이 가져온 주화의 가치를 평가하여 주화의 액면금액을 기록하지 않고 실질가치대로 장부에 기록하고 거래에 사용했다. 환전상에 예치된 예금은 주화와는 분리된 것으로서 환전상이 주화의 가치를 평가하여 실제 가치만큼 장부에 기재하기 때문에, 고객이 맡긴 주화를 고객별로 구분하여 보관하지 않고 합쳐서 보관하는 것이 가능해졌다.

중세 환전상-은행들의 은행예금은 주화보다 가치가 더 안정적이고 편리한 지급수단으로 활용되어서 주화보다 높은 가치를 실현하는 기간이 길었는데, 이는 환전상-은행이 고객들에게 신뢰받을 수 있는 제3자trusted third parties가 되었기 때문에 가능했다. 환전상-은행은 고객의 계좌 간 이체에 의해 지급결제가 완료될 수 있도록 해줌으로써 상거래에 이용되는 주화의 양을 크게 줄이고 주화 부족으로 야기되는 어려움을 극복할 수 있도록 했다는 점에서 경제와 지급결제 발전에 기여한 바가 크다고 할 수 있다.

은행계좌를 이용한 자금이체가 한 단계 더 나은 지급수단으로 도약할 수 있는 계기가 된 것은 금세공업자 간의 동업자 네트워크를 통해 은행 간 결제가 가능하게 된 사건이다. 이제는 어느 한 예금수취기관 내에서 이루어지는 계좌이체에 국한하지 않고 아무 예금수취기관에게도 자금을 이체할 수 있었고 따라서 결제도 가능해졌다. 이는 이전의 은행 내 지급결제로부터 은행 간 지급결제로 발전하는 계기가 되었고, 나아가 참가기관 간 청산과 결제가 가능한 청산소의 탄생과 함께 지급결제가 하나의 시스템으로 자리 잡는 전환점이 되었다. 이것은 또한 은행을 다른 어떤 금융기관보다 우월적인 지위에 놓이도록 했다.

20세기 들어 은행은 요구불예금 또는 당좌예금과 같은 거래성 계좌를 이용하여 계좌이체와 어음·수표와 같은 지급수단을 제공하는 유일한 기관이 되었다. 그러나 1980년대 이후 은행이 제공하는 서비스와 유사한 서비스를 제공하는 금융기관들이 나타나면서 은행과 비은행 금융기관 간의 경계가 모호해지고 은행의 요구불예금과 유사한 성격을 지닌 상품을 제공하는 금융기관들이 많아지자, 이제 은행은 더 이상 특별한 존재가 아니었다. 1982년 미니애폴리스 연방준비은행의 총재였던 제럴드 코리건E. Gerald Corrigan이 발표한 "은행은 특별한가?Are banks special?"1라는 에세이에서 은행만이 고객의 요구가 있을 때 액면가로 즉시 지급할 수 있고, 제3자에게 이체할 수 있는 채무를 지는 거래성 계좌를 개설해 주며, 다른 모든 기관에 유동성을 공급하는 원천이라고 주장한 지 20년도 채 되지 않아서, 은행은 이러한 역할을 하는 여러 기관들 가운데 조금만 특별한 조직으로 하락했다.

20세기 후반부터는 정보통신기술의 발달과 함께 전자자금이체가 가장 일반적인 자금이체가 되었으며, 더 나아가 전자상거래와 핀테크의 성장에 힘입어 전자지갑 형태의 선불형 전자지급수단의 사용이 확대되면서 다시 지급결제 과정에서 청산과정을 생략하고 한 조직 내에서 개인과 기업이 자금을 이체하는 형태의 보다 단순화된 자금이체방식이 사용되게 되었다. 다시 말해, 정보통신기술의 발달로 인해 중세시대까지 사용되었던 지급결제서비스 조직 내 계좌이체 방식이 재등장한 셈이다.

지급결제와 지급수단은 단지 상거래의 안전성과 편리성을 제공하기 위한 인프라일 뿐이며, 상거래의 유형, 관련 기술의 발달에 맞추어 진화해 왔고 앞으로도 그렇게 변해갈 것이다. 안전성에 있어서는 중개기관과 거래상대방에 대한 신뢰 정도에 따라 계좌이체를 위한 지급지시가 구두 지시에서 문서화된 지시로 변했고, 이는 다시 전자화한 지시로 바뀌었다. 데이터의 저장 방식에서도 안전성만 보장된다면 굳이 거래당사자가 아니라 중개기관에 집중하여 보관하는 단일원장 방식만을 고집할 이유도 없고, 중개기관의 개입을 배제하거나 최소화하고 당사자의 계좌에 직접 데이터를 저장하는 분산원장 방식을 도입하는 것도 긍정적으로 받아들여야 할 것이다. 이 과정에서 은행과 청산소의 기능과 역할이 축소된다고 해서 그리 문제가 될 것은 없는 것이, 은행과 청산소도 상거래의 형태와 관련 기술의 진보에 발맞추어 도입된 역사적 산물일 뿐이므로 환경이 변하면 그에 따라 변해야 하는 것이 당연하기 때문이다. 지급결제와 관련하여 정책당국은 변화가 초래하는 안전성과 리스크의 변화를 예측하고 평가하는 데 정책의 우선순위를 두면서, 이해관계자들에게 미칠 편리성과 총체적인 비용을 고려하여 정책방향을 제시하고 준수 여부를 감시하는 역할에 충실하면 될 것이다.

은행은 고객에게 계좌이체 서비스를 제공하는 데서 얻는 수수료 수입보다는 수수료의 무료화를 통해 고객의 돈이 가급적 더 오래 은행계좌 내에 남아 있게 하는 것을 선택하는 경우가 많다. 계좌이체 서비스에 대한 수수료를 부과하여 추가적인 수수료 수입을 획득하는 것보다는 저원가성 요구불예금 확보로 예대마진net interest margin: NIM을 확보하는 것이 은행 수익 총량에 더 도움이 된다고 판단하기 때문이다.

2. 종이 지급수단

대표적인 종이 지급수단으로는 환어음과 수표, 약속어음 등이 있는데, 중세부터 본격적으로 사용되면서 지급결제의 발달을 이끌었던 이러한 종이 지급수단은 이제는 편리성과 안전성 면에서 지급카드와 전자자금이체 등과 같은 보다 편리하고 안전한 지급수단과의 경쟁에서 뒤졌다.

여기에서는 종이로 된 지급수단을 각각 다루기보다는 하나로 묶어서 설명하고자 한다. 종이로 된 지급수단 가운데 다른 것들보다 더 중요한 것이 은행권이다. 그러나 은행권은 지급결제의 발달과정에서 다른 지급수단을 모두 제치고 국가가 인정하는 유일한 법정통화로 자리매김했다. 그리고 거의 모든 국가가 금본위제에서 관리통화제도로 이행함에 따라 이제는 은행권을 금이나 은과 같은 정화로 교환할 필요도 없고 청산과정도 필요 없는 최종적인 결제수단으로 사용하고 있다. 따라서 은행권은 지급결제와 관련하여 더 이상 언급할 필요가 없을 것으로 판단하여 생략하기로 한다.

앞서 언급한 계좌이체에서는 처음에는 구두에 의한 지시가 문서에 의한 지시보다 더 믿을 만한 지급지시였다. 왜냐하면 문서에 의한 지시는 위조나 변조가 가능했기 때문에 당사자가 직접 나타나 말로 지급지시하는 것보다 신뢰성이 떨어졌기 때문이다. 그렇지만 언제까지 거래당사자가 은행에 나타나 말로 지시하는 불편을 감수할 수가 없었고, 더군다나 상거래가 일어난 장소와 실제 결제하는 장소가 멀리 떨어져 있는 경우에는 더 이상 구두지시가 가능하지 않았다. 이와 같은 이유로 보편화되기 시작한 문서에 의한 지급지시는 상당 기간 혼란을 가져왔던 것으로 보인다. 그리고 지급결제에 사용된 것으로 확인된 문서가 중세 이전에는 많지 않았고 정형화되어 있지도 않아서, 종이 지급수단 가운데에 수표나 환어음이라고 할 수 있는 문서가 언제부터 사용되었는지를 판정하기는 쉽지 않은 면이 있다.

1) 수표와 환어음의 기원

수표와 환어음의 기원을 거슬러 올라가기 위해서는 우선 이에 대한 정의부터 내려야 할 것 같다. 수표는 은행과 같은 예금수취기관에 예금을 한 예금자가 제3자에게 자신의 예금에서 돈을 지급하라고 예금수취기관에 지시하는 문서이다. 그리고 환어음은 수취인에게 돈을 지급하라고 발행인이 지급인에게 지시하는 형태의 문서이다. 이때 수표와는 달리 환어음은 발행인이 지급인에 예금을 하고 있을 필요가 없기 때문에 주로 원거리 무역을 위한 지급수단으로 이용되었다.

언제부터 수표가 사용되었는지는 명확하게 알기는 어려우나, 고대에서 중세까지 지급지시의 역사를 쓴 게바[B. Geva]에 의하면 그리스 문자로 된 26조각의 파피루스가 이집트 아부시르 엘멜렉[Abusir el-Melek]에 있던 미라 관에서 발견되었는데 이 문서가 수표의 첫 번째 증거라고 한다. 여기에는 은행이 제3자에게 돈을 지급하라는 지급지시서가 포함되어 있다. 이 시기는 프톨레마이오스 왕조 시대인 기원전 87년에서 84년 사이로 추정된다고 한다.[2]

환어음과 유사한 증서가 사용되었다는 기록이 처음 나타나는 것은 기원전 9~8세기인데, 바빌로니아와 칼데아의 대상들이 도둑들을 피하기 위해 사용했다는 기록이 진흙벽돌에 남아 있다.[3] 브리태니커 사전에 의하면 8세기 아랍 상인들이 환어음과 유사한 증서를 사용했다고 한다.[4]

2) 유럽대륙의 종이 지급수단[5]

(1) 양도성 획득 이전

수표와 환어음의 기원을 찾기보다 어느 시기에 지급수단으로서 수표와 환어음이 보편적으로 사용되어 상거래나 경제 발전에 기여했는지에 보다 관심을 가진다면, 중세 유럽의 수표와 환어음에서부터 시작하는 것이 좋을 것이다.

앞서 중세 유럽의 민간은행을 언급하면서는 양도성을 획득한 환어음과 구분하기 위해 양도성이 없는 환어음을 지급어음이라고 했으나 여기에서는 수표와 구분하기만 하면 되기 때문에 원래대로 환어음으로 표현하고자 한다.

환어음은 중세 유럽에서 1200년경 원거리 교역과 정기시장의 발달과 함께 사용되기 시작했는데 당시의 환어음은 다음과 같은 특징을 지니고 있었다. 첫째, 대부분의 환어음은 한 지역 내에서의 거래를 위한 것이 아니라 다른 지역에서 지급되도록 하는 데 사용되었다. 둘째, 환어음에 기재된 지급지시는 어음발행인인 은행에 대해서가 아니라 어음대금의 지급인인 다른 상인 또는 어음발행인의 파트너에 대한 지급지시이다. 셋째, 어음대금은 수취인의 요구에 의해 아무 때나 지급되는 것이 아니라 합의된 일정 기간이 경과한 후에 지급된다. 실제 지급결제는 수취인이 있는 지역 소재 은행의 수취인 계좌에 자금이 입금됨으로써 완료된다. 넷째, 환어음은 어떤 계좌에서 지급하라는 지시일 필요는 없고 단순히 지급하라는 지시면 충분하다.

당시의 환어음은 어음의 발행과 지급 사이에 충분한 기간이 있었기 때문에 그 기간 동안 수취인이 어음의 진위를 가릴 수 있어서 안전한 지급수단이었다. 그리고 어음의 발행인은 지급인이 알 수 있거나 믿을 만한 상인에게만 어음을 발행했다. 어음이 제시되었을 때 지급인은 사인을 하거나 어음을 인수함으로써 지급할 것임을 표시했다.

시간이 지남에 따라 유럽의 주요 상업 거점들은 점차 환어음에 기초한 지급결제시스템에 의해 연결되었다. 그러나 여기서 말하는 시스템은 느슨한 형태라고 할 수 있다. 왜냐하면 각 도시마다 자신의 주화와 회계단위를 가지고 있었고 중앙집중화된 청산과 결제장치가 없었기 때문이다. 그러므로 이 시스템은 거래에 참가하고 있는 당사자들 간의 상호 신뢰에 기반을 둔 것일 수밖에 없었다. 그렇지만 그 당시로 보았을 때 이는 주화를 이동시킬 필요 없이 거액의 자금을 다른 곳으로 상당히 효율적이고 안전하게 보낼 수 있는 시스템이었다고 할 수 있다. 환어음이 활성화됨으로써 상인들은 문서에 의한 지급지시에 친숙하게 되었다.

이제 환어음은 다음과 같은 기능을 할 수 있게 되었다. 첫째, 자금을 안전하게 보낼 수 있게 되었다. 둘째, 무역 거래의 지급수단이 되었다. 셋째, 환어음을 발행하고 신용으로 다른 통화로 매도할 수 있게 됨으로써 환어음은 자금을 대출해 주는 신용공급 수단이 되었다. 넷째, 환어음을 이용하는 사람은 장소마다 다른 환율이 적용되는 경우 차익거래를 통해 이익을 얻을 수 있게 되었다.[6]

유럽에서 수표는 환어음이 나타난 1200년경에서 200년이 지난 1400년경에 나타났다. 수표를 사용할 때의 편리성으로 인해 상인들은 은행이 나중에 수표에 기재된 금액을 제대로 지급할지에 대한 의심과 은행예금을 문서에 의해 이체하는 것에 대한 전반적인 불신을 점차 극복하고 수표를 사용하기 시작했다. 1421년 베네치아의 조례는 비거주자가 수표로 지급하는 것을 허용했다. 왜냐하면 비거주자에게는 베네치아 은행에 직접 나타나는 것이 실행 가능한 요구가 아니었기 때문이다. 그러나 사기와 남용 사례가 많이 발생하자 수표는 논란거리가 되었다. 그래서 베네치아는 1526년, 바르셀로나는 1527년에 수표의 사용을 금지했다.

이러한 퇴행적 조치에도 불구하고 15세기 피렌체에서는 수표가 많이 사용되었다고 한다. 환어음은 부유하고 저명한 상인들이 많이 이용했던 반면, 수표는 이름이 알려지지 않은 일반적인 사업가가 이용했다. 그래서 액면금액이 크지 않은 것이 일반적이었고, 수표 소지자의 요청에 따라 즉시 지급될 수 있었기 때문에 신용수단으로서보다는 지급결제수단으로서 주로 이용되었다. 그러나 수표가 환어음의 대체물은 아니었다. 왜냐하면 두 가지의 지급수단이 그 용도에 있어서 달랐기 때문이다. 수표는 지역 내에서 사용된 반면 환어음은 격지 간 결제를 위해 주로 사용되었다.

(2) 양도성의 획득

종이 지급수단의 역사와 관련하여 가장 중요한 발전이 바로 양도성이다. 초창기의 환어음과 수표는 양도성의 부족으로 사용이 크게 제한되었다. 일단 발행이 되면 수취인이 수표나 어음을 지급인에게 제시해야지만 자금을 회수할 수 있었다. 양도성이 인정되기 전에 수취인이 수취인의 채권자에게 수표를 이전시키면 그 채권자는 지급인에게 청구할 수 있는 법적인 근거가 없었다. 따라서 수취인이 지급은행이 아닌 자신의 거래은행에 수표를 제시하여 수표대금을 회수하는 것이 가능하지 않았다. 즉, 거래은행과 지급은행 간의 수표 청산은 할 수 없었다.

16세기 유럽 저지대에 있는 상인들이 종이에 의한 지급지시를 안심하고 유통시킬 수 있도록 법적 체계가 마련되자 상황은 바뀌었다.

이러한 변화를 가져온 것은 또 다른 지급수단인 약속어음이었다. 약속어음은 발행인이 어음소지인에게 어음금액을 지급하겠다고 약속하는 증권으로, 발행에 의해 발행인이 어음금액의 지급의무자로 확정되기 때문에 발행인과 수취인만 있으면 약속어음의 당사자 관계가 형성된다. 이는 일종의 차용증서이며 은행제도의 생성이나 환어음의 도입 이전부터 종종 사용된 지급수단이다.[7] 안트베르펜에서는 일련의 조치에 의해 은행 영업이 중지되었고, 그러자 주화 이외의 다른 지급수단을 사용하고자 하는 상인들은 서로 약속어음을 유통시키기 시작했다. 그렇지만 약속어음은 역선택 문제로 인해 이용이 제한되기도 했다. 다시 말해, 신용상태가 우량한 약속어음은 보유하고 그렇지 못한 약속어음은 빨리 처분하려는 동기가 있었다.

이 문제를 해결하기 위해 안트베르펜 법정은 그들이 처분하는 약속어음에 대해 책임을 지우기 시작했다. 만약 어느 한 상인이 채무의 변제를 위해 자신이 가지고 있는 약속어음을 채권자에게 지급하고 약속어음을 받은 채권자가 약속어음의 발행자에게 어음을 제시했는데 약속어음의 발행자가 어음대금을 지급하지 않으면, 그 채무를 이전시킨 원래 상인이 그 채무에 대해 책임을 지도록 했다. 이러한 조치로 말미암아 신용상태가 불량한 약속어음을 의도적으로 이전시키려는 동기가 줄어들 수 있었다. 실제 거래에서는 일련의 연속된 이전이 있을 때에 약속어음의 뒤에 서명을 하도록 했다. 즉, 배서에 의한 이전이 가능해졌다. 배서의 법적 효력은 약속어음을 수취하는 사람에게 모든 권리를 이전시킴과 아울러 발행인이 약속어음 대금을 지급하지 못하는 경우 배서인이 그 채무를 지도록 한 것이었다.

17세기에 경제적으로 가장 중심적인 도시였던 암스테르담에서 배서와 관련한 법이 도입되었고 점차 유럽 전역으로 확대되었다. 이제 수표와 환어음은 유통시장에서 쉽게 유통될 수 있게 되었고 배서가 한 번 이루어질 때마다 배서인의 책임이 더해지기 때문에 수표와 어음의 법적 효력은 강화되었다. 즉, 수표와 어음은 양도성 증서가 되었다.

양도성으로 말미암아 거래당사자 간의 사적 채무를 나타내는 종이 지급수단이 유통되면서 일종의 화폐로서 기능하는 것이 가능하게 되었다. 현대의 은행제도처럼 누가 채무를 지고 있는지를 기록하는 중앙집중화된 원장의 개념이 없던 당시로서는 사기나 부도의 가능성을 최소화하는 것이 사적 채무가 화폐의 역할을 하는 데 필수적이었다. 그런데 배서에 의한 양도성이 지급인의 의무를 수표나 환어음에 체화시킴으로써 그 역할을 할 수 있게 되었다. 지급인이 인수한 어음은 그 어음이 여러 사람의 배서에 의해 양도되었어도 최종 어음수취인이 지급인에게 어음을 제시했을 때는 지급해야만 했다. 만약 지급인이 그 의무를 다하지 않았을 때는 그 사회에서 추방될 것이기 때문이다. 배서에 의해 유통되는 증서는 당시에는 휴대용 장부시스템과 같은 기능을 했다. 만약 지급인의 지급불능 사태가 발생하더라도 증서의 정당 소지인은 증서에 열거된 일련의 배서인들에게 채무의 결제를 청구할 수 있으므로 배서로 말미암아 신용력이 오히려 강화되었다.

이렇게 배서에 의해 양도성을 획득하게 되었고 유통이 가능하게 되었지만 이용 시 불편함이 모두 제거된 것은 아니어서 최종적으로 결제되기 전까지는 배서인들 모두가 채무를 부담할 개연성을 지니는 불안한 상황에 처해 있었다. 암스테르담에서는 지급인이 자신에게 돌아온 어음을 정화로 결제하는 대신 새로운 어음을 발행하는 일이 발생하여 실질적인 결제가 지연되기도 했다. 그러자 1609년 암스테르담 시정부는 암스테르담은행을 설립하여 환어음의 결제를 용이하게 하도록 했다. 암스테르담 시정부는 암스테르담에서 지급해야 하는 일정 금액 이상의 어음은 암스테르담은행을 통해 결제되도록 의무화하여 어음이 무한정으로 유통되는 것에 제한을 가했고, 이로 인해 보다 효율적이고 예측 가능한 결제가 이루어질 수 있도록 했다.

3) 영국의 종이 지급수단

영국 런던의 금세공업자들은 1660년대에 다른 금세공업자가 발행한 수표를 인수함으로써 지급결제를 시스템화했다. 예를 들어, 어느 한 금세공업자는 17명의 다른 금세공업자들에게 계좌를 개설해 주어 수표의 청산이 이루어지도록 했다. 이제는 수표의 소지인이 수표를 발행한 금세공업자에게 제시할 필요 없이 자신이 거래하는 금세공업자에게 제시하여 정화를 인출해 가거나 자신의 계좌에 입금시키도록 하면 되었다. 그리고 금세공업자 간에는 양자 간 청산에 의해 차액만 결제하면 되었다. 영국에서 수표는 세금을 납부하는 데도 이용되어 누구나 은행에 예금계좌를 개설하고 수표를 발행하여 결제할 수 있게 됨에 따라 은행이 널리 이용되게 되었다. 그렇지만 1680년대까지 런던의 서쪽 지역 바깥으로는 은행이 없었기 때문에 수표의 이용이 런던에 국한되어 있었고, 1750년 이후에야 런던 이외 지역에서도 은행이 설립되어 수표가 사용되었다.

당시 영국에서는 수표 이외에도 환어음과 약속어음도 지급수단으로 이용되었으며 환어음 가운데는 격지 간 결제수단으로서만이 아니라 영국 내에서 발행하고 지급하는 방식의 내국환어음inland bill of exchange이 사용되기도 했다. 그리고 은행이 발행한 약속어음은 나중에는 은행권으로 발전했고, 이러한 은행권은 1694년 영란은행의 설립 이후부터 본격적으로 사용되었으나 영란은행의 은행권이 법화로서의 지위를 얻은 것은 1833년이 되어서였다. 1777년 최저 은행권의 액면금액이 당시로서는 큰 금액인 5실링으로 정해져 있었기 때문에 큰 금액의 은행권을 사용할 수 없는 계층에서 수표가 이용될 수 있는 여지가 있었고, 1800년까지 런던에서 은행의 숫자가 증가하여 런던이 금융 중심지로 발전함에 따라 수표도 더 활발하게 이용되었다.

수표의 이용이 증가함에 따라 은행들은 수표의 청산에 소요되는 비용을 줄일 필요가 생겼다. 그리하여 1773년 런던에 있는 은행들이 공동으로 런던청산소를 설립했다.

4) 미국의 종이 지급수단

(1) 미 연준 설립 이전(1775~1913)

영국의 식민지에서 독립한 시기의 미국은 도시화가 크게 진전되지 못했고 은행 수도 많지 않아 수표대금의 회수가 쉽지 않고 비용이 많이 들었기 때문에 양도성은 허용되어 있었는데도 수표의 이용이 활성화되어 있지 않았다. 따라서 다른 대체수단이 마땅치 않은 상황에서, 비록 남발되기는 했지만, 주정부가 발행하는 지폐가 주로 유통되었다. 1791년과 1816년 연방정부로부터 각각 20년간의 한시적인 인가를 받은 제1미국은행과 제2미국은행이 설립되어 주 경계를 벗어나서 은행권이 유통될 수 있었고, 주정부의 인가를 받은 주법은행들이 동부 지역을 중심으로 설립되면서 이 은행들이 발행하는 은행권도 유통되기 시작했다. 당시 수표는 동부 지역을 중심으로 지역 내 지급수단으로 주로 이용되었을 뿐이었다. 지역 간 결제는 수출인수어음이라고 불리는 내국환어음과 환거래계약에 의한 은행권의 청산과 결제에 의해 이루어졌다.

1861년에 발발한 남북전쟁 이후 미국에서는 지급수단이 은행권에서 수표로 이동했는데, 그 이유는 상인을 포함하여 국민들이 지폐를 신뢰하지 않아 최소한의 현금만 남기고는 은행에 예치하고 수표를 발행하여 상거래에 사용했기 때문이다. 1863~1865년의 법에 의해 국법은행과 재무부가 은행권을 발행하게 되었는데, 남북전쟁 당시부터 미 연준이 설립될 때까지 재무부가 지폐를 남발하여 화폐가치를 떨어뜨리는 상황에서 주법은행에 의해 설립된 민간은행의 은행권 발행은 억제되었다. 그리고 국법은행은 정부증권의 보유 정도에 의해 발행할 수 있는 은행권이 제한되어 경제 규모의 확대에 발맞추어 통화를 공급할 수 없었다. 은행권의 가치가 하락하면서 수표의 이용이 증가함에 따라 지역 청산소의 설립이 전국적으로 확산되어 지역 청산소가 지역 내 수표의 청산과 결제 업무를 담당하게 되었다.

지역 청산소의 설립으로 지역 내 수표의 처리는 해결되었으나 단일은행제도를 유지하고 있던 당시에는 은행 지점을 이용하여 격지의 수표를 결제할 수가 없었기 때문에 지역 간 수표의 청산과 결제는 은행 간에 서로 환거래계약을 맺어 처리하는 환거래은행제도를 통해 이루어졌다. 모든 국법은행은 예금의 일정률에 해당하는 정화를 지급준비자산으로 보유하고 있어야 하고, 지방은행들은 통화당국이 지정하는 지급준비도시의 대형 국법은행에 예금을 하도록 함으로써 모든 국법은행이 뉴욕 등에 있는 대형 국법은행에 예금의 형태로 지급준비자산을 보유하게 되었다. 이러한 지급준비제도는 은행들이 대도시, 특히 뉴욕에 있는 은행들과 환거래계약을 맺도록 했고 은행 간에 채무의 결제를 쉽게 할 수 있게 했다. 한편, 국법은행이 환어음의 지급인 또는 인수인이 되는 것을 금지하면서 환어음의 이용은 감소했다.

연준이 설립되기 이전까지 장거리 지급결제수단으로서 수표가 은행권과 환어음을 대체하기는 했으나 수표의 전국적인 청산·결제를 제공하는 기관은 없었다. 그리하여 장거리 수표대금을 회수하는 데는 복잡한 절차가 필요했다. 환거래은행이 있을 때는 그나마 큰 문제가 없었지만 그렇지 않을 때는 다른 은행들이 중간에 끼어 여러 차례 환거래은행 역할을 한 후에야 청산과 결제가 가능하여 비용이 상당히 들었다. 지방은행들은 이러한 환거래은행제도와 수표의 장거리 이동 간의 비용을 비교하여 유리한 방법을 선택했다. 어떠한 방법을 이용했든 수표는 미국에서 가장 많이 이용되는 지급수단으로 자리잡게 되었고 이에 따라 은행의 당좌예금도 크게 증가했다. 그러나 다른 주에서 지점을 설치하는 것을 금지한 단일은행제도가 유지됨으로써 지역 간 수표는 액면 이하로 회수되는 경우가 많았고 회수에도 시간이 오래 걸리는 문제는 해결되지 못했다.

영국과 비교해 볼 때 영국의 은행들은 지점 설치가 허용되어 있었고 영란은행권과 영란은행에 개설된 은행들의 예금계좌에 의해 결제를 할 수 있었던 데 반해, 미국은 중앙은행이 없었고 전국적인 규모의 청산소가 없었기 때문에 수표를 청산하는 데 시간과 비용 면에서 영국에 비해 비효율적이었다고 할 수 있다.

(2) 미 연준 설립 이후(1914~)

미 연준은 기존의 수표결제시스템을 보다 더 전국적으로 통일된 구조로 변형시켰다. 미 연준이 취한 첫 번째 조치는 수표의 할인제도를 없애고 액면가에 의해 결제하도록 한 것이었다. 다음으로 1918년 Fedwire라는 은행 간 결제시스템을 도입하여 전신에 의해 쉽게 자금을 이체할 수 있도록 했다. 이제는 은행들이 은행권이나 주화 등을 실어 나르지 않아도 되어 수표대금을 회수하는 데 걸리는 시간이 크게 단축되었으며, 이는 연준시스템의 회원인 은행 간에 최종 결제를 하는 데도 이용되었다. 수표의 할인 결제는 1920년대에 크게 줄었으나 1980년에 가서야 완전히 사라졌다.

연준의 수표결제시스템 개선 노력에 의해 미국은 보다 통일된 지급결제시스템을 갖출 수 있게 되었다. 그리고 대공황으로 인해 환거래은행들의 도산이 이어지자 은행들의 사적 청산제도에 대한 믿음이 약해진 것도 연준의 지급결제시스템이 보다 강화되는 계기가 되었다. 또한 소형 지방은행들의 도산으로 인해 연준의 수표청산시스템에 가입한 은행들의 비율은 오히려 높아지는 결과가 나타났다.

제2차 세계대전 직후 미 연준은 전자잉크인식MICR 시스템을 도입하여 수표 처리의 효율성을 크게 향상시켰다. 제2차 세계대전 이후 미국의 번영은 중산층의 수표 사용을 크게 늘렸는데, 당시의 수표처리시스템은 수표 사용의 증가 속도를 따라갈 수가 없었다. 이러한 사태에 직면하자 스탠퍼드 대학교의 연구진은 BOA와 협력해서 1954년 MICR 처리 기술을 개발하여 수표에 중요 정보를 특수 잉크로 입력할 수 있도록 함으로써 수작업에만 의존하던 처리절차를 상당 부분 자동화했다. 또한 미 연준은 1972년 원거리수표제시센터를 개설하여 지역 연방준비은행이나 지점이 없는 지역에서도 수표 처리를 할 수 있도록 했다.

수표의 처리절차가 크게 향상되었음에도 당시의 수표 관련 법은 여전히 소지자가 은행에 수표를 제시하는 형태를 유지하고 있었기 때문에 완전한 전자적 처리로의 이행은 불가능했다. 따라서 수표대금이 수취인의 은행에 입금되는 시간과 지급은행이 실제 지급하는 시간 사이에는 보통 하루 정도의 시간 간격이 있었다. 이는 지급은행이 하루치만큼의 이자를 벌 수 있음을 의미하며 1970년대의 높은 인플레이션으로 인해 적지 않은 불로이익이 발생했다. 이러한 이익의 발생을 방지하기 위해서 1980년 연준은 그 기간에 해당하는 이자를 은행들 간에 정산하도록 했다. 또한 1980년대에는 은행의 지점 설치가 점차적으로 허용되면서 은행 간 합병이 이루어짐에 따라 자행수표가 많이 발행되어 연준을 통한 수표 청산 수요가 크게 줄었다.

1990년대 들어 신용카드와 전자자금이체가 활발하게 이용되면서 종이를 이용한 수표는 다른 지급수단보다 편리성 면에서 크게 뒤졌고, 이제는 수표의 발행과 이용 실적이 감소했다. 이에 통화당국은 수표의 탈종이화를 지향하는 두 가지 새로운 방안을 시행했다. 첫째는 "수표 전환check conversion"이라고 불리는 것으로서 소비자가 판매 시점에 자신이 작성한 원래의 수표를 수표 리더기를 이용하여 전자자금이체 거래로 전환하는 형태이다. 이렇게 전환된 수표는 더 이상 기존의 수표 처리방식으로 처리하지 않는다. 둘째는 "대체수표substitute check"라고 불리는 것으로서 2001년 9·11테러 직후에 항공기를 이용한 수표의 운송체계가 방해를 받게 되자 도입된 것인데, 수표에 기록되어 있는 중요한 사항들을 이미지화하여 파일로 변형시켜 파일을 전송하는 형태이다.

이러한 방법이 수표를 이용한 거래에 도입됨에 따라 그동안 수표와 같은 종이 형태의 증서에 양도성을 부여하여 유통을 하던 방식이 다시 한번 바뀌게 되었다. 이제는 더 이상 배서할 필요 없이 하나의 수표로 하나의 거래가 끝나도록 함으로써 지급인의 지급거절 시 배서인들에게 채무의 변제를 요구하는 불편을 없앨 수 있게 되었다. 즉, 지급인이 피배서인에게 결제를 완결할 때까지 배서인들이 연대하여 책임을 져야 하는 배서제도는 하나의 종이 지급수단에 여러 개의 거래가 포함되는 데 반해, 하나의 거래에 대해 하나의 지급수단을 일회성으로 이용하고 결제하여 거래를 완결시키게 된 것이다.

5) 종이 지급수단의 미래

전 세계적으로 지급수단의 전자화가 진행되고 다양한 간편결제 수단이 시장에 나오면서 종이 지급수단은 사용 빈도가 급격히 줄어들어 2003년부터 미국에서는 전자적인 지급수단이 수표의 이용 규모를 앞서게 되었으며, 이러한 추세는 미국뿐 아니라 전 세계적으로 앞으로도 지속될 것으로 보인다. 그렇지만 종이 지급수단은 1200년경부터 촉발된 상업혁명을 겪으면서 주화와 자금이체라는 지급수단이 제공하지 못하는 편리성을 이용자들에게 주었고 그로 말미암아 급격히 팽창하던 상거래도 큰 어려움 없이 결제될 수 있도록 했다. 또한 어음의 할인과 수표의 배서에 의한 양도는 지급수단의 유통성을 높여서 화폐를 대신하는 증서로서 상당히 오랜 기간 그 역할을 했다.

이렇듯 종이 지급수단은 양도성이라는 편리한 제도를 이용하여 한 장의 종이에 화폐적 가치를 문서화하여 시간적·공간적 한계를 극복하면서 유통되며 오랜 기간 사용되어 왔다. 그러나 전자화된 지급수단이 나오면서 양도성의 필요성이 사라지고 하나의 거래에 하나의 전자적 지급수단이 이용되게 됨에 따라 지급결제의 생태계는 크게 변했다.

상거래 방식의 변화와 정보통신기술의 발달이 초래하고 있는 새로운 환경에 종이 지급수단은 어쩔 수 없이 이제는 그 역할을 다하고 쇠퇴하게 될 운명을 맞고 있다. 한때는 혁신에 가까웠던 종이 지급수단의 양도성도 더 큰 기술의 발달에 의미를 잃어가는 반면 새로운 지급수단이 환경 변화에 적응하면서 주류를 이루게 되는 모습이 반복되는 것, 이것이 바로 지급결제의 역사이기도 하다.

3. 지급카드

지급카드는 카드 소유자가 자신의 은행계정에 있는 자금을 이용하거나 신용을 제공받아 전자자금이체에 의해 지급하도록 하고 ATM에 접근할 수 있도록 해주는 지급결제시스템에 사용되는 지급수단으로서 신용카드와 직불카드가 여기에 해당된다. 지급카드는 수수료 등의 수익을 얻기 위한 상업적인 용도로 사용하고자 카드회사가 고안해 냈다는 점에서 종전의 지급수단과는 성격이 다르다. 미 연준 설립 이전에 지역 간 수표의 청산 시에 고객이 수수료를 지급한 적이 있기는 하지만, 지급카드는 한편으로는 지급카드를 사용할 고객을 모으고 다른 한편으로는 지급카드를 받아줄 가맹점을 확충함으로써 이들로부터 받는 수수료 수입을 겨냥하여 전적으로 상업적 목적으로 탄생했다는 점에서 어음이나 수표 등 종전의 지급수단과는 다른 지급수단이라고 할 수 있다.

신용카드와 직불카드는 사용의 편리성으로 인해 일상적인 상거래에 가장 많이 쓰이는 지급수단이다. 비록 핀테크의 발달로 인해 전자지갑과 같은 선불형 전자지급수단의 이용이 크게 증가하고는 있지만, 아직까지 상당히 많이 이용되는 지급수단이면서 또한 핀테크와 결합하여 모바일 기기 등 네트워크 접근매체에 지급카드 정보가 탑재되도록 함으로써 새로운 지급결제서비스 제공업체와의 제휴도 확대해 가고 있다.

지급카드는 계좌이체나 종이 지급수단과는 다른 특징을 지니고 있는데 지급카드가 이용되는 시장이 양방향 시장이라는 점이다.

1) 양방향 시장[8]

양방향 시장은 하나의 상품에 대해 두 가지 형태의 고객그룹이 있어야 형성되는 시장으로서 주로 인터넷, 소프트웨어 등 네트워크 산업에서 나타나는 특징이다. 통상적인 재화의 경우 한편에는 수요자, 다른 한편에는 공급자가 각각 시장에 참가하지만 지급카드시장은 한 가지 재화에 대해 두 개의 고객그룹, 즉 카드를 사용하여 상품이나 서비스를 소비하는 카드소지자 그룹과 카드를 받고 상품이나 서비스를 공급하는 가맹점 그룹이 동시에 수요자로 참가한다. 따라서 한쪽 고객그룹이 얻게 되는 편익이 다른 쪽 고객그룹의 수가 많아질수록 함께 커지는 간접적인 네트워크 효과가 존재한다. 즉, 카드 이용에 따른 소비자의 편익은 카드를 취급하는 가맹점이 늘어날수록 커졌고, 카드를 취급하는 가맹점의 편익은 카드소지자들이 많아질수록 커진다.

양방향 시장에서의 수익 합계가 증대되도록 하기 위해서는 양 시장을 조절하는 운영기관이 필요한데 대부분의 운영기관은 카드회사가 맡고 있다. 운영기관은 고객이 부담하는 수수료 등 가격을 적절히 조정함으로써 카드를 이용하는 소비자 수의 증가와 카드를 취급하는 가맹점 수의 증가에서 오는 수익 증대 효과의 합이 최대화할 수 있도록 시장을 형성하는 역할을 한다. 그렇기 때문에 일반 시장과는 상이하게 가격이 결정될 수 있다. 한쪽 고객그룹에서 얻은 수익을 다른 쪽 고객그룹에 배분할 수 있어서, 한계수입과 한계비용이 일치하는 수준에서 가격이 결정되는 일반 시장의 가격결정 방식이 적용되지 않는다.

또한 지급카드시장은 전형적인 네트워크 산업으로서 초기 고정비용이 많이 소요되는 반면 거래비용은 적게 들기 때문에 규모의 경제 효과가 강하게 나타나며 자연적인 진입장벽이 생성되어 신규 기업의 진입이 어렵다는 특징이 있다.

2) 다양한 참가자[9]

지급카드 시스템에는 양방향 시장의 특성을 반영하여 다양한 기관이 참가한다. 먼저 카드협회나 카드회사가 있다. 비자, 마스터카드Mastercard나 한국의 BC카드와 같이 개방형 네트워크를 운영하는 카드회사에는 카드발행기관과 매출전표 매입기관 등의 금융기관들이 회원으로 참가한다. 카드회사는 회원 금융기관들의 요구에 따라 지급카드가 발행·유통될 수 있도록 네트워크 인프라를 제공하고 정산수수료 등과 관련한 규칙이나 규정을 제정함과 함께, 네트워크를 개선하기 위한 연구·개발 등의 업무를 수행한다. 그리고 아메리칸익스프레스American Express나 디스커버Discover같이 폐쇄형 네트워크를 운영하는 카드회사는 지급카드 네트워크를 운영하면서 카드발행과 매출전표 매입 업무를 직접 수행한다.

다음으로 신용카드 등 지급카드를 발행하는 카드발행기관이 있고, 가맹점으로부터 카드 매출전표를 매입하여 카드발행기관에 전달하고 가맹점에 상품대금을 지급하는 매출전표 매입기관이 있다. 그리고 카드를 사용하는 개인 또는 법인인 카드소지자 등의 소비자에게 상품을 판매하는 가맹점이 있는데, 가맹점은 지급카드 취급으로 발생하는 편익에 대한 대가로 가맹점수수료를 매출전표 매입기관에 지급한다.

이 외에 부가가치네트워크 서비스업체value added network: VAN와 전자지급대행 서비스업체payment gateway: PG가 있다.[10] 지급카드시장에는 비용 절감과 업무 효율성 제고를 위해 가맹점 관리, 지급카드 정보처리 등의 비핵심 업무를 외부기관에 위탁하려는 수요가 존재하는데, 이런 상황에서 지급카드 승인을 처리하기 위한 단말기 설치 필요성이 증대되면서 이러한 작업을 전문적으로 처리하는 업체가 VAN이다. VAN은 지급카드사와 가맹점 간에 통신망을 구축하여 지급카드 거래의 조회·승인, 매출전표의 수집과 청구 대행, 가맹점 관리 등의 업무를 수행한다. PG는 온라인 상거래에서 가맹점을 대신하여 카드회사에 거래내역과 승인 정보 등 지급결제 정보를 전송하고 카드회사로부터 대금을 지급받아 수수료를 공제한 다음 가맹점에 지급하는 서비스를 제공한다.

3) 지급카드와 모바일 핀테크

지급카드산업은 자금을 인출하고 재화와 서비스 대금을 지급하는 데 신속하고 편리한 방법을 제공하면서 지급카드가 도입된 이래 지속적으로 성장해 왔으며, 특히 1990년대 이후 온라인 지급이 가능해지면서 전자상거래의 발달을 도왔다. 시간이 지나면서 지급카드산업은 EMVEuropay, MasterCard, Visa 칩카드와 비접촉성 카드, 생체인식 카드 등을 이용하게 되었고, 지급결제와 관련된 기술 처리를 표준화한 지급카드 보안표준과 같은 규제를 도입하면서 보안성과 이용가능성을 성공적으로 높여왔다. 최근에는 민감한 데이터 요소를 민감하지 않은 등가물로 대체하는 토큰화를 도모하여 보안기준을 강화하기도 한다.[11]

한편, 핀테크는 현금거래와 국제적인 자금이체에 보다 편리한 옵션을 제공함으로써 은행이 지배하고 있는 지급결제산업에 큰 영향을 미쳤다. 비은행들이 핀테크에 의존하여 지급결제산업에 가담하면서 은행 중심의 시스템에 혼란을 초래하기는 했지만, 은행과 지급카드회사들도 핀테크 업체들과 협력관계를 유지하면서 새로운 환경에 적응하고 있다. 그 가운데 애플페이Apple Pay, 삼성페이Samsung Pay, 구글페이Google Pay와 같은 모바일 지갑 앱은 여러 개의 지급카드 정보를 저장하도록 하여 카드 실물을 지니지 않고도 지급결제를 할수 있도록 했다. 이는 지급카드의 소멸을 의미하는 것이 아니라 가상의 지급카드를 지니도록 한 것과 같다. 이와 같이 핀테크는 은행이나 지급카드와 경쟁만 하는 것이 아니라 공존할 수 있는 방향으로 진행될 수 있다.

앞으로는 지급카드 정보의 전자화 진행으로 실물 플라스틱 카드의 사용은 줄어들 것이다. 그렇다고 해서 지급카드의 정보가 사라지는 것은 아니므로 지급수단으로서 지급카드는 존속할 것으로 보인다. 그리고 대형 지급카드회사의 브랜드를 이용하여 핀테크를 내재화하는 전략적 선택도 진행될 것이다. 다만 지급카드의 정보가 입력되어 있는 전자지갑이나 모바일 지갑에는 은행과 연계되어 있는 지급카드 이외에도 다양한 핀테크 업체들이 제공하는 지급수단도 탑재하여 이용할 수 있을 것이므로 이들과의 경쟁은 불가피할 것으로 보인다.

4. 전자화폐(디지털화폐, 또는 선불형 전자지급수단)

소액거래에서 쓰이는 화폐는 점차 전자적인 수단인 정보로 변형되어 플라스틱 카드에 있는 IC칩이나 개인 컴퓨터에 저장됨으로써 인터넷과 같은 공개정보시스템상에서 이전되는 형태가 되어가고 있다. 전자화폐는 신용카드나 직불카드, 수표 등의 다른 지급수단과 마찬가지로 실물 화폐의 대체물이란 성격을 지니고 있지만, 어떠한 매체에 저장된 화폐적 가치가 네트워크나 직접적인 대면에 의한 교환매체를 통해 전자적으로 이전된다는 점에서 여타 지급수단과는 다른 특징을 가지고 있다.

고객이 전자화폐를 이용하여 가맹점에서 물품을 구매하거나 다른 사람에게 송금하는 경우 모든 거래정보가 전자화폐를 발행한 기관으로 집중되고 계정 간 이체만 이루어지므로, 여러 금융기관이 참가하고 있는 네트워크를 통한 금융기관 간 청산절차가 필요하지 않고 바로 결제되는 장점이 있다. 다시 말해, 단일 조직 내에서 청산과정 없이 결제가 완료되므로, 비록 전자화폐 발행기관이 파산하는 경우에 발생하는 신용위험은 피할 수 없지만, 적어도 청산과 결제의 분리에 따른 신용위험은 없게 된다. 그리고 거래가 발생하는 즉시 실시간으로 상계 없이 결제되므로 실시간 총액결제 메커니즘과 동일하다.

전자화폐를 사용하는 목적은 상품이나 서비스의 구매과정을 보다 더 단순하게 하는 데 있다. 대중교통수단을 이용할 때, 소매점에서 물건을 구입할 때, 주유를 할 때 카드나 모바일폰 등에 저장된 화폐적 가치만을 이용하여 결제를 끝마치기 위해 전자화폐가 쓰인다.

사실 일반인들이 전자화폐에 관심을 갖게 된 것은 소매거래에서 현금이나 수표를 대신하여 편리하게 지급결제를 할 수 있게 되면서부터이지만, 그 이전부터 중앙은행과 민간 금융기관들은 전자화폐를 사용하고 있었다.[12] 주된 참가자가 은행이기는 하지만 은행 이외의 금융기관들도 중앙은행에 계좌를 개설하고 단기금융시장이나 자본시장에서 발생하는 거액거래의 결제와 상계를 이용한 소액거래 시의 최종 결제를, 실제 현금을 이용하여 처리하는 것이 아니라, 거액결제망을 통해 전자적으로 제공되는 정보에 따라 금융기관들이 중앙은행에 개설한 계좌 간 이체를 통해 결제하는 방식을 사용해 오고 있었다. 금융기관들이 중앙은행에 개설한 계좌에 결제에 필요한 현금을 미리 예치시켜 놓고 전자적으로 제공되는 정보에 의해 결제하는 메커니즘은 일반인들이 소액의 상거래 시에 현금 대신 전자적인 매체에 충전해 놓은 화폐적 가치를 사용하는 메커니즘과 동일하다. 그렇지만 거액결제망을 이용한 전자화폐는 특수한 경우일 뿐 아니라 일반인들이 알고 있는 사항도 아니기 때문에 소액거래에 사용되고 있는 전자화폐만을 대상으로 서술하고자 한다.

전자화폐는 컴퓨터나 집적회로가 장착된 카드, 또는 네트워크 등 전자지갑과 같은 전자적인 매체에 화폐적 가치를 저장한 후 물품이나 서비스를 구매할 때 활용하는 지급수단이다. 여기서 중요한 것은, 앞에서도 언급했지만, 전자적인 매체에 화폐적 가치를 먼저 저장해 놓은 후에 사용한다는 점에서 선불 방식의 전자지급수단과 차이가 없다는 것이다. 우리나라에서는 전자화폐가 범용성과 환금성이 높아 현금과 유사하다고 보고 있기 때문에 다소 엄격히 규제하고 있는 반면, 선불형 전자지급수단은 현금을 대체하는 지급수단으로 사용하는 데 제한이 전자화폐보다 많기 때문에 다소 느슨하게 규제하는 등 구분하여 관리하고 있다.[13] 하지만 본질에 있어서는 차이가 없고 다른 국가들에서는 대부분 이 둘을 같은 의미로 사용하기 때문에 여기서는 전자화폐로 통일하여 쓰기로 한다.

전자화폐의 특징 가운데 가장 핵심적인 것은 어떠한 전자적 매체에 화폐적 가치를 미리 담아놓는다는 점이다. 비록 전자화폐로 이용할 수 있는 전자적 매체가 자신의 은행계좌나 지급카드에 연계되어 있다고 하더라도 은행계좌나 카드에서 자신의 전자적 매체로 일정한 금액을 옮겨놓아야 한다. 따라서 전자화폐는 은행이나 지급카드회사가 개입하지 않고 소비자와 전자화폐 가맹점의 계좌를 갖고 있는 전자화폐 발행업자 내에서 직접 결제가 이루어진다. 이 때문에 금융기관 간 자금의 대차를 청산하고 결제하는 과정이 필요 없다. 즉, 전통적인 금융기관은 전자화폐를 지급수단으로 한 소비자와 가맹점 간의 상거래에 필요한 자금을 충전시켜 주거나 인출하기 위해 참여할 수는 있으나, 직접적인 거래당사자가 아니게 되고 전자화폐 발행업자만이 주도적으로 참여하게 된다. 전자화폐 발행업자가 구축하는 네트워크는 그동안 은행을 중심으로 형성된 은행 간 지급결제시스템과는 달리 한 은행만 있는 은행 내 자금이체시스템과 같다.

전자화폐를 이용한 거래는 컴퓨터나 모바일폰을 이용한 거래의 안전성을 향상시킬 수 있는 기술 향상과 더불어 기존의 거래방식을 변화시킬 가능성이 크다. 왜냐하면 이는 오프라인 거래뿐 아니라 온라인 거래에도 다른 지급수단보다 저렴한 비용으로 사용될 수 있고 내재화한 인증절차의 신뢰성을 높임으로써 안전성도 확보할 수 있기 때문이다.

신용카드나 직불카드는 은행의 결제계좌를 통한 자금이체 방식인 반면, 전자화폐는 매체나 네트워크 상에 저장된 가치를 결제한다는 점에서 차이가 있다. 수표와 비교해 보면 수표가 지급매체에 가치를 부여하고 있다는 점에서는 전자화폐와 같다. 그러나 수표는 전자적 매체를 이용하지 않고 발행인이 지급인에게 지급을 위탁하는 후불식 지급수단이라는 점에서 선불식 지급수단인 전자화폐와 다르다.

전자화폐는 소비자 입장에서는 보다 빠르고 효율적인 거래를 할 수 있고 주머니에 현금을 지니고 다닐 필요가 없는 등 여러 가지 장점을 지니고 있으며, 사업자에게도 즉각적인 현금화가 가능하고 물리적인 화폐 대용물의 처리에 소요되는 비용을 절감시킬 수 있으며 고객의 정보를 마케팅에 활용할 수 있는 등의 혜택을 주기 때문에 다양한 형태의 서비스를 제공하면서 발전할 소지가 크다고 하겠다. 그러나 고객의 돈이 먼저 저장매체에 저장되어야 하는 특성으로 인해 전자화폐 발행업자의 파산에 대비한 고객 보호대책이 선행되는 등 안전장치가 제대로 마련되어야 하며,[14] 보안과 관련한 우려가 전자화폐의 발전에 장해요소로 작용하지 않도록 해야 할 것이다.

전자화폐는 신용카드나 직불카드 또는 모바일 번호나 이메일 주소 등에 연동된 은행계좌 정보를 담고 있는 모바일 지갑에 함께 탑재됨으로써 여타 지급수단과 경쟁하며 승자가 되기 위한 각축을 벌이고 있다. 당분간은 지나치게 다양한 지급수단이 모바일 지갑에 담겨 있어서 오히려 지급결제의 불편과 지체를 가져오는 문제가 있을 것이다. 그렇지만 이용자의 불편이 지속될 경우, 시간이 다소 걸리겠지만, 지급결제서비스업계 내부의 자체적인 경쟁과 협력에 의해 해결되거나, 정부의 개입 또는 보다 한 단계 위의 기술을 도입하여 새로운 방식으로 해결될 수도 있을 것이다. 중앙은행 디지털화폐 역시 기존 전자화폐시장의 판도를 뒤집을 수 있는 잠재력을 지닌 지급수단이다.

5. 중앙은행 디지털화폐

최근에 들어 중앙은행이 전자화폐를 발행하는 방안에 대한 논의가 활발하게 진행되고 있다. 민간이 발행하는 전자화폐는 편리성을 제공하기는 하지만 전자화폐 발행업자가 망하게 되면 고객은 미리 충전시켜 놓은 화폐적 가치를 돌려받지 못할 위험이 있다. 그럴 경우를 대비하여 고객이 미리 예치한 자금에 대해서는 별도의 금융기관에 예치하여 엄격히 관리해야 하지만, 이에 대한 법적 장치가 충분하지 못할 때는 고객이 불의의 피해를 볼 수 있으므로 보다 안전하고 공신력이 있는 기관에서 전자화폐를 발행하는 방안이 논의되고 있는 것이다.

중앙은행 디지털화폐central bank digital currency: CBDC는 기본적인 메커니즘은 전자화폐와 동일하므로 분류상으로는 전자화폐에서 언급하는 것이 맞으나, 은행권과 동등한 법화로서의 성격을 부여받을 수 있으므로 민간이 발행하는 전자화폐나 암호화폐와는 비교할 수 없을 정도로 지급결제뿐 아니라 금융산업에 미치는 영향력이 크기 때문에 별도의 절로 구분하여 언급하고자 한다.

중앙은행 디지털화폐와 관련된 논의는 과거에도 있었으나, 최근 디지털화폐 발행 기반이 될 수 있는 분산원장기술의 발전과 비트코인으로 대표되는 암호화폐의 확산 등을 계기로 이에 대한 논의가 활발하게 진행되고 있다. 특히 인구수가 적고 현금 이용이 크게 감소하거나 경제주체들의 금융서비스에 대한 접근성이 낮은 일부 국가들이 CBDC 발행을 적극적으로 검토하면서 관련 논의가 더욱 진전되고 있다. 그러나 세계 여러 나라 중앙은행에서 검토와 연구는 하고 있지만 도입에 따른 효익이 비용을 넘어서는지에 대해서 확신을 하지 못하여 신중하게 접근하고 있는 편이며, 본격적으로 도입한 국가는 주요국 가운데에서는 아직 없는 실정이다.[15] 한국은행도 미래 지급결제 환경이 크게 변화할 가능성에 선제적으로 대비하기 위해 CBDC에 대한 파일럿 시스템을 구축하고 테스트를 진행하기 위한 연구 추진 계획을 수립하여 추진하고 있다.[16]

CBDC를 도입했을 때의 장점은 시스템의 안전성과 관련해서는 전자화폐 발행업자가 파산할 경우 발생하는 신용위험과 청산과 결제의 분리로 인한 신용위험을 제거할 수 있는 데 있고, 효율성과 관련해서는 시스템 운영비용을 줄일 수 있는 데 있다.[17]

CBDC가 아닌 은행예금을 이용한 지급 시에는 은행 간에 주고받을 돈을 상계하여 확정하는 청산절차와 중앙은행예금을 이용하여 최종 결제가 이루어지는 과정에 시간 차이가 있기 때문에 신용위험이 발생한다. 그러나 CBDC를 이용한 지급 시에는 중앙은행이 직접 고객의 계좌를 관리하는 직접운영의 경우나 시중은행에 위임하여 관리하는 간접운영의 경우나 모두 은행 간 청산절차 없이 바로 중앙은행에서 최종 결제가 이루어지므로 신용위험을 우려할 필요가 전혀 없게 된다. 다만 송금, 상거래 지급, 현금 인출 등 현재 은행이 제공하고 있는 대고객 지급서비스를 중앙은행이 직접 제공 또는 지원함에 따라 새로운 운영리스크 발생 경로가 생길 수는 있을 것으로 보인다. 그렇지만 전자화폐의 특성상 청산절차 없이 실시간 총액결제가 이루어지므로 CBDC 도입 시 청산기관 운영비용, 결제리스크 관리를 위한 담보비용 등이 불필요하여 관련 시스템 운영비용은 줄일 수 있을 것으로 예상된다. 지급지시 처리 소요시간과 관련해서는 현재도 은행계좌 기반 자금이체의 경우 수취인 계좌로 즉시 지급되고 있어 CBDC가 도입되더라도 현재와 별다른 차이가 없을 것으로 예상된다.

그러나 CBDC가 전자기술에 의존한 통화라는 면에서, 그리고 법화로서 인정했을 때 지급결제뿐 아니라 경제 전반에 미치는 파급효과가 다른 어떠한 지급수단보다도 클 수 있다는 점에서, 근원적인 리스크를 포함하고 있는 점은 간과할 수 없다. 이런 점에서 CBDC와 관련하여 파월J. Powell 미 연준이사회 의장이 2017년 연설한 내용을 생각해 볼 필요가 있다고 보인다.[18]

그는 예일 대학교가 개최한 블록체인과 관련한 회의에서 행한 연설에서 중앙은행의 디지털화폐와 관련하여 세 가지 점을 더 검토해야 한다고 강조했다. 첫째는 기술적인 문제이다. CBDC는 사이버 공격, 사이버 위조, 사이버 절도의 국제적인 목표가 되기 쉽다. 이는 지폐와는 비교가 되지 않을 정도로 국가경제에 위협이 될 수 있다. 이러한 사이버 공격을 방어하기 위해 진일보한 암호기술을 사용하게 되면 돈세탁과 같은 불법적인 행동을 숨기기 쉬워질 수 있으므로 양자 간에는 상충관계가 있다. 둘째는 개인정보 보호의 문제이다. 중앙은행은 거래의 정당성과 사이버 리스크, 불법 행위와 싸우기 위해 디지털화폐 발행과 개인 거래의 기록을 유지해야 한다. 그렇지만 공공기관이 개인정보를 보유하는 것에 대한 저항이 있을 수 있고 이로 인해 개인정보 보호와 리스크 간의 상충문제가 발생한다. 마지막으로 디지털화폐의 발행을 검토하는 중앙은행은 민간부문이 맡고 있는 지급결제시스템의 영역을 침범할 수도 있다는 점을 감안해야 할 것이다. 그가 제시한 이와 같은 세 가지 검토사항은 앞으로 CBDC와 관련한 검토에서 더욱 깊은 연구가 이루어져야 할 것으로 보인다.

이 중에서 세 번째 사항은 지금까지의 금융체계와는 다른 체계로의 이행을 가져올 수도 있는 사항이므로 조금 더 언급하는 것이 좋을 듯하다. CBDC의 도입은 민간 지급수단과의 경합 등으로 은행이나 전자금융업자와 같은 민간 지급결제서비스 제공업자의 서비스 개선 노력이 확대되는 긍정적인 효과를 가져올 수도 있지만, 과연 긍정적인 측면만 있을지에 대해서는 보다 깊이 고민해야 할 부분이 있다.

중앙은행이 디지털화폐를 발행하는 방식으로 두 가지 방법을 생각해 볼 수 있다. 첫째는, 중앙은행이 계좌 개설을 원하는 모든 일반인에게 계좌를 직접 개설해 주고 현금을 예치하여 디지털화폐를 발행하는 방법이다. 이는 지금까지 중앙은행이 은행만을 대상으로 운영하던 형태에서 크게 벗어나는 방식으로, 민간예금이 시중은행으로부터 중앙은행으로 이전된다. 따라서 중앙은행이 시중은행의 예금을 흡수하여 시중은행의 신용공여 능력을 약화시키는 결과를 초래하게 되며, 이를 방지하기 위해서는 늘어난 민간예금을 중앙은행에서 시중은행으로 환류시키는 방안을 마련해야 하는 어려움에 직면할 것이다.

둘째는, 중앙은행이 시중은행에 위탁하여 전자화폐 계좌 개설을 중앙은행이 아닌 시중은행에서 하도록 하는 방법이다. 시중은행은 CBDC준비금을 전액 중앙은행에 예치해야 하기 때문에 이 경우에도 시중은행으로부터 중앙은행으로의 민간예금이 이전되는 데 따른 문제는 그대로 발생한다. 이때 시중은행이 중앙은행으로부터 전자화폐 관리운영을 위탁받는 것에 대해서 어떠한 보상을 줄 수 있는가를 생각해 보아야 할 것이다.[19]

어떠한 방식을 도입하든 CBDC는 미 연준의 설립 당시 연준이 중앙은행인데도 수표청산서비스와 같은 소액결제의 운영기관으로서 역할을 하기로 결정했을 때보다 더 직접적으로 민간의 영역을 침범하는 문제와 연결된다. 시중은행들은 고객의 자금이체 수요를 충족시켜 주기 위해 이자를 지급하지 않는 요구불예금을 고객에게 제공하는데, 이 업무를 중앙은행이 직접 하는 셈이 되기 때문이다. 시중은행의 입장에서는 고객의 예금이 CBDC준비금의 형태로 중앙은행으로 이전됨에 따라 이용할 수 있는 자금이 줄어드는 결과가 발생하기만 할 뿐 여타 이득이 되는 점이 없어 CBDC 도입에 적극적으로 협조하지 않을 수가 있다. 이러한 상태에서 중앙은행이 시중은행을 통해 통화정책을 수행하는 데 이전보다 어려움이 없게 될지를 중앙은행은 고민해야 할 것이다.

따라서 중앙은행이 CBDC를 도입할 때는 지급결제와 관련된 중앙은행의 역할 가운데 핵심적인 금융안정을 위한 지급결제정책의 수행과 지급결제 운영기관에 대한 감시에 어떠한 영향을 주는지와, 중앙은행의 개입이 민간부문의 지급결제 역량을 저해하지 않고 높일 수 있는 방향으로 추진되고 있는지를 먼저 검토해야 할 것이다. 또한 중앙은행이 CBDC를 발행하더라도, 중앙은행이 관련 서비스를 제공하기 위해 발생하는 비용을 모두 소비자에게 부담시키지 않게 되면 민간부문보다 저렴하게 서비스를 제공하게 될 가능성이 높은 상태에서, 민간부문의 이해를 크게 저해하지 않는 수준이 어느 정도인지도 함께 검토되어야 할 것이다. 통화정책과 금융안정 책무를 함께 지고 있는 중앙은행으로서는 지급결제만의 안전성과 효율성을 염두에 둔 정책을 펼 수는 없을 것이므로, CBDC가 통화정책과 금융안정에 어떠한 영향을 미치고 CBDC를 도입하더라도 어떠한 방향으로 도입을 추진하는 것이 바람직한지를 우선적으로 고려해야 한다.

한편, 미 연준은 CBDC 도입에 대해 이전보다 더 적극적인 모습을 보이고 있다. 다른 선진국에 비해 뒤떨어진 소액결제시스템을 신속결제 체제로 바꾸기 위해 2023~2024년 도입을 목표로 FedNow를 개발하겠다고 2019년 발표한 이후 CBDC 도입을 좀 더 긍정적인 측면에서 검토하고 있는 듯하다.

미 연준은 2020년 8월 13일 FEDS Notes[20]를 통해 디지털 형태의 소지, 익명성 보장, 프로그램 작동이 가능한 화폐를 통한 혁신 촉진 역할 등 일곱 가지 카테고리에서 기존의 지급수단과 CBDC를 비교한 결과를 발표하면서, CBDC가 현금과 총액결제의 장점을 동시에 완전히 복제할 수는 없지만 기술적인 면에서는 이들을 더 향상시킬 잠재력을 지니고 있다고 했다.[21] 이 자료에서 특히 주목해야 할 점은 미 연준이 페이스북의 리브라Libra 등과 같은 전자화폐가 가져올 금융안정과 소비자 보호, 통화의 역할에 대한 근본적이고 법적인 측면에서 문제제기를 하고, 중국의 CBDC 도입에 대한 신속한 움직임에 대응하기 위해 분산원장기술과 CBDC에 대한 연구를 활발히 해야 한다고 한 점이다. 페이스북의 리브라는 지급수단을 넘어서 중앙은행이 발행하는 화폐와 경쟁하는 통화논쟁을 불러일으키고 있고, 중국은 CBDC를 자금세탁 방

지와 위안화 위상 제고의 수단으로 활용하려는 측면도 있다.[22]

CBDC는 기술적 차원에서뿐 아니라 통화주권과도 연관이 있는 분야이기 때문에 중앙은행으로서는, 지금 당장 도입할 수는 없다 하더라도, 연구와 검토를 지속할 수밖에 없을 것으로 보인다.

6. 암호화폐 또는 암호자산

암호화폐는 2008년 비트코인과 관련한 논문의 발표 이후 본격적으로 논의되었는데 전자화폐의 일종으로 볼 수도 있으나 몇 가지 점에서 전자화폐와는 다른 특성을 지니고 있기 때문에 별도의 명칭과 카테고리로 분류하는 것이 바람직할 것이다.[23]

암호화폐는 가상통화이다. 어떠한 실체가 있는 것이 아니라 민간 개발자가 발행하여 그 나름의 이용방법에 맞게 정한 화폐단위와 액수를 붙인 가치를 전자적으로 표현한 것이다. 가상통화는 전자적으로 획득하고 저장하고 접근하고 거래할 수 있고, 또한 거래당사자 간의 동의하에 다양한 목적을 위해 사용될 수 있다. 가상통화의 개념은 인터넷 혹은 모바일 쿠폰이나 비행기 마일리지까지 포함하는 단순한 형태의 쿠폰부터 금과 같은 자산에 의해 보증되는 가상화폐, 그리고 비트코인처럼 암호화된 통화까지 다양한 형태를 포함한다. 반면, 전자화폐는 한 국가 내에서 법정통화로 사용되고 있는 화폐단위를 사용하며 법정통화에 의한 화폐단위로 표시되는 화폐적 가치를 지니고 있기 때문에 가상통화가 아니라는 점에서 차이가 있다.

일부에서는 암호화폐가 화폐로서의 기본적인 기능을 지니고 있는지에 대해 의문을 제기하면서 화폐라는 표현을 사용하는 대신 자산이라는 단어를 사용하고 있는데, 용어 선택에서 발생하는 혼란을 줄이기 위해서는 과연 암호화폐에 화폐라는 단어를 사용할 수 있는지를 살펴보아야 할 것이다.[24]

먼저 화폐의 기능 가운데 교환의 매개수단이다. 화폐가 물물교환을 대체하는 '교환의 매개수단'이 된 이유는 휴대가 편리하고 광범위한 수용성을 갖추었기 때문인데, 암호화폐는 대체로 편리성은 충족한다고 볼 수 있지만 광범위한 수용성은 미흡한 것으로 평가된다. 실제 교환의 매개수단으로서 암호화폐의 활용 사례는 극히 제한되어 있으며 거래규모도 매우 적은 상황이다. 그 이유는 암호화폐가 광범위하게 신뢰를 얻고 있지 못하기 때문이기도 하다. 게다가 아직까지는 암호화폐의 거래가 투기적 목적과 관련되며, 투기 목적의 거래나 보유가 크게 증가하더라도 교환의 매개수단 기능을 확충하는 효과는 거의 없는 것으로 나타나고 있다. 그리고 가치의 안정성도 매우 낮고 통용에 대한 법적 강제력이 없기 때문에 암호화폐가 단기간 내에 광범위한 수용성을 갖는 것은 결코 쉽지 않을 것으로 보인다. 여러 가지 교환의 매개수단, 즉 지급수단 가운데 어느 하나를 선택하는 것은 비용(수수료), 편의성, 확실성(가치의 안정성) 등을 고려한 결과인데, 암호화폐는 은행권에 비해 경쟁력이 낮은 것으로 평가되고 있다. 고객과 상점 간에 암호화폐 가격을 합리적으로 합의하기가 어렵고, 암호화폐 결제와 관련한 상점의 인프라 구축 문제 등도 지급수단으로서의 확산을 제약하는 요인으로 작용한다. 그리고 지급수단의 경우 일반적으로 이를 취득한 사람이 누군가에게 화폐로 교환할 수 있는 청구권을 지니는데, 암호화폐는 소유한 사람의 자산일 뿐 그 자산에 대해 채무를 부담할 사람이 없어 지급수단으로 널리 활용되는 데 한계가 있다.

다음으로 화폐의 기능 가운데 회계단위이다. 화폐는 모든 재화와 서비스의 가치를 표시하는 기능을 수행하는데, 그 기능이 시장의 선택에 의해 결정된다는 견해와 정부에 의해 부여된다는 견해가 공존하고 있다. 어떠한 견해를 택하더라도 암호화폐는 높은 가격 변동성과 불확실한 시장가치 등으로, 시장의 선택에 의해 회계단위 내지 가치척도로서의 기능을 수행하기는 어려워 보인다. 암호화폐의 수용성에 대한 시장 기대의 변화에 따라 암호화폐의 가격이 민감하게 변동하기 때문이다. 향후 암호화폐의 사용이 확대되면 가격이 안정될 것이라는 견해도 있으나, 중앙은행이 공급량을 조절할 수 있는 화폐와는 달리 비트코인의 경우 알고리즘에 의해 사전에 공급량이 정해지므로 가격 불안정성이 해소되기는 어려움이 있다. 그리고 정부가 법정통화를 발행할 수 있는 권한을 부여한 중앙은행이 발행한 은행권을 제쳐 두고 누가 발행했는지도 잘 모르거나 공신력이 중앙은행보다 낮은 민간기관이 발행한 암호화폐에 회계단위의 기능을 부여할 것이라고 기대하기는 어려운 형편이다. 만약 정부가 인정한다면 국가재정 활동에 필요한 세금 납부를 암호화폐로도 할 수 있도록 해야 할 것이나, 회계단위 기능을 부여하기 힘든 암호화폐로 세금을 납부하게 할 가능성은 높지 않다. 따라서 각국 정부가 세금을 암호화폐 등 민간이 발행하는 자산으로 징수하지 않는 한 암호화폐가 법정화폐를 대체할 가능성은 크지 않다. 만약 2개 이상의 회계단위가 경쟁한다면, 가격 변동이 큰 회계단위는 열등재가 되어 결국 소멸하므로 시장은 암호화폐보다는 법정 회계단위를 선택하게 될 것으로 예상된다.

다음으로 화폐의 기능 가운데 가치저장수단이다. 화폐가 가치의 저장수단이 될 수 있는 이유는 높은 유동성과 가치의 안정성을 갖추었기 때문이다. 그런데 암호화폐는 가치가 있다고 믿는 경제주체에게 투자자산으로 활용되고는 있으나 교환의 매개수단으로 광범위한 수용성을 갖추지 못하기 때문에 법정통화에 비해 유동성이 높다고 보기는 어렵다. 한편, 가치저장 기능을 효과적으로 수행하기 위해서는 매개물인 저장수단의 가치가 안정적이어야 하는데, 암호화폐는 높은 가격 변동성으로 인해 가치의 안정성을 확보했다고 보기 어렵기 때문에 가치저장 기능을 수행하는 데 제약이 크다.

이상 세 가지 측면을 종합해 보면, 현시점에서 암호화폐가 법정통화를 대체할 가능성은 극히 낮아 보이고 화폐로서의 핵심 특성을 지니고 있다고 하기도 어렵기 때문에, 화폐 또는 통화라는 명칭으로 인해 일반 대중에게 법정통화와 같은 화폐로 오인될 가능성이 있고 현실에서 주로 투자의 대상이 되고 있다는 점을 감안하여, 암호화폐라는 용어보다는 암호자산이란 용어를 사용하는 것이 낫다고 보인다.

지급결제와 관련해서는 암호자산이 국가 간 송금과 같은 제한적인 분야에서 지급수단으로 이용될 가능성은 있어 보인다. 암호자산을 통한 송금은 중개은행 등 환거래 네트워크를 필요로 하지 않아 비용과 속도 측면에서 경쟁력을 가질 수 있다. 그러나 이 경우에도 암호자산이 지닌 회계단위로만 송금될 뿐 자국통화로는 정확하게 얼마가 송금되었는지를 결정하기가 어려우며, 각국 외환당국의 규제와 기존 서비스 제공업체와의 경쟁 등도 이용가능성에 대한 변수로 작용할 전망이다.

1세대 암호자산이라고 할 수 있는 비트코인을 화폐로서 인정하여 지급수단으로 사용하기에 적절하지 않은 이유에 몇 가지 추가로 언급해야 할 사항이 있다.

첫째는 비트코인의 소유구조가 지나치게 일부에 편향되어 있다는 점이다. 비트코인의 소유 현황을 알려주는 인터넷 사이트[25]에 의하면 비트코인 전체 보유자 가운데 상위 0.5%의 지갑address에 전체 비트코인의 85.59%가 저장되어 있고, 상위 10%의 지갑에 98.88%의 비트코인이 저장되어 있다. 비트코인의 소유구조가 극단적으로 편향되어 있는 상황에서 비트코인을 지급수단으로 사용하는 것은 불평등한 소유구조 그 자체로도 바람직하지 않다. 비트코인을 단순히 암호자산이라고만 한다면 비트코인 가격이 오르더라도 금값이 오른 것처럼 단지 부러움에 배만 아프면 될 일이지만, 지급수단으로 인정하기에는 범용성이 크게 떨어질 뿐 아니라 공정성에서도 문제가 발생한다. 비트코인은 그들만의 리그에서 사용되어야만 한다.

두 번째가 비트코인을 화폐로서 인정할 때 발생하는 더 심각한 문제인데, 비트코인의 총발행량이 2100만 개로 한정되어 있어서 화폐로 이용되기에는 매우 불리한 위치에 있다는 점이다.[26] 금본위제가 지닌 문제 가운데 하나가 경제성장 속도에 맞추어 화폐인 금을 지속적으로 공급해 줄 수 없어서 고정된 회계단위여야 할 화폐의 가격이 상승하여 경제 전체가 디플레이션 압력을 받고 성장이 제약되었던 점이다. 그리스·로마 시대에 이어 중세와 근대에 지폐가 발행되기 이전에 주화만이 화폐로 유통될 때 항상 문제되었던 것이 주화의 부족 문제였고, 지폐가 발행된 이후에도 지폐의 발행한도가 귀금속에 의해 제한될 때 경제성장을 저해하고 디플레이션이 발생하여 결과적으로 금본위제도를 폐지하고 관리통화제도로 가게 된 화폐와 지급결제의 역사를 되돌아볼 때, 총발행량이 제한된 화폐가 갖고 있는 한계는 불 보듯이 뻔하다. 제1차 세계대전 뒤 미국, 영국, 프랑스, 독일은 인플레이션으로부터 국제금융의 세계를 재건하기 위해 금본위제로 회귀했는데, 이로 인해 영국은 금 부족으로 수출이 침체되고 경기가 활력을 잃게 된 반면 미국은 넉넉한 금 보유로 화폐공급이 충분하여 경기 활황과 증시에 거품이 생기는 결과가 초래되었다. 이는 결국 세계 경제를 대공황의 깊은 늪에 빠지도록 했고 결국에는 금본위제의 폐지로 이어졌다.

비트코인은 발행량이 한정되어 있기 때문에 언젠가는 더 이상 채굴할 비트코인이 없는 상태가 도래할 것이다. 이때까지 비트코인이 화폐로서 기능을 하고 있다면 비트코인은 금본위제가 지닌 문제를 그대로 답습할 수밖에 없다. 비트코인이 세계 주요국의 법정통화를 대체할 가능성은 거의 없으므로 그러한 일은 발생하지 않겠지만, 만약 그런 일이 발생하게 된다면 약 1세기 전에 버린 금본위제의 유령이 비트코인을 사용하는 즉시 다시 나타나게 될 것이다.

다음으로 비트코인의 채굴이 완료된 이후에도 비트코인 체계가 유지될 수 있을지에 대한 의문도 있다. 새 비트코인은 비트코인 블록체인 네트워크를 유지하는 데 기여한 사람들에게 인센티브를 주는 목적으로 발행된다. 다시 말해서 네트워크에서 발생한 거래의 유효성을 입증하고 그 사실을 모든 네트워크 참여자에게 알린 대표자에게 작업에 대한 보상으로 주어진다. 그런데 새로운 비트코인을 제공할 수 없게 되면 거래의 유효성을 유지시켜 주는 블록 형성에 대한 보상이 없어지기 때문에 비트코인에 보안문제가 생길 가능성도 있다. 위조나 변조 또는 해킹 등 보안문제에서 강점을 지니고 있다고 하는 비트코인에 보안문제가 발생한다면 그 존재 의의가 상실된다고 보아야 할 것이다.

이 문제를 해결하기 위해 새로운 블록을 형성할 때 수수료를 받거나 새로운 암호자산을 발행하는 방법을 생각해 볼 수도 있으나, 이 역시 완벽한 해결책은 되지 못할 것이다. 새로운 블록이 형성될 때마다 수수료로 보상을 해주게 되면 블록체인에 연결되는 거래 수가 늘어나고 비트코인의 값이 올라갈수록 소진된 비트코인 대신 유인책으로 지급하는 수수료는 증가하게 될 것이며, 이는 결국 거래비용을 증가시키고 마치 거래세처럼 인식될 수 있다.[27] 그리고 비트코인의 채굴이 끝나면 새로운 암호자산을 발행하여 이 문제를 해결할 수 있다고 주장할 수 있겠으나, 지금도 누가 비트코인을 생성했는지 잘 모르는데 또 다른 누군가가 새로운 암호자산을 발행한다면 잘 알지 못하는 여러 종류의 암호자산이 남발될 뿐 일반적인 신뢰를 얻기는 어려워 진정한 해결방안이 되지는 못할 것이다.

현재로서는 희소한 자원에 투자하고 싶은 투자자에게 비트코인을 포함한 암호자산이 투자대상은 될 수 있을지언정 화폐나 지급수단으로서의 유용성은 쉽게 찾기 힘들지만, 지급수단이 새롭게 등장하여 널리 사용될 때까지 어려운 과정을 겪었던 점으로 비추어볼 때, 암호자산이 이용자들의 신뢰를 얻고 지급수단의 하나로 자리매김하게 될지는 두고 보아야 할 사항이다.

후 반 스티니스Huw van Steenis라는 영란은행 고문은 2018년 9월 23일 ≪파이낸셜 타임스≫에 비트코인과 같은 암호자산에 대한 자신의 의견을 기고했다.

기고문에서 그는 비트코인과 같은 암호자산이 혁신적인 지급수단이 되기 위해서는 비용, 서비스, 신속성, 금융 수용성, 부작용의 유무 등에 대한 테스트를 통과해야 하는데 안타깝게도 그렇지 못하다고 주장했다.

첫째, 비용과 관련해서는 암호자산이 특히 소액거래와 관련하여 높은 비용이 소요되는 것으로 나타났다고 했다. 은행 수수료와는 비슷한 수준이며 직불카드에 비해서는 오히려 높은 수준이라는 것이다.

둘째, 비즈니스 세계에서는 한 거래가 이루어진 후 바로 두 번째 거래가 이어지는 경우가 많은데, 비트코인은 높은 가격 변동성으로 가격이 안정적이지 못하고 바로 환전이 되지 못하므로 연속된 거래에 이용하기가 불편하다고 주장했다. 이는 비트코인이 많은 소매업자들에게 실용적이지 못함을 의미한다.

셋째, 비트코인은 전통적인 지급수단보다 처리속도가 느리다고 했다. 거래 확인에 걸리는 시간이 10~20분이고 심지어 가상화폐 돌풍이 일어났던 시기에는 3~5일이 소요되었는데, 이는 초당 수천 건을 처리하는 지급카드의 처리속도와 비교된다는 것이다.

넷째, 암호자산은 금융 수용성financial inclusion과 별 연관이 없어서 접근이 민주적이지 않다고 했다. 가격의 높은 변동성과 높은 수수료는 국내 거래에 적당하지 않음을 뜻하고, 심지어 근로자들이 본국으로 송금하는 국외 거래에서도 사소한 혜택이 환전과 가격 변동성에 상쇄되어 결코 싸지 않다는 것이다.

다섯째, 암호자산은 채굴에 엄청난 에너지를 사용해야 하므로 지속가능성의 입장에서 볼 때 비트코인은 뒷걸음치는 거인이 될 수 있다고 했다.

스티니스는 훌륭한 엔지니어와 컴퓨터의 역량이 문제에 대한 해결책을 가져오지 않는다거나 암호자산 기술이나 토큰화의 여러 특징이 지급수단 이외의 영역에서 중요하지 않다는 것을 뜻하는 것은 아니라고 했다. 그가 말하고자 한 것은 통화에 의해 뒷받침되지 못하는 현재의 암호자산이 지급결제의 미래에 더 나은 길을 제시하지 못한다는 점이었다.[28]

끝마치며

오늘날 지급결제의 미래를 예상하는 자료들에 핀테크라는 단어가 일상적으로 사용되면서 여러 연구소나 컨설팅업체 등에서 관련한 논의가 다양하게 나오고 있다. 몇 가지만 열거해 보면 2015년 개최된 세계경제포럼World Economic Forum에서는 금융서비스의 미래가 주제였는데, 그 가운데 첫 번째 세부 항목이 지급결제였으며, 여기서는 비현금 지급결제가 증가하면서 소비자의 요구와 행태가 어떻게 변할 것인가와 분권화 내지 비전통적 지급결제가 전통적인 금융기관의 역할을 어떻게 변화시킬 것인가가 논의되었다.[1]

KPMG는 2019년 서베이를 통해 지급결제의 미래를 예측하면서 CBDC의 발행, 지급결제서비스 공급자보다는 지급결제과정을 중시, 데이터에 근거한 지급결제 가치사슬 중시, 데이터 보호에 대한 국제적 합의, 생체인식 기능을 탑재한 디지털 ID, 금융 수용성 확대, 지급결제 기술의 국제적 및 사회적 공유, 분산원장기술의 확산, 실시간 지급결제의 확산, 새로운 진입자와 기존 서비스 제공기관의 협조 등 10가지 특징을 제시했다.[2] 보스턴 컨설팅 그룹Boston Consulting Group은 지급결제산업이 성숙 단계에 들어서는 데 따른 경쟁 격화, 디지털화의 가속, 규모의 경제, 전자상거래와 모바일상거래의 확대, 성장 유지를 위한 개도국 시장에의 침투 등을 예측했다.[3]

그렇지만 지급결제의 과거와 역사를 언급하고 있는 자료는 상대적으로 많지 않아서, 이 책에서는 지금까지 화폐가 지닌 속성 가운데 '교환의 매개수단'에 주목하여 지급결제의 역사를 살펴보았다. 이 가운데 강조하고 싶은 것은 지급결제의 역사가 편리성과 비용 절감을 추구하면서 지급수단을 발달시켜 왔지만 안전성이 확보되어서야 사용자들로부터 신뢰를 얻어 주된 수단으로 자리매김했다는 점이다.

과거에는 현재보다 변화와 전파속도가 느렸기 때문에 새로운 지급결제 관련 제도를 도입하는 데 시행착오를 겪거나 문제가 있는 지급수단을 사용하면서 개선 및 보완하고 법적인 안전장치를 도입하는 등의 조치를 취해도 상대적으로 그리 큰 문제는 되지 않았다. 그렇지만 현대에는, 2008년의 글로벌 금융위기에서 겪어보았듯이, 지급결제라는 인프라에 문제가 생겼을 때 그 영향력이 확산되는 시간과 공간이 이전보다 신속하고 넓기 때문에 지급수단의 안전성 확보뿐 아니라 지급결제서비스를 제공하는 주인공들의 안전한 운영 또한 중요한 과제가 되고 있다. 영란은행 설립 이전까지 중세의 민간은행들과 공공은행들은 지급결제서비스를 제공했지만 일부는 운영의 실패로, 일부는 도시국가의 지나친 간섭이나 도시국가 자체의 멸망으로 사라졌다. 지급수단 역시 당시로서는 기술적으로 뛰어난 수단이었을지라도 기술과 환경 변화에 의해 사라지기도 하고 새로 생겨나기도 했다.

또한 지급결제에서 시작했지만 통화논쟁으로까지 확산될 수 있는 사태가 일어나고 있다. 이 논쟁의 최근 시발점은 조금 멀리는 2008년 발표된 비트코인과 블록체인에 대한 논문에서 찾을 수 있고, 가까이는 2019년 페이스북에서 리브라라는 지급결제수단을 사용하겠다는 리브라 프로젝트의 발표에서 찾을 수 있다.[4] 비트코인과 리브라는 지급수단이기도 하지만 기존의 지폐와 동전을 대신하는 통화이기도 하다. 이것이 리브라 프로젝트가 발표되었을 때

세계 주요국 정부와 중앙은행들이 통화주권을 침해할 것이라는 우려를 표명한 이유이기도 했다. 이에 페이스북에서는 2020년 수정 백서를 발간하여 각국의 통화주권과 통화정책을 침해하지 않는 범위 내에서 리브라라는 스테이블코인stablecoin5을 발행하는 것으로 수정했다.

아구스틴 카르스텐스Agustin Carstens BIS 사무총장은 2019년 프린스턴 대학교에서 한 연설에서 화폐를 계좌기반화폐account-based money와 은행권과 동전 등의 토큰기반화폐token-based money로 구분했는데,6 이 구분은 우리가 지급결제의 역사를 살펴보는 데 도움이 되고 시사하는 바가 있다고 판단된다. 계좌기반화폐는 계좌이체의 역사를 보여주는 지급수단으로 중개기관, 특히 예금을 받는 은행을 필요로 한다. 지급인과 수취인 모두 은행계좌를 지니고 있고 지급인의 계좌에서 차감되고 수취인의 계좌에 입금될 때 지급결제가 실행된다. 우리는 계좌이체를 가능하게 한 계좌기반화폐를 제공하는 지급결제 중개기관을 자세히 살펴보았다. 상당히 오랜 기간 은행이 굳건한 입지를 지켜왔지만 최근에 들어서 다른 중개기관들과 경쟁하는 양상을 맞이하고 있다.

이와는 달리 토큰은 그 자체로는 아무런 내재적 가치를 지니고 있지 않지만, 다른 모든 사람들이 지급결제에서 기꺼이 받아들일 것으로 기대하여 받아들이는 것이다. 따라서 다른 사람들이 교환의 매개수단으로 신뢰할수록 나도 기꺼이 받아들이게 된다. 영란은행에서 비롯된 중앙은행이 발행하는 은행권과 동전이 대표적인 토큰기반화폐이다. 통화관리제도가 금본위제에서 관리통화제로 이행하면서 은행권은 토큰이 되었지만 사람들이 신뢰하고 사용한다. 비트코인이나 리브라가 은행권을 대신하여 토큰기반화폐로서 기능을 할 수 있으려면 다수의 신뢰를 얻는 것이 관건일 것이다.

그동안 계좌기반화폐를 제공하는 은행과 토큰기반화폐를 제공하는 중앙은행이 이중 은행시스템two tier banking system을 형성하면서 지급결제시스템을 구축하고 서비스를 제공해 왔다. 하지만 중앙은행이 디지털화폐를 직접 발행하게 되면 이중 은행시스템은 무너지고 중앙은행이 모든 것을 흡수하여 민간은행이나 다른 지급결제 중개기관의 입지는 한꺼번에 좁아질 수 있다. CBDC가 실시간 이체를 보장해 주고 신속결제를 지원해 준다면 더더욱 문제가 된다. 왜냐하면 이 시스템은 우리가 처음 보아왔던 단일 환전상 내지 단일 은행 내의 이체와 마찬가지여서 청산단계가 필요 없는 단순한 시스템일 뿐 아니라 파산위험이 거의 없는 안전한 중앙은행예금으로 결제가 완료되기 때문이다.

아직은 어느 나라 중앙은행도 이를 도입하고 있지 않지만, 만약 암호화폐 또는 암호자산이나 리브라와 같은 민간의 토큰기반화폐가 분산원장기술을 이용하여 P2P 서비스를 제공하고, 비록 해결해야 할 과제들이 많고 주요국들이 반대하고 있어서 단기간 내 실현 가능성은 높지 않지만, 다수의 사용자들로부터 신뢰를 얻고 사용될 때가 온다면, 이러한 화폐와 중앙은행이 제공하는 CBDC라는 토큰기반화폐 간의 경쟁은 지급결제를 넘어선 통화경쟁이 될 것이다.

그러나 미래는 아직 불확실하기 때문에 연구과제로 두고 우선 4000년이 넘는 과거에서부터 배울 점들을 찾는 것이 현명한 선택일 수도 있다. 영리를 추구하면서 새로운 아이디어를 창출해 내고 다양한 접근매체와 접근채널을 통해 사용자들이 원하는 지급수단을 만들어내는 역할은 민간부문에 맡기고, 금융안정을 도모하기 위한 지급결제시스템 감시 역할은 중앙은행이 담당하면서, 정부와 중앙은행 등 지급결제와 연관된 정책당국은 민간부문과 적극적으로 소통하며 지급결제시스템이 성장에너지를 공급할 수 있는 경제 인프라로서 작동할 수 있도록 정책을 수립하고 실행하는 것이 무엇보다 중요한 과제일 것이다. 특히 현대에는 법안 마련에 관련된 정부기관과 각종 관련 단체의 협력의 중요성이 강조되는데, 그 이유는 또 다른 경제 인프라인 법제도 인프라의 구축 역시 중요하기 때문이다.

중세의 제노바와 베네치아는 국제무역이나 상업 중심지의 지위를 잃지 않기 위해 신용위험이나 유동성위험이 적은 공공은행을 설립하여 안정적인 지급결제서비스를 제공하고 주화의 가치변동을 안정화함으로써 상인들의 활동을 지원해 주었다. 암스테르담은행과 영란은행은 정부의 정책 추진과 지원에 힘입어 성공한 대표적인 사례라고 할 수 있다. 암스테르담 시정부는 암스테르담을 경제 중심지로 성장시키기 위해 고액의 환어음을 암스테르담은행에서만 결제하도록 입법화했고, 영국 의회는 영란은행이 발행하는 은행권이 지닌 약속어음 성격에 법적 안정성을 부여하기 위해 「약속어음법」을 제정하여 영란은행권의 양도성을 보장해 주었다. 1960년대 증권시장의 낙후된 결제 후 서비스에 눈을 돌려 새로운 이익 창출 기회를 포착해 낸 유로클리어는 순전히 민간부문의 역량에 의해 성장한 사례이다. 그렇지만 유로클리어의 성장이 벨기에에 주는 기회를 놓치지 않으려는 벨기에 정부의 지원이 없었다면 유로클리어가 증권예탁과 결제업무뿐 아니라 증권대차와 증권대금동시결제를 위한 예금증대효과까지 누리는 데는 제약이 있었을 것이다.

미국은 18세기 후반부터 20세기 초까지 중앙은행 설립을 둘러싼 연방주의자들과 반연방주의자들 간의 반목과 주 경계를 넘어선 지점 설치를 허용하지 않았던 단일은행제도로 인해 금융제도와 지급결제제도에서 상당한 우여곡절과 지체를 겪으며 지금의 금융 및 지급결제시스템으로 발전시켰다. 또한 여타 선진국들에 비해 낙후된 소액결제시스템을 향상시키기 위해 2017년 연준 주도로 신속지급결제시스템을 구축하여 운영했으나, 민간 금융기관들이 여기에 동참하려면 투자자금이 엄청나 아직도 31개 대형 상업은행만이 회원으로 가입한 상태이고 정책적으로는 성공적이라고 판단하기가 어려운 실정이었다. 그러자 이번에는 미 연준이 직접 소액결제서비스를 실시간 총액결제방식으로 제공하는 방안(FedNow)을 만들어 2023~2024년도에 가동할 계획이라고 발표했다. 이는 민간부문의 소액결제시스템에서 발생한 막대한 투자자금 소요라는 병목을 뛰어넘기 위한 새로운 정책이라고 할 수 있다. 미 연준은 과거 연준 설립 시에 민간부문에서 해결하지 못하던 전국 단위의 수표결제를 새로운 소액결제시스템을 도입하면서 직접 운영하여 해결했듯이, 이번에도 소액결제에 관련된 문제임에도 새로운 제도를 도입하면서 다시 한번 직접 운영하여 해결하고자 하고 있다.

우리나라도 1980년대 중반 지급결제의 후발주자로서 과감한 정책 추진과 민간부문의 협조에 힘입어 2000년대 이후 선진국 수준의 지급결제시스템을 갖추게 되었다. 후발주자가 열악한 환경 속에서 영원한 후발주자로 남을 것인지, 아니면 다른 나라들의 실패 사례를 회피하면서 후발주자의 장점을 살려 선발주자 대열로 들어설 수 있을 것인지는 정부와 중앙은행, 민간부문, 이용자 등 이해관계집단이 어떻게 대처할 것인가에 달려 있다. 또한 한번 도약한 경험을 맛본 후발주자가 다시 그 안에 안주하고 머물 것인지 경험을 살려 새롭게 도약할 수 있을 것인지 역시 전적으로 우리에게 달려 있다고 할 수 있다.

만약 미국이 18세기 후반 이후 100년이 넘는 시간을 지나면서 겪은 시행착오를 지금 다시 겪고 있다면, 현대의 빠른 환경 변화와 기술 발전 속도 등을 감안할 때, 미국이 금융 분야에서 차지하고 있는 비교우위를 계속 유지할 수 있을지에 의문을 품으면서 우리가 역사에서 배워야 할 것을 반추해 보며 글을 맺는다.

주

제1부 지급결제

1 BIS는 용어설명집(Glossary)에서 지급결제를 "수취인이 허용한 당사자에게 지급인이 금전적 청구권을 이체하는 것"으로 정의하고 있고, Geva(2011: 25)는 "금전적인 의무의 이행에 있어서 제시되고 수용되는 행위"로 정의하고 있으나, 설명의 편의를 위해 본문에서처럼 정의했다.

2 이는 메소포타미아뿐 아니라 고대 그리스와 로마, 그레코로만 이집트에서 동일하다. Geva, 2011: 120, 125, 133, 142 참조.

3 Geva, 1987: 127.

4 Geva(2011: 473)는 송나라의 지폐는 통치자의 강압에 의해 도입된 것으로서 대중들의 지폐 수용이 자발적이지 않았던 반면, 유럽에서는 지폐가 이전에 사용되던 주화의 순도 분석과 보관에 따른 비용을 절감하기 위해 상거래에서 자발적으로 사용된 데에서 유래했고 궁극적으로는 법적으로 뒷받침되었다는 데 차이가 있다고 했다.

제2부 지급결제의 주역들

제1장 고대

1 Geva(2011: 119)에 의하면 이 표현은 Bogaert가 처음으로 사용했다고 한다.

2 주동주, 2018: 20.

3 주동주, 2018: 110~134.

4 Herger, 2019: 1.

5 Leick, 2003: 103~104.

6 Chachi, 2005: 5.

7 Chachi, 2005: 5.

8 Paulette, 2015: 17.

9 Santos, 2006: 1.

10	Van De Mieroop, 2014: 21.
11	Paulette, 2015: 7.
12	Paulette, 2015: 2~12.
13	이 부분은 Geva(2011: 118~124)를 주로 참고했다. 고대 메소포타미아의 지급결제와 관련한 자료는 많지 않은 데다 자료 입수와 언어상의 문제가 있었기 때문이다. Geva 역시 Bogaert의 저술에 많이 의존하고 있는데 안타깝게도 Bogaert의 저서나 논문은 프랑스어로 되어 있고 자료의 입수도 어려워서 이용할 수 없는 한계가 있었다.
14	Einzig는 이를 다음과 같이 정의했다. "원시적인 형태의 화폐는 어느 정도 동질성을 지니고 있다고 합리적으로 말할 수 있는 상품 단위 또는 물건을 말하는데, 이는 한 집단 내에서 관습적으로 이루어지는 지급을 위해 사용되며, 지급을 위해 사용되었을 때 지급결제가 이루어진 것으로 받아들여진다"(Geva, 2011: 120).
15	Goetzmann, 2016: 50~52.
16	Wallace, 1987: 392.
17	Geva, 1987: 131.
18	Koning, 2019: 4.
19	Semenova and Wray, 2015: 12.
20	Goetzmann, 2016: 87.
21	Geva, 2011: 125.
22	Geva, 2011: 124~132.
23	Cohen, 1992: 111.
24	Cohen, 1992: 64.
25	이 문구도 Bogaert가 사용한 문구라고 한다(Geva, 2011: 126).
26	Cohen, 1992: 19. 이 책에서 Bogaert가 추정한 환전상 수수료는 5~6%였다고 한다.
27	Cohen, 1992: 19.
28	Cohen(1992: 112~114)은 아테네의 예금을 일반적으로 사용에 제한이 있는 'regular deposit'와 제한이 없는 'irregular deposit'으로 구분하는데, 이러한 용어는 로마시대에 사용할 수 있는 용어로서 아테네에 적용하기에는 적당하지 않다고 주장했다.
29	Amemiya, 2007: 105.
30	Cohen, 1992: 13.
31	Cohen, 1992: 13.
32	Amemiya, 2007: 106.
33	Cohen, 2006: 80.
34	Cohen, 1992: 10~12.

35   지급결제의 발달은 거래 비용을 절감하려는 목적에서 이루어진 측면이 많기 때문에 효율성, 즉 비용 절감과 편리성을 강조하기가 쉽다. 그렇지만 새로운 지급수단이나 지급결제 방법은 안전성이 보장될 때까지 상당한 기간 일부에서만 사용되었을 뿐 아니라 문제를 일으키는 경우가 많았고, 안전성이 보장되었을 때 비로소 보편적으로 이용되는 지급수단이나 지급결제 방법으로 정착할 수 있었다는 점과, 현대에 중앙은행의 금융안정정책을 위해서는 지급결제시스템의 안전성이 더욱 중요하다는 의미에서 안전성을 강조하고 싶다.

36   Amemiya, 2007: 106.

37   Geva, 2011: 132.

38   Cohen, 1992: 22, 74~75, 188.

39   "Pasion." Wikipedia.

40   Geva, 2011: 133.

41   Silver, 2011: 9.

42   Silver, 2011: 12.

43   Hollander, 2008: 120.

44   Temin, 2013a: 77.

45   Butcher, 2015: 190.

46   Geva, 2011: 132~139.

47   Temin, P. 2013b: 5.

48   Andreau, 1999: 2.

49   Temin, 2013b: 7.

50   Temin, 2013a: 169.

51   Domeris, 2015: 5, 12.

52   "First Inauguration of Franklin D. Roosevelt." Avalon Project.

53   그레코로만 이집트에 대해서는 곡물창고은행 관련 자료 이외에는 입수가 가능한 자료가 많지 않아 곡물창고은행을 제외하고는 Geva(2011: 140~155)를 주로 참고했다.

54   Davies, 2002: 52.

55   Davies, 2002: 54.

제2장 중세

1   Geva, 2011: 353.

2   Edwards and Ogilvie, 2011: 2.

3   Reinert and Fredona, 2017: 6.

4   Geva, 2011: 352~353.

5   Geva, 2011: 354.

6   Geva, 2011: 355.

7   중세에 대출은 경제적인 거래가 아니고 자비의 행위였다. 추가적인 금전적 보상을 요구하는 것은 곤경에 처한 형제를 이용해 먹는 것으로 간주되어 고리대금의 죄를 범하는 것이었다(Kohn, 1999a: 10).

8   Geva, 2011: 356.

9   중세 예금은행의 '3) 생성과 성장'부터 '9) 위기'까지는 주로 Kohn(1999b)과 Geva (2011: 359~363)를 참고하여 작성했다. De Roover(1948a)는 중세 예금은행과 머천트은행에 대한 보다 상세한 정보를 다루고 있으나 많은 부분이 브루게에 있는 은행들에 관한 것이어서 필요한 부분에서만 언급했다.

10   Hall, 1935: 73~74.

11   Geva, 2011: 359.

12   Kohn, 2001: 2.

13   De Roover, 1948a: 214.

14   De Roover, 1948a: 200.

15   McAndrews and Roberds, 1999: 1.

16   Kohn, 1999b: 2.

17   McAndrews and Roberds, 1999: 2.

18   Geva, 2011: 360.

19   Usher, 1943:22. Kohn(1999b: 21)은 베네치아에서 문서에 의한 지급지시의 금지는 1522년에 있었다고 한다.

20   Kohn, 2014: 5.

21   Lane, 1937: 188.

22   De Roover, 1948a: 210.

23   머천트은행과 관련하여 설명한 부분 가운데 '1) 생성과 성장', '2) 규모', '3) 자금 조달과 운영'은 Kohn(1999c)을 주로 참고하여 작성했다.

24   Geva, 2011: 385.

25   Geva, 2011: 372.

26   여기에서도 Geva(2011: 372)의 구분 기준을 그대로 따랐다.

27   Geva, 2011: 371.

28   Geva, 2011: 411.

29   Denzel, 2006: 15.

30   Edwards and Ogilvie, 2011: 3~12.

31   Edwards and Ogilvie, 2011: 14~27.

32   Geva, 2011: 382.

33   Usher, 1943: 6.

34   Geva, 2011: 371.

35   Geva, 2011: 410.

36   Kohn, 1999c: 19.

37   De Roover, 1948b: 66.

38   Kohn, 1999c: 20.

39   De Roover, 1948b: pp.31~58.

40   이 분류는 2014년에 발표된 Roberds and Velde(2014a)에 따른 것이다. 또한 유럽 공공은행에 관한 설명 가운데 암스테르담은행을 제외한 바르셀로나와 제노바, 베네치아의 은행들에 대해서는 이 논문과 역시 동 저자들에 의해 공동 집필되어 2014년 컨퍼런스에서 발표된 Roberds and Velde(2014b)를 참고하여 작성했다. 그 이유는 이 논문들이 당시 공공은행의 성격과 특징을 잘 설명하고 있기 때문이다. 이 논문들에 설명되어 있지 않은 내용의 출처는 주에 표시했다.

41   바르셀로나 타울라은행은 240년, 제노바 산조르조은행은 389년간 영업을 했고, 베네치아 리알토은행은 51년간 영업을 한 이후 지로은행과 흡수되었으며 지로은행은 181년간 존속했다.

42   "카사(Casa)는 자신만의 법적 실체를 지니고 있으며 일련의 자산들의 관리를 통해 특수한 기능을 수행한다"(Felloni, 2010: 335).

43   이 표현은 마키아벨리가 처음 사용했다고 한다(Fratianni and Spinelli, 2005: 19).

44   지속적인 적자 상태에 있던 산조르조은행에 정부에 대한 대출을 강요한 것도 영업을 중단한 이유라고 한다(Fratianni and Spinelli, 2005: 24).

45   Fratianni and Spinelli, 2005: 26.

46   "Venetian-Genoese Wars." Wikipedia.

47   이는 암스테르담은행을 설립한 이유 가운데 하나가 되었다. 은행예금을 이용하여 결제를 하게 되면 주화의 이용 필요성이 낮아지게 된다(Quinn and Roberds, 2012: 2).

48   Roberds and Velde, 2014a: 34.

49   Quinn and Roberds, 2012: 3.

50   Quinn and Roberds, 2005: 1.

51   Roberds and Velde, 2014a: 34~35.

52   Roberds and Velde, 2014a: 35. Quinn and Roberds(2007: 5)는 유통길더와 은행

길더 대신 유통플로린과 은행플로린을 사용했다.

53   Quinn and Roberds, 2006: 43.

54   Roberds and Velde, 2014a: 36.

55   Roberds and Velde, 2014a: 36.

56   Quinn and Roberds, 2012: 19.

57   Roberds and Velde, 2014a: 35.

58   Roberds and Velde, 2014a: 37.

59   Quinn and Roberds, 2007: 1~2.

제3장 근대

1   Geva, 2011: 470.

2   Goldsmiths' Company of London 홈페이지, "History of the Company."

3   Quinn, 1997: 413.

4   Quinn, 1997: 411.

5   Selgin, 2010: 9.

6   Selgin(2010: 2~3)은 미국 경제학 교과서에 언급된 금세공업자에 대한 부정적인 묘사와 오스트리아 학파가 부분지급준비제도에 대해 비판하면서 사용한 금세공업자의 예가 이러한 부정적인 인식을 형성하는 데 기여했다고 한다.

7   Faure, 2013: 13.

8   Faure, 2013: 3.

9   Geva, 2011: 477.

10   Geva, 2011: 477.

11   Kim, 2011: 8.

12   Kim, 2011: 7.

13   Faure, 2013: 7.

14   1704년의 「약속어음법」에 의해 영란은행권 역시 양도성을 인정받았다(Geva, 2011: 541).

15   Faure, 2013: 8~12.

16   Davies, 2002: 251~252.

17   Geva, 2011: 482.

18   Quinn, 1997: 414.

19   Quinn, 1997: 424.

20 Quinn, 1997: 412.

21 Quinn, 1997: 412.

22 Anonymous, 1676.

23 '1) 설립 필요성'부터 '5) 정부의 은행'까지는 영란은행 설립 전후에 대한 역사적인 사실을 설명한 부분으로 Andreades(1966)와 Lawson(1950)을 주로 참고하여 작성했다.

24 Goodman, 2009: 24.

25 "An Act for granting to Their Majesties several rates and duties upon tunnage of ships and vessels, and upon beer, ale and other liquors, for securing certain recompences and advantages in the said Act mentioned, to such persons as shall voluntarily advance the sum of fifteen hundred thousand pounds towards carrying on the war against France."

26 Quinn, 2001: 13.

27 정식 명칭은 'Joint-Stock Bank with Limited Liability'이다.

28 Andreades, 1966: 73, 84. 그러나 Bank of England(1969: 211~212)에 의하면 영란은행 설립 초기에는 세 종류의 은행권(sealed bill, running-cash note, accomptable note)이 있었고 은행권 발행에 관한 상세한 조항이 없었다고 한다.

29 Geva, 2011: 488.

30 Quinn, 2001: 13.

31 Bank of England, 1969: 213.

32 Millard and Saporta, 2008: 18~20.

33 영란은행이 설립되기 전인 1688년 영국에 있는 주식회사의 총자본금이 63만 파운드, 1695년에는 영란은행을 제외하고 131만 파운드에 불과했다(Goodman, 2009: 12).

34 증권결제와 외환결제를 위한 네트워크도 있지만 이는 자금 이외에 증권이나 외환의 결제가 개입되어 있으므로 제외하고, 여기에서는 자금의 결제에 국한하여 거액결제와 소액결제 네트워크만을 지칭했다.

35 Quinn, 2001: 32, 37; Andreades, 1966: 336~360. 그러나 1847년, 1857년, 1866년의 위기 시에 영국 재무부는 필 조례에서 정한 은행권 발행한도를 초과할 경우 영란은행이 면책을 받을 수 있는 법을 의회에 제안해 줄 수 있다고 영란은행에 제시했다. 이 중에서 실제 한도를 초과하여 면책법 적용을 받은 경우는 1857년뿐이었다.

36 Quinn, 2001: 1.

37 Roberds and Velde, 2014b: 1.

38 "Winston Churchill." New World Encyclopedia.

39 "Martins Bank." Wikipedia.

40   환전상과 금세공업자도 은행으로 발전했으므로 은행으로 통일하고자 한다.

41   Börner and Hatfield, 2017; 6.

42   Edwards and Ogilvie, 2011: 3~5.

43   Börner and Hatfield, 2017: 11~13.

44   Börner and Hatfield, 2017: 16.

45   Börner and Hatfield, 2017: 32.

46   Börner and Hatfield, 2017: 36~43.

47   Seyd, 1871: 39~44; Cannon, 2015: 321~323; Cheque & Credit Clearing Company 홈페이지, "The Clearings: Early Days."

48   Matthews, 1921: v~vi.

49   서펴은행의 설립과 운영, 쇠퇴는 다음 자료를 참조했다. Rolnick and Weber, 1998: 1~6; Rolnick, Smith and Weber, 1998: 105~111; Rothbard, 2002: 115~122.

50   Davies, 2002: 459~468; Rothbard, 2002: 51~72.

51   Davies, 2002: 462.

52   Davies, 2002: 467.

53   이하에서는 '역외은행권'으로 통일하여 사용했다.

54   Calomiris and Kahn, 1996: 33. 오스트리아 학파 경제학자 Rothbard 역시 서펴은행에 대해 좋은 평가를 하고 있다(Rothbard, 2002: 114).

55   Rolnick and Weber, 1998: 12~13; Rolnick, Smith and Weber, 1998: 115~116.

56   "The Clearing House." Wikipedia.

57   Gorton, 1984: 4.

58   Gorton, 1984: 5.

59   Gorton, 1984: 5~8; Hoag, 2015: 11~17.

60   Cannon, 2015: 149~150.

61   Cannon, 2015: 43.

62   Cannon, 2015: 134.

63   Buol, 2002: 2.

64   Cannon, 2015: 43~44.

65   Cannon, 2015: 45.

66   Buol, 2002: 2~7.

67   Gorton, 1984: 5.

68   신세돈, 2001: 10~11.

69   Buol, 2002: 5~7.

70   Jaremski, 2017: 19~20.

71   Gorton, 1984: 10.

72   Nakajima, 2011: 103, 118~119.

73   Davies, 2002: 471; Rothbard, 2002: 62~63.

74   Davies, 2002: 473~476; Rothbard, 2002: 68~72.

75   "Panic of 1792." Wikipedia.

76   처노, 2018; 맥크로, 2013.

77   Davies, 2002: 476~482; Rothbard, 2002: 72~101.

78   Davies, 2002: 478.

79   Davies, 2002: 479~487; Rothbard, 2002: 112~114; Sanches, 2016: 9~13; Economopoulos, 1987: 24~29.

80   Federal Reserve Bank of Philadelphia, 2016: 6~9; Davies, 2002: 490~494.

81   1890년 총거래금액의 90% 이상이 수표에 의한 거래였다(Davies, 2002: 491).

82   그러나 이후 주법은행의 숫자는 다시 지속적으로 증가하여 1921년 2만 1638개(은행 전체에 대한 비중은 73%)로 최고치에 달했다(Davies, 2002: 493).

83   Gilbert, 1998: 121~125; Summers and Gilbert, 1996: 3~6.

84   Weinberg, 1997: 38.

85   Weinberg, 1997: 39.

86   Duprey and Nelson, 1986: 21~22.

87   Duprey and Nelson, 1986: 23~24.

88   Federal Reserve Board 홈페이지, "The Federal Reserve System Purposes & Functions—Section 6: Fostering Payment and Settlement System Safety and Efficiency."

89   Duprey and Nelson, 1986: 25~26.

90   Summers and Gilbert, 1996: 128~129.

91   Summers and Gilbert, 1996: 134~137.

92   Lacker, Walker and Weinberg, 1999: 22~26. James and Weiman(2006: 27) 역시 이 주장에 찬성하고 있다. 이들은 만약 환거래은행들이 당시에 이미 알려져 있던 기술인 텔레그래프를 이용하여 수표의 결제 사실을 전송했더라면 미 연준이 개입하지 않았더라도 효과적으로 수표의 결제를 처리했을 것이라고 주장한다.

93   Green and Todd, 2001: 12~27.

94   James and Weiman, 2006: 26~27.

95   Nakajima, 2011: 97~98.

| 96 | Lacker, 2003: 3~4; "The Astonishing Story of the Federal Reserve on 9-11," *The Daily Kos*, 2014.9.11. |

96   Lacker, 2003: 3~4; "The Astonishing Story of the Federal Reserve on 9-11," *The Daily Kos*, 2014.9.11.

97   Greenspan, 2007: 11~12.

98   Teitelbaum, 2020.

99   "Salaries & Compensation." Investopia.

100   Federal Reserve System, 2020. "Annual Report 2019." Table 13.

제4장 현대

1   CPSS, 2012a: 11.

2   CPMI, 2014b: 4.

3   R&D 정보센터, 2015: 44~47.

4   CPMI, 2014b: 8.

5   금융정보화추진협의회, 2015: 79.

6   금융정보화추진협의회, 2015: 152~153.

7   Stearns, 2011: 18~19; Kiernan, 2015: 2.

8   Stearns, 2011: 12~14.

9   Stearns, 2011: 26~28.

10   Tilden, 2018.

11   김규수·조은아, 2007: 7~9.

12   Corrigan, 1982.

13   "ecash." Wikipedia.

14   "PayPal." Wikipedia.

15   이러한 예로 영국의 "The FCA's role under the Electronic Money Regulations 2011," 세이프가드 조항을 들 수 있다(FCA, 2013: 76~82).

16   김규수·이동규·이슬기, 2014: 82~87.

17   CPSS, 2012b: 76.

18   Norman, 2007: 6.

19   Ledrut, 2007: 84~87.

20   페트람, 2016.

21   한국예탁결제원, 2013: 31.

22   증권거래에서부터 증권결제까지의 흐름과 이에 따른 리스크에 대해 보다 상세한 정보를 얻기 원하면 한국예탁결제원이 2013년 및 2014년에 발간한 『증권결제제도

의 이론과 실무』와 『증권예탁 결제제도』를 참조하기 바란다.

23 BIS 홈페이지, "Glossary."

24 Wendt, 2015: 5.

25 Kroszner, 2005: 38~39.

26 LCH 홈페이지, "Our history."

27 Cecchetti, Gyntelberg and Hollanders, 2009: 51~52.

28 정순섭, 2011: 70.

29 Platt, Csoka and Morini, 2017: 6~10.

30 Norman, 2007: 52~53.

31 "DTCC Successfully Closes out Lehman Brothers Bankruptcy: Largest Closeout in DTCC History; Prevents Losses for Industry," *Businesswire*, 2008.10.30.

32 Mourlon-Druol, 2015: 311~329.

33 한국은행, "금융기관의 외환결제리스크 노출현황과 리스크 감축방안," 보도자료 (2000.12.1).

34 CPSS, 2012b: 23.

35 BIS 홈페이지, "History."

36 BIS 홈페이지, "History of the CPMI."

37 CPMI, 2014a: 1.

38 J. Hammer, "The Billion-dollar Bank Job," *The New York Times Magazine*, 2018.5.3.

39 CPMI, 2019.

40 CPMI, 2016.

41 BIS, 2017: 58.

42 Mills, et al., 2016: 4.

43 UK Government Office for Science, 2015: 7.

44 UK Government Office for Science, 2015: 30.

45 Rutland, 2017: 6.

46 Nakamoto, 2008.

47 전자화폐, 암호화폐(암호자산), 가상화폐, 디지털 통화 등이 완전한 개념 정리 없이 사용되고 있어서 이에 대한 통일된 개념 정리가 필요하다고 보인다. 여기에서는 전자화폐와 암호화폐를 구분하여 사용하고자 한다.

48 Rutland, 2017: 7.

49 Nakamoto, 2008: 8.

50   Rutland, 2017: 5.

51   Mills, et al., 2016: 31~32.

52   미 연준은 낙후된 미국의 소액결제제도를 개선하기 위해 2019년 8월 소액결제시스템에 새로운 신속결제제도를 2023~2024년에 도입하기로 발표했다(Fed Press Release, 2019.8.5).

53   한국전산원, 1993, 2005.

54   한국은행, 2014.

55   여기에 사용된 단어나 문구가 정부나 공공기관의 치적을 알리는 백서 투이기는 하지만, 실제로 이러한 선전문구 같은 목표가 그대로 실행되었기 때문에 사용하지 않을 수 없다.

56   한국은행 홈페이지, "금융정보화."

57   한국은행, "한국은행 차세대회계결제시스템 개발사업 추진," 보도자료, 2018.11.6.

58   금융위원회, "오픈뱅킹 진행 현황 및 향후 일정," 보도자료, 2019.2.25.

59   한국은행, "한국은행, 중앙은행 디지털화폐(CBDC) 파일럿 테스트 추진," 보도참고자료, 2020.4.2.

60   영어 표현은 'payment and settlement systems'로서 시스템이나 제도를 말할 때는 '금융결제시스템'보다는 '지급결제시스템'이 보다 일반적으로 사용되는 단어이다.

61   개별 은행과 제휴 없이도 참여 은행들이 표준화된 방식(API)으로 해당 은행의 자금이체 기능을 이용할 수 있게 해주는 시스템.

62   한국은행, 2019a.

제3부 지급수단

1   Corrigan, 1982.

2   Geva, 2016: 18. Quinn and Roberds(2008: 1)는 11세기 초 이란의 여행자가 처음으로 수표를 사용했다고 한다.

3   Geva, 2011: 122. 환어음의 기원을 서술한 자료는 이외에도 Usher(1914)와 Read(1926) 등이 있는데 자료마다 시기가 조금씩 다르다.

4   "Bill of Exchange." Britannica.

5   유럽대륙과 영국, 그리고 미국의 종이 지급수단에 대한 설명은 다른 자료들에도 부분적으로 언급이 되어 있지만, Quinn and Roberds(2008)가 가장 잘 설명하고 있기 때문에 동 자료를 인용했다. 이 부분은 종이 지급수단의 역사적인 발전단계를 설명하고 있기 때문에, 지급결제의 주인공들에 초점을 맞추어 서술한 제2부와 겹치는 내용이 적지 않게 있다.

6	Denzel, 2006: 9.
7	Goetzmann(2016: 52)은 고대 메소포타미아에서도 약속어음이 유통되었다고 하는데, 여기에서는 논외로 했다.
8	김규수·조은아, 2007: 3~5.
9	김규수·조은아, 2007: 5~6.
10	금융정보화추진협의회, 2015: 135~138, 169~171.
11	VISA, 2017: 34~35.
12	Bech and Garratt, 2017: 59~60.
13	금융정보화추진협의회, 2015: 152~153.
14	예를 들어, 영국의 경우 「지급결제서비스 규제법(Payment Services Regulations 2017)」과 「전자화폐 규제법(Electronic Money Regulations 2011)」에서 전자지갑 등에 예치된 고객의 자금을 사업자의 자금과 분리하여 엄격하게 보관하거나 보증보험에 가입하도록 규제하고 있다.
15	Barontini and Hol, 2019: 7.
16	한국은행, "한국은행, 중앙은행 디지털화폐(CBDC) 파일럿 테스트 추진," 보도참고자료, 2020.4.2.
17	한국은행, 2019b: 27~30.
18	Powell, 2017: 11~13.
19	한국은행, 2019b: 41~45.
20	연준이사회 직원들이 재정과 경제 이슈에 대해 그들의 견해를 기록한 문건.
21	Wong and Maniff, 2020.
22	한국은행, "해외중앙은행의 CBDC 추진 현황," 보도참고자료, 2020.5.18.
23	한국은행, 2018: 1~2.
24	한국은행, 2018: 29~33.
25	"Top 100 Richest Bitcoin Addresses," BitInfoCharts(2020.8.4 기준).
26	돈 탭스콧(Don Tapscott)과 알렉스 탭스콧(Alex Tapscott)은 『블록체인 혁명』에서 "한정된 물량이 인플레이션을 방지하기 위한 독점적이고 재량적인 규제 기반 화폐 정책이며, 이는 다양한 신용화폐에서 일반적으로 찾아볼 수 있는 현상"(탭스콧·탭스콧, 2017: 456)이라고 긍정적으로 평가하고 있으나, 디플레이션을 초래하는 문제에 대해서는 언급하고 있지 않다.
27	"What Happens to Bitcoin After All 21 Million Are Mined?" Investopedia. 이 문제는 2016년 ACM SIGSAC '컴퓨터와 통신 보안에 대한 컨퍼런스'에 제출된 논문(Carlsten et al., 2016)에서도 확인할 수 있다.
28	H. van Steenis, 2018. "Crypto-assets are impractical and do little for financial

inclusion," *Financial Times*, 2018.9.23.

끝마치며

1   World Economic Forum, 2015: 27~56.

2   KPMG, 2019: 7~15.

3   BCG, "For Payments Players, a Tumultuous Landscape Brings New, Tougher Challenges," Press releases, 2019.9.23.

4   "Libra(digital currency)." Wikipedia.

5   가격 변동성을 최소화하도록 설계된 암호화폐.

6   Carstens, 2019: 2.

참고문헌

금융정보화추진협의회. 2015. 『전자금융총람』. 한국은행.

김규수·이동규·이슬기. 2014. "국내외 비금융기업의 지급서비스 제공현황 및 정책과제." 「한국은행 지급결제조사자료」, 2014-6.

김규수·조은아. 2007. "지급카드 수수료에 대한 이론적 논의와 주요국의 정책적 대응." 「한국은행 지급결제조사자료」, 2007-1.

맥크로, 토머스(Thomas McCraw). 2013. 『미국 금융의 탄생』. 이경식 옮김. Human & Books.

신세돈. 2001. 「연방준비제도 이전의 미국 금융위기: 원인과 정부 역할」. ≪한국은행 금융시스템 리뷰≫, 제5호.

정순섭. 2011. 「자본시장 인프라에 관한 법적 연구: 장외파생상품 청산의무화를 중심으로」. ≪증권법연구≫, 제12권 제3호.

주동주. 2018. 『수메르 문명과 역사』. 범우.

처노, 론(Ron Chernow). 2018. 『알렉산더 해밀턴』. 서종민·김지연 옮김. 21세기북스.

탭스콧, 돈(Don Tapscott)·알렉스 탭스콧(Alex Tapscott). 2017. 『블록체인 혁명』. 박지훈 옮김. 을유문화사.

페트람, 로데베이크(Lodewijk Petram). 2016. 『세계 최초의 증권거래소』. 조진서 옮김. 이콘.

한국예탁결제원. 2013. 『증권결제제도의 이론과 실무』. 박영사.

_____. 2014. 『증권예탁결제제도』(전정3판). 박영사.

한국은행. 2014. 「금융정보화 추진현황」. 한국은행 금융결제국.

_____. 2018. 『암호자산과 중앙은행』. 한국은행.

_____. 2019a. "영국의 지급결제제도 개편 동향 및 특징." 「한국은행 지급결제 조사자료」, 2019-3호.

_____. 2019b. 『중앙은행 디지털화폐』. 한국은행.

한국전산원. 1993. 『국가 정보화 백서』.

_____. 2005. 『한국의 정보화정책 발전사』.

R&D 정보센터. 2015. 「핀테크(FinTech)산업 동향전망과 정보보호산업 기술현황/실태분석」. 지식산업정보원.

Amemiya, T. 2007. *Economy and Economics of Ancient Greece.* London & New York: Routledge.

Andreades, A. 1966. *History of the Bank of England: 1640 to 1903.* Frank Cass & Co. Ltd. Transferred to digital printing 2006. http://socserv.mcmaster.ca/econ/ugcm/3ll3/andreades/HistoryBankEngland.pdf(검색일: 2020.6.26).

Andreau, J. 1999. *Banking and Business in the Roman World.* J. Lloyd, Trans. Cambridge University Press.

Anonymous. 1676. "The Mystery of the New-Fashioned Goldsmiths or Bankers." https://www.gold.org/sites/default/files/documents/1676.pdf(검색일: 2020.6.4).

Bank of England. 1969. "The Bank of England Note: A Short History." *Quarterly Bulletin*, Q2.

Barontini, C. and H. Hol. 2019. "Proceeding with Caution: A Survey on Central Bank Digital Currency." *BIS Papers*, No. 101.

Bech, M. and R. Garratt. 2017. "Central Bank Cryptocurrencies". *BIS Quarterly Review*, September 2017.

BIS. 2017. "Central Bank Cryptocurrencies." *Quarterly Review*, September 2017.

Börner, L. and J. Hatfield. 2017. "The Design of Debt Clearing Markets: Clearinghouse Mechanisms in Pre-industrial Europe." *Journal of Political Economy*, 125(6).

Buol, J. 2002. "A Comparison of Clearing House Associations During the Panic of 1907." http://www.umsl.edu/~nabe/buol1.pdf(검색일: 2020.4.21).

Butcher, K. 2015. "Debasement and the Decline of Rome," in R. Bland and D. Calomino (eds.). *Studies in Ancient Coinage in Honor of Andrew Burnett.* London: SPINK.

Calomiris, C. and C. Kahn. 1996. "The Efficiency of Self-regulated Payments Systems: Learning from the Suffolk System." *NBER Working Paper*, 5442.

Cannon J. 2015. *Clearing-houses: Their History, Methods and Administration.* England and Wales: FB & Ltd.

Carlsten, et al. 2016. "On the Instability of Bitcoin Without the Block Reward." ACM SIGSAC Conference on Computer and Communications Security.

Carstens, A. 2019. "The Future of Money and the Payment System: What Role for Central Banks?" BIS.

Cecchetti, S., J. Gyntelberg and M. Hollanders. 2009. "Central Counterparties for Over-the-counter Derivatives." *BIS Quarterly Review*, September 2009.

Chachi, A. 2005. "Origin and Development of Commercial and Islamic Banking Operations." *Journal of King Abdulaziz University: Islamic Economics*, 18(2).

Cohen, E. 1992. *Athenian Economy and Society: A Banking Perspective*. Princeton, New Jersey: Princeton University Press.

_____. 2006. "Elasticity of the Money Supply at Athens." in W. Harris(ed.) *The Monetary Systems of the Greeks and Romans*. Oxford University Press.

Corrigan, G. 1982. "Are Banks Special?" *Federal Reserve Bank of Minneapolis Annual Report*.

CPMI. 2014a. "Charter of the Committee on Payments and Markets Infrastructures." BIS.

_____. 2014b. "Non-bank in Retail Payments." BIS.

_____. 2016. "Fast Payments: Enhancing the Speed and Availability of Retail Payments." BIS.

_____. 2019. "Reducing the Risk of Wholesale Payments Fraud Related to Endpoint Security: A Toolkit." BIS.

CPSS. 2012a. "Innovations in Retail Payments." BIS.

_____. 2012b. "Principles for Financial Market Infrastructures." BIS.

Davies, G. 2002. *A History of Money: From Ancient Times to the Present Day*, third ed. Cardiff: University of Wales Press.

De Roover, R. 1948a. *Money, Banking and Credit in Mediaeval Bruges*. Cambridge: Mediaeval Academy of America.

_____. 1948b. *The Medici Bank: Its Organization, Management, Operations, and Decline*. New York: New York University Press.

Denzel, M. 2006. "The European Bill of Exchange." Paper presented at XIV International Economic History Congress in Helsinki, Session 2. http://www.helsinki.fi/iehc2006/papers1/Denzel2.pdf(검색일: 2020.3.23).

Domeris, W. 2015. "The Enigma of Jesus' Temple Intervention: Four Essential Keys." *HTS Teologiese Studies/Theological Studies*, Vol 71, No 1, http://dx.doi.org/10.4102/HTS. V71I1.2954(검색일: 2020.8.21).

Duprey, J. and C. Nelson. 1986. "A Visible Hand: The Fed's Involvement in the Check Payments System." *Quarterly Review(Federal Reserve Bank of Minneapolis)*, 10(2).

Economopoulos, A. 1987. "The New York Free Banking Era: Deregulation or Reregulation?"

Business and Economics Faculty Publications, 23.

Edwards, J. and S. Ogilvie. 2011. "What Lessons for Economic Development Can We Draw from the Champagne Fairs?" *CESifo Working Paper Series*, No. 3438.

Faure, A. 2013. "Money Creation: Genesis 2: Goldsmith-bankers and Bank notes." *SSRN Electronic Journal*, April 2013. https://ssrn.com/abstract=2244977 or http://dx.doi.org/0.2139/ssrn.2244977(검색일: 2019.2.14).

FCA, 2013. "The FCA's Role under the Electronic Money Regulations 2011."

Federal Reserve Bank of Philadelphia. 2016. "The State and National Banking Era." https://www.philadelphiafed.org/-/media/publications/economic-education/state-and-national-banking-eras.pdf(검색일: 2020.9.4).

Federal Reserve System. 2020. "Annual Report 2019."

Felloni, G. 2010. "A Profile of Genoa's 'Casa di San Giorgio'(1407~1805): A Turning Point in the History of Credit." Rivista di Storia Economica, *Società Editrice il Mulino,* Issue 3.

Fratianni, M. and F. Spinelli. 2005. "Did Genoa and Venice Kick a Financial Revolution in the Quattrocento?" *Working Paper(Oesterreichische Nationalbank)*, 112.

Geva, B. 1987. "From Commodity to Currency in Ancient History: On Commerce, Tyranny, and Modern Laws of Money." *Osgoode Hall Law Journal*, 25(1).

_____. 2011. *The Payment Order of Antiquity and the Middle Ages: A Legal History.* United Kingdom: Hart.

_____. 2016. "Liability on a Cheque: A Legal History." *Osgoode Legal Studies Research Paper*, Vol. 12, No. 41/Issue 9.

Gilbert, R. 1998. "Did the Fed's Founding Improve the Efficiency of the U.S. Payments System?" *Review(Federal Reserve Bank of St. Louis)*, May/June 1998.

Goetzmann, W. 2016. *Money Changes Everything: How Finance Made Civilization Possible.* Princeton & Oxford: Princeton University Press.

Goodman, H. 2009. "The Formation of the Bank of England: A Response to Changing Political and Economic Climate, 1694." *Penn History Review*, 17(1).

Gorton, G. 1984. "Private Clearinghouse and the Origin of Central Banking." *Business Review(Federal Reserve Bank of Philadelphia)*, January/February 1984.

Green, E. and R. Todd. 2001. "Thoughts on the Fed's Role in the Payments System." *Federal Reserve Bank of Minneapolis Quarterly Review*, Vol. 25, No. 1, Winter 2001.

Greenspan, A. 2007. *The Age of Turbulence: Adventures in a New World.* Penguin

Press: New York.

Hall, M. 1935. "Early Bankers in the Genoese Notarial Records." *The Economic History Review*, Vol. 6, No. 1(Oct. 1935).

Herger, N. 2019. *Understanding Central Banks*. Springer.

Hoag, C. 2015. "Clearinghouse Loan Certificates as Interbank Loans." *Working Paper (Trinity College Department of Economics)*, 15-04.

Hollander, D. 2008. "The Demand for Money in the Late Roman Republic." in W. Harris(ed). *The Monetary Systems of the Greeks and Romans*. Oxford New York: Oxford University Press.

James, J. and D. Weiman. 2006. "From Drafts to Checks: The Evolution of Correspondent Banking Networks and the Formation of the Modern U.S. Payments System, 1850~1914." *Journal of Money, Credit and Banking*, 42(2/3).

Jaremski, M. 2017. "The (Dis)advantage of Clearinghouses before the Fed." *NBER Working Paper*, No. 23113.

Kiernan, J. 2015. "When Were Credit Cards Invented? A Complete History." http://www.cardhub.com/edu/historyofcreditcards/#RichardToler(검색일: 2020.2.23).

Kim, Jongchul. 2011. "How Modern Bank Originated: The London Goldsmith-Bankers' Institutionalization of Trust." *Business History*, 53(6).

Kohn, M. 1999a, "Finance before the Industrial Revolution: An Introduction." *Department of Economics Dartmouth College. Working Paper*, 99-01.

_____. 1999b. "Early Deposit Banking." *Department of Economics Dartmouth College. Working Paper*, 99-03.

_____. 1999c. "Merchant Banking in the Medieval and Early Modern Economy." *Department of Economics Dartmouth College. Working Paper*, 99-05.

_____. 2001. "Payments and the Development of Finance in Pre-industrial Europe." *Dartmouth College Working Paper*, 01-15.

_____. 2014. "The Commercial System of Payments and Remittance." https://cpb-us-e1.wpmucdn.com/sites.dartmouth.edu/dist/6/1163/files/2017/03/8-The-commercial-system-of-payments-and-remittance.pdf(검색일: 2016.12.29).

Koning, J. 2019. "The Puzzle of Electrum Coins." https://www.bullionstar.com/blogs/jp-koning/the-puzzle-of-electrum-coins/(검색일: 2020.5.31).

KPMG, 2019. "10 Predictions for the Future of Payments: How Will the Payments Industry Stay ahead of the Time Zone?" www.kpmg.com/uk/futureofpayments(검색일: 2020.

9.23).

Kroszner, R. 2005. "Central Counterparty Clearing: History, Innovation, and Regulation." Presented at the joint conference of the Federal Reserve Bank of Chicago and the European Central Bank on issues related to central counterparty clearing.

Lacker, J. 2003. "Payment System Disruptions and the Federal Reserve Following September 11, 2001." *Working Paper(Federal Reserve Bank of Richmond)*, 03-16.

Lacker, J., J. Walker and J. Weinberg. 1999. "The Fed's Entry into Check Clearing Reconsidered." *Economic Quarterly(Federal Reserve Bank of Richmond)*, 85/2.

Lane, F. 1937. "Venetian Bankers, 1496~1533: A Study in the Early Stages of Deposit Banking." *Journal of Political Economy*, 45(2).

Lawson, W. 1950. *The History of Banking: With a Comprehensive Account of the Origin, Rise, and Progress, of the Banks of England, Ireland, and Scotland.* London: Richard Bentley.

Ledrut, E. 2007. "Changing Post-trading Arrangements for OTC Derivatives." *BIS Quarterly Review*, December 2007.

Leick, G. 2003. *Historical Dictionary of Mesopotamia.* Lanham, Maryland, and Oxford: The Scarecrow Press.

Matthews, P. 1921. *The Bankers' Clearing House: What It Is and What It Does.* London: Sir Isaac Pitman & Sons. https://archive.org/details/bankersclearingh00mattuoft(검색일: 2020.4.17).

McAndrews, J. and W. Roberds. 1999. "Payment Intermediation and the Origins of Banking." *FRB of New York Staff Report*, No. 85.

Millard, S. and V. Saporta. 2008. "Central Banks and Payment Systems: Past, Present and Future." in A. Haldane, S. Millard and V. Saporta(eds.). *The Future of Payment Systems.* Routledge.

Mills, D. et al. 2016. "Distributed Ledger Technology in Payments, Clearing, and Settlement." Finance and Economics Discussion Series, Divisions of Research & Statistics and Monetary Affairs, Federal Reserve Board.

Mourlon-Druol, E. 2015. " 'Trust is Good, Control is Better': The 1974 Herstatt Bank Crisis and Its Implications for International Regulatory Reform." *University of Glasgow, Business History*, 2015. http://eprints.gla.ac.uk/95628/1/95628.pdf(검색일: 2020.2.23).

Nakajima, M. 2011. *Payment System Technologies and Functions.* IGI Global.

Nakamoto, S. 2008. "Bitcoin: A Peer-to-Peer Electronic Cash System." https://bitcoin.org/

bitcoin.pdf(검색일: 2020.3.3)

Norman, P. 2007. *Plumber and Visionaries: Securities Settlement and Europe's Financial Market*. John Wiley & Sons.

Paulette, T. 2015. "Grain Storage and the Moral Economy in Mesopotamia(3000~2000 BC)." Doctoral Dissertation, University of Chicago. https://oi.uchicago.edu/sites/oi.uchicago. edu/files/uploads/shared/docs/Research_Archives/Dissertations/Paulette_2015_diss ertation%20%28small%29.pdf(검색일: 2020.5.26).

Platt, C., P. Csoka and M. Morini. 2017. "Implementing Derivatives Clearing on Distributed Ledger Technology Platforms." https://www.r3.com/wp-content/uploads/2017/11/ implementing-derivatives-clearing_R3_.pdf(검색일: 2020.5.26).

Powell, J. 2017. "Innovation, Technology, and the Payments System—A Speech at Blockchain: The Future of Finance and Capital Markets?" Speech at the Yale Law School Center for the Study of Corporate Law, New Haven, Connecticut. https:// www.federalreserve.gov/newsevents/speech/files/powell20170303b.pdf(검색일: 2020.6.16).

Quinn, S. 1997. "Goldsmith-banking: Mutual Acceptance and Interbanker Clearing in Restoration London." *Explorations in Economic History*, 34(4).

_____. 2001. "Finance and Capital Markets." in R. Floud and P. Johnson(eds.). *The Economic History of Britain Since 1700*, Volume 1: 1700~1860, Third Edition, Cambridge. DOI: https://doi.org/10.1017/CHOL9780521820363.007(검색일: 2020.6.14).

Quinn, S. and W. Roberds. 2005. "The Big Problem of Large Bills: The Bank of Amsterdam and the Origins of Central Banking." *Working Paper(Federal Reserve Bank of Atlanta)*, 2005-16.

_____. 2006. "An Economic Explanation of the Early Bank of Amsterdam, Debasement, Bills of Exchange, and the Emergence of the First Central Bank." *Working Paper (Federal Reserve Bank of Atlanta)*, 2006-13.

_____. 2007. "The Bank of Amsterdam and the Leap to Central Bank Money." *American Economic Review*, 97(2).

_____. 2008. "The Evolution of the Check as a Means of Payment: A Historical Survey." *Economic Review(Federal Reserve Bank of Atlanta)*, 93(4).

_____. 2012. "The Bank of Amsterdam through the Lens of Monetary Competition." *Working Paper(Federal Reserve Bank of Atlanta)*, 2012-14.

Read, F. 1926. "The Origin, Early History, and Later Development of Bills of Exchange and Certain Other Negotiable Instruments." *The Canadian Bar Review*, No. VII.

Reinert, S. and R. Fredona. 2017. "Merchants and the Origins of Capitalism." *Harvard Business School Working Paper*, 18-021.

Roberds, W., and F. Velde. 2014a. "Early Public Banks." *Working Paper(Federal Reserve Bank of Atlanta)*, 2014-9.

_____. 2014b. "The Descent of Central Banks(1400~1815)." Paper presented at Norges Bank 2014 conference "Of the Uses of Central Banks: Lessons from History."

Rolnick, A. and W. Weber. 1998. "The Suffolk Banking System Reconsidered." *Working Paper(Federal Reserve Bank of Minneapolis)*, 687.

Rolnick, A., B. Smith and W. Weber. 1998. "Lessons from a Laissez-faire Payments System: The Suffolk Banking System(1825~1858)." *Review(Federal Reserve Bank of St. Louis)*, May/June 1998.

Rothbard, M. 2002. *A History of Money and Banking in the United States*. Ludwig von Mises Institute.

Rutland, E. 2017. "Blockchain Byte." R3 Research. https://docplayer.net/57510249-Blockchain-byte-r3-research-emily-rutland-the-blockchain-byte-features-a-question-from-the-distributed-ledger-space.html(검색일: 2020.5.18).

Sanches, D. 2016. "The Free Banking Era: A Lesson for Today?" *Economic Insights (Federal Reserve Bank of Philadelphia Research Department)*, Third Quarter 2016.

Santos, A. 2006. "What Pays What? Cashless Payment in Ancient Mesopotamia." http://www.helsinki.fi/iehc2006/papers1/Ramos2.pdf(검색일: 2020.6.30).

Selgin, G. 2010. "Those Dishonest Goldsmiths." *Financial History Review*, 19(3). DOI: https://doi.org/10.1017/S0968565012000169(검색일: 2019.1.30).

Semenova, A and R. Wray. 2015. "The Rise of Money and Class Society: The Contributions of John F. Henry." *Levy Economics Institute Working Paper*, No. 832.

Seyd, E. 1871. *The London Banking and Bankers' Clearing House System*. London, Paris and New York: Cassel, Petter and Galpin.

Silver, M. 2011. "Finding the Roman Empire's Disappeared Deposit Bankers." *Historia*, 60(3)(Wiesbaden, Germany), July 2011.

Stearns, D. 2011. *Electronic Value Exchange: Origins of the VISA Electronic Payment System*. London: Springer.

Summers, B. and A. Gilbert. 1996. "Clearing and Settlement of U.S. Dollar Payments: Back to the Future?" *Review(Federal Reserve Bank of St. Louis)*, September/October

1996.

Temin, P. 2013a. *The Roman Market Economy*. Princeton & Oxford: Princeton University Press.

_____. 2013b. "Chapter 24. Ancient Roman finance." in G. Caprio et al.(eds.) *Handbook of Key Global Financial Markets, Institutions and Infrastructure*. Boston: Elsevier.

Tilden, E. 2018. "A Detailed History of Debit Cards." https://pocketsense.com/detailed-history-debit-cards-5462528.html(검색일: 2020.8.18).

UK Government Office for Science. 2015. "Distributed Ledger Technology: Beyond Block Chain." https://assets.publishing.service.gov.uk/government/uploads/system/uploads/attachment_data/file/492972/gs-16-1-distributed-ledger-technology.pdf(검색일:2020.5.4).

Usher, A. 1914. "The Origin of the Bill of Exchange." *Journal of Political Economy*, 22.

_____. 1943. *The Early History of Deposit Banking in Mediterranean Europe*. New York: Russell & Russell.

Van De Mieroop, M. 2014. "Silver as a Financial Tool in Ancient Egypt and Mesopotamis" in P. Bernholz and R. Vaubel(eds.). *Explaining Monetary and Financial Innovation, Financial and Monetary Policy Studies*, 39.

Van Steenis, H. 2018. "Crypto-assets Are Impractical and Do Little for Financial Inclusion." *Financial Times*, 2018.9.23. https://app.ft.com/content/1b722b1c-bd83-11e8-8dfd-2f1cbc7ee27c(검색일: 2020.8.1).

VISA. 2017. "Innovations for a Cashless World." https://usa.visa.com/dam/VCOM/global/visa-everywhere/documents/visa-innovations-for-a-cashless-world-2017-report.pdf(검색일: 2020.6.13).

Wallace, R. 1987. "The Origin of Electrum Coinage." *American Journal of Archaeology*, Vol. 91, No. 3.

Weinberg, J. 1997. "The Organization of Private Payment Networks." *Economic Quarterly (Federal Reserve Bank of Richmond)*, 83/2.

Wendt, F. 2015. "Central Counterparties: Addressing Their Too Important to Fail Nature." *IMF Working Paper*, WP/15/21.

Wong, P. and J. Maniff. 2020. "Comparing Means of Payment: What Role for a Central Bank Digital Currency?" FEDS Notes. Washington: Board of Governors of the Federal Reserve System, August 13, 2020. https://doi.org/10.17016/2380-7172.2739(검색일: 2020.9.15).

World Economic Forum. 2015. "The Future of Financial Services: How Disruptive Innovations Are Reshaping the Way Financial Services Are Structured, Provisioned and Consumed." http://www3.weforum.org/docs/WEF_The_future__of_financial_services.pdf(검색일: 2020.9.23).

보도자료 및 보도참고자료

금융위원회. 2019. "오픈뱅킹 진행 현황 및 향후 일정." 보도자료, 2019.6.20.

한국은행. 2000. "금융기관의 외환결제리스크 노출현황과 리스크 감축방안." 보도자료, 2000.12.1.

_____. 2018. "한국은행 차세대회계결제시스템 개발사업 추진." 보도자료, 2018.11.6.

_____. 2020. "한국은행, 중앙은행 디지털화폐(CBDC) 파일럿 테스트 추진." 보도참고자료, 2020.4.2.

_____. 2020. "해외중앙은행의 CBDC 추진 현황." 보도참고자료, 2020.5.18.

BCG. 2019. "For Payments Players, a Tumultuous Landscape Brings New, Tougher Challenges," Press releases 2019.9.23. https://www.bcg.com/press/23september2019-global-payments-tapping-into-pockets-of-growth.

Federal Reserve Board. 2019. "Federal Reserve Announces Plan to Develop a New Round-the-clock Real-time Payment and Settlement Service to Support Faster Payments." Press release, 2019.8.5.

신문·잡지 기사

DTCC. 2008. "DTCC Successfully Closes out Lehman Brothers Bankruptcy—Largest Closeout in DTCC History: Prevents Losses for Industry." *Businesswire*, 2008.10.30.

Hammer, J. "The Billion-dollar Bank Job." *The New York Times Magazine*, 2018.5.3.

Teitelbaum, R. 2020. "Conspiracy Theorists Ask 'Who Owns the New York Fed?' Here's the Answer." *Institutional Investor*, 2020.2.24. https://www.institutionalinvestor.com/article/b1kh4p10qysrhv/Conspiracy-Theorists-Ask-Who-Owns-the-New-York-Fed-Here-s-the-Answer(검색일: 2020.8.3).

"The Astonishing Story of the Federal Reserve on 9-11." *The Daily Kos*, 2014.9.11

홈페이지 자료

한국은행 홈페이지. "금융정보화." http://www.bok.or.kr/portal/main/contents.do?menuNo=200356

Bank of England 홈페이지. "The Bank of England Note: A Short History." https://www.bankofengland.co.uk/-/media/boe/files/quarterly-bulletin/1969/the-boe-note-a-short-history.pdf.

BIS 홈페이지. "Charter of the Committee on Payments and Markets Infrastructures." 2014. https://www.bis.org/cpmi/charter.pdf.

_____. "Glossary." https://www.bis.org/cpmi/publ/d00b.htm

_____. "History." https://www.bis.org/about/history.htm?m=1%7C4%7C445.

_____. "History of the CPMI." https://www.bis.org/cpmi/history.htm.

Cheque & Credit Clearing Company 홈페이지. "The Clearings: Early days." https://www.chequeandcredit.co.uk/information-hub/history-cheque/clearings-early-days#:~:text=Daily%20cheque%20clearings%20began%20around,settle%20the%20balances%20in%20cash(검색일: 2020.4.19).

CLS 홈페이지. "Introduction to CLS." https://www.newyorkfed.org/medialibrary/media/banking/international/14-CLS-2015-Kos-Puth.pdf.

Federal Reserve Board 홈페이지. "The Federal Reserve System Purposes & Functions―Section 6: Fostering Payment and Settlement System Safety and Efficiency." https://www.federalreserve.gov/aboutthefed/files/pf_6.pdf.

Goldsmiths' Company of London 홈페이지. "History of the Company." https://www.thegoldsmiths.co.uk/.

LCH 홈페이지. "Our history." https://www.lch.com/about-us/our-history.

기타 인터넷 자료

"Bill of Exchange." Britannica. https://www.britannica.com/topic/bill-of-exchange.

"ecash." Wikipedia. https://en.wikipedia.org/wiki/Ecash.

"Electrum." Wikipedia. https://en.wikipedia.org/wiki/Electrum.

"Fedwire." Wikipedia. https://en.wikipedia.org/wiki/Fedwire.

"First Inauguration of Franklin D. Roosevelt." Avalon Project. https://avalon.law.yale.edu/20th_century/froos1.asp.

"LCH." https://en.wikipedia.org/wiki/LCH_(clearing_house).

"Libra(digital currency)." Wikipedia. https://en.wikipedia.org/wiki/Libra_(digital_currency).

"Martins Bank." Wikipedia. https://en.wikipedia.org/wiki/Martins_Bank.

"Panic of 1792." Wikipedia. https://en.wikipedia.org/wiki/Panic_of_1792.

"Pasion." Wikipedia. https://en.wikipedia.org/wiki/Pasion.

"PayPal." Wikipedia. https://en.wikipedia.org/wiki/PayPal.

"Salaries & Compensation," Investopedia. https://www.investopedia.com/insights/salary-federal-reserve-chairman/#:~:text=For%202019%2C%20the%20annual%20salary,and%20confirmed%20by%20the%20Senate.

"September 11 Attacks." Wikipedia. https://en.wikipedia.org/wiki/September_11_attacks.

"The Clearing House." Wikipedia. https://en.wikipedia.org/wiki/The_Clearing_House.

"Top 100 Richest Bitcoin Addresses." BitInfoCharts. https://bitinfocharts.com/top-100-richest-bitcoin-addresses.html(2020.8.4 기준).

"Venetian–Genoese Wars." Wikipedia. https://en.wikipedia.org/wiki/Venetian%E2%80%93Genoese_wars.

"What Happens to Bitcoin After All 21 Million Are Mined?" Investopedia. https://www.investopedia.com/tech/what-happens-bitcoin-after-21-million-mined/#:~:text=The%20bitcoin%20mining%20process%20rewards,successful%20verification%20of%20a%20block.&text=In%202016%2C%20it%20halved%20again,final%20bitcoin%20has%20been%20mined.

"Winston Churchill." New World Encyclopedia. https://www.newworldencyclopedia.org/entry/Winston_Churchill.

찾아보기

지은이

●

안예홍(安禮泓)

1983년 서울대학교 경영학과를 졸업하고 1994년 연세대학교 대학원 경영학과를 졸업했다. 한국은행에서 32년간 근무했으며 캄보디아중앙은행에서 6년간 정책자문관으로 일했다.

한울아카데미 2281

지급결제의 주역들
고대 메소포타미아 창고업자부터 포스트 금융기관까지

ⓒ 안예홍, 2021

지은이 안예홍
펴낸이 김종수 ǀ **펴낸곳** 한울엠플러스(주) ǀ **편집책임** 최진희
초판 1쇄 발행 2021년 1월 20일 ǀ **초판 2쇄 발행** 2021년 12월 20일
주소 10881 경기도 파주시 광인사길 153 한울시소빌딩 3층
전화 031-955-0655 ǀ **팩스** 031-955-0656 ǀ **홈페이지** www.hanulmplus.kr
등록번호 제406-2015-000143호

Printed in Korea.
ISBN 978-89-460-7281-7 93320 (양장)
        978-89-460-8016-4 93320 (무선)

* 책값은 겉표지에 표시되어 있습니다.
* 무선제본 책을 교재로 사용하시려면 본사로 연락해 주시기 바랍니다.